公共行政与公共管理
经　典　译　丛

“十三五”国家重点出版物出版规划项目

PUBLIC ADMINISTRATION AND PUBLIC MANAGEMENT CLASSICS
公共行政与公共管理经典译丛

政治、经济与福利

［美］罗伯特·A. 达尔（Robert A. Dahl）
查尔斯·E. 林德布洛姆（Charles E. Lindblom）／著
蓝志勇 等／译

POLITICS, ECONOMICS, AND WELFARE

中国人民大学出版社
·北京·

总　序

在当今社会，政府行政体系与市场体系成为控制社会、影响社会的最大的两股力量。理论研究和实践经验表明，政府公共行政与公共管理体系在创造和提升国家竞争优势方面具有不可替代的作用。一个民主的、负责任的、有能力的、高效率的、透明的政府行政管理体系，无论是对经济的发展还是对整个社会的可持续发展都是不可或缺的。

公共行政与公共管理作为一门学科，诞生于20世纪初发达的资本主义国家，现已有上百年的历史。在中国，公共行政与公共管理仍是一个正在发展中的新兴学科，公共行政与公共管理的教育也处在探索和发展阶段。我国公共行政与公共管理教育和学科的发展与繁荣，固然取决于多方面的努力，但一个重要的方面在于，我们要以开放的态度，了解、研究、学习和借鉴国外发达国家研究和实践的成果。另一方面，我国正在进行大规模的政府行政改革，致力于建立与社会主义市场经济相适应的公共行政与公共管理体制，这同样需要了解、研究、学习和借鉴发达国家在公共行政与公共管理方面的经验和教训。因此，无论是从我国公共行政与公共管理教育发展和学科建设的需要来看，还是从我国政府改革实践层面的需要来看，全面系统地引进公共行政与公共管理经典著作都是时代赋予我们的职责。

出于上述几方面的考虑，我们于世纪之交开启了大型丛书“公共行政与公共管理经典译丛”的翻译出版工作。自2001年9月本译丛首部著作《公共管理导论》出版以来，十几年间出版著作逾百种，影响了国内公共行政与公共管理领域无数的学习者和研究者，也得到了学界的广泛认可，先后被评为“十五”“十一五”“十二五”“十三五”国家重点图书出版规划项目，成为国内公共行政与公共管理出版领域的知名品牌。

本译丛主要选取国际公共行政与公共管理学界代表性人物的代表性作品，并持续介绍学科发展的最新研究成果。总的来看，本译丛体现了三个特点：第一，系统性，基本涵盖了公共行政与公共管理学科的主要研究领域。第二，权威性，所选著作均是国外公共行政与公共管理大师或极具影响力的学者的代表作。第三，前沿性，反映了公共行政与公共管理研究领域最新的理论和学术主张。

在半个多世纪以前，公共行政大师罗伯特·达尔（Robert Dahl）在《公共行政学的三个问题》中曾这样讲道：“从某一个国家的行政环境归纳出来的概论，不能立刻予以普遍化，或应用到另一个不同环境的行政管理上去。一个理论是否适用于另一个不同的场合，必须先把那个特殊场合加以研究之后才可以判定。”的确，在公共行政与公共管理领域，事实上并不存在放之四海而皆准的行政准则。立足于对中国特殊行政生态的了解，以开放的思想对待国际的经验，通过比较、鉴别和有选择的吸收，来发展中国自己的公共行政与公共管理理论，并积极致力于实践，探索具有中国特色的公共行政体制与公共管理模式，是中国公共行政与公共管理学科发展的现实选择。

本译丛的组织策划工作始于1999年底，我们成立了由国内外数十位知名专家学者组成的编辑委员会。当年 10 月，美国公共行政学会时任会长，同时也是本译丛编委的马克·霍哲教授访问中国行政管理学会，两国学会签署了交流合作协议，其中一项协议就是美国公共行政与公共管理领域著作在中国的翻译出版。2001 年，中国行政管理学会时任会长郭济先生率团参加美国公共行政学会第 61 届年会，其间，两国学会签署了新的合作协议，并再次提及已经启动的美国公共行政与公共管理领域知名学者代表作品在中国的翻译出版。可以说，本译丛是中美两国行政管理（公共行政）学会与公共管理学术界的交流合作在新阶段的重要成果。

在译丛的组织策划和翻译出版过程中，中国人民大学政府管理与改革研究中心、国务院发展研究中心东方公共管理综合研究所给予了大力的支持和帮助。我国的一些留美学者和国内外有关方面的专家学者参与了外文原著的推荐工作。中国人民大学、北京大学、清华大学、中山大学、复旦大学、厦门大学、武汉大学等高校许多该领域的专家学者参与了本译丛的翻译工作。在此，谨向他们表示敬意和衷心的感谢。

“公共行政与公共管理经典译丛”编辑委员会

译者前言

感谢我的学生和中国人民大学出版社的朱海燕、马海英编辑以及她们的同事的帮助，《政治、经济与福利》的中文译稿终于和大家见面了。对我来说，这是一个长期的心愿，但苦于忙忙碌碌的教学、研究和事务性工作，翻译一直没有推进。我常常诧异，为什么这样一本对人类福祉有如此重要意义的政治经济学著作没有得到诺贝尔和平奖评奖机构或者更广泛的学术社会的关注。作者们自己谦虚地说书中的很多思想来自其他作者的贡献，但书中对经典资本主义和民主社会主义的分析和评论，确是出于他们自己的经验、认知和创意，特别是他们提到的面对面的熟人小组社会对人民生活质量和幸福感以及性格塑造的重要性，与2009年的诺贝尔经济学奖得主艾莉诺·奥斯特罗姆的小社区公民自治和公共池塘资源管理的设计原则有异曲同工之妙。他们宏大的历史叙事和对工具性细节的关注，更是令人高山仰止。

我一直认为，这是一本十分重要的著作。在中国跻身有影响力的世界大国行列、开始探索引领人类文明发展的关键时期，我们急切地希望本书早日问世，给大家一些讨论和思考的提示。国家的发展，不应单纯从经济增长、市场行为、意识形态的角度衡量，而是要从政治、经济、社会等方面综合思考。当然，对我来说，最大的收获是让这些参与翻译的学生认真反复阅读本书，其中有好几位都将所学的理论用到了他们的硕士或者博士学位论文之中。

这本书的第一稿在1953年出版，正值资本主义和社会主义两大阵营对抗的时期。在这种历史背景下，本书在当时并没有获得它应有的社会影响力和历史地位。我在20世纪80年代末读研究生时阅读了这本著作，但在当时没有领悟到它的一些思想与我国现阶段的深化改革会有如此密切的相关性。所以，在这个时候推出本书，希望“犹未为晚”。

改革开放后，我们这一代学人负笈海外，开始系统地接触和阅读国外的社会科学和政治经济学原著，并认真思考为什么当时认为已经“垂死”的资本主义依然生机勃勃、经济发达。但读完这本书，才真切地感受到，社会发展的过程，比简单的意识形态的划分要更加复杂和多维。从社会发展的目标来说，自由资本主义提出的“生命、自由和追求幸福的权利”与马克思主义提出的“追求全人类的解放、让人类社会从必然王国走向自由王国的伟大理想”并不矛盾。但在具体的社会运行过程中，两大阵营的对峙，核心焦点在于社会治理的方法的不同。中国的改革，增加了市场经济的自由度，也加大了国企和政府用人路径和策略的自由度。更宽松的人才制度，给大量的人力资源创造了发挥能力的环境和机会，推动了中国经济社会的高度增长和发展。

这本书的思想，建立在对民主社会主义和自由资本主义的理论思考和实践结果进行比较的基础之上，有几个十分重要的观点，对我们反思资本主义和市场经济、重新审视社会主义和计划经济、在改革开放初步成功后继续探索前行的方法，有深刻的启示意义。

第一，达尔和林德布洛姆两位作者相信理性的作用。他们提到，历史显示，现代人运用理性的努力，反映在他们的三大知识运动之中。第一次知识运动是文艺复兴运动。巴黎大学和牛津大学的学者们从古希腊的故纸堆里发现了人类的古老信仰——对理性的崇拜，对自身美和力量的崇拜，对人们能通过自身的观察力和逻辑思维能力认识世界并进而控制、改造世界的信心。东罗马的灭亡又使他们留下的古希腊古罗马文献回归到意大利。这些人类对自己的信心带来了人文思想的兴起和科学技术的发展，形成了改造世界的巨大力量。第二次知识运动当属“自由资本主义运动”。在这一运动的推动下，人们开始用市场的方法控制社会经济的运行，用民主选举的方法来控制和平衡社会力量，同样取得了经济和社会的大发展。但是，当市场发展到一定的阶段，出现大经济财团控制选举和政治决策时，这种平衡就被打破。当政治和社会力量向财力雄厚的大财团倾斜时，政治失衡、社会失衡就会发生，引起难以调和的阶级矛盾，成为暴力造反的铺垫。这个倾向，在21世纪也愈来愈明显。英国作家皮克迪的《21世纪资本论》其实是对这一理论的最好注解。作者收集的数据显示，除了战争的时期，全球范围内的贫富差距一直越来越大。这个倾向，并不是后来的社会学家波兰尼的“双向运动”理论可以很好解释的。因此，根据达尔和林德布洛姆的推论，第三次的知识运动应该是“民主社会主义”，既包含社会主义也包含民主主义，缺一不可。在这里，人们将经济事务也政府化了，同时用理性来控制经济和政治这两个过程。第三次知识运动在二战以后事实上已经开始了。但是，在理论与实践的完整结合方面，并没有做得完善和令人满意。在这里，我特别要提到的是，达尔和林德布洛姆两位作者认为的“历史终结点”并不是近40年后的美籍日裔学者福山提出的“现代自由资本主义”，它至少是“民主社会主义”，是超越自由资本主义的“历史的终结”。

说到这里，或许有人会想，中国为什么没有文艺复兴或者启蒙运动？事实上，在中国，这个过程也存在。开始的时候也是由外力导致，然后开始自我寻根。鸦片战争使中国沦为半殖民地半封建社会，也推动了变革，如洋务运动、戊戌变法、民主革命、五四新文化运动，中国人民在奋勇抗争中实现了民族独立，建立了新中国。同时，甲骨文和莫高窟的发现，让我们重拾对悠久文明和伟大文化传承的信心和希望。可以说，东西方文明的不断碰撞和生生不息，其实都有着各自对文化之根的眷恋这一相似的内在逻辑，这是理性之外的感性力量——或者说，一种超理性力量的作用，是"心"之力。

第二，本书直接指出了"现代自由资本主义国家理论"的局限性，对西方主流观点提出了系统性的批判和发展。作者提到，在决策方面，经典自由资本主义强调每一个人的权利，把公共决策放在为私利讨价还价、少数服从多数的票决基础上，没有能力用理性来对待现代社会出现的新的集体性问题，如环境污染问题等。它们的国家能力注定会在这些方面表现出不足，而社会主义国家则需要思考如何用好公权的问题。作者认为，"在社会主义还是资本主义、计划经济还是自由市场、管制还是放任自由等传统的选择之外，还存在其他意义更深远的选择"。传统上看似"简单而又重要的选择"其实"并不那么简单"，因为经济组织所遇到的棘手问题只能通过更加谨慎地关注技术性细节才能得到解决。并且，一些所谓的重要选择其实没有那么重要。他们认为，美国的经济是过度私有化的，美国人对私有制有着教条式的偏好，因为在农业社会时期，私人所有和控制的经济组织在效率和民主方面有合理的社会基础，但这种偏好只是一种信仰，并不是公众在理性计算了它的相对优势后得出的结果。

本书认为人类文明社会的终极目标有三：将自由的可能延伸到极致，接受每一个人在追求自由过程中对平等的要求，通过人的理性控制能力保障拓展自由、捍卫平等过程的不断进步。具体说来，这个终极目标可以有多维度的表达：生命的存在、心理愉悦感、情感、尊重、自我、权利、技能、知识、名声、审美、激励、创新力。这些终极目标可以通过自由、理性、民主、主观平等、安全、进步和适当的包容性来实现。但是，人们在讨论终极目标时，往往只注重限制人发展的某一部分的环境和条件，却忽略了首先解决贫困、经济不安全、分配不公等问题才是提高人类福祉的最基本的条件。并且，这些问题的解决方法，对于人类最后达到这样的终极目标，也有决定性的意义。

第三，这是一本关于自由主义的著作。如果我们记住马克思、恩格斯在《共产党宣言》里提到的"从必然王国走向自由王国"的人类社会奋斗目标，我们就知道这是一个宏大而艰巨的任务，是人类的最高追求。但是，自由不是绝对的，在不同的社会认识情况下，人们对自由的理解是不同的，它受制于自然环境、物质条件、内心诉求、他人诉求等等。不同的国家在不同的发展阶段，有为大众所认可的、共识性的自由观念。作者指出，完全自由的社会是不存在的，"一个人的自由或许就是另一个人的奴役"。对不同的群体来说，自由会鼓励和禁止不同的行为，因为社会存在于相互的控制之中。追求自由的重点在于通过理性选择追求进步，克服对自由的阻碍。作者认为，社会主义阵营对社会本质的认识超越了经典资本主义：一是意识到价格体系作为一种社会调节机制的不足，意识到这一机制带来的收入分配的不平等和对集体公益的忽略。二是意识到社会生活的整个过程并不能没有控制，不论是市场、技术、文化还是公共事务，没有合法的控制和理性行为，这些就不可能成功。三是市场化的竞争控制手段需要有辅助性的科层结构控制手段来弥补，否则纯价格体系的运作不可能成功。四是收入分配的合理性和公共政策的调节力的重要性。他认为，自由资本主义之所以有所成就，即在于对这些问题有相当的共识。对于我们来说，深刻理解自由的意义，就不会惧怕自由这一提法，而可以更好地表述自己，与世界文明对话。

作者花费了很多篇幅讨论理性计算和社会过程，认为理性计算是达到自由、民主、主观平等、安全和社会进步必不可少的手段。

作者认为，有四种实现控制的社会过程：价格体系（市场机制）、科层制、多头政治和讨价还价。在价格体系中，人们通过计算交换的利益来互相控制；在科层制中，领导者控制非领导者；在民主–多元体系中，非领导者控制领导者；而在讨价还价体系（寡头体系）中，领导者之间相互控制和制衡。

达尔和林德布洛姆用相当的篇幅讨论了社会控制的机制。他们认为社会上存在四种基本的控制技术：自发性领域控制、操纵性领域控制、命令、相互控制。自发性领域控制比较随意，它是对某一发生的事情的即兴反应，没有事先的计划。比如遭受欺压后的即兴反抗，挨打后的还击，价格提高后主动减少购买行为，等等。这种反应对事物的发展有控制作用。这种反应的机制也往往深藏于文化和传统之中。操纵性领域控制通过喜好、尊重、情感、愉悦或者愉悦的剥夺、同情、恐吓、鼓励、友谊等关系来影响被影响主体的行为。金钱和权利也可以用来操纵。命令存在于特定的训练条件下，比如威权秩序的建立，科层结构的存在，发令者对执行者的命令。这种控制机制也需要事先的制度性培养。相互控制指的是相互控制的多个主体之间的互动，各自从控制中得到好处和平衡。当然，这些控制机制有直接作用的、间接作用的，也有需要一定的条件环境和沟通媒介才能完成的。

对于达尔和林德布洛姆来说，社会行动中的控制无所不在。在生产过程中叫技术，在国家发展中叫计划，在市场过程中叫交换，在社会行为中叫文化。这些社会过程时时刻刻反映着人类的理性，这些过程的良好协调，才是达到社会目标的关键所在。

第四，协调，就是行政手段的合理使用。本书的核心要点也在于提出要注重协调和行使行政权力的细节。在 20 世纪 90 年代版的前言中，达尔和林德布洛姆写道："我们在 20 多年前（1953 年）就写了这本书，批评当时盛行的观点——认为只要有几个聪明的人帮助大家在社会主义还是资本主义、计划经济还是市场经济、管制还是放任自由之间进行一个简单选择，就可以应对一切问题。到 1991 年，苏联解体了，但资本主义的方法也开始受到更大的挑战。虽然有人认为过去一个世纪，自由资本主义更有利于追求自由、效率、正义、平等、安全和进步，但事实上，自由资本主义中违反这些神圣价值的例子也不胜枚举。我们这本书的最重要的理念是，看起来简单的道路，其实是不可能简单的。现代经济组织给我们带来的问题只能通过不辞辛劳的对技术细节的关注才能得到解决。"

现代国家的累进制税收政策、福利政策、劳工保护政策、反垄断政策、中小企业保护政策、市场补贴政策、国家标准政策、国家工程政策、教育政策等等全面介入社会，核心关注点从产权归属转移到社会发展的终极目标——生命、权利、平等、公正、自由、尊严和幸福感上。如何用好公共政策，推动良性国家治理，践行社会主义核心价值观——富强、民主、文明、和谐、自由、平等、公正、法治、爱国、敬业、诚信、友善，是新时代中国人民新的追求。

需要注意的是，本书作者所讨论和描述的“资本主义”和“私有制”、“社会主义”和“公有制”，指的是20世纪上半叶的经典资本主义和传统的指令性计划经济体制的社会主义。本书于1953年出版，所列举的大量例子也是那个年代的例子，与后来经过不断改革的现代资本主义（如肯尼迪的“不要问你的国家能为你做什么，只问你能为你的国家做什么”的资本主义、约翰逊“族裔、男女平权，保障社会福利”的资本主义，以及“奥巴马全民医疗保障”的现代资本主义）和我国新时代中国特色社会主义（社会主义市场经济条件下以人民为中心、深化改革开放、走向世界的中国特色社会主义）有十分巨大的区别，因此，不应该进行简单类比或概念套用。但达尔和林德布洛姆提出的要用好社会控制技术、追求社会发展的终极目标、通过辛勤的努力做好国家治理的细节工作等重要的思考和分析，对于我们理解世界、走向人类文明的思想前沿，有不少有益的启示和重要的参考价值。

本书的翻译工作在2010年就开始了，几经易稿，其间多次开讨论会，多次因译者中英文水平问题换人，学生们繁忙的学习和论文写作多次打断了翻译的进程。但团队中的部分成员锲而不舍，直到毕业和出国后还依然执着地参与阅读、翻译和校对。虽然有的学生翻译的章节被大幅修改和重译，但他们的功劳依然应该得到认可。本书的翻译工作基于译者对理论的了解，因此理解起来不会太偏，但细节上也许难以尽如人意。本书作者的思考方式是西式的，因而遣词造句也与中文差异较大，这使得我们在信达雅方面难以平衡。另外，我还在主持翻译工作时加上了“一定要简明易懂”的原则，当句子很长很晦涩时，更注重意译，不强调形式和结构。这样的好处是，至少这首先是一本能看懂的译著。

参加本书翻译的学生有崔亚杰、邢贺超、宋学增、黄衔鸣、张腾、于溯阳、苗爱民、刘洋、杨明洋等等。特别是于溯阳，先后做了大量的统稿甚至重译工作，张腾、路畅、薛金刚进行了多次的阅读和校对。我自己也校对和重译了许多有误解和不准确的地方，并通读和修改了整个译稿。是大家的努力，使得本书的问世成为可能，给读者奉献了这场思想的盛宴。希望随着时间的检验，这本书的意义和价值可以被更多人所发现和认可，让更多的学人得到启发。

蓝志勇

于清华园

1976 年版前言

问题与失能

自《政治、经济与福利》(1953) 出版以来，美国政治经济秩序所展现出的失能甚至反常之处，远远多过其优点。过去的几十年里，美国的政治经济秩序更多显现的是它的无能，甚至变态，而不是应有的优异，比如说，更多显现的是贫困、收入分配不均、种族不平等，在医疗卫生、公共教育、通货膨胀、失业和劳资关系等政策制定方面表现得反应迟滞，甚至无力回应。有些观察者已经认识到美国的政治经济秩序中存在弊病。更准确地说，美国的政治经济秩序已经不像人们先前想象的那样，它经常是促进而非限制人类放纵其最无用的动机，如越战、"水门事件"，以及商业和政府部门的腐败，凡此种种都表明政治经济秩序对整个体系而言是非常核心的，绝不该放在次要的位置。 xxv

一部分失能和反常是新现象，例如，持续推进的宪法改革结果却是将新的权威移交给了总统。但大多数仍是新瓶装旧酒，它们只不过是被又一次揭露出来以证明体系新约束力量的存在。大型私人企业对政府的特有影响已是老生常谈，但企业在不同时代所不断扩张的规模、功能和权力却在书写着新篇章。

国家的失能和反常现象在很多国家（虽然不是全部）都存

xxvi 在。比如，许多国家一再重申的民主和平等并没有在很大程度上推动世界上的多头政治走向政治、经济或社会的平等之路。尽管，斯堪的纳维亚的经验似乎说明，在某些情况下，这种转变能够实现。即使是在政治民主制的发源地——英国，作为一种基本资源的公共教育也表现出比美国更明显的反对平均主义的特点。并且，几乎所有的多头政治都在通胀和失业的困境中摸索前行。国内外的多头政治记录都令人忧心难安。

更为遗憾的是，美国的制度在结构上就存在着对某一类新问题处理的无能，如分配性的问题，特别是集体性的问题。甚至与欧洲一些体制相比，美国制度在调动多数人积极性并鼓励这些人前进的意识方面更缺乏适应性。美国的制度，最多只是对一些支离破碎的利益冲突做一些裁决，或者更差，放任不管，让少数人来进行否决。一些老问题，如工业关系、收入安全、公共教育被认为是容纳利益诉求、公平分享，或通过谈判减少另一集体利益来为本利益集团争取改善的讨价还价的过程。所以，美国的民主政治强调多元利益主义，或以讨价还价这一工具来达到利益集团之间的相互调适。但是，我们现在面临的很多新问题不是利益集团间的博弈，而是我们所有人类都必须面对的问题，典型的例子包括能源枯竭、环境退化、发达和发展中国家发展不平衡的问题等等。

要解决这些问题，有时候所需要的绝不仅仅是调和多元的利益。社会作为一个整体，其公共政策能够反映多数公民共有的利益和价值，而为了实现这些不可忽视的公共利益，社会政策需要将智识和资源更多地向这些领域倾斜。但是，一个适应协调多元利益的宪政结构可能缺乏相关机制以表达共同利益、动员绝对多数以及保证集体行动的权利不少于次要集体反对的权利。

这些都是对美国或相近国家体系的共识，却并非科学中立的评价。然而，这些
xxvii 批评所支持的平均主义和自由主义的论断在本书中同样可以找到。我们在书中分析政治-经济手段时，将自由、理性、民主（指政治平等和多数原则）、主观平等、安全和进步等目标作为评价的相关标准。如果是今天再写这本书的话，我们可能会写出略微不同的标准，同时也会如评论者所指出的那样，进一步细化我们的目标。当然，书中所写的标准对于评价干预时期以来的美国社会的绩效仍是有效的。

在本书的前言部分，我们只想简单地提一下书中所详细分析的美国社会的缺点。我们的讨论是为了更好地阐明我们 20 多年前所写的东西。

美国的多头政治

不同于很多著作中对“多头政治”这一模糊概念的美好想象，我们对“多头政治”的描述更接近于一个不整洁和十分不完美的民主。现在看来，我们书中所描写的“多头政治”（第 10、11 章）的条件和前提条件比我们写书时预想的要弱得多。从这段时间的社会发展来看，问题的出现更多应归咎于美国政治制度而非多头政治本身。

第 11 章我们讨论了“立法机关的失灵”，并且强调了“国会内的政治家并没有能够阻止总统这边政治家引领的创造巨大的控制域的努力”。我们并没有预计到美国的政治体制在早期就已经发展到乔治·里迪（George Reedy）所说的“美国君主政治”和阿瑟·施莱辛格（Arthur Schlesinger）所说的“帝王总统制”。“帝王总统制”的发展是一个持续的过程，总统受到众人的欢迎和拥护，这些人共享着“社会行动的目的”，即我们在第 2 章中所说的七大基本价值。很多时候，总统被视为主要的“民主”工具，推动政府政策，实现更大自由、民主、平等、安全和进步。然 xxviii
而，白宫所不断积累的强大资源和总统对资源的操控，会使“多元政治”要解决的第一政治难题的不完美方案变得更加不足，这一难题在第 10 章有讨论，即公民该如何才能防止他们的统治者变成暴君。

当然，有些助推“帝王总统制”和“水门事件”的因素只是一些短暂的现象。这些因素包括：越南战争，以及约翰逊（Lyndon Johnson）和尼克松（Richard Nixon）特殊的道德和心理特质。但是，有些因素也使这些事件成为必然，比如美国一直扮演的超级大国的角色。这些因素即使在“帝王总统制”弱化，以及尼克松下台后国会权威再次兴起之后仍未消失。虽然这一话题要在此讨论太过宽泛，但我们可以提一下我们特别关注的两件事。

首先，广义上说，“帝王总统制”和“水门事件”的经历告诉我们，现实中美国的“多头政治”的前提条件比我们在第 11 章中所说的要弱得多。在第 11 章中，我们强调了“社会教导和习惯培养”（今天我们更倾向于用“政治社会化”这一术语）在发展“多头政治”和创造民主制的有利条件过程中的重要性。正如我们所指出的，对政治领袖来说，民主和宪政标准的政治社会化非常重要。我们认为，成功的政治社会化会抑制领袖们出现某些类型行为，“甚至某些邪恶想法”，如妄想运用军队压制国会；成功的政治社会化也可以“让领导者认识到，如果他们严重违反了多头政治的规则，也必将受到严惩”。

然而，近来美国总统（并不仅仅是约翰逊和尼克松）的所作所为，特别是在他们自由度很大的外交和军事事务处理过程中，严重地违反了多头政治的准则，尤以越南战争为甚。但是，他们并没有因此受到惩罚，看起来也不存在受到惩罚的可能。尼克松总统曾经参与违法和违宪行为，并且试图由其下属和亲近官员为其掩盖 xxix
罪行。即使这样，仍有人想要使他免于惩罚。

国会活动的运作规范最终导致了尼克松被弹劾、定罪和解职，对此我们也可以得到些许慰藉。随着总统权力的扩大和“帝王总统制”的扩张，与国家一大批政治领袖一样，国会也深深卷入这一旋涡中。当“水门事件”被曝光时，政府回应寥寥，甚至勉强承认危机的存在，在给总统权力强加法律限制上更是行动迟缓。如果尼克松的过分行为最终没有使其自食恶果，他对宪法秩序不显眼却具有颠覆性的破坏也许也不至于使其遭受弹劾，由此看来，宪法对其违规行为的回应是多么弱。

这段时间出现的第二个问题就是，除非在危机期间，美国的制度体系中很难使总统与其他的政治机构，尤其是与国会建立能够满足两个需要的工作关系。一方面，总统必须被要求对公众真正和诚挚地负责。这种负责要靠选举和国会这两个方式来实施。但这两个方式目前来看都不能令人满意。同时，政治系统也需要领导者来支持和推动实施公共政策的变化和创新。但到目前为止，美国的政治系统还没有产生出除总统之外还能够推动变化和创新的这种领导力。而为满足这一需求不断扩大总统的权力和影响力则会导致前面所说的“帝王总统制”的强化。

因为我们很难调和这两个目标，所以说它们之间存在天然的冲突。当然这也说明，美国宪政体系的缺陷比我们撰写本书时所想的要严重得多。

xxx 尽管我们在书中并没有提供解决方法，但是美国人民也需要去思考各种各样的可能性：比如，议会系统及其各类附属机构，政党组织的变化以及总统和国会之间的新关系等。我们认为，在学术与公共讨论之中，应当更加关注如何去寻找不同的宪政安排。特别是，政治科学家和其他行业分析家应该更加关注政治系统的缺陷，并且努力寻找可行的解决方法。奇怪的是，职业政治科学家并没有关注这些，我们自己也没有。目前而言，我们的知识还不够完整，即使那些非常了解政治体系有多么不足的人也对政治改革踟蹰不前，担心改革可能带来的负面后果。不论是好是坏，我们并不期望学术研究能够找出万能的灵药。但我们认为有必要广泛地从学者、政治领袖、记者、公共意见领袖和许多普通公民中间获取的信息和智慧来帮助我们进行政治改革。

私有的美国经济

美国当前的经济跟我们先前的预想相比，略显公共性不足，私人性有余。美国经济私人性特点主要表现在两方面：一是态度、想法和观念领域，二是实践领域。

在态度、想法和观念领域，我们美国人对于私人所有权和经济组织控制具有非理性的热情，这就导致我们无法清晰地思考经济安排。这种对私人所有权和控制的非理性热情与我们本书的假设恰恰相反，（本书中）我们认为现代经济应该被当作社会的或公共经济来对待。我们的意思是经济秩序的基本判断标准应该是它对社会行动的基本目标（我们在第 2 章所描述的）的实现程度如何。而美国经济绩效的充
xxxi 分性以及实现更好绩效的替代选择都需要由社会评判和决策。这些社会评判主要通过多头政治（并非唯一方式）转入公共政策而生效。我们对良好社会的定义是，社会成员能够通过公共经济来寻求社会行动的福祉，而民主政府对公共经济有最终决定权。

在这种观点下，效率化是一组为实现理性计算和控制的社会过程。市场机制与多头政治和行政科层制一样，都是“社会政治过程”。一个大型经济组织，不论是公有还是私有，都是一个政治系统。企业和市场并不是建立在用私人控制和所有权来压制个人权益的基础上的。如果是，那是因为它们的绩效可以去实现社会福祉。理性的社会往往会根据哪一种产权和控制形式能够满足特定的社会目标来加以选择。私人所有和控制只不过是多种选择中的一种而已。并没有合理的假设能说明私人所有和控制会比其他的形式更好或更坏。因此，作为一种解决方法，私人所有和控制并不比其他选择更有优势。

同样，没有特定的假设说明政府所有制更有优势。从我们写这本书以来，大量的经验已经证明了我们的观点，即政府所有的企业，或者更模糊的“社会”所有的企业并不能保证企业为公共所控制。

在本书的最后一章，我们表达了这样一种信念，社会主义思想中的有效成分也正在逐渐被接受。这些有效的元素包括：认识到市场机制在某些情况下是不适当的甚至有害的社会机制，尤其是在收入分配和处理群体需求时；认识到对经济组织的 xxxii
控制是一个重要的政治议题；以及认识到竞争并不能完全保证公众对经济组织的控制。

我们认为，将经济视为社会或公共行动的观点将被更多的美国人接受。与教条主义地偏向特定形式的所有权（或公或私）相比，我们更应在各种备选方案中寻找可行且可用的选择，并使其成为更为合理的社会过程。

然而，我们还是对现实做出了错误的估计。时至今日，世界各处尤其是美国人仍然存在教条式的偏见，他们对经济组织须由私人所有和控制的执着偏好，与我们最初写这本书时相比没有发生任何改变。事实上，私人所有和控制的经济组织在美国占据主导地位并不是公众在理性计算了它的相对优势后得出的结果。实际上，美国从来没有出现过这样的公共要求。

美国人民如此热衷于经济组织的私人所有和控制，其原因是异常复杂的，我们在此不做分析。也许我们可以从美国意识形态的转变中找到一些解释。这种转变是随着美国由一个农业国向一个以商业、银行业和工业为主的国家的转变而发生的。在农业国里，私人所有和控制的农场企业在效率和民主方面具有合理的社会基础，可以获得极大的短期利益。当意识形态逐渐发生转变时，合理的基础消失了，短期利益的吸引力虽然减弱，但依然存在。所以直到现在，对经济组织由私人所有和控制的偏爱仍深深扎根于美国公民的意识形态中，甚至很多人都相信经济组织的私人所有和控制本来就是民主的一部分。

这就表明了第二个方面，即实践中，美国的经济是过度私有化的。我们相信
在公有还是私有的选择方面存在一种非教条的、切实可行的路径，这一信念使我 xxxiii
们设想公共所有的相对优势在很多情况下可能会导致公共部门的增长①。当然，我们又错了。这一情况并没有发生。此外，私有企业的实践中，经济决策更多考虑了企业管理者和投资者的特殊利益，这些决策将会极大地影响其他人的利益。而消费者和雇员，包括蓝领和白领等，都只是这些人群中最为显著的一部分而已。

在考虑所有权问题之前，我们应该先考虑控制的问题，其原因我们在书中已经详细给出。如前所述，政府拥有绝对不是公共控制的充分条件。在很多情况下，它可能都不是一个必要手段。在某些情况下，它甚至可能是一种阻碍。然而，现在我们更倾向于认为，在缺乏实质性政府产权的增长情况下，美国经济的公共控制很难实现。至少有必要寻找并引入一种新的经济组织形式，以比目前由私人所有和控制的大型企业能够更好地实现第 2 章中所描述的社会行动的目标。

① 有关公有和私有问题的讨论主要在第 186～193 页和第 210～218 页。

不平等

在第 2 章我们所设定的多个社会行动的目标中，我们尤其强调了两种意义不同但又高度相关的平等。第一种是在最后决策中的政治平等目标——公民扮演了针对政府行为的最高上诉法院的角色。另一个目标，即我们所说的主观平等，我们努力找出一个比传统功利主义的“最多人的最大好处”这一原则更为清晰的衡量标准，以保证所有的社会决策都能考虑到大多数人的需求而不是少数人的需求①。

xxxiv 如果有迹象表明美国人之间的不平等正在逐渐减少的话，这种不平等可能看起来并不是那么不可接受。毕竟，一个进步社会的重要特点不是在于它解决了什么问题，而是在于它正在解决什么问题。在我们写这本书时，我们已经十分确信美国是一个进步社会。即使对我们自己来说，我们都不知道为什么会如此确信，我们在书中也没有这样断言。但是那个时候，罗斯福新政并不是遥远的历史。而这一新政让我们认为也许改革的发生是有频率的，比如，约翰逊的改革可能是一代人才有一次。在这些改革时期，美国社会的结构会发生进步的变化，使得美国人民能够具有更多的平等。但如果我们这样认为，我们也确实是这样想的，发生的很多事却证明我们是错的。

一系列的新政并没有发生。美国确实取得了一些进步，比如重要的法案得到通过，以及很多不公平的事件大大减少。从我们写作本书以来，美国的种族歧视就大大减少，我们没有低估它的重大历史影响。人们态度的转变和公共行动都有助于减少种族歧视，这也揭示了美国的公共生活有进步的方向和潜力。尽管种族歧视仍然是这个国家中很多不公平事件的重大来源，我们始终相信这一情况在未来会持续减少。对女性的歧视也会减少。基于生活方式、性别偏好、生活安排和其他偏离于道德标准的歧视也会越来越少。有迹象表明，美国人可能要求对多元性更多的宽容。

但是，即使源于歧视的不公平明天就消失，财富和收入分配的巨大不公平仍然
xxxv 存在，因此，被收入和财富影响的所有机会的分配也都是不公平的。即使收入的分配不存在种族、性别或其他人口特点的歧视，收入上的巨大差异还是存在。甚至，财富在这方面的分配差异会更大。

当然，分配的不平等并不是天然不公平的。这些差异可能与可接受的分配公平原则一致。但是，我们认为，美国现存的财富、收入和其他许多利益的分配都不能回应任何能被人接受的公平分配的原则。

如果我们假设改革能够减少这些差异的话，我们就大错特错了。这样的改革从

---

① 现在我们认为，我们对主观平等标准的推测可能是不令人满意的。从我们写作本书以来，很多分析使我们认识到在公平分配问题上，我们提出的标准可能并不能有效地解决问题。我们在对收入的讨论中还会进一步讨论这些问题。然而，如果我们今天再写本书的话，我们可能会努力将这些讨论与更好的公平分配的标准紧密相连，而我们提出的主观平等的概念还没有做到这一点。

来没有发生。在收入和财富分配方面，美国现在仍然维持在我们初写这本书时的水平。

我们也强调了现今政治平等分配不均的后果。在讨论多头政治时，我们列出了一些原因以解释为什么“我们已经非常清楚地认识到现在社会已经严重偏离了对平等的控制”（原文第 275 页）。在讨论货币收入分配时，我们注意到了收入分配不平等对政治权力的影响。“众所周知，金钱在政治中扮演了重要的角色，想要获得真正的政治权力的平等是不可能的，因为收入差异带来了严重的权力不平等，这样权力就不会允许公民和其他的控制精英平等对话。”（原文第 139 页）

我们的说法可能是正确的，但不免过于狭隘。在本书后来对政治活动和收入平等的讨论中，我们更加仔细地表达了更为广义的观点。我们在书中写道：“收入很大程度上影响了教育和地位（尤其在美国），并通过它们以及它自身的力量对控制产生影响……因此，高程度的收入平等是高程度的政治平等的先决条件。”（原文第 315 页）

为了使这一观点更具有广泛性，财富和收入，以及很多与财富和收入融合在一起的价值，比如教育、地位和进入组织的机会，这些都构成了影响其他人的资源。 xxxvi
这些方面的不平等实际上就等同于获取政治资源的不平等。反过来，获取政治资源的不平等形成了影响力的不平等，包括影响中央政府的能力的不平等。更具体地说，美国现在资源分布的不平等构成了实现政治平等目标的主要障碍。如果我们不能在实现政治资源的平等上有所进步，那么也不会在实现政治平等上有所前进。如果我们不能在其他的方面，比如收入和财富分配方面实现更大的平等，我们也就没有办法实现政治资源的更大平等。并且，如果像选举、自由言论和法定程序已经被当作实现民主的“权利”的话，更加公平的收入和财富也应该成为一种“权利”。

只有更多的美国人接受这一观点并依此行动，美国才可能不再是我们在写本书时所“假设”的进步社会。多头政治可能仍保持在现今的水平，但是民主之路漫漫修远兮。而若要进一步推动美国多头政治的民主化，重新分配财富和收入将是必由之路。

也许在考虑之后，多数美国人不会通过减少收入和财富的不平等来实现美国多头政治的民主化。在这一议题未被公众广泛讨论之前，我们很难掌握真实情况。也许这一问题会逐渐地进入美国公共生活的议程。然而，事实上，在控制财富和收入分配的正义原则方面，美国人民并没有提出足够的公开吁求。

多元主义

我们在提出多头政治的必要条件时曾说：“多头政治要求一定程度的社会多元主义——也就是说，多元化的社会组织要具有很大程度上的自治权。”（原文第 302 页）这种多头政治要求多元的社会组织不受中央政府的高度控制，比如政党就是一 xxxvii

个明显的例子。确实，相对自治的政党的存在可能涉及多头政治的定义问题，但在具体说明它的特点时本书并没有这样做（原文第 277 页）。

自本书初次面世以后的干预时期，组织生活自治意义上的社会多元主义虽饱受攻击，但也在这些方面赢取了一些新支持者，而其原来得到支持的地方也受到了一些攻讦。尽管这一悖论需要进一步的讨论，但在此我们不一一讨论，仅做一些简单评论。

与此同时，在美国和其他地方，多元主义受到的抨击往往在于它阻碍民主的地方。这一争论也常常极度混乱。这些混乱部分地来自人们对经验现实的不同解释：有些批评认为美国并不是充分的多元主义，而是由阶层主导的；其他人认为美国太
xxxviii 过多元主义了，很难让少数服从多数。这些混乱也可能是因为民主多元主义的信条通常是各种观点的混合物，也没有人有效地改进这些观点。就像道林·格雷的画像一样，仿作也获得了自己的独立生命。虽然我们很有必要郑重说明多元主义和民主之间的关系，以及这一争论涉及的实证和名义问题之间的关系，但是我们在这个简要的引言部分很难完成。

作为民主化障碍的多元主义

我们在本书中关于社会多元主义是多头政治的前提条件的讨论可能也是造成思想混乱的部分原因。这部分的讨论与本书末尾中对由"大型组织如工会、社团和工人协会的兴起"带来的民主的难题的讨论分离开来了（原文第 498 页）。我们并没有充分阐明这两部分分析所隐含的深意：社会多元主义的程度对多头政治的存在是必要的，但却不是进一步推动民主的充分条件。

换一种说法来表达这一观点，即为了使大国政府民主化水平达到当代多头政治的水平，一定程度的社会多元主义是必需的。这也是多元主义中对具有人文精神的马克思主义者有吸引力的地方，他们认同自由主义者的思想，批评官僚制度对人性的压抑。然而，组织多元主义的程度可能对于保持多头政治是充分的，却并不足以进一步推动多头政治的民主化，或许甚至可能会阻碍民主的进一步发展。

尽管我们的这一观点还不具有确定的普遍性，但我们对近来在多元主义思想中看不见但又颇具影响力的所谓"国家交易"的"解决方法"持强烈的抨击态度。今天，有些人会将这一难以捉摸的思想当成民主法团主义的一个例子。正如我们所解
xxxix 释的，这种观点认为应该保留这些大型组织，因为它们以更重要的方式代表人民。引用一个作者的话，"它们比按照区域划分选举出来的国会更具有代表性"。在讨价还价的"交易"中，它们形成了一种真正意义上的国会，这些大型组织利益的讨价还价过程，把政府也包括在内，这样就形成了一个令人满意的，甚至可能比像国会这样的组织在国家经济事务政策制定方面更具有优势的决策机制。这个观点认为，全国讨价还价比国会和政治党团能够更好地满足民主和公共利益的需求。

对于这个观点，我们有针对性地表达了反对：在有组织的利益群体之间的讨价

还价并不能实现稳定经济、消除贫民窟、公共住房、医疗保障等这些目标。根据多数人的偏好进行决策也并不能保证会产生“民主”的决策。比如，近些年来的通胀就是根据多数人的偏好进行讨价还价的结果。因此，讨价还价并不是政府科层制的一个替代选择。而且，讨价还价并不能消除非政府的科层制。事实上，只有在讨价还价的组织是科层制的时候，讨价还价才会起效。因此，“全国性讨价还价”的“国家交易”制度安排可能只会以更糟糕的方式推动科层制，甚至让参与讨价还价交易的私人组织也失去内部对“公民自由”的追求了。

对于政治平等，全国讨价还价也可能会带来相反的结果。事实上，组织之间平等的讨价还价权利必定与个体之间的政治平等权利相冲突。即使这些组织本身是民主化的，这一冲突也难以化解。因为，如果一个成员较少的组织和一个成员较多的组织（如联合国大会）具有平等协商权利的话，那么就会违背个体之间具有平等政治权利这一原则。“平等利益”之间的“正当平衡”是全国性讨价还价和民主法团主义的倡导者梦寐以求的结果，但是，如果组织之间没有平等的协商权利，那么由此做出的决策并不能达到这种想要的结果。

这些缺点都因为另一个我们没有强调的因素而进一步恶化了。在几乎所有的多 xl
头政治中，实质性的公民团体并没有参与甚至属于某些组织。在组织对国家重大决策施压时，公众往往被排斥在外。和其他的政治参与一样，组织参与也会因社会和经济地位而遭受偏见。因此，优势阶级往往更多地参与组织和政治，而劣势阶级更有可能是未经组织的，可能更少或从不参与公共生活。因此，政府的决策往往反映或者强化了不平等的结构。因为，政府更多的是回应优势阶级而非劣势阶级的需求，它们帮助维持政治有效和无效的周期，反过来使这一不平等的结构长久维持下去。

在我们看来，不论解决这一难题的最好方法是什么，至少对美国人来说，都不会是破坏组织自治权或者通过智慧精英用集权、命令、科层制、官僚、控制来取代自治权。民主政府和真正的公共经济的结合，就像本书所阐释的一样，比 19 世纪的意识形态所能预想的要复杂和困难得多。直到 20 世纪，也没有一个国家实现了这种结合。本书的目的之一就是让美国人认识到接近或实现这一目标是有可能的。

企业的特权参与

我们在讨论多元主义时犯了一个错，这也是社会科学持续在犯的错——认为企业经营者和企业群体在多头政治中和其他利益群体有同样的角色，尽管前者的影响力更大。事实上，在多头政治中，企业经营者扮演的角色与其他利益群体大为不同。企业经营者的角色比任何其他的群体都更有影响力。

企业经营者，更具体地说，企业的领导者，指的是所有多头政治社团中的主要
创始者、组织者和执行者。对于这些社团投入市场领域和企业领导者手中的资源来 xli
说，多元任务中最主要的任务之一就是尽可能保持社团投入社会中的所有资源的流动性。在这些社团中，除政府外，没有一个群体能承担这种集体的责任。企业经营

者的功能是成为“公职人员”，尽管他们并不是政府官员。

当然，并没有法律指定企业经营者去执行许多组织和领导者被委派的任务。几乎这些社团中的所有规则都是要求企业家以被诱导或说服而非命令的方式运行。因此，我们很清楚，这些社会必须给企业经营者提供足够的好处或优惠，才能形成一种诱导以激发他们执行被分配的任务。

这些安排的结果——尤其是对那些看似从火星上来的人来说——设计并维持一套诱导企业经营者的体系是政府的任务，政府应该关心并认可企业经营者的商业利益。因为这些利益作为一种激励和参与政府的途径，其本身的价值非常大。在这方面，政府和企业之间的关系远远不同于政府和其他任何社会群体的关系。

本书中，我们并没有充分地探索这一有关企业公共政策和多元主义的陈述的意涵，也没有其他人充分地探索了这一议题。然而，在一般的解释中，美国和其他市场导向的体系被描述成不同利益群体中的竞争，这种说法严重失实，因为它们没有充分考虑到企业经营者在政治中的特权地位。为了描绘世界上不同政府的特性，我们非常有必要将企业经营者放在更加突出的位置：当政府官员认可企业经营者的特殊责任和他们对优惠、权威和其他权力的需求时，企业经营者在参与政府事务时就具有了特权地位。此外，尽管企业经营者扮演了利益群体的角色，他们在参与政府事务时的特权地位却是完全不同、更为重要和为其独有的另一回事。如果我们画一
xlii 张常见的政府图表并标出每一组件之间的关系，我们不得不识别并找出这一组件——尽管还没有人为其命名——和执行、立法、政党和利益群体之间的关系。这一组件并不能归入上述任何组件的子部分。和其他的政府组件一样，它是一个可识别的、具体的并与其他的组件互动的过程。

作为民主化阻碍的共识

或许，我们在讨论多元主义时最大的失败在于对共识和民主多元主义之间关系的认识。我们说过并且相信，政治中特定参与者之间特定形式的共识对多头政治，尤其是那些参与政治讨价还价的人来说非常必要。但是，这种共识也限制了多头政治在政治讨论中可供选择的政策范围。如果和霸权体系做比较的话，多头政治的区别之处在于容许思想之间的竞争，虽然这种竞争也是非常有限的。我们已经注意到美国人民有多么不愿意检验企业角色和企业特点的可能变化。选民无法容纳多元的观点，因此当他们一听说麦格文（McGovern）议员提出了所有家庭都应有的一千美元收入基础这一计划时，选民的投票立马使他失去了总统候选人的资格。这样的例子不胜枚举。

多元主义解决问题的方法受到了公共政策讨论的狭窄范围以及对这一狭窄范围的定位的阻碍。盛行于几乎所有多头政治中的共识有一个特点，就是它支持对社会中的既得利益群体更有利的态度、价值、制度和政策，而轻视那些非既得利益者。这并不足为奇，如果一套传承下来的价值体系没有反映这一偏见才是奇怪的。并且，我们并不需要成为马克思主义者就可以理解这一偏见有多么根深蒂固。然而，很大程度上，这一偏见却阻碍了多头政治和民主的制度在实现我们假设的目标方面

的有效性。我们可以从美国多数人支持政治、经济和社会方面的显著不平等的持续存在来了解这一阻碍的程度。这多数人并没有意识到，1848 年之后，他们还需要"赢取一个（更加平等的）的世界"。

作为一项研究工作，弄清楚共识和对现有制度的教条式自满之间的关系充满了 xliii
巨大的挑战。在政治学领域，这还是一块处女地。对于这一关系的检验会引发对公共学派的质疑：他们为保守的教条所牺牲的政治好奇心和创造力，改变他们政治角色的可能性，以及为开放思想寻找机遇而使用政治-经济制度建立的新制度或项目而不是反为这些制度所利用。同时，这也引发了和大众传媒有关的问题：比如，将近乎垄断的广播和电视通过商业广播与企业广告绑在一起的不当性，引入大众传媒的系统性偏见，以及利用媒体提高人民的政治能力等。

渐进主义

20 多年前，我们提出了一些价值标准。但令人失望的是，迈向这一价值标准的步伐异常缓慢，难道这就意味着我们所期望的承担改革大量责任的渐进性政策制定比我们所想的要低效吗?①

现今，我们很难质疑的一点就是，如果我们生活的社会，因为这样或那样的原因没有能力去处理非渐进性变革，那么，再提出非渐进性变革的倡议或为此争辩就 xliv
是浪费时间。在这样的环境下，处理非渐进性变革实际上就是将自身排除在有效的政治参与之外，除非他们相信排除在政治参与之外本身就是一种有效的参与。这一缺陷很有可能被解释为——它意味着政治系统应该被设计成有能力处理非渐进性变革。但是这一点我们还不知道该怎样做。在罕见的危机时期，所有的社会可能都有能力处理非渐进性变革，但从整个历史来看，我们还没有找到任何社会能够像日常一样适应非渐进性变革的例子。很久以前，苏联有一套处理渐进性变革的模式。

社会变革是一个持续性过程，但是人为设定的社会变革是异常困难的。如果我们现在才开始写这本书，我们可能会给阻碍改革朝着我们希望的方向前进的过程、力量和制度给予更多的关注。如果社会在进步的话，不仅仅是因为改革者能够不时地调动起他们的能量来推动，还因为他们能够聪明地取胜、绕过，或控制住那些已经动员起来并且准备反对改革的力量。在美国，更多的金钱、能量和组织力量被用来阻碍平等而非实现平等，被用来限制我们的自由而非扩大我们的自由，被用来将企业领域维持成私人的保留地而非让其公共特性发挥作用。大众传媒和各种流派都在向我们传达放心的消息，传达我们对过去的成就以及现状有多么骄傲，传达我们对于任何经济或政治上的根本性结构变革有多么恐惧。

在这些条件下——也是所有时代的传统社会条件——我们还不清楚什么是实现期望方向的社会变革的最好方法。成功的改革需要策略、智慧和运气。我们相信，在一个以改革困难和缓慢为特点的社会中，渐进性政策制定是对这种社会的明智适 xlv

---

① 参见第 82～85 页，以及第 3 页我们对"重要的选择"的批判。

应，而改革本身并不是一个困难和缓慢的事业。

选择渐进性变革就是相信大量的小变化比通常所设想的不可能的大变化能更快地改变这个社会，因为变革的步伐是步幅乘以步频的结果。虽然很多人发现，谈论和倡导浪漫的不加考虑可能性的巨大变革更令人满意，但是，如果将可能性考虑在内的话，渐进性政策制定可能并不能克服社会变革的反对力量，但是坚持下去，终会有水滴石穿之效。

当前，我们需要的并不是徒劳地倡导非渐进性变革（这与极少见的合适情况下的策略性倡导大为不同），而是通过社会创新来增加渐进性变革发生的频率。我们承认渐进性变革的成果出现得太慢了，我们也相信通过一些合适的改革能够加快结果的到来——比如，去除很多广泛分布在美国系统内的反对力量。如何进一步提高渐进性变革的频率是当今研究和讨论的恰当目标。

结构变革

我们已经说过，美国的政治-经济体系需要重要的结构变革。仅仅在几年前，当经济学家成功地指导经济增长达到顶峰时，当第二次世界大战结束后社会科学家承诺将社会科学应用于解决社会问题的新时代已经到来时，人们普遍相信如果将新的科学政策制定和规划方法移植到现有的政治-经济制度中的话，美国和其他的工业化多头政治也许可以应对它们所面临的所有挑战。然而，我们并不为此感到欢欣
xlvi 鼓舞，我们也不认为更周全的、更可靠的或更具有科学性的问题解决方法是足够的。10 多年前人们对这一问题的强调使人们忽视了最基本的要求。决策制定或政策制定制度本身具有需要重新建构的严重缺陷。

如果科学，尤其是社会科学有主要任务的话，那这个任务主要就是重建政治-经济制度。当然，仅凭社会科学可能并不能完成这项工作。政治-经济制度的重建还需要有创意的人们贡献他们的创新思想，需要建立一个值得公民和政治领导者信任的宪法体系，需要实践中的评判者将其力量广泛运用于社会中。如我们先前所说的，社会科学的发展还不能很好地贡献它自己的力量。

怎样实现结构变革？因为我们对现有的政治-经济制度并不满意，因此，我们并不是很相信通过这些变革可以构建出更好的制度。这是一个合理的预期吗？也许，在这里，我们只揭露了我们所有的不满都是源于我们对自由主义那仅存的天真乐观①。但是，社会制度是变化的，这一点无法否认。并且，很多社会制度的变革是人为造成的，至少是以缓慢的速度在朝着本书中我们所假定的方向前进。我们认为受控的变革的步伐是可以加快的——比如，我们曾说过，可以通过加快渐进性变

① 使用现今不令人满意的政治-经济制度来改革这些制度本身的问题带来了这一难题，即，“新人”或新制度是否对社会改革是至关重要的。在现有制度条件下，我们认为这一方法可能是明智的。在本书的结论部分，我们讨论了性格形成及其对小群体生活中的个人的影响，对此我们也对这一不同于我们自己的方法表示尊重和感谢。在此再次致谢。鉴于性格和制度之间复杂的相互影响关系，我们并没有信心认为我们强调大型制度改革的倾向是正确的路径。

革产生结果的速度来实现。通过这种间接的方式，渐进性变革就成了一种将社会变革“偷运”进社会的方式。如果这一事实能够被更广泛地理解，也许会有越来越多的“偷运者”起到作用，同时也会有人学习“偷运者”的技能。但是，也许会有其他的可能来加速变革，当社会科学家投入了更多的精力去发掘这些可能时，他们发 xlvii
现还有许多仍未可知。

社会科学家，当然也包括我们自己，只是肤浅地注意到了受控的社会变革的过程，并且试图通过理性地改变社会来认识这些过程。但是，在受控的社会变革中，其主要的可识别的工具是什么？另一个更少被人理解的就是，市场体系对创新的非理性偏见。市场体系的一个特点就是它允许个人——通常是企业家——进行创新。在创新时，他们可以忽略创新对社会中的其他人造成的负面乃至有时是灾难性的影响，包括对他们的竞争以及竞争者的员工的影响。近年来，越来越多的人注意到市场体系的这一特点。跟过去相比，人们已经认识到一些社会问题，比如环境污染，可以归结于企业经营者在引进新的技术时，并没有考虑到其更广泛的影响。但是，人们还没有普遍认识到：制度安排有时候是一种系统性地强化而非推迟社会变革的力量，并且，制度安排本身就是市场社会中的高生活水平的一个重要原因。

在我们所生活的时代和社会，大多数人会认为这些变革机制中，没有一个是令人满意的。但是，我们必须面对这一现实，即现存的美国政治制度并不能为我们解决我们面对的问题。这个制度对变革持有一种自然的偏见，即反对变革。事实上，在制宪会议时，这一偏见就被人为地植入系统中了。或许，我们只有重新召集制宪会议，才能让宪法起草中的创新性消除当时的宪法之父们所持有的偏见。对改革的新目标的支持观点和对改革体制中原有价值目标的倾向值得保护。而反对为获得自由平等结果而重塑制度目标和改进制度与政策的偏见则是前进的障碍。这种偏见需要被移除。我们应该移除这样的偏见。的确，我们应该反对那些变革的非理性偏 xlviii
见，并且最好能够抵挡得住社会运行中阻碍变革的强大力量。虽然这些对非理性偏见的抵抗成效缓慢，但是这些美好的愿望值得珍视。

如果不借助威权国家的强力或市场创新过程中激进的偏见，我们是否有可能消除对变革的强大抵制？现在看来，寻找新的机制非常重要。而对于社会科学家来说，没有什么比和其他人合作来寻找这些机制更重要的事了。

罗伯特·A. 达尔

查尔斯·E. 林德布洛姆

1953 年版前言

现在，如果“政治经济学”这一术语不能使人想起斯密、李嘉图和密尔所说的“幽灵”，或是葛雷更（Thomas Gradgrind）和庞贝（Josiah Bounderby）这些人物的话，我们只能遗憾地说，“政治经济学”这一术语将毫无用武之地。我们谈及的第一组名字意味着一些令人尊敬但过时的东西，而第二组名字则意味着一些不仅过时并且令人憎恶的东西。 xlix

尽管现代经济不同于古典经济学家所吹捧描述的那样美好，也不像狄更斯和马克思所描述的那样痛苦，但事实上，现实世界中的经济生活确实平凡如葛雷更描述的质朴以及庞贝描述的奸诈，构成了一种“政治”的经济。毫无疑问，我们周边嘈杂的混乱只是社会中的经济和政治依据普通法联姻后所发生的“家庭”吵闹而已。然而，在当前的正式理论中，政治和经济的关系经常仅被当作远房表亲之类的疏远之交。

本书中，作者试图将政治学和经济学的特定方面并入某一个理论的主体中。大多数政治学或经济学的理论背后都存在这样一个或含蓄或明确的问题，即在什么情况下，许多人会使用社会机制来最大限度地实现他们的目标？这一问题直指政治-经济过程，恰恰是本书的研究焦点。

乍一看，人们可能以为这一问题是要探究伦理而非科学，然而事实并非如此，我们所做的只是假设一下可以被效率化的目标。因此，这并不是一篇讨论伦理的论文，而是一部科学著作，至少从内涵上来讲，本书所提出的假设都可以通过合理使用经验证据加以验证。将政治-经济理论铸造成可以被检验的假设是一项艰难的任务，我们清楚地知道，本书虽篇幅较大，也不过只是开端而已。

l 我们合作本书的初衷源于六年前我们在耶鲁研究生院教授“规划”研讨班时的发现。这两个研讨班都很无聊，相似的题目，内容也有很多重叠之处。然而一门是经济学开的，另一门则是政治学开的。在此后的三年，我们合作召开研讨班，并且我们两人都会参加每一季度以及每一个专题的讨论，正是这个过程促使我俩在每一个研讨班开课前就进行沟通以理解彼此的观点。当然，正是这个研讨班的内容构成了本书，在几经易稿的过程中我们对书中的内容进行了不断修改和调整。

我们认为“经济规划”只能被定义为广义的术语，即试图理性计算和控制稀缺资源的使用。然而，将“规划”与其他任何理性社会行动做同义词使用，只会让这一术语或多或少显得多余。因此，在本书中并没有对这一词语做过多讨论，尽管它的概念所指恰是本书探究的核心。在最初阶段，已有证据表明还没有一种理论可以将政治学和经济学统一起来，除非它能够阐释清楚这两门学科所赖以建立的基本的社会学和心理学假设。因此，我们希望，能够小心翼翼地从这些学科中汲取一些概念。

过去，很多社会学家而不是经济学家被很多经济学理论那抽象的、逻辑的、严密的、(然而) 在外人看来显然是非实证的和非社会学的特点所迷惑。我们应该这样想：现在对其他社会科学领域的同僚来说，很多先前被经济学家当作他们自己行业领域的社会过程已经更为开放了，这也包括有关经济学的一些批判、观点、假设和方法等。

最初，我们想用特定的政治-经济技术来更精确地处理一些细节问题。然而，我们对发展出一些适应西欧和美国工业化经济特定方面的理论的关心却使我们偏离了这一本意。然而，未来美国和西欧的自由，都不可避免地与四种主要的科层制组织的未来息息相关，而正是通过这些组织——简而言之，商业组织、政府官僚组
li 织、工会和政治党派——我们做出了大多数关键的决定。我们希望，以后能够将这四种组织的全面研究补充进本书现在的内容中。

现今，人们已经在政治-经济事务的假设的有效性方面取得了大量共识，这一发现让我们倍受鼓舞。已有的研究表明，很多“规划者”和反对规划者之间的冲突，仅仅是针对目标而不是针对使用可供选择的方法所产生的具体结果的冲突。现有的许多其他冲突，可能来自需要从已经达成共识的具体结果中概括出一些东西，或者来自为实现全面的目标和价值的广义的、难以具体定义的结果。因此，达成科学共识的程度被强调因最终目标和定义不同而难以达成的共识弄得模糊不清了。

很多著作都会以“合作”的形式出现，但是它们中极少会在“辩证过程”上——希腊语义上的，而非马克思主义的意义上——依赖合作。和许多其他的合著一样，本书的每一章都是两个人思想的结晶。从广义方面来看，本书是无数其他人的间接成果，这些人中，有些我们认识并且在别处已经致谢，有些虽然还健在，但是只能通过他们的作品认识他们，然而，很多已经不在人世数十年或数世纪了。

鉴于我们从他人处汲取了太多思想和知识，如果再说这本书是原创的就太愚蠢了。但是，我们发现本书中所展示的框架在检验我们所生活的社会时非常有用，也许其他人也会发现这一框架有用。当然，检验政治经济科学是否进步的一个标志就是这类书是否会过时和被遗忘。

罗伯特·A. 达尔

查尔斯·E. 林德布洛姆

致　谢

在本书几度修改过程中，我们受到了很多人和很多机构的持续帮助，对此我们深表感激。 liii

我们感谢卡耐基基金会（Carnegie Corporation）、美国－斯堪的纳维亚基金会（American-Scandinavian Foundation）、约翰·西蒙·古根海姆纪念基金会（John Simon Guggenheim Memorial Foundation）、布兰奇·伊丽莎白·麦克利什·比林斯纪念奖（Blanche Elizabeth MacLeish Billings Memorial Award）的无名捐赠者以及耶鲁大学，他们给了我们更多的不用教学的时间和差旅费用，以及来自文秘和编辑的帮助，这些机构共同承担了我们研究和写作的费用。

我们感谢耶鲁大学的教务长埃德加·S. 弗尼斯（Edgar S. Furniss）教授，以及我们两人各自所在的学院，给了我们工作方面很多的关心和帮助。

我们感谢我们过去的以及最近的学生给我们的批评、鼓励以及他们的观点，尤其是那些我们最开始的研讨班上的研究生，正是和他们一起我们制定出了本书的主线，也正是他们最先阅读了本书的一些案例并给我们早期的手稿提出了评论。在致谢中也许很容易忽略学生，但是我们却从学生中受益匪浅。

我们感谢耶鲁大学的本科生通过奖助学金给了我们长久的书记和速记帮助。在此，我们要感谢阿诺德·洛佐维克（Arnold Lozowick）、本·沃尔特（Ben Walter）、哈里斯·吉尔伯特（Harris Gilbert）、唐纳德·利文沃斯（Donald Leavenworth）、约翰·艾森巴赫（John Eysenbach）、约瑟夫·鲍（Joseph Bow）、莫顿·弗赖利克（Morton Freilich）以及沃尔特·L. 罗斯（Walter L. Ross）。

我们感谢拉络维夫人（Mrs. Charles P. Larrowe）和达尔夫人（Mrs. Darl）在我们准备手稿时给予的慷慨而又有效的帮助。

我们感谢那些腾出时间接受我们采访的人，太多人给予我们帮助，我们甚至无法一一致谢。但是毫无疑问，这数百名未提及姓名的人会原谅我们不能一一具名。我们感谢牛津大学纳菲尔德学院给我们提供的图书馆资源、办公空间以及其他的便利，尤其是纳菲尔德学院的员工沃登·A. 罗芙迪（Warden A. Loveday）以及切斯
liv 特（D. N. Chester）。我们也感谢斯德哥尔摩瑞典商业银行的拉斯-埃里克·赛候姆（Lars-Erik Thunholm）给了我们类似的帮助。我们也感谢在海牙的荷兰中央规划局（The Netherlands Central Planning Bureau）的爱德华·范克莱夫（Edward van Cleef），以及瑞典-美国基金会（Sverige-Amerika Stiftelson）的希尔布姆夫人（Mrs. Kid Kihlbom）、斯德哥尔摩的瓦尔斯泰特（A. Wålstedt）、伦敦联合利华的副主席保罗·瑞肯斯（Paul Rykens）、在巴黎的法国电力公司的德叙（G. Dessus），以及英国的荷美尔-亨普斯特德发展公司（Hemel-Hempstead Development Corporation）的威廉·哈特（William Hart）。他们为我们安排了很多访谈，我们深表感谢。我们也感谢在巴黎遇到的朋友安妮·乔巴（Anne Joba）小姐，她为我们安排访谈、提供住宿，并为林德布洛姆先生和他的家人在法国期间提供了可能的所有便利。

我们也感谢我们的同事，他们抽出时间看了我们的部分或全部的前期手稿。他们的名单本身就证明了我们的学术社群确实是一个社群，是一个没有人会独自作战的群体。我们感谢他们给出的帮助：保罗·阿普尔比（Paul Appleby）、克里斯蒂安·贝（Christian Bay）、布朗（Brown）夫妇、巴克斯顿（Claude E. Buxton）、科克尔（Francis W. Coker）、杜布（Leonard W. Doob）、费格尔（Herbert Feigl）、芬纳（Herman Finer）、加尔布雷斯（John Kenneth Galbraith）、亨佩尔（C. G. Hempel）、海因斯（L. G. Hines）、海尼曼（Charles Hyneman）、詹尼（Hans Jenny）、肯德尔（Willmoore Kendall）、基（V. O. Key）、诺尔（Klaus Knorr）、莱恩（Robert E. Lane）、拉斯韦尔（Harold D. Lasswell）、利斯（Wayne Leys）、麦克洛斯基（Herbert McClosky）、米勒（John Perry Miller）、米利肯（Max Millikan）、拉格尔斯（Richard Ruggles）、塞缪尔森（Paul Samuelson）、西尔斯（Edward Shils）、西蒙（Herbert A. Simon）、托宾（James Tobin）、韦斯特（West）夫妇、温斯顿（Charles M. Winston）以及赖特（McCord Wright）。

罗伯特·A. 达尔

查尔斯·E. 林德布洛姆

目　录

第1篇　个体目标与社会行动

第2篇　社会过程的两种基本类型

第3篇　效率化的社会过程

第4篇　四个主要的社会政治过程

第 5 篇　政治–经济技术

结　　语

第1篇

个体目标与社会行动

第 1 章

社会技术与理性社会行动

1.1 引言

重要的选择和各种“主义”

在经济组织及其改革中，那些曾经的“重要议题”已经不再重要了。对于有思想的人们来说，在社会主义还是资本主义、计划经济还是市场经济、管制还是放任自由之间找寻传统有意义的替代选择越来越困难，因为他们发现，他们的实际选择既不是那么简单，也不是那么重要。说它们不是那么简单，那是因为经济组织产生了很多棘手的问题，这些问题除了仅仅通过小心地关注一些技术性细节而得到解决外，别无他法。例如，通货膨胀能够得到控制吗？说它不那么重要，那是因为至少在西方世界，大多数人既不能也不想通过在社会经济组织类型的各种试验更容易地实现目标。例如，如果税收能实现目标，为什么还要通过“废除工资制度”以改善收入不平等的问题呢？ 3

另外，传统观点并没有被完全抛弃，它只不过被安放在了别处。“社会的无计划和无理性的特点”，费罗姆（Erich Fromm）写道，“必须被计划经济所替代……”[1]，然而，他并没有说哪些将被纳入计划，怎样计划，为了什么特定的目的而进行计划，等等。他只是说“大多数人基于自我认识都会需要计划”。

甚至熊彼特[2]有时也将其描绘成神秘的重要选择，他在一些书中写道：“资本
4 主义，引入了一种人类所赋予的超自然力量，它甚至是一种可以操纵历史的力量。”[3] 他的社会主义概念在一种情景下是复杂的，在另一种环境下可能又是简单的。因为对他来说，社会主义有时只是渐进性变革积累的结果，有时则可能是特定时间和特定地点被某一系统故意用作资本主义的替代选择。在将社会主义写成计划时，他写道：“有一种情况可能会出现，即多数人会认为完全的计划可能是坏处最小的选择。”[4] 对这一选择的不加掩饰以及“完全计划”（它会意味着什么?）的概念，实际上，是一种已消失观点的特征。

熊彼特、哈耶克[5]、李普曼（Lippmann）[6]、米塞斯（Mises）[7] 和许多民主社会主义学者或计划者，如杰伊（Jay）[8]、贝克威思（Beckwith）[9]、洛林（Lorwin）[10]、兰道尔（Landauer）[11]、兰格（Lange）[12] 和曼海姆（Mannheim）[13] 对于我们理解经济组织大有裨益，但是不同程度上，他们的观点也被现在已经消失的各种伟大“主义”的传统所羁绊。他们所设想的重大选择正是左派或右派思想的鬼火复
5 燃。现在的资本主义不过是一个名义上囊括了很多经济体的名词而已。

计划还是不计划？所有人都理解计划的字面意思，并且，正因为如此，每个人都相信，中央政府应该为他们的经济生活制订一些计划。没有人喜欢坏计划。事实上，计划还是不计划这根本就不是一个选择题。相关的问题常常取决于一些特定的技术：应该由谁来计划？计划的目的是什么？计划的条件是什么？应该使用什么工具进行计划？自由市场还是管制？当然，这些问题其实提得不太好。这两种制度都是不可或缺的。

---

① Erich Fromm, *Escape from Freedom*, Rinehart and Co., New York, 1941, p. 272.

② Joseph A. Schumpeter, *Capitalism, Socialism and Democracy* (2nd ed.), Harper & Brothers, New York, 1947.

③ 参见：Walter Eucken, *The Foundations of Economics*, William Hodge and Company, London, 1950, p. 330.

④ Joseph A. Schumpeter, “The March into Socialism,” *American Economic Review*, May, 1950. pp. 446–456.

⑤ F. A. Hayek, *The Road to Serfdom*, University of Chicago Press, Chicago, 1944.

⑥ Walter Lippmann, *An Inquiry into the Principles of the Good Society*, Little, Brown and Co., Boston, 1937.

⑦ Ludwig von Mises, *Human Action*, Yale University Press, New Haven, 1949.

⑧ Douglas Jay, *The Socialist Case* (rev. ed.), Faber & Faber, Ltd., London, 1947.

⑨ Burnham P. Beckwith, *The Economic Theory of a Socialist Economy*, Stanford University Press, Stanford, 1949.

⑩ Lewis L. Lorwin, *Time for Planning; A Social-economic Theory and Program for the Twentieth Century*, Harper & Brothers, New York, 1945.

⑪ Karl Landauer, *Theory of National Economic Planning*, University of California Press, Berkeley, 1944.

⑫ Oskar R. Lange and Fred M. Taylor, in Benjamin E. Lippincott (ed.), *On the Economic Theory of Socialism*, University of Minnesota Press, Minneapolis, 1938.

⑬ Karl Mannheim, *Man and Society in an Age of Reconstruction*, Kegan Paul, Trench, Trubner and Co., London, 1940.

1894 年，韦布（Beatrice Webb）推测以后的学者将会怎样看待集体主义的争论。“他们将会大吃一惊，”她写道，“因为，我们为了建立一种形而上学的地位正不遗余力地摧毁另一种形而上学的地位”[①]。由于相信改革会产生大量的技术问题而不是给出更重要的选择，其他一些费边主义者同意韦布对当前的争论的观点[②]。尽管当前的学者还没有进步到超过韦布女士，然而，他们也很可能会为她同时代人的错误所震惊，至少这种错误正在逐渐逃离各种专制的“主义”[③]。

当然，严重的问题依然存在。因为整体有时大于各部分之和，一系列改革中的某一个步骤也可能会产生比我们所能想到的更好或更坏的结果。改革需要以一些断裂点为突破加以施行。即使这样，如果断裂点存在的话，对旧有选择的进一步争论 6
也并不能保证我们能发现这些断裂点。这些争论也并未使我们将注意力从无尽的、具体的且构成我们“系统”的社会技术中跳脱出来。

社会技术

在经济生活中，理性社会行动的选择，如计划、改革，或简言之，解决问题的各种可能——并不取决于我们在神秘的重大选择中的抉择，而是很大程度上取决于我们所选择的具体社会技术。

政治-经济技术的种类。可供选择的政治-经济技术的数量是相当巨大的。例如，商业公司组织可供选择的形式是多种多样的。其中，私人企业就有多种组织形式。独资企业、合资企业、公司制企业都表示这些可供选择的结构差别很大。不论有没有实际控制人，公司制企业可能是一种对所有家族或复杂官僚系统来说比较简单的结构形式。同时，一个受管制最少的公司和一个受到安全监管和外汇管制的公司是大大不同的。它也区别于嵌入集体讨价还价管制矩阵而发展起来的公司；也区别于在现有的反托拉斯法威胁下运营的公司；亦区别于受费率管制的公司。费尔伯特公司、福特汽车公司、美国电话电报公司、通用汽车公司、浩狮迈公司、肯尼科特铜矿公司以及宾夕法尼亚铁路都是公司制企业，但它们在组织的生产技术方面却有显著的政策区别。不论是什么问题、什么目标，可供选择的技术数量是相当

---

① Beatrice Webb, *Our Partnership* (edited by Barbara Drake and Margaret J. Cole), Longmans, Green and Co., London, 1948, p. 118.

② Francis Williams, “The Program of the British Labor Party: an Historical Survey,” *The Journal of Politics*, May, 1950, pp. 189-210, esp. pp. 197–198.

③ 比如，更新颖的方法参见：J. M. Clark. *Guideposts in Time of Change*, Harper & Brothers, New York, 1949; Seba Eldridge and Associates, *Development of Collective Enterprise*, University of Kansas Press, Lawrence, 1943; W. Arthur Lewis, *The Principles of Economic Planning*, Allen and Unwin and Dennis Dobson, London, 1948; D. W. Chester (ed.), *Lessons of the British War Economy*, Blackwell's, Oxford, 1944; John K. Galbraith, *American Capitalism: The Concept of Countervailing Power*, Houghton Mifflin Co., Boston, 1952; J. M. Clark, *Alternative to Serfdom*, Alfred A. Knopf, New York, 1948; Wilhelm Keilhau, *Principles of Private and Public Planning*, George Allen & Unwin, Ltd., London, 1951; K. R. Popper, *The Open Society and Its Enemies*, G. Routledge & Sons, Ltd. London, 2 vols., 1945; R. H. S. Crossman (ed.), *The New Fabian Essays*, Turnstile Fleming, “Production and Price Policies in Public Enterprise,” *Economica*, N. S. 17, February, 1950; and C. A. R. Crosland, “Prices and Costs in Nationalized Undertakings,” *Oxford Economic Papers*, N. S. 3, January, 1950. 也可参见目前有关“舒曼计划”的文献。

大的。

政治-经济技术的创新。此外，可替代的技术还会因为新发现、新发明和创新而持续增长。为了转向私人企业这一可供选择的典型形式，美国原子能委员会（AEC）已经发展出一种相当不同的新企业形式，尽管它与战争中通过契约方式形成的商业组织相似。凭借与委员会的契约关系，美国联合碳化物公司、田纳
7 西-伊斯曼公司、通用电气以及其他公司与上面提到的公司形式在不同的激励结构下运行。利润，它最普遍的含义已经消失了。当然，消失的还有投资决策的独立性，因为价格和生产政策都需要协商。然而，多数的主动权仍然掌握在企业手中，并且，相对来说，企业在很多决策中的自治权并没有受到多少影响。

很多人相信发明和创新往往发生在技术层面，而不是社会结构层面。这种偏见也许就解释了为什么通过提高技术而增加理性社会改革经常遭遇失败。我们所需做的仅仅是列出那些增加理性社会行动可能性的发明和发现，尽管应用它们可能会带来一些新问题。公司制本身曾经是一个革新，诸如失业补偿、食品券、成本核算、分区、租借法案、福利社、科学管理、计点配给制、清除贫民窟、政府老年养老金、残障人士补贴、集体讨价还价等都是革新的措施。它们的兴起并不遥远，我们能够看到它们积聚能力的过程。今天，欧洲支付同盟和舒曼计划都能证明我们时代的创新性。

创新率。现在，技术创新是非常快的。在社会技术创新过程得到系统研究之前，为什么会如此可能只是一种推测。一种假设认为民主的进步能使很多人坚持解决过去看来无法解决的难题。同样，直到权力更民主时，公共政策难题才可能不给民众带来挫折感。现在这两种情况都激励人们在技术方面更具建设性地思考。第二种假设，即我们说过的，改革强调技术手段而不是更重要的替代选择。第三种假设是，在过去的几年里，战争和国防在很大程度上推动了人们既寻找技术的，也寻找社会的工具来进行社会控制，我们从兰德公司的报告中可以看出这一点。

第四种假设是社会技术的发现和创新在很大程度上是社会科学的产物，而社会
8 科学本身的发展还比较年轻。社会科学家在认识人类如何被影响方面有大量想法，近来，人们心理学研究的进步也对社会科学家思考人是如何被影响的有所贡献。最后，读写能力、大众教育以及沟通方面的技术革命为许多创新提供了线索和激励。毫不奇怪，我们也可以从文化转型中找到其他的解释，比如西方社会墨守成规传统的衰退等。

创新的过程既是科学的，也是政治的。仅仅发现新的社会技术还远远不够，这些发现还必须投入使用才行。发明和发现只是这一过程的开始，下一步就是创新，这就是政治方面的事情了。我们认为，如果从整体上看，这一过程进行的速度之快令人震惊，这可能是我们时代最大的政治变革了。没有意识到这一点的人很难理解它对社会变革带来的可能好处和危险，而做不到这一点，他就没有能力胜任公共政策的挑战。

理性与负责的改革也会终因一些不懂改革方法可以有多种选择而受到限制。

他们不懂新方法可以在改革中出现，或者被创造出来。很多政策分析和制定还掌握在那些认为人就是人，制度就是制度，而政策不过是对以往同样的变量进行重组的人手中。作为一个政治领导者，罗斯福的伟大就是鼓励新技术，国家复苏局和国家劳动关系委员会的建立，租借法案、食品券以及 50 艘驱逐舰的交易都说明了这一点。一个相反的案例就是第二次世界大战时期美国工业的工会工厂的无用争论。在这一争论中，很多群体拒绝考虑开放式工厂、封闭式工厂和工会工厂以外的其他选择，尽管战时劳工委员会通过保留会员制这一创新手段结束了这场争论。相似的，有人可能发现，在英国关于广播政策的争论中，人们先入为主地认为只有英国的系统和美国商业广播公司才是可能的选择，没有人注意到还有其他的选择，包括其他可能不为人知的小公司，或者新近设立的广播公司。有句老话说，军队总是做好了打最后一战的准备，很多关于社会政策变革的讨论也有类 9
似的缺陷。

政治-经济技术的选择性。能够解决某一特定问题的可选择方法的数量通常很多。这些可供选择的技术使我们的选择更精确，也更能适应目的的要求，也常常比我们所能考虑到的要多。比如，我们根据私有企业形式的多样性就能知道它能够带来多种选择策略，这些都是已经存在的并且可以想象到的。这些根据不同技术等级进行精细分类的选择并不限于它们之间极为细微的区别。这些选择的区别构成了一个两端极为不同的光谱刻度表，一端为政府权力，另一端则为私人权力，中间是志愿主义还是强制主义、集权还是分权、指令还是教导、地方自决还是国家决定等。

我们可以解释这些对政策来说不同的选择矩阵，它们中的每一个都与另一个和它相关的选择大为不同。我们需要强调图 1－1 中的连续体所代表的选择技术都很重要，并且每一种技术都适用于特定的问题，且有着特定的目标。比如，我们可以想象一下在私人所有和公共所有作为企业组织的极端方法之间还有多少种选择。当然，就以此刻度为基础的一些技能的精确定位而论，人们可能会持有不同的观点。但是若排除这些不同的观点，这样一种连续模式就是图 1－1、图 1－2 所呈现的那样。

图并不能证明什么，它只是一种解释工具。图 1－1 一方面在某种意义上展示了不受管制的私人企业所具备的技能类型的多样性，另一方面展示了像美国邮局那样作为政府机构中的一个普通部门是如何运作的。这两方面都阐明了私有制和公有制在某种程度上能够覆盖这种较长的技能连续体。这也说明了我们在考虑全面的系统时，通常会把人们所认同的技能和在分界线以上的私人企业及分界线以下的社会主义性质企业联系到一块，这是无效的。它们之间有重叠的部分，而不是说这项技术靠近刻度的一端，那项技术靠近刻度的另一端。我们尤其要注意对公费医疗制度 11
的定位。

图 1－1 揭示了讨论国有化和私人企业之间的对抗有多么愚蠢，同时也暗示了 AEC 的合同制能够对企业提供更加全面的管制，而像英国或纽约港那些给国有企业更多自治权的企业则做不到。无论这种说法是对是错，这种技术的安排不免有些武断，从特有的目标来看，AEC 的合同制，如公用事业管制、工人控制计划、补助

图 1-1　展示政府所有企业和私人企业之间可行选择的连续体

政府										私人
	AEC 租借和合同 国防合同的某些类型		受管制的公用事业		反托拉斯	补贴性企业（像右方一样被管制）	受混合企业管制的企业，包括劳工和安全	受公司管制的公司	假设只受普通法限制的小公司	
	像普通政府部门一样运作的企业，如邮局 受内阁控制的公有企业 BBC British RR TVA 伦敦港 纽约港	政府部分所有企业	受三重管制的公营公司 法国电力公司 法国 RR	政府、私人共有企业	工人控制 行业协会 和辛迪加		政府与私人生产者订立合约，如公共住房项目	政府从私人出售者手中购买的项目，如英国健康项目和公费医疗项目		

横线下方：通常用“国有化”、“社会化”、“政府所有”和“公营企业”等词汇描述的技术。
横线上方：通常用“私人企业”、“私有财产”和“自由企业”等词汇描述的技术。
被线穿透的：通常是指公有、私有性质并不清晰的技术。

图 1-2　展现政府行动在强制和信息之间可行选择的连续体，如解决劳动争议的技术所阐释的一样

强制								信息
	由地方政府、警察局、商人等支持的高度组织化的“自愿性”复工运动 对总统重返职位的吁求	具有建议解决权力的事实调查委员会	没有建议解决权力的事实调查委员会	“冷处理”要求	调解	安抚	政府官员的非正式建议或咨询	
	强制裁决 禁令 民兵组织	自愿仲裁		无法有效地实施手中的裁决时，采取强制仲裁				

横线上方：通常被认为与“教育”、“劝服”和“合理吁求”有关的技术。
横线下方：通常被认为与“权力”、“强制”和“命令”有关的技术。

金或安全保障和交易管制，通常会比国有化做得更好。但是这些技能中的每一项都提供了略带差异的政府和私人控制的组合，因此我们可以选择最能弥补特定组织缺陷的特定组合方案。

另一个需要注意的地方就是，选择范围其实能够比图 1－1 中所给出的有更精确的渐变性，因为很多这些可选择的技术提供了将公共的和私人的力量结合起来的不同方法，这些方法都与企业家的某一种具体决策息息相关，而这恰恰是政策试图施加影响的方面。同时，对于精确选择的可能性我们也只是一提而过，因为简化才能让本书更为易读：很多例子中，我们只是把企业的类型放在图谱的刻度上，而不是说是某一个具体企业。当然，在同一类的企业中，也还是有不同的受控制的程度的。

图 1－2 举例说明了一种大为不同的选择，但对政策制定者来说，这些选择具有精细的简便性。其中将信息和教育结合起来作为一种极端的控制技术，而强制技术则被放在另一端。该图阐明了解决劳工纠纷的可行方法选择，当然，这些选择只是众多可能的解释中的一部分而已。

在此图中，横线上下的技能分界比图 1－1 的分界更具随意性。我们已试图把人们普遍认为具有说服性的技术（分界线以上）和具有强制性的技术（分界线以下）分开。就像我们经常绘制的图那样，图中重叠的部分代表在此处区分无效。因为某些被人们普遍认为是说服性的技术常常具有强制性，并且它再次强调了人们在 13
这两种技术类型中都能够发现的变量范围，即信息和强制。

人们对一些技术的精确定位或许会有争议，因为这只是一个主观判断而不可证实。但是，再一次重申，我们只不过想证明选择中所体现的细微渐变性这一事实，并且，很多技术在队列中的变化并不会影响此图的实用性。几乎没有人对技术的总体安排提出异议。表中分界线以上最左端出现的对总统重返职位的吁求几乎和禁令一样具有强制性，尽管这种吁求并没有威胁。并且，尽管强制仲裁可能采取强制裁决，但它只不过是一个事实调查委员会，并没有权力做出决策。强制仲裁常常缺乏对违反行为的有效惩罚，我们在图谱线上标出了两处可能发生的地方。在这些辅助的考虑之外，一个重要的事实就是，可行的技术几乎提供了信息和强制所有可能的组合。

图 1－3 表明了这些可能的渐变性对招聘和支出水平所谓的直接或间接控制。典型的是稳定政策频繁使用间接控制，比如，操控银行存款准备金的规定或通过政府开支的变量来控制私人支出。另一方面，通过企业公有化、投资许可以及其他对指定的个人或企业的单独决策的直接控制等方法，都可能将企业的支出决策置于政府的控制之下。然而，一系列不同的可行选择通过简单的渐变将两端再次连接起来。如果尚未指出的话，我们有必要指明，适用于某一经济部门的某种技术选择通常并不阻碍适用于其他部门的技术中的大量选择。只要检查图 1－3 中标出的技术我们就能够认识到这一事实，当然，对于其他刻度上的技术来说也同样适用。

图 1－4 展现了自愿性组织和强制性组织为达到各种目的而进行的选择。需要明确解释的是，政策从来不是仅在那些（一方面）要求“政府”执行某一特定

图 1-3　展示直接控制和间接控制之间可行选择的连续体，如控制招聘和支出水平的技术所阐释的那样

直接控制 ←→ 间接控制

允许指导投资的国有化 公共支出的变化	私人投资许可	反托拉斯	州和地方政府补助金的变化	私人交易的信用条款的管制，如分期付款	对企业价格政策的吁求或对工会工资政策的吁求	向消费者兜售债券	税收和津贴 操控利率和中央银行政策 公共支出的次生效应

图 1-4　展现自愿性和强制性组织之间选择的连续体

自愿性 ←→ 强制性

咨询委员会	公共服务	农业部合约伙伴协会 行业协会和辛迪加	国家复苏局规范团体 土地使用规划区	税区	市政当局	美国的一个州	社会保障体系	民族国家
小型私人俱乐部	政治党团 压力集团	职业和商业组织 工会	保有会员规则的工会	封闭式工厂的工会 养老金对分隔不起作用的企业	阶级和地位群体 代表政府权力的商业团体，如英国的新闻使用者	行业协会和辛迪加		

横线上方：通常被当作政府组织。
横线下方：通常被当作私人组织。

的功能，或（另一方面）将其留给“私人的”团体执行之间做出简单选择。分界线以上和分界线以下的技术分类也恰好暗示：私人组织可能会像政府组织一样具有强制性。我们对前面图的评论应该能够表明图 1-4 和图 1-5 的意义，这一点已足够清晰，无须进一步置评。图 1-5 试图展示由中央政府严密监管的程序和具有高度自主性程序之间的选择的渐变性。因为政府通常具有强制权，而私人组织则具有自治权，这就揭示了自治权-强制权可组合的范围之广。通过检验其他种类的选择以及与其他问题或目标有关的同种类的选择，这些图的数量可以无止境地增加下去。 16

无论新技术控制领域的创新速度是否是我们这个时代最伟大的政治革命，技术以及并不是各种“主义”的东西都是西方世界理性社会行动的核心。的确，英美两国的政治经济体系在很多重要的方面都不同，然而，两国的主要政党却在用几乎相同的技术来解决各自国家所面临的经济难题。两国意识形态的不同以及主要党派内部意识形态的差异都显著地影响了它们对技术的选择，但是，两个国家的政策选择都是经过技术考虑的结果。并且，在两个国家内部，在近乎神话般的重要选择上引发政策争论也越来越难。

技术上达成共识的领域

在经济政策方面，一个令人好奇又鼓舞人心的争论是：意识形态的不同并不能掩盖在适当的社会技术方面出现的共识。朱克斯在他的《计划的折磨》一书中对左翼愤怒开战[①]，但是对英国经济政策的特殊性，他又和自称自由社会主义者的米德[②]的观点相近，两人都很赞同西蒙斯的《自由放任的积极计划》[③]、刘易斯的《经济计划原理》[④] 和罗普克的《我们这个时代的社会危机》[⑤] 中的观点。如果 18
保守主义者、自由主义者、计划者和反对计划者发现他们在具体的政策问题方面已经紧密地抱成一团，逐渐达成共识，那么对社会科学来说也是一个意义非凡的事实，这也说明了理性的政治-经济行动的可能性。

虽然社会科学仍处在婴儿期，但它已经在生产思维习惯，积累知识，并且理论假设已经开始指导共识的达成，这在 50 年前是完全不可能的。的确，社会科学没有告诉我们人类是否理性，计划是否会成功，政府是否能够明智地管理经济事务。但是，提出这样的问题是很不明智的，因为我们知道人类可能是理性的又可能是非理性的，计划或许在这种情况下会失败，但在另一种情况下则会成功。政府可能会明智地管理经济事务，也有可能不明智。但是，社会科学正在开始确定这些关键的

① John Jewkes, *Ordeal by Planning*, The Macmillan Company, New York, 1948.

② James E. Meade, *op. cit.*

③ Henry C. Simons, *A Positive Program for Laissez-Faire* (Public Policy Pamphlet No. 15), University of Chicago Press, Chicago, 1934.

④ W. Arthur Lewis, *op. cit.*

⑤ Wilhelm Röpke, *The Social Crisis of Our Time*, William Hodge and Co., London, and University of Chicago Press, Chicago, 1950.

图 1-5　展示根据组织运行中受层级制上级指导的程度可选择的公共部门类型连续体

自治										参与
BBC	煤炭委员会	地方政府	组织和管理部门，财政部		法庭	内阁秘书				养老金部 文书局
自治性组织，比如纽黑文社区的托管机构	半自治性组织，比如纽约当局的港口局	AEC	高级法院	田纳西流域管理局	管制委员会	围垦署	预算署	审计署	失业补偿金发放机构	退伍军人管理局
				安全和交易委员会		州际商业委员会				

横线上方：英国政府机构。
横线下方：美国政府机构。
英国和美国机构所安放位置并不具有可比性。

变量。人们在政治-经济政策方面达成共识的实质恰恰是理性社会行动必备的技术前提，而这正是社会科学所取得的成就。

1.2　本书的讨论范围

政治-经济领域的理性社会行动的先决条件

本书中，我们①提出，应该通过探索政治-经济领域的理性社会行动的先决条件，来尽量利用这些值得褒奖的共识。我们希望大范围地发现这些共识，而终结隐藏在共识背后的那些对口号的无谓的争论。我们并不试图一一评价我们讨论过的很多具体技能，相对而言，这本书只不过试图去检验某些重要的过程和主要的技术而已，对具体技术中进行选择就建立在这个基础上。

乍一看，对理性社会行动先决条件的分析似乎避开了所有有趣的问题，因为它似乎用道德教化替代了描述性科学，而后者恰恰是预测的基础。为了实现理性的政治-经济组织，一个国家必须做什么呢？一个国家能够实现理性的政治-经济组织 19
吗？显然，后者要比前者的问法更为有趣。但是，也要考虑人们怎样看待这些问题，要么第二个问题无法作答，要么两者是一样的问题。一个国家是否能成功实现理性的政治-经济组织，不仅取决于它所使用的特殊经济技术，而且也取决于公民的政治经济素养、信念和态度。事实上，整体来说，取决于这个国家的文化，以及有利的环境。所以一个国家能否取得理性社会行动的成功实际上超出了人们的知识范围，除非这个国家可以通过理性社会行动的先决条件来衡量它的社会过程和技术。

如果知识丰富（事实上并不丰富），对理性社会先决条件的追溯就会更加彻底。并且这些对自身先决条件的回溯可以联系到我们在此处所描写的理性社会行动的先决条件。因此，如果政治-经济生活中理性社会行动的要求之一是某种程度上的政府协调，而政府的协调反过来又要求行政和立法之间的特殊关系，这种特殊关系反过来要求改变美国现在的政党结构，而政党结构的改变反过来又要求南方实行两党制，在一系列的循环过程中，南方两党制又会反过来提出更为具体的条件来结束南方民主党人脱离民主党的要求，这时人们可以预测理性社会行动的成败。

当然在对先决条件的探究中没人能走这么远。既没有人追寻一个能够回溯到此时此地的条件链，也没有人发现更多其他可以替代的条件链，而在这些链条中，每一个人都是理性的充分必要条件。但是社会科学的发展已经到了这样一个点，即条件链的建立已经开始，而本书也会不遗余力地去揭示这些链条哪里可能断裂，哪里可能产生交错互锁（interlock），以及哪里可能有缺失。

---

① 以后均指作者，除非另有说明。

由于社会行动是否合理取决于它能否最大限度地达成它所指向的目的，因此我们有必要假定很多社会目标。然而，除此之外，对先决条件的分析并不是道德上的要求，而是科学意义上的必需。它是通过对函数关系和条件关系的陈述，通过描述而非“开药方”的指示进行的。描述性的理论假设可能涵盖所有能想象的与
20 政治-经济组织有关的函数关系，或者仅限于这样的描述性假设，即在因果关系中，结果是符合期望的，因为它要么是一个可推测的结果，要么是一种可实现其目标的方法。后者这些目标有时叫作规范的描述性假设。理性政治-经济行动的先决条件被称为规范性假设。当然，它们需要通过对其他种类的描述性概括来实现。

经济学家把这种方法称作福利经济学，这在庇古的经典著作《福利经济学》①中以及近年来大量的文献中②都有所体现。此处，我们进行的是福利的政治经济研究工作，这与实现福利经济有关，但又试图在福利的政治-经济条件下实现经济学和政治学的整合。在这些理论框架的条件下，我们也希望能够实现政治和经济理论的有效结合。

计划的概念

计划的字面意思是为了达到一个目标而采取经过理性计算的行动。因此，不管为达到理性政治-经济行动的目的采取市场思维还是控制思维，都可以被描述为经济计划。但是，我们从类似于速记的方便表达中所构想出的计划与哈耶克③或朱克斯④或兰道尔⑤所说的计划大为不同。尽管，为了避免曲解我们应尽量少使用这一术语，但是本书的论述可以看作是赋予计划一种新概念的方法。

出于良好的目的，我们在枯燥无味的争论中重申一个有用的概念，如计划。无
21 论人们喜欢与否，必须承认，词语有时就是人的主人。对计划的沉闷的争论大部分源于人们对理性行动的形式的困惑，人们有时候采取行动仅仅是因为“计划”一词描述了“市场思维”与“控制思维”这两种理性计算的情况。如果我们重新使用这一词语，便很有必要重新分析计划的过程。而这样我们所收获的就不仅仅是一个术语了。

分析的顺序结构

为了提醒读者，本书的建构更像一个金字塔或圆锥形结构。在前面章节广泛

---

① Arthur C. Pigou, *Economics of Welfare* (4th ed.), The Macmillan Company, New York, 1938.

② 比如：Melvin W. Reder, *Studies in the Theory of Welfare Economics*, Columbia University Press, New York, 1947; Paul A. Samuelson, *Foundations of Economic Analysis*, Harvard University Press, Cambridge, 1947; I. M. D. Little, *A Critique of Welfare Economics*, Oxford University Press, New York, 1950; Kenneth J. Arrow, *Social Choice and Individual Values*, John Wiley and Sons, New York, 1951.

③ F. A. Hayek, *op. cit.*

④ John Jewkes, *op. cit.*

⑤ Karl Landauer, *op. cit.*

而又全面地描述的假设和社会过程为后面的章节打下了基础。从一个章节到另一个章节，探讨的范围逐渐缩小，最后一章详细地讨论了政治-经济技术的替代选择。

个人目标和个人行动。下一章我们主要检验政治-经济领域的社会行动的目标、目的和价值。我们假设目标的达成需要广泛的共识，因此在后续对实现这些目标的先决条件的政治-经济分析中，对于目标的争议将会被压缩到最小。

计算和控制的社会过程。为了确定理性政治-经济行动的先决条件，我们绝不能直接跳到技术。理性社会行动要求具备完成理性的计算和有效的控制的过程。这两个过程都不简单。在实现理性计算的过程中，一个显而易见的困难就是：人们并不希望在所有的特殊选择中都保持理性，但人们对这种情绪也并非完全不合理。理性社会行动的分析必须认识到人类理性计算的能力是有限的，在不合理和非理性之间人类是有偏好的，同时，当他想要理性计算时，需要具备基本的社会过程。其后，我们才能讲清楚经济生活中的理性计算的要求。

相似地，我们需要从任何社会控制系统的一般要求慢慢入手，然后再考虑政治-经济控制的特殊要求，最后是其所必备的技术。这是一条漫长而又艰辛的探索 22
之路。但是，近年来，社会学、人类学和心理学对人类在基本过程方面的知识积累做出了巨大贡献，而正是通过这些基本过程，人类得以相互控制。现在，我们能够看到，对理性社会行动、规划等的可能性的争论不休反而曲解了控制的过程。因此，我们理应正视这些过程，只有这样才能尽快结束争论。除此之外，理解控制的过程也让我们开启了一个有利于组织后续分析的工具。

当我们开始探索计算和控制这两个基本的社会过程时，也就开启了一条探讨价格、市场、企业、行政机关、战时生产委员会以及其他政治-经济生活制度的漫长之路。但是，实现假定目标的理性社会行动的可能性，或者搞成乔治·奥威尔在《1984》一书中所描述的糟糕局面的可能性，都根植于适用所有社会技术的社会组织的元素中。

效率化的社会过程。一旦我们检验完了计算和控制这两个过程，我们的分析就可以聚焦在经济活动上。经济活动——效率化的社会过程——就是与生产中使用劳动力和其他资源有关的计算和控制的过程。结果证明，效率化的社会过程与其他的计算-控制过程大为不同，因为效率化所要求的计算的种类具有特殊性。

四种主要的社会过程。这些特殊性主要强调了价格体系作为控制和计算机制的角色，这一点非常重要，因为作为主要的社会政治化过程，价格体系的适当角色正是本书要持续探讨的主题。但是，只有在其他的效率化替代选择也被理解的情况下，我们才可以开始探索，在怎样的条件下，价格体系才是政治-经济领域中理性的社会行动——简言之，即效率化——的合适过程。因此，进一步的分析就需要检验其他三种主要而又复杂的过程，即科层制、多头政治和讨价还价，而它们之间的不同组合构成了主要的理性控制的手段。

大多数计算和控制的过程与领导者和非领导者之间的关系有关，不论这些领导 23
者是政府官员还是商人。而科层制就是一个领导者控制非领导者的过程。它最为常见的形式之一就是官僚制，并且每个人都认识到了官僚制对于理性的政治-经济行动来说有多么重要。多头政治有时也叫作民主，它是一个非领导者控制领导者的过程。显然，效率化的可能性与这一过程的有效性紧密相关。讨价还价是几个领导者之间相互控制的过程。美国的权力制衡体系就是一个讨价还价的过程，而政治控制通过强大的压力团体——如商业、劳动力以及农业团体施加影响的过程便是如此。在价格体系中，我们能够发现领导者和非领导者之间所有的关系类型，只不过以特殊的形式展现而已。

政治-经济技术。对主要而又复杂的过程进行检验最终可能会转为评估，在特定的情况和目的下，价格体系相较于其他三种替代选择的过程在效率化上具有适当性。同时，这也检验了那些将这四种过程结合起来的重要技术。因此，我们最后可以将问题归结为一个具体的问题，比如，集体选择和市场选择的相对理性程度，动员和战争对合适的效率化技术的影响，以及产业的所有权与其控制手段之间的关系等①。

理性社会行动变化的能力

本书中，我们只能根据目前我们所了解的水平去阐释理性效率化的先决条件。但是，这些先决条件会随着人的能力和社会技术的变迁而变化。现在，人们很难想象英国和美国之间或者西欧任何两个民主国家之间会发生战争，这一点从根本上说明了这一理性水平在短时间内发生变化的可能性。英美之间的上一次战胜恐吓发生在 1895 年的委内瑞拉危机时，此后，战争作为解决这两国纷争的手
24 段被完全废弃。北大西洋公约组织进一步证明了态度和社会技术方面发生的重大变化，而在几年前这根本是不可能的。因此，新可能性的出现绝对不容忽视。

当然，新的态度和技术并不能保证理性的实现，而理性能力的改变则明显是好坏参半。奥威尔在《1984》这本书中所描述的最令人恐惧的景象之一就是发生在那些由强权联合控制地区边缘的持久战争。朝鲜作为持久战争的开端也并非毫无可能。在经济生活中，理性能力的变化并没有国际关系领域的变化那么剧烈，尽管二者的变化都是如我们所见的那样迅速且影响力巨大。这两者的变化可能会影响社会目标的实现，或者导致巨大的灾难。即使在我们写这本书时，这一变化仍在发生。

① 本书内容的分析图给出了一个从头到尾更具体的分析框架。时时参考这个图，读者会发现非常有帮助。参考原书第 370 页的结构框架图。

第 2 章

目的与手段

2.1 引言

为什么要探讨价值

25 本书打算描述和分析不同的政治-经济技术并对它们进行评估。如果我们只关注描述与分析，就没有必要去讨论价值。但是若要评估之，我们就需要标准。那么，我们提出了什么样的标准呢？

人类重视的东西是无穷尽的。理性的社会行动、经济计划以及效率化可能会侵犯无数这些人类所重视的价值。与政治-经济组织对抗，人类并不能得到什么好处。然而，很多读者可能会认为，仅有一小部分的重要价值与这些可替代的技术评估相关，如民主、平等、自由和安全等。这些价值非常重要，因为它们是实现其他价值的工具，因为它们被我们中的很多人所珍视，因为它们是多数围绕政治-经济技术的可替代选择的争论的来源。每个读者都可能会建构一个与他人不同的重要价值清单，但是我们在本章中所讨论的价值是包含在多数美国和西欧读者的价值清单中的。

一些初始假设

在我们描述一些可以作为标准的价值之前，有必要清理掉一些丛生的杂草。

第一，我们并不试图证明我们用作标准的价值是最根本的“正确的价值”。但我们明示了依照这些标准去行动会产生的可能结果。但如果读者并不想要这些结果，我们也不会强迫他接受我们所描述的价值。

我们进行价值判断的标准，与我们对自己或对他人的价值判断一样，都以自由
26 可能带来的实际结果为依据。至于其他形式的“价值”陈述是否有“意义”，当代的哲学家也展开过激烈的讨论。进入这一争论的阵地似乎颇有吸引力，但是让人矛盾的是，若要不受伤害，要么就全副武装参战，要么就做个旁观者。基于我们目前的任务，在这些价值的效率化上达成共识比对这些价值进行哲学解释、辩护，乃至寻找正当理由或理性化要重要得多。部分地为了强调我们有意避免哲学的争论，我们在后文将使用“目标”(goals) 一词来代替价值。

第二，因为这些目标要用作衡量不同政治-经济工具的标准，所以，用操作意义上有用的术语来描述它们就变得非常重要。通常，哲学意义上关于价值的命题对于政策决策来说并不是那么有用。众所周知，有些人曾经试图为在西方社会饱受争论的重要价值提出可操作的定义，而这一挑战之艰巨令人震惊，取得成就的也屈指可数。目前为止，在这一哲学家和社会科学家经常争论的前沿阵地，两方都没有显著的进展。

第三，我们故意避免讨论自然权利的语言和概念。然而，接受自然权利教条的读者可能会发现，将本章讨论的价值转变为他们自己的语言非常有用。

第四，术语方面还有一些琐碎且十分棘手的问题。对价值的讨论通常使用“方法”和“目的”(ends) 的框架，而本书的很多观点也发现，使用传统的手段-目的术语非常有用。但是，因为大多数的“目的”在一个长长的目的-手段链条中本身可能就是“手段”，以及一个目的-手段链条中的“目的”可能是其他目的-手段链条中的“手段”，而其他目的-手段链条中的“手段”又可能是另一个链条中的“目的”，因此，有时候描述目的-手段的语言是非常狡猾和难以理解的。在这样的情况下，我们会发现“主要”目标和“工具”目标很容易区分。主要目标是满意本身的直接来源，而工具目标，正如其名，其价值仅因为它有助于一个或多个主要目标的实现。

然而，不论使用哪种语言，现实生活对于语言的简化来说都非常复杂。因此，
27 现实生活中的一些目标表面上看可能像工具目标，但在某种程度上，它们也是主要目标。对于那些喜欢走路的人来说，步行去邮局寄信这件事绝不单纯是工具性的。因此，很多工具目标可以转化为主要目标。一个要去寄信的人可能会把走路过去仅仅当作工具性的，但是如果不考虑他最初的目的的话，他可能会很享受路上清新的空气、暖暖的阳光、锻炼带来的愉悦，以及路上的一切活动。但是，这也引发了一个比较让人后怕的政治问题，在很多人看来，能够带来无数直接满足的工具目标可能很容易转化为权力，这也就是说，工具目标很容易转化为主要目标。

第五，尽管我们对政治-经济事务方面的理性计算非常重视，但我们并没有轻视人类对丰富的情感生活的需求，在情感生活中我们经常会采取未经计算的行动，我们并没有忽视理性在很多无意识行为中的重要性，我们并没有采取理性的心理或哲学，我们也没有扩大人类理性行动的能力。社会行动中的理性计算是一个复杂的难题，在下一章中我们会检验它的方方面面。

第六，如果只有一个价值标准就足够的话，那么评估其他可替代技术的问题就简单多了。但是人类往往有多元的目标。尽管与现实生活比起来我们已经有意地缩短了目标清单，但这一人为设定的目标清单仍然可能带来无数的评判难题。因为，一个目标的效率化常常与其他甚至无数个目标的效率化背道而驰。因此，正如我们将要展示的一样，理性的评估只不过是计算人们在多大程度上准备好牺牲一个目标来最大限度地实现另一个目标。从下一章讨论的原因来看，评判这样的目标非常困难。因此，本书中的一些例子对于解释现实标准的运用并没有想象的那么严谨。

第七，虽有上述的不足，但本书中的大部分内容都是由事实命题和事实命题的推论组成的，这些对于语言的精确性要求来说非常必要。也就是说，本书的大部分内容都意在成为实证性的社会科学而不是价值陈述。提到对其他政治-经济技术进行评估，我们首先要做的就是系统地检验它们是如何运作的，以及它们的运作可能 28
带来的结果。因此，对于那些反对这些标准或者想要应用这些标准的读者来说，在这本书中将会发现我们对现代工业社会主要的政治-经济工具进行了一个系统的、实证性、基础性的检验。

最后一点，我们不可能把所有的东西都在本书中一次性说完。本章仅限于讲述一些要点。此处讨论的目标的难点、前提条件、细微差别、复杂性——简言之，即目标的意义，将会在以后的章节展开。

2.2　社会行动的七大基本目标

西方社会认为，人类最重要的目标包括：存在或生存、心理愉悦（可通过食物、性、睡眠和安慰获得）、爱与情感、尊重、自尊、权力或控制、技能、启蒙、声望、审美、刺激、创新以及其他①。这些也是我们检验其他政治-经济工具的最终标准。但是，使用这样的标准要求人们具备一定的特异性，而这又要求具备很多特定的技术。

另一方面，有七大目标决定这些个人的主要目标能够实现的程度，以及在个人所追求的目标之间发生冲突时，该用哪种方式决定实现谁的目标。这七个目标中的多数具有传统的、充满历史和情感联系的名字，虽然有些很难与传统的用处相隔离，但我们仍会使用这些传统的名字。这七个工具目标就是自由（freedom）、理性

---

① Harold D. Lasswell, *Power and Personality*, W. W. Norton and Co., New York, 1948. 从其中的一个列表修改而来。

(rationality)、民主（democracy)、主观平等（subjective equality)、安全（security)、进步（progress）和适当的包容性（appropriate inclusion)。

自由

自由的含义是什么？这或许是人类历史上最具争议性的问题。一个人眼中的自由或许是另一个人眼中的奴役。此外，几乎在地球上的所有地方，“自由”一词都
29 完全充满了正面的意义。但是，很多人可能会为他们所说的自由的意义而争吵不休，他们通常只是一致地认为自由是个好东西，从来没有坏处。所以，我们不论以何种方式使用这一术语，在其他人看来都很有可能觉得是武断的、刚愎自用的。

自由的条件。让我们以另一种方式来谈论自由，不从“自由的定义”但从自由所需要的条件来开始讨论。对自由状态的描述是：没有“实现欲望的障碍”①。当然，若要衡量某个人真实生活中这一条件的程度是有一定难度的。一个检验方法就是他感到挫败的程度。一个人的欲望被阻碍得越严重，他就越有可能感到挫败。

同样，这一方法对于我们区分主观和客观形式的条件非常有用。主观形式的条件可能会使一个人对自身欲望的实现有较高的期待，因为以他的主观观点来看，在他的欲望变化之前，并不存在阻碍他欲望实现的障碍。然而，他的欲望很有可能是建立在错误的判断之上的，因此，观察者可以总结出障碍确实客观存在。依据从无意识到有意识这一连续体来安排“欲望”可能也非常有用，但无论在何种情况下，无意识的欲望都应该被包含在内。

通过移除障碍或者改变欲望，或者同时发力都可以使我们所描述的条件最大化。因此，一个跛足者可能会因为恢复了腿的功能而满足行走的欲望，或者他可能渐渐地放弃了行走的欲望，或者像罗斯福一样，既移除他行走的障碍，又改变他的欲望。尤其是从文艺复兴以来，西方文明全神贯注于移除实现欲望的障碍，而与此同时，东方哲学却更关注如何减轻欲望带来的压力。我们并不试图判断哪一个方法更好。

像罗素（Bertrand Russell）做过的一样，将我们所描述的“自由”的条件加以标注也并没有什么不妥，这一条件是我们所意指的自由的条件②。

30 **三种不合格的定义**。通过区分我们所不认可的自由的定义，可能有助于我们更

---

① Bertrand Russell, “Freedom and Government,” in Ruth Nanda Anshen (ed.), *Freedom, Its Meaning*, Harcourt, Brace and Co., New York, 1940, p. 251.

② 这也是伍顿（Barbara Wootton）的定义：*Freedom Under Planning*, University of North Carolina, Chapel Hill, 1945, pp. 4, 19. 值得注意的是，鲁思·南达·安申卷（Ruth Nanda Anshen volume）的所有文章中，只有罗素的文章和我们的含义相同，这表明了使用这一词语的困难。在同一卷里，麦基弗（R. M. MacIver）评论了很多我们放弃的定义，但是他并没有提出自己的定义，参见 pp. 280ff，马利诺夫斯基（Bronislaw Malinowski）在找寻一个更科学的定义，否定了几种追求的目标，如“滥用权力”是“社会学意义上的自由”；参见：*Freedom and Civilization*, Roy Publishers, New York, 1944, p. 111. 实际上，他使用的是“自由”的名义上的含义，他对自由的定义是好的，但是我们感觉他这种打着“科学原则”的旗号下定义的做法却使另外一本好书的定义严重受创。

清楚地理解我们所标注的自由的条件。首先，自古希腊以来就广泛存在的一个自由的定义就是，自由是由一些有限的行为类型组成的，这些行为被多数人而非全部的人认可。在此之外的目标之实现并不是我们所标注的自由，而是另一些东西，经常用的英语表达是“license”（许可）。

将“自由”描述为有限的活动有其心理学的基础。因为如果自由是有益无害的话，那么控制罪犯并不是指限制他的自由。但是只有对它的活动内容很容易达成共识时，这样的定义才有用处。当然，这些活动的内容经常是争论的焦点。此外，对于这样的定义很难达成一致意见，几乎每个人都会承认，有时候他可能会限制别人的自由，比如小孩子的自由，因为他们的自由可能会对自身或他人无益。但是，如果一些自由有坏处的话，我们就不能再相信自由仅指一些有益无害的活动。

比较人类学也有助于帮助人们认识到这一定义的缺点。不同的社会会禁止或鼓励不同的行为。但如果他们有了特定的一组被定义好了的自由——如 19 世纪的自由主义（或者 20 世纪的社会民主主义），那我们就把“自由”界定为了这一特定的标准。这样定义自由，就会因为“原始人有拥有共同资产的自由，但并没有 19 世纪人的拥有私产的神圣自由”而认为原始人拥有比我们更少的自由一样，没有什么用处。如果不同人受到不同文化的熏陶，因而在某一社会中感到共同拥有资产带来的受挫，而在另一社会中又感到私人财产的受挫，那么我们可以说，这些 31
人在某一社会通过共有资产获得了自由，而在另一社会没有通过共有资产获得自由。

第二种比较相似的定义是建立在个人选择的“范围”基础上的。如果一个人只有十种选择而别人有上千种选择，那么第二个人可能会被定义为比第一个更为自由。但是当这种定义总结为心理学术语时，就会具有明显的缺陷①。因为，如果第一个人觉得哪怕只有十种选择也可以实现他的欲望，而第二个人却因为有上千种过于繁杂且难以抉择的选择而倍感沮丧呢？

但是，也许有人会说，给一个人十种选择，给另一个人同样这十种选择之外，再另加上千种选择，那么后者确定要比前者更为自由吗？在此我们再次重申：一个人想要的可能正是第二个人所有的选择，但是对他来说，这么多选择可能也并不会让他更接近自己的目标。

最后，有一个定义除了更具主观性之外，可能和孟德斯鸠所提出的定义类似。在这个定义中，一个人在决定什么是“自由的”之前，要先决定什么是“好的”。当一个人被剥夺了按照他认为的道德败坏的方式行动的机会时，他可能并没有感觉到受挫。只有当一个人认为他的行动是道德正确但是却难以实施时，他才会失去自由②。虽然这一定义比其他的定义更接近于我们的见解，但是它在心理学领域仍然

---

① B. Malinowski, *op. cit.*, pp. 87－88.

② Frank H. Knight, *Freedom and Reform*, Harper & Brothers, New York, 1947, pp. 10－13. 再参见：Montesquieu, *The Spirit of the Laws* (translated by Thomas Nugent, revised by J. V. Prichard,). D. Appleton and Co., New York, 1900：“在法律所指导的社会，自由的含义只能是由去做那些我们应该去做的（领域）组成，而不是只限于我们不能去做什么。”

存在不足。通常，一个人可能想采取那些为良知或超我所禁止的行动，而这种行为确实是我们能够想象到的最糟糕的挫折之一。如果任由这种欲望与良知之间的矛盾发展下去的话，结果可能令人精神失常。“我们很难说病态的良知是否比癌症等疾病对生活更为有害，但是当我们目睹一个精神失常的人受到良知的折磨时，我们需要用这样的比较来强调我们的震惊。”①

因此，将自由定义为没有实现欲望的障碍似乎是可行的。主观自由就是感受不
32 到欲望受阻，或能感受到欲望受阻，但可以做出别的选择规避这一阻碍。客观自由则是当一个人为了实现其欲望而面临选择时，旁观者可以看到他实际做出了选择(来实现他的欲望)②。

自由的三个局限。根据这个定义，很明显，没有一个人是“绝对自由”的，当然这并不是客观意义上的自由。因为没有人曾经实现过他所有的欲望。不仅如此，在任何可预见的未来中，没有一个人是绝对自由的。个体只能是相对更不自由或者相对更自由。对评估来说比较重要的是自由程度的差异，而不是相对自由和绝对自由的区别。

第一种是自然的、物理的、心理的、技术的、哲学上的不可能性给自由施加的限制。如果不期待那些不可能的东西是聪明人的标志的话，那么人不可能总是聪明或者能够肯定他所想要的真是不可能的东西。儿童，或者那些还没有脱离幼稚病的成年人可能经常想要那些不可能实现的东西，因此他们不可避免地会感到受挫。

第二，个人的许多目标之间经常存在冲突。因此，要达到最优的目标就需要放弃一些目标。但是，即使达成这种最优的目标，许多人也仍有可能会留有些许失落。我们在日常生活中能经常见到这样的冲突。一个人可能既想控制其他人，同时又希望其他人爱他、仰慕他，但是他并不能兼得二者。在一种极端情况下，一个人可能会牺牲想得到的喜爱而获取权力；而在另一种极端情况下，一个人可能会牺牲权力以获得喜爱。很多人想在两个极端中寻求平衡。但是，即使实现了平衡，他也有可能在一定程度上受挫。完全“调整好的”或“能平衡兼容的”性格或许从不曾存在过。

时间在多重目标之间加上了一种特殊的冲突。一个人不能同时做所有事。因此，有必要安排目标追求的次序，而这种必需经常导致痛苦的受挫感。

33 然而，从社会的和政治的观点来看，自由的第三种也是最重要的一种限制来自其他人的活动。密尔曾试图找出自由的准则（formula)，他认为当一个人追求目标的行动会对其他人产生不利影响时，这个人的自由才应该得到限制。但事实上，在一个相互依赖的社会中，一个人所做的所有事情几乎都会对别人产生一些影响。这种目标追求上的冲突事实上被认为是最基本的政治情形，这种处处存在的基本人类情况使得发展社会机器以决定这种冲突情形的结果变得十分必要。一些人，如霍布斯，认为目标追求方面的冲突本来就很严重，只有通过君主手中的压倒性力量才能

① John Dollard and Neal E. Miller, *Personality and Psychotherapy*, McGraw-Hill Book Co., New York, 1950, p. 141.

② 用缺少受挫经验或预期会受挫来检验自由的出现，其假设是挫折是实现期望的倒数。然而，具有一样挫折水平的个人可能具有不同水平和强度的欲望，这也是必须要通过受挫水平和满意度水平来衡量自由的原因。

保持社会和平；甚至无政府主义者也认为，大多数冲突是不断变化着的社会制度的产物，他们倾向于认为公共意见或警告的压力对于解决乌托邦中的冲突也非常必要。

两种虚假的限制。我们刚才所讨论的内容并不意味着个人自由和社会组织之间经常存在冲突。我们很难列举出一组不需要大量群体合作或互动的目标。不论一个人是喜欢还是讨厌他人，想扩大他的自由或是使自己遭受奴役，想要科层制或扁平化，进行足球比赛还是集中露营，没有与他人的合作或互动，他便无法成功地实现自己的目标。民主党人、暴君、自由主义者、政治首脑、商人、俱乐部领导、教师、阴谋者、罪犯、政治局成员、美国总统、教皇等，他们都需要其他很多人的合作才能实现自己的目标。合作以实现目标是人类存在的一个基本事实。

很多目标只有在合作（或互动）相对稳定、持久和重复进行时才能实现。合作（或互动）相对稳定、持久和重复的地方，人际关系的网络才能算得上是一种社会*组织*(或者我们在本书中经常简称的，组织)。当我们说很多目标需要人类之间稳定、持久和重复的合作或互动时，我们也就是在说一些目标的实现有赖于社会组织，这也就是说，自由需要社会组织。

当然，个人自由与社会教化之间也并不总是存在冲突。明智的人不会去质疑对“物理性”回应进行训练或社会教化，因为，达成个体之间稳定、持久、重复的合 34
作需要一些习惯，这一点不言自明。然而，那些认可有必要进行教化的人，对于是否将这种教化施加于态度、思想、信仰、规范、准则或伦理领域仍可能犹豫不决。因为，那些深受自由民主传统影响的人可能会觉得，某种程度上说，将一套特定的价值体系灌输给某人是剥夺了他选择的自由。(自相矛盾的是，只有当这个人被自由民主的信仰所教化时，他才会有这样的感受。)

必须承认的是，自由和社会教化之间的关系相当棘手。但认为它们之间经常出现冲突也是错误的。相反，社会组织经常需要并且会导致社会教化（当然，还有社会驯化)。因此，自由需要社会教化。

现在每个人都知道了，社会组织需要教化，因为，只有其他人能够预测到互动中的人的回应时，稳定、持久、重复的合作才有可能。如果没有这种可预测性，生活就会陷入无望的混乱。即使维系个人之间最为简单的关系也会变得极端困难。

换种说法就是，社会组织中的个人必须经常在人类有机体中存在的不同替代选择之间做出选择。为了保存个人之间稳定、持久、重复的关系，这些个体必须在已有的替代选择之间做出一定回应。很多组织不仅要求成员做出一些“物理上”习惯性的惯常回应，它们还会要求做出一些态度、思想、信仰、规范、准则或伦理规范上的回应。所以，如果这个人并没有被教习过相关的态度、思想、信仰、规范、准则或伦理规则，这个组织可能无法实现它所服务的成员或其他人的目标。因此，就目前的程度而言，这些人所拥有的自由是受损的，然而，对合适的态度进行社会教化则会扩大这些人的自由。

小规模的原始群体就是一个最简单的例子。在克劳族印第安人群体中，部落组 35
织建立在教化的基础之上，这一过程只有通过微妙的社会控制手段才能实现。在那一部落，没有人曾经因严重违反群体道德受到过直接的惩罚。而是，“到了晚上，有人就会召集整个族群的会议问：‘你有没有听说某某事?’然后，在一片哄笑声中，人们开始用最具嘲讽性的词语来评判违反道德的行径，并且这一评判会持续很长一段时间。犯规者会遭受羞辱，甚至他可能会离开社群，直到他改过自新才会再回来”①。

为了避免读者认为这种现象只会发生在原始部落，在此我们给出了另外三个例子。第一，只有（在各种各样其他所必需的教化类型中）领导者和非领导者被这一理念——官员若不能在竞选中获得多数票就应该下台——所教化，民主政府才能运行。第二，如韦伯和托尼所指出的那样，作为人类组织的一种形式，竞争性价格体系是通过教化植入人们的态度中的，它与中世纪时期流行的观点大为不同。确实，正如波兰尼所指出的，对于大部分人类历史和地球上的大部分地方来说，与竞争性价格体系不相兼容（或者自我管制的市场）的态度是社会灌输的②。第三，英国的行政部门依赖多个社会教化的过程，这些过程会塑造无可指责的诚实、责任感、中立立场、行政部门内部的纪律以及社会作为一个整体所独有的较高地位。行政和政治一样，最初都只是贵族阶层的特权，进入行政部门的许可常常人为地留给了牛津和剑桥的荣誉生们，牛津和剑桥这些贵族学校反过来也往往只从那些具有贵族传统规范的特权学校中招生，所有这些事实都有助于教化的传承，除了因为历史原因消失了部分之外，大部分都长久地延续了下来。

36 **为什么渴望自由?** 逻辑上来讲，对自由的偏好应该说成是对最大程度上可能的自由的偏好。也就是说，更多的自由比更少的自由更令人满意。当然，即使在这一合格的表达中仍然存在模糊的地方。比如，当许多人要求更多自由时，应该把他们当作平等的吗?如果决定从多人身上剥夺一点自由的话，那么“更多的自由”是否意味着少数人可以有更多的自由?有些模糊之处看起来并不能移除③。并且，因为目前还没有一种完全令人满意且可操作的测试来衡量个人或群体所拥有的自由的程度，因此，对评估现实生活中的替代选择来说，仅仅用抽象的答案来回答与自由有关的问题并没有多少用处。然而，本章接下来的部分以及全书都会试图解释自由在理论和实践上的复杂性。

但是，为什么将自由当作一个目标提出?因为几乎所有人都希望去除掉他实现欲望的障碍，从理论上来说，几乎所有人都希望自己有一定的自由。但是为什么一个人想要别人也有自由?像模糊的无政府主义者马克斯·斯坦纳（Max Stirner）一样，一些自由的利己主义理论家将所有的道德都建立在个人对自由的追求的基础之上，他们认为自由是由对自私目标的不懈追求组成的，完全不考虑其他人的利益。④ 尽管很少有例子会这么坦诚地直接提出来，但很多“个人主义”的辩护中都可以看到这种影子。但是，这些理论都是不符合常理的，因为这些理论几乎都是建立在错误的心理学假设和粗糙而又策略性的误算上。

① Otto Klineberg, *Social Psychology*, Henry Holt and Co., New York, 1940, pp. 192-193.

② Karl Polanyi, *The Great Transformation*, Rinehart and Co., New York, 1944.

③ 由安申编写的卷中，贡献者在论文中解释了这些困难。

④ 参见：Philip Taft, *Movements for Economic Reform*, Rinehart and Co., New York, 1950, pp. 101-102.

大多数人甚至并不想无视他们的行动可能给别人带来的影响。人都在没有他自己允许的情况下被生下来，进入一个需要依赖其他人的社会。在幼年时期，几乎他所有的满意最终都需要得到他周边人的回应。一个人成为人的原因并不仅仅在于自身，他还发展出了对来自其他人的喜爱、迷恋和尊重的情感需求，同时，他也发展出了表达自己对其他人的喜爱、迷恋和尊重的需求。不论怎么扭曲、歪曲、篡改这些需求的表达方式，几乎没有人——除非具有极端类型的精神病人——会完全失去 37
这些需求。

当这些需求以不同的速度发展时，也同时获得了另外两种能力。这些机制还没有被很好地理解，但是，在某种程度上，它们也起到了防止很多人成为哲学抽象概念意义上无情的自私自利者。这两种机制，一个机制是认同，另一个是同情。至少，正是因为认同和同情，我们才会希望其他人也有自由。如果在现实中或者在我们可以想象的情况下，有一个人在追求他们的目标时饱受苦难、心情苦闷、毫不满足、重重受挫，我们也会感到不好受、担忧、惭愧，并且我们希望他们能够实现目标。当然，认同和同情具有明显的局限。所以，我们并不是很信任其他人的认同和同情会保障我们的自由。

此外，对多数人来说，赤裸裸的利己主义是一种糟糕的策略性计算。在一个没有很好组织来对很多人提供很大自由的社会里，这个人自身的目标实现也会受到局限。没有自由就意味着受挫，而受挫意味着不满和敌视，不满和敌视可能意味着暴力、不稳定、非理性、破坏等的卷土重来，而这些反过来都会威胁一个人自身目标的实现。在另一方面，自由的缺失意味着贫瘠、被动的[①]社会生活，意味着生产力、创新、进步、自发性等的衰退，这些反过来都会影响我们自身的自由。

当然，人们进行策略性计算所使用的数据是碎片化的，为他人选择自由最多只是一种计算风险，但即使如此，一个人也难以避免要进行选择。而我们所面临的最好的选择就是不仅考虑自己的自由，还考虑其他人的自由。

很清楚，这些为其他人的自由辩护的言论并不具有广泛的说服力。如果一个人 38
的目标包含暴力、不稳定、非理性和破坏，如果一个人认同和同情的能力遭到严重破坏，或者，如果一个人贪图权力并残忍——这样的人就不会想让其他人也有自由，他也不会认为我们的观点是令人信服的。

但是对于这样的人来说，任何有关自由的观点都不具有说服力。如果他们并不

---

① 里皮特（Lippitt）和怀特（White）的非常著名的“极权的”、“民主的”和“自由放任的”男孩群体的实验，揭示了对“极权的”领导的两种群体反应：一种是攻击性的，另外一种低水平的攻击性活动暗示了惰性和被动性。参见：R. Lippitt and Kurt Lewin，“An Experimental Study of the Effect of Democratic and Authoritarian Group Atmospheres，” in Lewin，Lippitt，and Escalona，*Studies in Topological and Vector Psychology*，Part I. University of Iowa Studies in Child Welfare，XVI，No. 3，1940；也可参见：“The Social Climate of Children's Groups，” in Roger G. Barker，Jacob S. Kounin，and Herbert F. Wright，*Child Behavior and Development*，McGraw-Hill Book，Co.，New York，1943，pp. 485-508. 由里皮特、里皮特和怀特完成的两个实验被引用在本书中：Kurt Lewin，*Resolving Social Conflicts*（edited by Gertrud Weiss Lewin），Harper & Brothers，New York，1948；最初的报告是：Kurt Lewin and R. K. White，“Patterns of Aggressive Behavior in Experimentally Created Social Climates，” *Journal of Social Psychology*，May，1939.

认为他们自己的基本人类需求和策略性计算要求其他人也具有自由，那么他们也不会认为那些试图证明自由是好东西的神学的、形而上学的考虑是具有说服力的。如果我们的论断是正确的，那么多数读者就不再需要对人们有自由的渴望进行进一步认证。正像我们前面所说，我并不想将我们对价值的探究追溯到对终极哲学目标的审视，即便是客观上存在将自由作为一种价值的可能。

理性

理性的意义和衡量。为了实现自由的最大化，一个人必须除去欲望的障碍，或者调整欲望，或者二者兼顾。这些行动一般都需要理性计算和控制。从表面上看，这一说法再清楚不过，但社会现实是如此复杂，因此，接下来的两章我们主要探讨社会行动中的理性计算和控制的含义。

但首先，我们所谈的“理性”意味着什么？以及，一个人应怎样来检验一个行动比其他的行动更有理性？第一个问题比第二个问题容易回答。在试图实现的目标在现实中确实存在的情况下，如果一种行动能够“正确地”使目标实现到最大程度，这种行动就是理性的。在目标不止一个的情况下（这也是现实中常见的情况），如果一种行动能使目标总和的实现正确地达到最大化的程度，这种行动就是理性的。如果目标的达成需要实施多种行动，此时，理性就会要求协调，也就是说，这些行动只有经过一定的规划和相互配合，才能使目标总和不至于因行动之间可以避免的冲突而削减。

如果一个人很冷想要取暖，此时对他来说，站在离火堆几尺远的地方是非常理
39 性的。在极少数的问题能够达成一致意见的情况下，几乎每个成年人都会认同，对这个人来说，跳入火堆中或者离火堆远远的都是不理性的。确实，假设一个人能够充分地发现这个人的反应，也许，很多人会在这个人站在哪一点是最明智的这一问题上达成共识。然而，每个个体需要的温暖程度不同，他可能会发现，对他自身而言，更为明智的是站在一个稍微不同的地方。

从这个简单的例子中可以很容易地找到我们问题的答案。然而，尽管意义不变且已经相当清楚了，我们会发现，如果情况越复杂，将理性的行动和不太理性的行动区分开来就越为困难。为了在一种行动是否比其他的行动更为理性这一点上达成共识，观察者需要在涉及的目标、对现实的假设，以及几种实现目标的可能的选择会带来的结果上达成共识。在人与火的案例中，也许人们已经在目标（取暖）、达成目标所具备的现实条件（火、人的身体等等），以及几种可能的行动带来的结果上达成了广泛的共识。但是，在这三点上的数据通常是不完备的或者是很难理解的，因此，这些通常是饱受争议的问题。

效率。更理性的行动也是更有效率的行动。（理性和效率）这两个术语可以互相转换使用。除去一些有偏见的推断，效率就是指价值投入与价值产出之间的比例。如果一个人的欲望是使汽油的消耗量最小，此外别无其他的目的或结果，那么一辆消耗每加仑汽油能走 20 英里的汽车比一辆消耗每加仑汽油只能走 15 英里的汽车要更有效率。正如使用第一辆汽车比使用第二辆汽车更有效率一样，在定义上，

使用第一辆汽车也更为理性。正如我们前面所定义的，如果一种行动能使目标总和的实现正确地达到最大化的程度，这种行动就是理性的。但是一种行动只有当它旨在使目标满足最大化且超过目标的成本时，这种行动才是有效率的。

然而，在此我们要给“效率”一词的含义做个解释。“效率”有流行的含义，因此没有必要做过多的论证。或许，这一词在工程和企业账户方面的广泛使用能定义一些（并不是所有的）能够用成本和产出描述的效率，而这些成本和产出都可以用物理的或货币量化的方式进行衡量。但是，从我们先前所说的可以清楚地 40
知道，如果还包含有价值投入和价值产出——任何目标成本和目标满足——不能用物理的或货币量化的方式来衡量，人们就不能认为只有量化符号所衡量的行动是“有效率的”。比如，如果一个人非常重视休闲、休闲的工作习惯以及欢乐的工作场所，比较轻视量化产出，那么我们不能说这个享受轻松的工作节奏。具有较少的产出的工作人员获得的效率必然要比快节奏、多产出的工作人员的效率更低。

作为一种理性形式的效率化。在经济生活中，效率化是一种理性行动，尤其是在使用特定种类的资源上；或者，效率化就是一个最有效率使用资源以满足人类欲望的过程①。当然，这种方式的理性正是本书关注的焦点。

为什么渴望理性行动？问一个人为什么重视理性行动可能会得到一个多余的答案。如果一个人希望将他的或者他人的自由最大化——这也就是说，如果一个人希望自己实现更多的目标而不是更少的目标，或者，希望其他人更多地实现他们的目标——那么，从逻辑上来说，他可能会偏向于更理性、高效、经济的行动，而不是那些不够理性、低效和不经济的行动。从定义上来看，这是因为，更为理性、高效和经济的行动通常会带来更多总体目标的实现。

或许，在这一点上再次重复一下我们先前的提示是明智之举，即，将理性作为目标，而不是那些缺乏情感的、枯燥无味的、精于计算的以及过于需要脑力的事物作为目标。令人满意的情感生活需要有冲动、自发性、“动物精神”（有时被称作人类精神）的直接表达、不计后果的冒险、喜怒哀乐等抒发机会。所以说，最理性的行动并不一定是最精心计算的结果。

民主

因为不同个体为实现自己目标的努力之间经常存在冲突，也就是说，在将他们 41
的自由最大化的过程中，对自由的一般性投入几乎是没有意义的。因为当一个人开始问“谁的自由？”这一问题时会引发一个更重要的问题。如果回答“我自己以及其他人的自由”只会将这一问题引入死胡同。因为，假设你的自由和别人的自由相互冲突，你又该怎么办？你该使用什么原则和方法来调整这种冲突呢？民主就是一种调整这种冲突的方法和原则。

---

① Herbert A. Simon, Donald W. Smithburg, and Victor A. Thompson，区别了“效率”和理性，这也是我们在《公共管理》（*Public Administration*）中区别效率化时所做的，参见：Alfred A. Knopf, New York, 1950, pp. 490 ff.

民主的目标有两层含义。它既包含实现民主所需要的条件，还包括指导实现民主的过程所需要的原则。民主所需要的条件就是政治平等，我们的定义如下：**公民共同享有对政府决策的控制权，因此，非特定公民的偏好要比某一个公民的偏好有分量得多**。民主实行多数原则，我们对其定义如下：**政府决策应该由多数人控制，这多数人可以在最终发言权上表达他们的偏好**。

民主是一个目标，而不是一种成就。无限接近（尽管没有实现）民主的主要社会政治过程叫作多头政治。多头政治的特征、先决条件，以及作为理性社会行动在经济事务方面的一种重要工具都将在下一章进行讨论。如果民主是我们的目标之一，并且多头政治是无限接近这一目标的重要过程，那么，我们必须将多头政治看作一种手段。但是，在此，我们只关注民主的目标本身。

政治平等的条件。在讨论人们为什么要支持这一目标之前，我们需要通过一些讨论来弄明白它的定义。首先，需要注意的是，我们在此讨论的只是对“政府的”决策的控制。从逻辑上讲，人们将这一目标赋予政府后，并不需要向所有其他的组织也提出这一目标。在父母有 3 个小孩的家庭中、在军队组织中、在行政机关中，政治平等的条件可能会导致灾难。事实上，每个人都有一些特定类型的组织会为其
42 服务，为了能享受这样的服务，他愿意放弃他的部分政治平等的地位。因此，对于教条主义的民主党人来说，有时候看起来比较矛盾的是，科层制组织也会需要自由。

那么，为什么政府中的政治平等比较重要？要知道，政府组织有时候会垄断一些控制，以强制性地解决与其他组织在某些领域的争议①。准确地说，这是因为那些控制政府的人通常在某一问题上具有最后发言权，那些控制政府的人可以对其他组织在某一领域施加决策。因此，只要政治平等的条件无限接近，公民们为了实现他们在平均主义的组织不能实现的目标，就会决定在哪种情况下，以及在何种组织中，允许科层制的存在。政治平等的条件赋予选民类似于最高法院的地位，他们能够决定社会中的哪一部分，平等的条件应该加以强化或者被放弃。

为什么政治平等是人们渴望的？但是，为什么一个人会为了政治平等这一目标而奔走呢？为什么在“终审法院”，他们认为不代表任何公民的偏好要比代表某些公民的偏好重要得多？最后，难道不是任何人都希望**他自己的**偏好被政府决策更多地考虑吗？自由的基础，是政治平等的心理和战略的结果。

首先，至少对我们来说，认识到其他人实现目标的机会比我们要少，并对他们深表同情，可能会让我们产生愧疚、焦虑和失落的心理。假设其他人也认同这一点，比如承认这种情感只不过是人类“本性”中的一部分，而不是说他们对科层制和独裁有更多的偏好，它们只不过是文化和性格相互影响的结果而已。但是，这些情感并不会因为这些原因而减少痛苦。

对别人的认同和同情构成了政治平等的积极情感，其补充部分的消极支持就是

① 对政府的所有简短定义都是内在的模糊的。本书采用的是它的传统含义，根据这一含义，街头穿制服的警察代表“政府”，但是出于私人目的雇用的守卫则不是。

寻求智力上的理性基础，以概括出政治决策过程中应该更多倚重部分人的偏好，尽 43
管这一智力支持并不容易进行。像同情性认同（sympathetic identification）一样，这种知性的困惑也是文化引发的。在其他的时期、其他的社会里，也许某些人控制其他人是再“平常”不过的事情。但审慎和有意识地对权威的研究，加上现代的人类学、社会学、心理学，已经动摇了一些传统的习惯性标准的说服力或影响力，如阶级、种族和道德优势。

然而，即使在平均主义的文化里，也绝不是每个人都会感受到这种同情性认同或是知性的要求。即使在缺少这些情感的情况下，追求政治平等的条件的原因也可能是一种策略性计算（strategic calculation）。就像其他重要的决策一样，这同样也是一种计算风险。用最大胆的话来说，这种策略性计算可以概括成：如果一个精英群体中有的偏好被更多地倚重，那么我们对于继续维持在这个精英群体的身份就不会有足够的信心。

年复一年，当一个人看到越来越多的独裁带来的结果时，对他来说，这种选择就越合理（不再支持精英群体的统治）。虽然每个人都能够想象到不平均的乌托邦具有的吸引力，但对特定的社会技术、问题和 20 世纪的人类来说，可行的选择仍是十分有限的。

政治平等目标也可以有理论和形而上学的基础。我们将这一任务留给那些能找到有说服力和有意义证据的人。幸运的是，那些同意支持政治平等行动的人，并不需要在偏好政治平等的原因上达成共识。

少数服从多数原则的理念。如果政治平等是我们奋斗的目标，那么在政府决策最终做出时的多数原则就是实现这一目标的手段。当然，现实世界中，政治平等从来没有实现过，甚至在多头政治这一最接近民主的复杂社会过程中，大多数政治平等也不曾起过支配作用①。结果，在政治不平等的现实世界里，那些认同政治平等目标的个人对某些政治安排或是宪法设置经常难以达成共识。在现有的 44
假设或者实际的情况下，政治平等的愿望以及多数原则在如何最大程度接近民主的目标上存在巨大的差异，且在这一点上争议不断。这是一个十分棘手的实证和理论难题，尤其是在美国这样一个具有特殊的多元化政治传统的国家。我们将会在下一章讨论这一问题。但首先，重要的是要清楚地知道我们想接近的是一个怎样的目标。

政治平等者是如何在政府政策上表明他们的偏好的呢？作为政治平等者，他们又是如何获得“最终决定权”（last say）的呢？其中一种方法就是通过含蓄的或者公开的投票。但是在不能达成一致的情况下，谁的投票应该获胜？那些说多数人的投票不应该获胜的人，其实就是在说政治平等是不可能的，或者说政治平等不是他们所期望的，或者两者兼有。政治平等也许在以下任何一种情况下都是“不可能的”：一是政治平等永远不可能准确地实现，二是甚至不可能接近这一目标。下一章会展示，第一种可能是正确的，第二种是错误的。假设一下，在永远不可能精确实现目标这一意义上，政治平等是“不可能的”。但是再接着想象一下，政治平等

① 参见第 10 章、第 11 章。

这一目标永远也不可能接近，那么，拒绝接受多数原则也就是拒绝认可政治平等是人们所期望的目标。

因为，除非政府的政策回应多数人的偏好，否则一些人（少数人）的偏好就会比另一些人（多数人）的偏好占据更多的权重。但是，用这种方式来衡量偏好就是在否定政治平等的目标。

多数原则真的可取吗？仅仅是逻辑上的推论并不总是具有说服力。如果多数原则是政治平等的一个合理的结果，我们还会像我们所说的一样偏好这一目标吗？如果我们自己的目标与多数人的目标是冲突的该怎么办？我们还会愿意把握这一机会吗？

对这些问题的回答实际上再次重申了我们已经说过的内容。首先，即使个人的目标可能会与别人的目标相冲突，同情性认同也会使人期望其他人实现自己的目标。但是在很多例子中，同情性认同通常很弱，而对特定目标的期望却很强。总体上来说，尽管某些排序比较高的目标可能会被多数人拒绝，但是这个人很有可能总
45 结出，从实践层面来说，与多数人追求的目标相冲突的可能性比与少数人追求的目标相冲突的可能性要低，尤其是在美国。

可以确定的是，在这些情况下，致力于民主，常常取决于民主能干什么。但是，即使那些将民主建立在更有利假设基础上的人，也极少见到这样的争论，即认为不论决策会产生什么样的结果，这个人都必须默许每一个民主决策。卢梭呼吁公民应具有移民的权利。但是至少在一个例子中，如在《移民和镇压叛乱法案》中，杰斐逊（Jefferson）却在玩弄、废弃这一法案。如果多数人明确选择了那些显然违背多数忠诚的民主党人偏好的政府政策，那么这些人将不得不面对一些即使是民主理论自身也无法给出答案的选择。这些可能的选择包括革命和少数人原则、被动地不服从、分离、有限的联盟、移民、隐匿、被动默许、改变目标、犬儒主义，或者期待未来的变革，甚至不仅仅是这些。

但是，一个重要的观点是：我们对被多数美国人所追求的目标的观察（虽然有些主观）显示，从根本上，我们以及大多数人的目标并没有冲突到让我们必须否决政治平等的目标或否决少数服从多数原则，去寻找别的替代方法。可以确定的是，因为我们是在可能性而不是在确定性中进行选择的，因此我们想要追求的目标可能会由非民主的政府来更好地实现。但是，我们在现实中很少看到这样的情况。

民主是一种计算的风险。民主的运行和前提条件需要机构的增长、深深扎根的习惯，以及长期的稳定性。人们在车内换挡并不能改变政府体系，因此，即使只是有条件地对民主承诺也意味着对长期的、难以改变的社会过程的支持，如：传统、民主价值的社会教化、广泛接受和运行的制度、深入人心的权利和责任等等。支持民主的决策是有条件的，但也不会像衣服可以随时穿上脱下一样随时改变。

主观平等

在寻找那些可以用来作为评估政治-经济技术选择标准的目标时，到目前为止

我们已经给出了 3 个，即自由、理性和民主。正是在这三个目标的基础上，西方社 46
会中的很多聪明的公民很快达成了共识。但什么是“普遍意义”上的平等(equality in general)？它也是判断技术选择的结果的恰当标准吗？

它是什么。尽管政治平等和一般性平等目标在论述上没有必然关联，但是我们对政治平等的偏好是建立在内心需求和策略性计算的基础上的，而这些比较适用于一般性平等。但遗憾的是，一般性平等几乎不可能被定义。比如，人们也许想把下面的内容称为客观平等的条件。**所有被偏好的物品都在平等的基础上分配给所有人**。但是对于实现每个人的目标最大化而言，这一规则非常不理性。因为，并不是所有人都有着相同的偏好。如果每个人都有自己的工具，他们毫无疑问地会偏向于重新分配这些物体，以使他们得到自己最想要的东西，并且放弃那些他们最不想要的。

这一问题的核心在于，是否这个人希望每个人（成年人）都能够拥有平等的自由。在回答这一问题之前，自由的承诺是没有意义的，理由在于：是否这个人所谓的自由意味着要剥夺更多人的自由，或是指所有人都具有平等的自由，或是其他的在这之外的选择？

在此，我们所假定的，被称为主观平等条件的目标不可避免是非常模糊的，但是用下面的说法进行阐释或许是最好的选择，即**当多数人而不是少数人有实现自己目标的机会时、决策是基于多数人而不是少数人的选择而做出时，我们所说的主观平等的条件是存在的**。

在以后的章节里，这一目标中一些不可避免的模糊的地方会变得更加清楚。虽然将这一原则使用在一些特定的场景是对人的智慧和社会技巧的极大的挑战，这一原则的意思却是很清楚的，即可以用来作为指导，是一种思维方式和控制的态度。很明显，主观上的平等与财富和收入、教育、住房、医疗、控制、尊重、阶级和尊严上的巨大差异是互不相容的。必须承认，在保证某些东西的平均分配上仍然存在
无数的技术难题。但是，把对主观平等的真实承诺当作目标，是人类在想象力、创 47
新、知识上的永恒挑战，同时推动人们克服这些障碍。

福利经济的标准。经济学家可能会问，为什么我们不把福利经济的标准当作指导价值分配的标准。其中一个最为普遍的标准就是“使需求满足最大化”，根据这一标准，当再次改变价值的分配从而使任何人得到的好处均多于对其他人的害处时，价值分配达到了最优。对于我们的目的来说，这一标准并不令人满意，原因有二：首先，在定义最优时，通常并没有解释什么是重要的价值。其次，尽管一个人可能对 A 的收益和 B 的损失进行比较，但是这并不意味着 A 的收益值得去获得，除非 A 的收益比 B 的损失要大。是否值得去实现，取决于 A 是谁、这些价值是什么，以及先前的价值分配是怎样的。在某些情况下，A 和 B 可能具有同样的价值，但并不经常是这样。

在试图避免人和人之间内部比较挫折、满意度、感情的强度或者效用时，我们发展出了第二个标准。粗略地讲，我们定义的最优情况是自己受益，同时不伤害其他人的利益。也就是说，如果价值分配的改变不伤害任何人，并且有人从中受益，那么这一价值分配的改变就是人们想要的。这一标准的缺点并不是它用处不多（这

两个标准只在特定的目的下才十分有用)，而是它仅适用于有限的例子，因为多数的收益事实上是被其他人的损失所抵消的①。

为什么追求主观平等? 因为有民主的话，相较于在一个不平等的社会，在一个平等的社会里，一个人争取主观平等的努力会更充分地实现各种各样的目标。因为，当一个人认识到其他人在实现自己的目标时会遭遇更多的挫折，尤其是当他知道他能够帮助这些人移除实现目标的障碍，同情性认同可能会让这个人感到深深的痛苦、焦虑和惭愧。

48 然而，正如我们先前所说的，认同他人显然是学习的结果，很多人可能并不会对痛苦的个体或群体有很多的认同感。的确，这是一个很好的假设，即在高度不平等、阶层或种姓驱动的社会里，认同机制实际上保护了不平等。因为同一个阶层的个体只会相互认同，而不是认同阶层之外的人；这一阶层认同抑制了高层对底层的罪恶感以及底层对高层的嫉妒。

人们期望主观平等的第二个也可能的最根本的原因是策略性计算。一个人并不能完全确定他恰好是能从不平等中获益的精英中的一员，即使他能够确定他是获益的那一个，随之而来的社会中的困境和紧张也可能会很快引发普遍的不安全、不稳定、敌对以及伺机报复，这些所剥夺的绝不只是平等的一般性条件。可以确定的是，人们能够想象一个有着高度的认同和互相尊重的科层制社会。但是，在目前现代美国社会所具有的社会技术和美国人民的需求和期望条件下，这种结果看起来很不可能。并且，现实能提供的选择总是比不加批判思考的历史故事和乌托邦思想更少。

主观平等的限制。然而，人们必须认识到达到目标所面临的限制。首先，因为人们很难清楚界定主观平等应该是什么样的，这就给这一目标的实现带来了固有难题。考虑到个体差异、能力、偏好以及意外和运气的因素，想要准确地描述主观平等的条件，就像我们先前说过以及以后要讨论的一样，完全是不可能的。

但是，除了这些固有的局限性之外，另一个事实就是，想要完全实现主观平等的条件可能会与很多其他的目标冲突。因此，在某些点上，更多平等的边际可能与实现其他的目标相比是更不好的结果。比如，和极少的东西的平等分配相比，一个人可能更希望有更多的东西（哪怕）不平等地分配，即使这个人居于底层，他的这种偏好也不一定就是非理性的。

49 然后，正如之后要论述的一样，最低程度的共识也是多头政治的前提，而多头政治是无限接近民主目标的前提。如果快速实现主观平等可能会对达成共识构成威胁，那么在某些点上，也许限制平等而非阻挠社会共识是人们更期望的结果。此外，社会技术通常残酷无情，经常充满了不可预知或人们不期望的结果。并且，很多灵敏的技术可能会与主观平等存在冲突。因此，如果主观平等只能够通过摧毁价格体系并且用一些比较残酷和不够灵敏的手段分配资源来实现，那么很可能保留价格体系的好处要远远多过试图建立主观平等带来的好处，而后者的建立常常是要通

① 为了讨论这些标准，参见：I. M. D. Little, *A Critique of Welfare Economics*, Oxford University Press, New York, 1950.

过相当残酷的社会技术实现的，它的结果也并不能完全预期。

安全

有时，有些人会说，安全天然与自由势不两立。但是，在这两个术语被有效定义的情况下，这一论断也可能并不是真的。因为，什么时候一个人才是安全的呢？在此我们对主观条件和客观条件进行区分是非常有用的。主观来讲，当一个人对他能够持续有机会实现自己的目标有较高的预期或充分的信心时，这个人是安全的。对于观察者来说，如果这个人自信的预期是建立在正确认识现实的基础上的，那么从观察者的角度来看这个人是客观安全（objectively secure）的。如果他感觉到恐惧和焦虑，那么他就是不安全的。当然，没有一个人是完全安全的。

那么，自由和安全还是对立的吗？显然不是。相反，如果我们正确地定义了安全，那么安全和自由可能就是一回事，安全不过是自由的一方面罢了。一个自由的个体是安全的，一个安全的个体也是自由的。因为如果这个人不能够实现他的目标，他既不是自由的，也不是安全的；而如果这个人能够实现他的目标，那么他既安全又自由。

安全和自由之间没有区别吗？区别就在于它们的侧重点不同。说一个人自由，就是在强调这个人（或者期望是）在任何时间都是自由的。但是因为这一点在我们对自由的定义中已经相当明确了，故我们说安全只是自由的一部分或一种模式，这种说法是正确的。在我们讨论一些人或者群体的自由会随着时间的流逝而一直持续下去的时候，我们用这个词语就是非常有必要的了。

因为作为自由的一种模式，安全取决于欲望和障碍之间的互动，因此我们必须 50
记住，这一方程的两边同等重要。为了持续强调通过移除外在障碍来实现自由，西方文明一直以来都致力于减轻环境对安全的威胁，而这些最明显也最容易对付的障碍，就成了政府政策的焦点，如工人的赔偿金、养老金、失业保险、医疗保险、警察制度、公共卫生、军事装备等等。近年来，人们越发认识到，当喜爱、尊重、自尊、多样性、团结等人类基本的欲望受挫时，就算清除了非人为的障碍也并不能提供安全，这一点，在老龄人口中尤其明显。但这种虚假安全（pseudo security）的现象经常以不同的形式呈现，尤其在美国。比如，因为尊重、自尊、地位和控制等大部分取决于收入，所以在不平等的社会，如美国，追求高薪职业就成了获得虚假安全无止境的动力。

我们说过，没有一个人是绝对安全的。死亡不可避免。尽管人们发明了各种各样的方法以减少他们对不可避免的死亡预期的焦虑——大多数干脆无视死亡——但是在现有的事实上，人们仍然还会有一些固有的恐惧，就像弗罗姆所说的，我们知道生命最终会走向死亡。当然，也还有机会、意外和偶然性。也有人不能控制的自然灾害、疾病和社会事件。

但是对我们的目的来说，比这些固有的限制更为重要的事实是，安全也可能与其他的目标相冲突。或许更准确地表达冲突的一种说法是，人们对某些目标获得安全的期望可能会与对其他目标获得安全的期望相冲突。在这种情况下，这个人就必须调整边际，这就不可避免地会有部分不安全的地方。

当然，如果这种说法是可想象的话，也许多数人并不真的想要“绝对的”安全；即使是“最优的”安全也可能留有挑战、风险、疑问、危险、威胁和焦虑的地方。人类并不贪图安逸。

并且，长期的安全可能会与短期的安全相冲突，因此人们必须做选择。但是，一个人在短期安全上下赌注越多，他对未来的焦虑就越有可能加剧。并且，如果一
51 个人越多地将他的目标实现延后到不安全的长期未来，他对未来这一目标是否会实现的焦虑就会增多。

最后，通常主观安全并不是与自由相冲突的，而是与客观安全相冲突。为了让个人和群体采取预备措施以应对未来，一个明确的最低水平的主观不安全可能是有必要的。当然，多头政治在国际政治上的历史告诉我们，目前比较强烈的安全感可能会让政策给未来带来无尽的不安全。

进步

美国人尤其重视“进步”，尽管他们对这一充满魔力的词语的含义并不总是很清楚。然而，在词语的模糊性背后存在着一个明确并且有意义的目标。当一个人的总体目标实现的机会增加时，就意味着他有进步。因此，和安全一样，进步也是自由的一种模式，因为进步意味着自由的增加。

然后，进步就常常与目标实现的一些概念相关。对于像贝洛克（Hillary Belloc）这样中世纪的研究者来说，自文艺复兴以来的任何一次重要发展都是一种可怕的倒退，因为它们减少了人们实现贝洛克所重视的目标的机会。对于一个 19 世纪的乐观主义者来说，同样的发展就代表着进步；对于一个重视物质产出而轻视公共生活的人来说，现代城市就代表进步；而对于具有相反偏好的人来说，“复合城市”（conurbation）就像它的字面意思一样，是使人迈向野蛮的一步。然而，如果一个人能够阐明衡量进步所依赖的目标，进步的相对性就不会展现出应用方面的特殊难题。

适当的包容性

在设立第四个衡量不同政治-经济技术的标准的目标时，我们遇到了一个重要的问题。我们倡导自身和“他人”自由的目标，但是我们并没有定义我们脑中的“他人”是怎样的人。我们给出了“他人”政治和主观平等的例子。他人是什么？我们希望保障“他人”和我们一样安全，希望他人也有进步。这些他人是谁？是指
52 所有的人类？那些认同我们的人？美国人？西方“民主社会”的成员？

很多对目标的阐释都希望能够在任何时候、任何地点均适用于所有人类。但我们的目标更为质朴（modest）。我们只是说我们希望实现的目标和其他也想实现这些目标或互补的目标的人有关。因此，“其他人”是否包括小部分或者全部人类就变成了一个实际的问题。这一问题要根据具体的目标和情况才能给出满意的答案。

因为人们会发现，每当他做出决策时，都要重新打开这一问题，这是非常不方便的，作为现实的必备条件之一，这个人必须引入一些持久的可行的对于“他人”的假设，但是这些仍然需要不断修正。

让我们用这样的方式表达这一观点。包含的问题就是一个调整边际的问题。如果我们把这一群体排除或者包括在内，我们所讨论的目标的结果是什么样的？在任何情况下，排除-包含的特定界线在哪里？排除和包含是否存在适当文化的、制度的或历史的基础？

民主的目标引发了这一最为实际的问题。因为想让“每个人”都生活在民主中是一回事，而想让“所有人”都生活在**相同的**民主中却是另一回事。

正是基于这个目的，美国这一以领土为界的多民族国家（the territorial nation-state）是我们最希望实现民主最大化的国家。但是美国的边界并没提供固定的和永久的“排除还是包括”谁的基础。我们最多只能说，美国提供了现实可操作的组织体系，让我们能够从概念上讨论如何实现我们所期许的目标，这就需要依赖我们在此讨论的“技术”。

极端的爱国主义者坚持认为地域性单一民族国家是“包含-排除”神圣并得到认可的设计，不论他们的声势有多么浩大，我们都应该清楚地看到，建立在地域性单一民族国家基础上（或者其他基础上）的排除-包含，完全是一个实际的问题。作为一个现实的问题，如果一个人需要在对答案有比较稳定的假设范围内操作的话，可能所有的答案都是试探性的。因为答案会随着所涉及的具体目标而改变，也会受到它们对其他目标的依赖、可行的实现目标社会技术、认同的难易程度、历史 53
和地理的因素，以及很多其他的因素的影响。

“组织负荷”（organization load）是限制任何包含-排除的抽象原则的一个相当实际的问题。在一些点上，组织的多样性取决于特定的选民，他们会对决策过程施加重要的影响，然后，通过提供一个更简单的（如果是更专断的）包含的基础来减少组织的数量，就具有十分明确的优点。抛开认同的问题或非理性的忠诚，这也是为什么地域性单一民族国家作为一个重要的亚组织或者组织能够保留下来的一个原因，就像美国一样，尽管有很多所谓世界末日的话语，美国联邦系统仍然得以留存。

美国的历史解释了，在不同的历史情境下个体可能想要改变包含-排除的群体的方式。在“多数人”应该具有最终发言权的情况下，群体该是怎样的？如果我们说这章设定的目标在 1800 年应该能够得到最好的实现，这绝不是前后矛盾的。如果具有最终发言权的群体是同一个州的同胞，这种情况下，与其他州达成有限的联盟是这个群体最希望的情况。在 1950 年，如果这个群体是全美国的同胞，这种情况下，这个群体可能想要一个单一制国家而不是联盟或者联邦国家；如果在 19××年时，这个群体是大西洋联盟（Atlantic Union）的同胞，情况可能又会不一样。

恐怕事实是一个较大单位的组织比一个较小单位的组织更是人们想要的结果（当然，相反的，我们在年龄上偏好更小的），记住我们的论证两面都说得通，这一点很重要。在像美国这样的地域性民族国家内部，存在很多具有特定目标的小单位，相比由全部美国选民组成的大组织，这些特定的目标在这些小单位中能够更好地实现。小学的运行就是一个明显的例子。这样的例子不胜枚举，并且，实际上，人们更希望能够鼓励那些自我管制和参与的小单位的存在，甚至不惜以牺牲更大的单位对某些实质性问题的控制为代价。最好在全书中都能始终记住这一提醒，即本书主要关注民族国家层面的理性社会行动。这一关注点并不是说小型组织的生活的
54 价值是不重要的，相反，它们具有巨大的意义，但是它们很有可能会将我们带向更远的道路，去考虑发展一个健康有活力的小型组织生活的前提条件。

此外，读者们必须始终记住，本书将美国作为最大化民主的一个方便的单位并不意味着美国之外的民主、主观平等、个人的进步对我们来说毫不重要。事实上，我们想要最大化的“他人”的民主一定程度上是模糊的，会随着具体情况的不同而改变。最后，虽然到目前为止美国一直是本书关注的焦点，但是检验和评估政治-经济技术的有效性并不仅仅与国内经济有关，与国际贸易也有很大的关系。

2.3 社会行动的基本手段

本书余下的部分主要检验在资源比较稀有的情况下，将刚才讨论的七大价值效率化所需的社会过程。本书将会证明，我们所要检验的社会过程也是我们所重视的手段。

显然，促进**理性计算**的社会过程是实现自由、理性、民主、主观平等、安全和进步等目的必不可少的手段。对于促进**控制**的社会过程来说也是一样，一个人只有控制了其他人才能移除自己欲望实现的障碍，而一个人也只有被他人控制时才能移除实现他人欲望的障碍。

经济生活中的计算和控制，也就是我们所说的经济利益效率化（economizing），取决于四大重要的社会过程。这些过程是**价格体系**、由领导者控制的**科层制**、对领导者实施控制的**多头政治**和领导者之间的相互控制——**讨价还价**。很明显，如果一个人想要无限接近本章所讨论的社会行动的七大目的，这个人必须重视这些手段，或者至少重视使用这些手段的几种方法。所有这些方法都会在下一章进行讨论。

第2篇

社会过程的两种基本类型

第 3 章

理性计算的一些社会过程

3.1 引言

个人或者群体的理性社会行动具有两个基本的前提条件：行动者必须对在现实生活中能够使其目标最大化的方式做理性的计算。行动者必须能够控制其他人，这些人的回应能够达到行动者期望的状态。第一个问题——计算，是本章讨论的内容；第二个问题——控制，将在下一章讨论。 57

理性计算的基本问题

下面的案例显示理性计算可能会有的一些困难和希望。1939 年，国会议员不得不对一个非常复杂的法案进行投票（或者避免进行投票），最终导致了 1939 年《垦工程法案》（Reclamation Project Act of 1939）的出台。除了对其他方面的规定，这一法案给内政部长在决定灌溉水坝的发电和送电的价格时设定了标准[①]。这些价格的设定比较让人费解，因为那时候（包括现在）

---

① Stat. 1187, Sections 9 (a) and 9 (c). 这一案例最初引起我们的注意，是在著作：Paul Appleby, *Policy and Administration*, University of Alabama Press, University, Alabama, 1949, pp. 126 ff. 作者感谢洛佐威克先生（Mr. Arnold Lozowick）细致地考察了这一案例的政治、经济方面。

很多的国会议员很难说能理解他们的选择带来的相关结果。或者，尽管他们知道这些结果，但他们主要是为他们未来的选举来评估这些结果。只有那些在灌溉和围垦内务委员会（the House Committee on Irrigation and Reclamation）之前出席了这一法案的听证会的国会议员，才可能知道这一问题所涉及的事情。

简单来说，政府可以算出以下一个或多个成本的价格：

58 1. 整个灌溉工程每年的运行、维持以及更新的成本。

2. 政府几年内在电力设施上的投资补偿，这些设施通常是灌溉工程建设的一部分。

3. 不论是整体地还是部分地，在几年内对政府在灌溉设施上的投资进行补偿。在很多围垦工程上，政府政策设定的电力价格通常足以抵消一些灌溉成本。现有的政策则将用电者的成本转为用水者的补贴。

4. 电力投资的利息费用。追溯1906年的法定政策，决定了用水者不需要给**灌溉**设施的投资方支付利息；理论上，电力价格的设置应该足以覆盖灌溉设施的利息费用，但是这样的政策从来没有人真正推动过。

电力价格的设定应该覆盖前三种价格的提议得到了广泛的认可，因为到目前为止，几乎所有人都理解这一问题。只有最后一种价格充满了争议。但是在听证会中，灌溉和围垦内务委员会的成员极少提到第四条款。从后续对国会的讨论中，读者可能会有这样一种印象，即很少有国会议员曾经将这一问题分成上述四个部分，政府官僚也没有为他们做这一事情。结果，这一法案对内务委员会的电力价格的指导就只能非常模糊了。

后来，内政部两大强势部门争吵的结果是由律师来负责裁定这一部分的意义。内政部电力部门的成员争论道，电力投资的利息费用不应该包含在电力成本内。如果包含了利息，那么围垦工程的电力价格就不得不非常高；但如果利息没有被包含在内，那么国家其他地区的纳税人就会补贴那些靠近西部围垦工程的电力消费者。在最直截了当的“政治性”决策中，律师裁定电力投资的利息费用不应该被包括在成本中①。

59 到目前为止，因为国会还没有任何清晰的意图，这一裁定可能与其目的背道而驰。但这一裁定从来没有被国会所修改，很多国会议员看起来并不理解已经发生的事情，到目前为止，这些选择都还没有得到系统的审视。有人为这一事情发起集会，因为政府围垦工程中的电力使用者已经开始得到间接的补贴，很少会有围垦领域的国会议员在未来的讨论中投票反对这件事。

这一简明扼要的解释也指出了理性计算存在的基本问题，其中的四个是：

信息——比如，委员会，更不用说整个国会，是如何获知做出重要决策所需的事实真相的呢？

---

① 这一决策和补充的部分都在1948年内政部《拨款法案》的听证会上重印了。（House Appropriations Committee，February 19，1947，80th Congress，1st Session，pp. 9－24.）律师既没有接受电力部门认为电力投资的利息费用不应该包括在成本价格内的观点，也没有接受围垦局（Reclamation Bureau）认为其应该包括在内的观点。律师拒绝这两种观点后，提出了自己的第三种方案，但是这种方法产生了和免除电力的利息收费一样的结果。这样人们就能够理解为什么国会议员们对这整个事情深感困惑了，并且困惑的不只是国会议员。

沟通——比如，行政备忘录、委员会听证会以及国会辩论这些沟通技术在价格设定的技术难题上足够吗？

变量的数量较多——比如，有多少审读材料的人能将这四种可能被覆盖的成本、它们可能的组合形式，以及将某些价格包含或不包含在内可能带来的结果都记在脑海中？

变量之间关系的复杂性——比如，电力成本在其他成本中占多少比例？在不同的大坝之间占比差别大吗？很大吗？

众所周知，人类克服这些困难的能力非常有限。其中一种重要的限制来自人类这一会思考的动物的能力，和他带来的难题相比，人类解决难题的能力微乎其微。另一种重要的限制来自人类在特定时间和特定领域的知识水平。尽管如此，很多社会技术、人类文明的遗产都已经被证明是理性行动非常有用的助手。

作为思考的动物——人类

从 1893 年弗洛伊德首次报告他和布洛伊尔发现癔症以来——一件看来矛盾的 *60*
发现，这一发现本身在理性计算中占据重要地位，每一个知识人都能意识到人类理性计算能力的概念发生的巨大变化。近几十年以来，人类在精神病学、心理分析、心理学和人类学方面的研究兴趣高涨，加上极权主义、种族灭绝、集中营以及战争等事件的影响，有些人甚至对作为物种之一的人类产生绝望。也有人认为这些证据足以证明理性计算的毫无用处。在检验后者的困惑之前，或许最好先清醒地写下人类理性计算能力的一些明显的局限。

首先，一个清楚的事实是，像小熊维尼一样，人类也是一种没多少头脑的动物。为了理性行动，人类需要考虑的选择数量经常超出他有限的心智能力。仅仅是在 6 000 年以前，大多数人类只是狩猎者、牧羊人或庄稼汉。和百万年前相比，野蛮的人类（animal man）已经进入了社会发展较复杂的阶段，人类变成了牧人，并和其他人合作，追逐并最终驯化和饲养驯鹿以及其他牲畜。人类花了 2 000 年才学会如何用动物拉车，而人类学会骑马又是千年之后的事情了。但是这 6 000 年间，并没有证据表明人类的大脑发生过变化。

弗洛伊德和他的继承者们清楚地说明了许多其他的障碍，无论是外在的还是内生的，也十分普遍。概括地说，这是他们所认为的人类：他是孤独的，他扭曲了现实以适应自己的内在需求，他将这种扭曲的现实图景作为他行动的前提；他具有强迫症，可能将自己的动机和现实观点强加给他人；他将自己强烈而又迫切的欲望深深控制在无意识的层面，唯恐受到良心拷问或其他人的回应性惩罚，只把他压抑的欲望以识别不出来的方式加在其他目标上；他经受并表现出夸张的恐惧；他的世界染上了难以忘怀的童年的感情色彩；他表达的仇恨和愤怒源自长久隐藏的事件；他理性化他所有的行动；他给自己的行为戴上虚伪和不诚实的面纱以欺骗他人，他也隐瞒自己内心最深处的愿望，以欺骗自己。这是一幅严酷又奇异的画面，是一幅讽刺画，但是请让我们把它当作一种提示，即不要将人类的理性行动的能力浪漫化。

61 此外，理性计算还有一种特殊的障碍，即人类微弱的脑力和个性都难使我们对未来有充分正确的先知判断。因为人们很可能难以判断现在目标的实现与未来的关系——部分是因为只有检验了目标之后，人才知道他到底想要什么，因为具体的经验才是唯一充分的检验。同样，与现在相比，未来可能的报酬和惩罚也会大打折扣。比如，在形成习惯方面，人们行为获得的报酬和惩罚被延后得越久，习得这种回应的可能性就越小。及时又温和地减少紧张的回应行为能够变成习惯，尽管它可能会强烈地增加后期的紧张①。

理性计算也是一种负担。同时，现实中也存在一种难以处理的矛盾，即很多重要的目标并不能通过有意识的计算达成，因为这些目标的计算必须是无意识的。有意识的计算行为经常是理性、目标最大化行为的天敌，尤其是在那些非常重视爱情、关怀、尊重和自发性等亲密关系的目标中。这一矛盾使很多敏感的作家抨击理性计算，在陀思妥耶夫斯基（Dostoevski）的《地下室手记》（*Notes from Underground*）一书中，主角厌恶关于“理性”的话语内容或许能在很多人心中产生共鸣：

> ……理性只是理性，它牺牲了人类本性中理性的一面。意志就是全部生活的证明，就是说，它是包含了理性和所有的全部生活冲动的证明。尽管我们的生活在这种表达中经常被证明没有价值，然而，生活就是生活，它不是可提取的平方根。
>
> ……假设人类只是为了寻求十分确定的数字上的成功，他穿越海洋，在追寻的过程中甚至不惜牺牲生命。当他真找到时，我保证他是心怀恐惧的。他会发现他再也没有想找寻的东西……他其实喜欢的是获得的过程，并不是很喜欢已经找到的东西，当然，这是很荒唐的。事实上，人类是滑稽的生物，因为看起来人类有很多笑话！

人类有限的脑力、情感融入的缺乏、有限的远见和对非计算行动的需要，我们都当作理所当然。但是接受这些假设并不意味着接受一些不相干的、推测性的结论：(1) 将理性作为目标是夸大了的人类理性计算的能力。这一假定是在说，将自
62 由假定为（其他目标之中的）一个目标就是否定了人类不自由的能力从而夸大了他自由的能力。将理性假定为目标之一只不过是假设理性或自由的一点点增量，不论多么微小，都是可能的或者人们期望的。(2) 假定理性是人类的目标之一，就是接受了18世纪的人的思想，这是一种落后的心理学，或者以理性主义为名的各种哲学立场。理性的目标和这些观点之间并没有逻辑关系。(3) 强调理性计算的重要性就是在扩大有意识思考的有用性。这一观点部分源于人们混淆了理性计算和意识计算之间的关系，而这一混淆源自一些根深蒂固的话语障碍。正如我们先前所说，无意识的或冲动的行动也可能是高度理性的或者非常高效的，因为有些目标并没有其他办法来实现。

---

① John Dollard and Neal E. Miller, *Personality and Psychol therapy*, McGraw-Hill Book Co., New York, 1950, pp. 187-188.

在某些情况下，和爱情、仰慕、自发性有关的目标只能通过与有意识的计算相悖的情感体验来实现。其他情况下的变量可能更多，或者变量之间的关系非常复杂，或者信息的沟通只能通过一些线索获得，而这些线索只能在不经意间发现，这时，直觉判断就会比有意识的计算要理性得多。尝试列举出所有影响决策的因素并赋予权重，只会妨碍直觉判断的过程（对这一过程还知之甚少）并产生一个更不理性的判断①。

然而，有一个有效的观点不容忽视。附带的非理性经常是理性目标实现时难以避免的副产品。这一情况经常会在这样的时刻出现：一些社会礼仪有助于实现理性计算，但是在这些社会礼仪中几乎确定地存在某些促发非理性行动的诱因。但是，将人类从社会礼仪中彻底解脱出来只会使人类陷入犹豫不决的沼泽并为大众非理性创造了良好的条件。

有限知识的结果

每一个受过教育的人都可以列出很多种决策，这些决策中很少有不能进行理性计算的情况。在某些例子中，一个纯粹的随机行动可能和计算过的行动有相同的概率获得成功。但与此相反的是，我们可以列出很多种行动，它们的计算高度理性。比如，一个工程公司对采用新机器节省的成本的计算和社会科学家对人类日渐增加的机器化人格的结果进行的计算。我们可以对两者进行比较。人类知识的概况是参差不齐的。 *63*

这些在知识层面巨大的不同显示出我们理性计算方面的三个结论。

首先，重复的事件会增加理性计算的概率。这一事实也导致了**专业化的悖论**。当一个人在某一个领域比较专业时，他的焦点就会集中在几种固定类型的重复性事件上，通过减少他关注的变量的目录，专业化能够增加这个人在这些领域的理性计算能力。这种提高了的理性计算能力能够使人类采取现在看起来不太可能的社会行动。但是这些社会行动具有不可预知的结果——说它不可预知是因为人类只有在忽略一些变量时才能成为某一领域的专家。因此，从长期来看或者考虑不同的目标时，短期内的或者只考虑有限目标的理性计算可能会被证明为不理性。

重复性的事件能够促进理性计算这一事实，也解释了历史作为一门学科在预测事物方面经常没有多大价值。“历史”从来不会重演，在一个特定的事件领域拥有大量的知识并不会有助于预测其他特定的事件领域的结果。

这也是政府行动必须比商业或工业行动以更低的理性水平采取行动的原因。政府的重大政策选择通常是在相对不重复的情况下做出的，在这种情况下，正确的预测非常困难或者根本就是不可能的。假设理性计算的能力相同，通常政府中的政策

---

① 在麻省理工学院做的一系列实验中，巴弗拉斯（Alex Bavelas）已经证明了当一个人需要在一组可替代选择中进行选择时，这些选项就会相互关联并给出正确的信息，但超过某个点后，多余的信息就会导致更不理性的选择。然而，这一结果还没有发表出来。

制定者比商业领域的政策制定者面临更多复杂的难题。

64 其次，要决定一种理性计算的尝试是否值得去做，同样需要对这种尝试本身进行理性计算。但是获得所需知识的成本可能要同这个行动的目标的重要性进行比较。如果目标很重要，那么用高投入来提高理性计算是有价值的。如果涉及的只是不太重要的目标，那么即使在理性计算上有很大的提升，也不值得提高改善理性计算的成本。

最后，浪费和错误是理性计算尝试的必然成本。很多重要的决策都必然存在计算风险，因此，就不得不承担浪费和错误的可能。因此，在二战期间，曼哈顿工程区花了超过 3 亿美元快速建设两个主要的核电站，以分离 U-235（铀-235）和普通的铀。在气体扩散过程上，这两个核电站都被证明不够经济，最后它们都被关闭或者拆除了。然而，国会投资委员会总结道："考虑到战争的迫切性和建设初期的知识水平，这两个核电站的巨大投资都是合理的。"①

3.2 理性计算的一些辅助

尽管人类这一思考型动物存在局限性，但在 6 000 年的较短时空中，人类仍然在不断提高生命中各个领域的知识水平。尽管任一时刻的知识都是不平均的、有限的以及分散的，但是人类已经创造出了他们的祖先无法想象的文明。人类通过一系列能够促进理性计算的社会过程创造并延续了文明。文明的核心就是这些有益的辅助知识的积累。而教育就是将这些辅助知识传递下去。

重新回顾一下围垦局在制定大坝的电力价格决策时所面临的四个难题：信息、沟通、变量的数量较多以及变量之间关系的复杂性。在考虑理性计算的辅助手段
65 时，我们很方便去区分那些在信息和沟通方面很重要的手段、那些能够解决大量变量以及变量之间复杂关系的辅助手段、那些能够全面解决这四种问题的辅助手段。有很多这样的过程。下面我们只列举了一些对社会行动中的理性计算来说非常重要的过程：

信息和沟通的过程

（1）讨论。

（2）整理。

减少变量数量和复杂性的过程

（1）可比较价值的量化。

（2）抽样。

（3）授权。

理性计算的全面过程

（1）科学。

---

① U. S. Congress, Investigation into the United States Atomic Energy Commission: Report of the Joint Committee On Atomic Energy (81st Congress, 1st Session, Senate Report No. 1169), October 13, 1949, p. 10.

(2) 渐进主义。
(3) 计算风险。
(4) 乌托邦主义。

信息和沟通的过程

讨论。讨论或许是最古老也是最普遍的触及社会行动的理性计算的过程。我们能够在部落议会、希腊小组群（Greek deme)、御前会议（Curia Regis)、制宪会议、新英格兰镇民大会、政治局、内阁、和平会议、集体讨价还价会议、家庭讨论、社区群体以及普通商店的争吵中找到它。

讨论既是一种社会反省，也是对经历的部分重述。就像反省和经历的检验是个人发现他的偏好的重要私人辅助手段一样，讨论也是理解一个人偏好的重要社会技能。讨论能够快速展现可能的建议，在这一过程中，不同人的回应也得到了展示和检验。这一检验有助于人们阐明自己的偏好，这不仅仅是因为其他人尤其是那些想法相似的人已经预先检验了他们的偏好，还因为只有在一个人能够预计别人的回应时，他才知道自己的偏好是哪些。讨论也可以让人们之间快速交换事实信息并检验、确认目的-手段之间的关系。当然，像很多伟大的讨论一样，讨论也可以以书面的形式进行，但是这种讨论方式的参与程度是非常有限的，不仅麻烦，还十分 66
耗时。

一般讨论之后紧接着就会进行投票。这是一个几乎普遍存在的关联，不仅能在现代多头政治的理论和实践中见到，就是在原始的部落中也可以找到。其实，讨论本身也是一种含蓄的投票。投票和讨论经常一起发生，只是因为人们想通过投票来更明确地知道投票者的偏好。讨论通常在投票之前，这就表明了讨论作为理性社会行动的辅助手段的有效性已经得到了广泛认可。相反，当领导者并不是真的想得到投票者偏好的明确显示，而只是需要投票这一惯例以作为辅助手段帮他宣传或建立自己的合法性时，他们会试图限制或消除讨论，就像在极权国家的投票和选举中一样。

讨论也被广泛地用在市场选择中，尽管有些情况下通常是由非常不正式或只是少数人的偶然交流形成，就像家庭主妇们讨论洗衣机的构造和他们丈夫的汽车一样。在任何西方社会中，市场选择的讨论都没有被认真地组织、制度化或者受到法律保护，也没有对选择进行投票这一传统。然而，对市场选择的讨论如此普遍，那些想要通过单向的宣传来颠覆消费者的选择的企业领导者可能和政治领导者一样，在讨论上都不堪一击。

当然，作为理性计算的一种辅助手段，讨论也有一些严重的缺陷。少数人的讨论节省时间，但是多数人的讨论就非常费时了。如果参与者没有事实方面的知识的话，讨论本身并不能给一些复杂的问题提供答案。也许，灌溉和围垦内务委员会已经在价格问题上讨论了无数遍，只不过最终都没有达成理性的解决方法。在这些情况下，必须做出一些安排以找出讨论中的科学或子科学的发现（scientific or subscientific findings)。

整理。整理是根据自我一致的原则（从那些接受这一原则的人的观点来看）对迄今杂乱的并且非系统化的议题进行简化和统一。我们很容易区分对事实的知识的
67 整理以及对社会规范或社会礼仪的整理。

对 19 世纪的政策制定来说，比较具有优势的一点是，自由主义的事实假设已经通过英国的洛克、亚当·斯密和边沁，以及美国的华盛顿、杰斐逊、《联邦党人文集》的作者、1787 年制宪会议的 55 人编撰成书了。在预算政策方面，由佩尔（Peel）、格拉德斯顿（Gladstone）、帕内尔（Parnell）、科布登(Cobden)、戈申（Goschen）以及哈考特（Harcourt）所指导的议会辩论产生了预算理论，这一理论实际上指导了从佩尔到斯诺登（Snowden）以来的所有财政部长①。当然，好的理论产生的同时也会有坏的理论出现，但是整理出理论一直都是必要的，因为如果没有一定的章法规则的话，这个世界就只是一个无意义的杂乱世界。

如果没有无意识的诱因来控制人生活的很大领域的话，人们很有可能陷入难以承受的不确定和困惑之中。缺少社会规范只会让人陷入难以忍受的恐惧和焦虑之中，而不会滋养自由。如果没有达到发疯的边缘，一个人不可能将每一个选择都进行无止境的哲学评估；即使他能够这样做，他也只能回到对现在的定义和分析上，无须在不可分析的、灌输的偏好面前止步不前，否则社会机制将全部瓦解，因为几乎所有主要的社会过程如果想有效运行的话，都必须具备一些教条化的社会规范，尤其是在危机时刻。

68 就像事实规范一样，19 世纪的基督教和自由主义的社会规范在 20 世纪同样遭受了严重破坏，直到现在，并没有平等的、自我统一的又得到广泛认可的社会规范取代它们的位置。在美国，小学和高中仍在进行传统的社会规范的灌输，但是，家庭、同辈以及其他的社会组织经常进行相反的社会规范的灌输，这一冲突导致了不容忽视的困惑、不确定、焦虑、机会主义以及领导者的转移等现象。然而，20 世纪的后半叶有可能见证像 19 世纪一样统一的社会规范的产生，就像我们希望看到的，尤其是在经济领域，共识正在逐渐扩大。

减少变量数量和复杂性的过程

可比较价值的量化。难以给相关的选择赋予权重并决定哪一个更重要是理性计算最主要的障碍。这一困难的普遍原因之一就是所涉及的变量数量巨大，人们经常发现他们很难在脑中全部记得这些变量，更不要说对它们进行比较。在三种条件下，这一社会行动中的困难可以被大大降低：如果不同变量的净价值可以通过量化的方式精确表达，如果这些数量可以用可比较的价值单位，以及如果某些量化存在的过程实际上属于不同的选择。在这三种情况下，根据这些选择的净价值——一个人目标的收获超出目标成本的部分——来对它们进行排序并选择净价值最高的那

① D. H. MacGregor, *Public Aspects of Finance*, Oxford University Press, New York, 1939, pp. 10 ff.

个，选择就是一件非常简单的事情了。

实际上，边沁提出可以将快乐作为衡量所有目标的量化单位，然后通过对不同的选择赋值可以确立一个过程，这些假设是他快乐主义计算的核心。但是，事实上，对于很多人类的行动来说，这些条件中的一个或者多个很可能并不具备，我们一会儿就会检验这一情况的原因，尤其是当我们思考将科学作为理性计算辅助工具的局限性时。

也有一种情况，这些条件很可能都差不多，就是在复杂的社会过程中存在价格体系。在后面的章节中，价格体系的运作、优缺点和前提条件都会得到讨论。当然，我们都不应该认为价格体系总是会保障计算的理性。因为政治经济事务 69
中理性计算的一个主要难题就是需要决定什么时候、哪一方面，价格体系是理性计算的辅助工具，以及什么时候、哪一方面，价格体系不是理性计算的辅助工具。

抽样。由于对可比较的价值进行量化经常是不可能的事情，人类不得不借助于其他的工具来处理大量复杂的变量，其中一种方法就是抽样。此处“抽样”就是它词典上的普通含义：“显示的部分能够代表整体的质量，是具有代表性的一部分，是样品。”没有抽样的话，人们只能以较低的理性计算水平来操作，有抽样的帮助，人们才能够经常明智地参加一些极端复杂的社会选择。

我们以大型企业或政府机构来做检验。在少数特殊的情况下，上级可能并不像下级一样了解下级的工作。但是专业化的增长和优点使得这一情况不太可能发生。比如，AEC 委员们和总经理很少能像反应堆部门的负责人一样了解反应堆的建设和运行情况；如果他们和反应堆的负责人一样了解反应堆的建设和运行的话，他们很可能会给反应堆部门配一个新的首脑。那么，他们怎样来判断反应堆负责人是否按照他们说的去做了呢？如果他们只关注极端情况的话，他们的任务就轻松多了。比如，如果反应堆负责人保证过反应堆不会爆炸，但结果反应堆爆炸了，那么，不用多考虑就可以开除他。但是理性行动极少是在这样一个极端情况下进行选择的问题，更多时候它是一个调整决策边际的问题。比如，通用电气是否比美国联合碳化物公司更低效？并且，如果真是这样的话，为什么会导致这种低效？以及该采取哪些措施提高它的运行效率。

实际上，当上级不是很了解下级的工作内容时，他可以采取很多措施保持下级对他的回应性。很多主管通过抽样来检验下级的可靠性。如果下级在上级不知道的领域犯了错，主管很有可能外推到其他的他所不知道的领域（是否下级也犯了他不知道的错），因此他很有可能会换个下属。比如，国会联合委员会花了大量的时间检验三个被承包的 AEC 社群的管理工作。这里有一些主管熟悉 70
的东西：他们认为有些地方和委员会成员一样有良好的判断，且认为他们能够想到一些好主意让整体有效运转。大企业中的每一个高管都会遵循一些相同的程序。

那些无法进行直接抽样的地方，主管很有可能会去找那些和他的下属知道的一样多的人去了解情况，也就是说，进行间接抽样。AEC 利用了很多咨询委员会，比如，在继续进行氢弹试验这一重要的政策问题方面，AEC 咨询了咨询委员会的杰出科学家的意见。很多复杂的运作需要详细解释其过程，而上级可能并不是某方面的专家，因此为了上级的利益，专家之间会相互核实这些过程。审计和会计就是这方面的普遍例子。共谋的可能性通过下面的方法被降至最低：分离组织、不同的进度、职业规范等。

上级也可以考虑职业地位，或在同事和竞争者之间的声誉，或者过去的显然成功和失败。AEC过去最主要的运营承包者是杜邦公司、美国联合碳化物公司以及通用电气，这些公司的良好声誉、过去成就的记录都是委员会决定选择它们作为承包者的主要因素。

抽样也可以用在投票中，当然，毫无疑问，用得并不好。如果没有抽样的话，几乎没有公民对投票的议题和候选人的性格有足够的了解。在一个人们相互认识的小镇子里，理性的抽样显然要比在城市、州和国家的选举少一些困难。在最近对8 000个成年人的抽样调查中，回答者要求表明他们最支持和最不支持的国会议员。当问到他们支持的原因时，大多数人回答说他们喜欢议员的性格：有趣的是，41%在政治上非常活跃的人这样回答，而25%在政治上非常不活跃的人也这样回答。当问到他们不支持的原因时，34%在政治上非常活跃的人回答说不喜欢他们的性格，
71 而28%在政治上不活跃的人也这样回答[①]。当然，他们还给出了其他一些原因，包括议员的一些项目或者议员在某些问题上的观点。

事实上，投票者在难以理解的性格基础上进行投票经常被当作大规模人群投票的过程是非理性的标记之一，但这并不是必然的推论。因为在现代世界，代表们必须使用他们的大量自由裁量权，如果代表和他的上级有相似的偏好，那么这种理性的代表就得到了促进，在这个例子中就是指投票人。将性格特点作为投票时的重要考量并不像它看起来的那样非理性，尤其是当它作为候选人对某些问题做补充考量时。

授权给领导者。当一个人将他为了自己的利益做选择的机会授权给其他人时，抽样通常是有必要的。通过将他的选择授权给其他人，一个人可以减少他必须要处理的变量的数量。在很多社会组织中，个人通常将他们的选择权授权给领导者[②]。可以确定的是，强制手段可能会抑制理性计算，并且，领导者经常变得具有强制性，由于这个原因，有些人低估了领导者在理性社会选择中的作用。很多情况下，没有得到选择授权的领导者是不可能达到最优理性的。因为，非领导者可能缺乏相关知识并且深知这一点，或者非领导者可能没有时间关注某些选择——领导，毕竟也是专业化的一种形式，或者非领导者可能不愿意承担在某些议题上做决策的责任。在某些情况下，个人可能并不知道他们想要什么，但是却很清楚现在所拥有的哪些是他们不想要的，比如，有些人可能想改变他们的审美和智力标准，因为他们对他们所拥有的这些非常不满意，他们就很可能将他们的选择权授权给领导者一段

---

① Julian L. Woodward and Elmo Roper, "Political Activity of American Citizens," *American Political Science Review*, December, 1950, pp. 872–885；参见表VIII和IX，pp. 881–882. 因为一些未解释的原因，共和党人比民主党人有更高的概率在他们的选择中表现出他们的性格。

② 此处所用的"领导者"是指在一个群体中比其他人对决策有更显著控制权的人。然而，定义是一个比较棘手的问题，我们将在第8章进行讨论。

时间。因此，在英国，BBC 的主要目的之一就是教育，不像美国的广播，BBC 并 72
不试图让它的项目迎合大众的品位。议会中的多数派坚定地拒绝让 BBC 更多地回应大众的品位，因为在政治活跃者中似乎达成了一种广泛的共识，即 BBC 的功能之一就是去改变听众的审美和智力水平，而不是像美国广播一样，一味地迎合大众品位。

经济学家一直以来都忽略了领导者在理性计算上的角色，这是因为他们要么是接受了边沁的观点，认为没有人比他自己更了解自己的需求；要么是他们认为，不论在何种情况下，经济学在不了解个体本身的情况下，是无法检验他们选择的理性程度的。BBC 的例子表明存在这样的可能，即在某些特定的目标情况下，授权和领导可能比市场选择更理性。

有些人（比如奈特）曾经尝试推断经济计划必然是非理性的，因为计划需要给领导者授权，并且“完全理性的授权本身是自我矛盾的”①。在这句话中，奈特教授关注的是集权科层制的计划。但是一方面，我们很难知道从他的论述中能够得出什么样的结论。如果他只是说没有人具有做出完全理性计算的能力，那么这就没什么启迪意义了，这样的结论也将同样适用于市场选择，因为奈特很可能是第一个承认这一说法的人。然而，如果奈特教授坚持认为的是在特定情况下最优理性从不要求授权，那么他就完全错了。因为每一种可代替授权的选择都可能导致更严重的非理性。作为一种实践机制，价格体系的运行离不开授权，任何商业公司、研究机构、大学或政府官僚组织都离不开授权。

奈特教授试图通过以下的论述强化他的观点“要想理性地选择一个医生，一个人必须了解所有的医学，此外，还需要知道通过可能的选择（医生）能获得多少医学帮助，还需要知道医生各自的能力，以及他们是否可信。这个人相对来说比较无
助……”② 当然，很多问题就源自人并不是全知全能的。但是很明显，一个人不应 73
该因为要承担选择医生的计算风险就放弃医生的照顾。选择医生的难题实际上发生在医生选择由其他人来治疗病人时、发生在大学的一个学部推荐某些人任职时、发生在一个企业提拔一个主管时，或者发生在一个家庭主妇买了一个星期的食品时。所有的这些例子，最优理性都要求授权和抽样。所以，说授权和抽样经常含有风险的成分，就像在说人类不是上帝一样。

授权给专家。当然，领导者在领导方面多多少少是个专家。相反，对于组织内的某些参与者，专家通常才是准确意义上的领导者，因为和其他参与者相比，专家的专业能力能够帮助组织在决策方面获取明显更多的控制权。但是现在，让我们将对专家的注意力集中在“他们是在某个领域（除了领导方面）具有特殊技能或知识的人”这一定义上。

在现代生活中，授权给专家已经成为理性计算不可缺少的辅助工具。在商业、政府、教育、军事、沟通方面——确实，几乎在所有的组织中——领导者和非领导者都会通过将选择授权给那些“在某个领域具有特殊技能”的人以减少他

① Frank H. Knight, “The Planful Act,” in *Freedom and Reform*, Harper & Brothers, New York, 1947, p. 339.

② *Ibid.*, p. 358.

们要应对的变量的数量。这些授权给专家的选择，其范围从决定哪些事实是正确的到选择应该最大化的目标。然而，怎样将事实假设的选择授权给专家，而又不让他们在需要最大化的目标之间进行不想要的选择，这是一个非常棘手的问题。这种意义上，授权给专家既是必不可少的辅助工具，同时又是理性计算一直存在的威胁。

如果某个指定的上级要做理性的计算的话，上级和专家之间的关系可以是这样，即由上级确定目标，由专家表明实现这些偏好（的目标）最大化的各种选择的成本和收益。比如，灌溉和围垦内务委员会可以雇用一些工程师、会计和经济学家来挑选出给围垦大坝的电力制定价格的可行方案，估算出每种方案涉及的纳税人的成本，给用电者和用水者的间接补贴，对农业增长和产量、人口等的影
74 响，等等。委员会成员运用他们自己的偏好计划，就可以在这些可行方案中做出选择。

但是，委员会成员也有可能通过两种方法陷入非理性决策：一是为了迎合上级的偏好，专家暗中替换一组需要被最大化的选择；二是在某一问题上，委员会成员不能胜任，委员会成员可能会用自己的判断替代专家给出各种可行选择的成本效益分析。然而，将这些判断分离开来是异常困难的。上级可能不能很好地向专家表述他的偏好，他会发现，表述在某一点上一种偏好要给另一种偏好让路更为困难。比如，在政府咨询委员会中，高层领导所指定的目标如此模糊，以至于专家们不得不根据他们自己的偏好给出政策建议。

专家有他们自己的解决办法，对他们来说，将自己的目标替代他们上级的目标并进行理性化解释非常简单（比如，以公共利益的名义）。例如，在检验替代方案的电力定价上，灌溉和围垦内务委员会几乎没有从内政部获得任何帮助。因为，围垦局和律师办公室（Solicitor's Office）很有可能会上传支持他们自己政策偏好的数据。但是，即使是由委员会直接雇用的专家也很有可能这样做，因为没有一个技术领域能像围垦和资源环境保护这样具有对道德优先的考量。而在现实世界中，我们经常很难弄清楚，一个门外汉的上级是否比所谓的专家在决定一个事实性问题方面更有能力。1944 年，在将从苏城（Sioux City）到圣路易斯的密苏里河道由 6 英尺深挖到 9 英尺深是否会明显减少上游农民的可用水量这一问题上，一些西部的地方长官和密苏里河谷（Missouri Valley）上游的围垦局发生了公开而又剑拔弩张的冲突①。

有时候，这些差异只是表明了有些门外汉固执地不愿意承认他们自己的能力有限。有时候，这些差异也反映了有充分证据怀疑某些自我任命的“专家”。但是，
75 还有一个影响比较深远的困难的来源：在某些特殊的情况下，并没有令人满意的和容易获得的知识足以确定一个外行在某些问题上的判断可能要优于专家的判断。很快，几乎每个不是（在某一领域是）专家的人都会发现专家普遍具有的局限：专家在某些重复性事件上的专业知识并不总是适应于现实生活的情况。因为在现实生活

① 参见格拉斯哥（Robert W. Glasgow）发表在《纽约先锋论坛》（*New York Herald Tribune*）上关于密苏里河流域的文章，August 22，1949，p. 2.

的决策中，很多不同的事件都和理性的判断有关，但，几乎每一种事件都涉及不同的专业领域（或者没有一种涉及专业领域）。成功的管理者——他们最大限度地实现组织目标的能力得到过证明——知道在很多点上可能需要否定专家的判断，并不是因为专家的事实建议是错误的，而是因为它并不能很好地被应用于现实。乔治（Lloyd George）说，“在紧急情况下，能干但是缺乏想象的专家是一个公共危险”，他毫不犹豫地否定了战争办公室专家的意见。“一方面，他们对事情所具有的全面的知识、他们的较高声誉都给他们一种业余人员难以忽视的权威，但是在他们没有过往经验的情况下，专家也会陷入困惑之中。”①

在多元目标、多元事实的领域，专家们之间必须相互协调。目前来说，政府和企业的政策制定者都倾向于成为协调艺术的专家，在这种意义上，协调专家与专家的关系本身就是一大任务。但是作为协调方面的专家，很多政策制定者几乎没有表述完整的或正式的理论，并且，他们所表述的理论很有可能被证明是非常幼稚的。然而，经验表明，在协调方面，这一实用的和非理论化的思想通常比理论化的思想要成功得多。其中一个原因就是，在复杂的情况下，政策制定者要处理的变量太多并且难以理解，以至于很难表述清楚并简化为相关的理论。而当理论家们试图做出政策判断时，他们很有可能做出理论判断，这样他就很容易变成了幼稚的政策制定者。一个务实的人所说的不切实际的理论和实际上的常识之间的对比，实际上是好的（但直觉上的）理论和坏的（但是明确的）理论的对比。事实上，成功的政策制定者常常根据好的（但不清楚的、难以表达的以及大多是无意识的）理论来操作， 76
他经常依赖直觉或潜藏在记忆中的碎片化的、无序的经验。决策不好的理论家往往是因为他根据错误的理论做决策，而且这个错误有一部分就是因为理论家要保持这个理论的准确清晰、表达顺畅、意识强、条理顺。经常根据不好的理论制定政策的理论家常常制定不出政策，说它是不好的理论部分是因为他常常试图保持理论清晰、易表达、有意识以及有序②。

授权给机器。很多理论家反对清晰明确表达的理论向不能清晰明确表达的理论屈服。如果做出判断所依据的变量数量超过了人脑处理能力的范围，那么一定程度上的技术安排就能够弥补人类能力的局限。这些被人们认为是重大技术的是数学和电子计算器（electronic calculator）。粗略地讲，对人脑来说，政策判断需要一次性处理太多变量，问题就在于减少数学方程的变量数量以在电子计算器中找到答案。因此，这可能表明，一种新的理性水平在政策决策中是可能的，这也同语言、写作、印刷或数学等新的发明一样，本身就是一次飞跃。

毫无疑问，数学和电子计算器在一些特定的、数值可以比较的领域有极大的用处。比如说，空军就是一直在推动计算器的发展，用来精确计算飞机需要的各种原料和能完成战略任务的人员的配备。这些计算在过去可能要成千上万的人花数个月的时间来完成，或根本就算不清楚，而现在只要几分钟。所以说，准确和迅速计算

---

① 引自：K. B. Smellie，*A Hundred Years of English Government*，Duck-worth，London，1937，p. 286.

② 参见巴维拉斯（Alex Bavelas）试验所引用的第四个脚注。专家们可能比有经验的行政管理者更有可能感到需要大量的信息、细节和数据的清晰列表。

巨大规模项目的不同选择方案成本的可能正在呈现出来。而在过去，这是不可想象的事。

然而，我们很容易夸大数学和电子计算器能做到的事情。作为人类通过社会组织做决策的替代品，电子计算机还有一些基本的局限性。第一，电脑只能用于那些可以用数字进行量化的地方。但是，在很多情况下，我们很难清楚并明确地表达偏
77 好，更不用说用某种价格标签来表达它们了。这也是授权给其他人安排目标的一种重要机制的原因。如果（得到授权的）代表只是单纯地代表人，他可以经常做出让其他的参与人也很满意的选择，尽管这些人从来不能表达清楚他们的目标。在这种情况下，没有一种机器能够取代授权。

第二，没有一个人只想要给定数量的某种东西，因为人们常常具有很多偏好，而他对某种东西的偏好取决于他需要放弃的其他东西的数量。然而，在多数情况下，一个人（智力上）不可能记住所有可替代选择并明确他为了得到更多的某种东西而放弃的另一种东西的数量。当然，很多时候他只有在经历了这种情况时，才知道他需要放弃多少。我们也不能简单地转向其他的计算工具，毕竟还是人类的偏好更重要。

第三，很多事实方面的（甚至是关于结果方面的）知识都是难以表达清楚的，就像成功的行政管理者的知识是建立在个人或者团体的经验基础上的，而这一直都是不能进行编码的。如果要计算成本和收益的话，结果方面的知识就是必要的，但专家并不总是具有这方面的知识，而“实践的”人又不能将它表达清楚。在这些情况下，机器从来不能精确地告诉我们成本，实际上，机器累积的错误可能非常多。

可能有人会回应这最后一个观点，他们认为从原则上来说，这种知识都是可以获取的。即使是这种情况，这些知识现在也不能获取，甚至几十年、上百年都难以得到。此外，即便从理论上说，知识可以获取，那么清楚表达和编码偏好方面的障碍似乎并不能完全清除。事实上，烦恼、质疑和所需的采访可能令人难以忍受。

第四也是最后一点，假设前面所有的问题都不存在，数学和机器计算能够在任何时候都代替政治制定者并消除政治制定者的非理性吗？很明显不是这样。因为，除非人类自己就是不需要最大化自己目标的机器——显然，这是一个悖论。有些人可能会控制那些操作计算和机器的人。而某些人又必须控制这些操作者。而在任何时候，计算者都有机会加入他们自己的偏好。毫无疑问，压力团体会为了这样的目
78 标采取行动。机器的计算能够检查出这种歪曲和欺骗吗？即使存在技术上的可能性，在某些点上，一些人还是需要决定应该接受哪些结果，以及应该给予不遵守的下属什么样的惩罚或者应该怎样强制那些在投票中落败的少数人。

如果极力争取控制电脑没有变成社会存在的一个核心问题的话，这将会是不符合人类实际的事情。我们可以试想一下，争取控制权可能涉及非常复杂而又难懂的问题，因此只会在一小部分精英群体中发生，他们醉心于利用被动而又相对无知的大众，最后，可怜的大众选出了领导者，策动了反叛，并摧毁了所有的机器，于是，反科技者的勇敢新世界到来了！在最后的分析中，不论是数学还是电子计算机（electronic computer），即使从原则上来说，也都没有驱除权力这一铁的事实。

在数学等式和电子计算机的缺点上我们说了这么多就是为了表明社会行动中的过多变量是一个永恒的问题。也许很多人会不加争辩地接受这一观点。但是，为了让我们保留乌托邦的希望，如果有任何值得找寻的更简便的方法，除非它最开始是非常复杂的，那么对数学和计算机的局限的分析就能够帮助我们驱散这些持续存在的疑团。

理性计算的全面过程

现在我们来考虑一些解决理性计算困难的相对全面的过程。

科学。科学家通过系统的观察来处理信息问题，通过开发一种精确而又符合逻辑的语言（通常包括数学语言）来处理沟通的问题，通过专业化、控制实验、量化、严格而又系统的分析以及排除不受这些方法检验的现象等方法来处理过多变量以及它们之间的复杂关系问题。在一种极端情况下，这些方法能够产生一种精确的、明确的、和谐的“法则”体系，而在另一种极端情况下，这些方法并不能仅靠一滴水的知识来减少人类对整个海洋的无知。这些科学的方法产生的结果常常介于两个极端之间。

这些方法对理性社会行动来说非常重要。在某种程度上，几个世纪以前，我们 79
的祖先中只有最有想象力的人才相信，一个又一个社会行动领域的理性计算，从医药到侵蚀控制，都已经运用科学的方法得到了有效的推进。比如，在英国首相迪斯累里或美国的林肯时代，或我们自己的时代，政府的管理艺术已经发生了巨大的改变。专家或准专家委员会就是其中一个重要的发展。在英国，就像芬纳（Herman Finer）所指出的那样，1832 年，英国建立的皇家咨询委员会在管理市镇方面发挥了作用，“国家咨询委员会是一种重要的探索机制……它在社会领域的创制就像显微镜在物理和医药领域一样影响巨大”[①]。在美国，由州长或总统或国会任命的咨询委员会已经成为一种标准实践。

作为政策制定者工具的研究的发展也形成了一次小型革命。1918 年，英国的霍尔丹委员会（Haldane Committee in Britain）还可以推荐一个核心的研究部门，当时看起来甚至是夸大了研究的角色的一个提议，现在看来更像是误解了它对政府每一个部门、分支和局署的重要性。二战以来，一种和高校、研究机构签订大量研究合同的趋势发展起来，甚至像兰德公司这样专业的空军和军队运筹研究机构，以及具有出色学者参与高度机密研究的组织机构也大量发展起来。官僚制本身是一种让科学判断接受政策决定的方法，现代政府官僚制的发展本身就显示了政府利用专家知识的能力有所提高。

就像早期的民主理论家忽略了政府政策中科学知识带来的问题一样，经济学家也忽略了市场选择方面的问题。市场上的消费者和企业家有能力做出非常理性的选择，这一假设非常可信。能够帮助消费者的科学方法已经远远落后于政府的发展了。像消费者研究这样的组织通常只有较小的成员规模，在制定重大而又不具有重 80

① Herman Finer, *Theory and Practice of Modern Government*, Henry Holt and Co., New York, 1949, p. 47; cf. also pp. 447–449.

复性的购买复杂物品的决策时，如买房子、家具或者安保设备时，消费者通常很少能得到帮助。

另一方面，在采用科学方法以协助政策选择方面，一些大型组织几乎与政府并肩而立，甚至超过政府。市场方面的研究就是一个重要发展，企业科层制的增长是另一种发展。或许最近的一个发展是商业运作方面的研究，这种研究试图分离出给定企业的可以量化的决策变量，然后将这些变化归纳为有序的数学公式，这样各种可替代的选择就都清楚了。没有人需要声称预测和经验的元素被消除了，只不过它们的作用一定程度上减少了①。

但是，使用科学方法仍然有一些难点。比如，使用科学方法的想法落后于需求，实践落后于思想。我们很晚才认识到理性计算的前提条件在过去的一个世纪已经发生根本性的改变。例如，立法组织不能很好地运行，因为它们不愿意或者没有能力利用专家的知识。灌溉和围垦内务委员会在处理西部围垦大坝的电力定价上就没有利用任何有资质的经济学家，甚至没有使用高级会计师，因为它们发现很难在执行上利用专家知识。直到 1946 年《重组法案》的出台，国会才允许它的每个常务委员会雇用 4 个专业副手。即使是这样，有些委员会也没有使用这一限制条款，这些委员会并不是经常理解该怎样使用它们的专业帮助或者政府机构的帮助。

当然，只雇用专家还不够。这个问题被忽略的一个方面就是沟通。经常地，外行和专家之间很难互相沟通，除非有协调人能够把外行的偏好转换为对专家来说是有用的术语，并能够把专家的技术发现转换为外行人能理解的语言。教育机构在缩小这一差距上并没有贡献很多，本科生一般是外行人，研究生是专家，但是所有地方都没有人关心那些重要的“翻译者”从何而来。专业团队也几乎没有
81 做什么，他们通常反对“通俗化”，但是并没有提供任何能够替代不准确的普及者的选择。

尽管人们在经济理论方面的知识水平有所提高，但是和其他地方一样，这里仍然存在巨大的失败。当然，在训练能干的翻译者方面做得还很少。因此，很可能只有很少一部分国会议员或报纸编辑、地方长官或广播评论员抓住了后凯恩斯主义经济理论的一点重心。然后，经济理论会假设一组非常有限的目标以及目标最大化发生的现实情况，这从分析上来说非常有效并且是必需的，但是如果建立在这一主观武断世界上的结论被翻译并被认可了，政策制定者就会经常制定出不太明智的政策决定。

这些困难都是可以解决的。但是有些并不能。本章的很多地方我们都暗示了在社会行动方面使用严谨的科学方法可能会有的局限。也许我们最好在这里总结一下这些局限。其中一组难题与社会行动中的某些变量的特点有关，另一组难题和信息与沟通有关。

如前所述，人类有很多目标。这些目标不能同时实现，有些目标的实现可能会与其他目标的实现相冲突。因此，有时候为了实现总体目标的最大化，一个人就必须经常用一个目标的实现来换取更多其他目标的实现，也就是说，他必须实现边际

① Herbert Solow, “Operations Research,” *Fortune*, April, 1951, pp. 105 ff.

最大化。此外，当一个目标实现时，这个目标的迫切性就减少了，用心理学家的话来说，这个目标的驱动价值（drive value）就降低了；用经济学家的话说，这个目标的边际效用递减。将这两种情况都考虑进去的话，要做出理性的计算，一个人必须最大化边际效用，但是这些目标又存在边际效用递减，因此，这些边际效用经常是波动的。正是因为这些原因，我们很难用可比较的单位量化可替代选择的价值。因为不存在任何固定的、量化的测量单位。

当然，也因为这些原因，信息和沟通的问题也变得严峻了。在缺少量化的情况下，我们只能用定性和不准确的语言去描述政策的可替代选择。比如，一个人该怎样测量一个项目中的收入平等的收益和损失以及其他相关的选择？甚至我们假设一个人能够知道每种选择的大多数结果，比如 X 单位的国民生产总值需要投入多少单 82
位的尊严和尊重呢？

此外，在很多情况下，信息和沟通是有缺陷的，因为人们只有在两种可替代选择都经历过的时候，才知道哪一个是他们更想要的。当然，可替代选择之间是相互排斥的。

显然，这些都是无法移除的障碍。与它们相比，缺少可预测的结果的事实信息这一障碍，很可能会随着未来科学知识的增长而消除。虽然从现实层面来说，现在移除这一障碍仍然非常艰巨。在无数的案例中，原则上可以预测的，现在都还不能预测。原则上各种税对企业投资的影响是可以预测的，最后政策制定者也许真的可以精确地预测这些影响，但是，目前而言他们还做不到。

正是因为这些原因，严谨的科学方法虽然对社会政策中的理性计算来说非常重要，但是它们仍然非常有局限性。它们只是理性计算的一种起补充作用的全面辅助工具，并不能替代理性计算。

渐进主义。渐进主义是另外一种这样的辅助工具①。渐进主义是社会行动的一种方法，它将现有的实际作为一种可替代选择并与其他相关的可替代选择的损益进行比较，比较的方法有对现存的实际进行小的调整，或者是通过对现有的实际的结果进行较大的调整以得出最接近现实可能结果的方法，或者二者兼具。如果小的增量确定不能实现期望的目标，而大的增量的结果还不十分清楚，并且现存的实际情况是令人非常满意的，那么渐进主义很可能要让步于计算风险。因此，科学的方法、渐进主义和计算的风险就构成了一个政策方法的连续体。

强调与已有实际紧密相关的可替代选择为什么会是理性计算的一种辅助工具？第一，与已有实际情况关系不够紧密的可替代选择的结果通常很难预测。

第二，就像我们反复说过很多次的一样，人们并不能精确地预知他们的需求。 83
即使人们能够完美地预测事情的结果，但是基于目前的现实，人们并不能在差异巨大的各种替代选择中做出理性选择，只有当他们做出了选择并经过检验以后，他们才知道这种选择是不是他们想要的。可以确定的是，他们可以不经检验就排除很多他们不想要的选择。很多人并不需要住过集中营、发生过意外、染上疾病、丢了工

---

① 渐进主义与波普尔（Karl Popper）所说的“渐进的社会工程”有很多相似之处：Karl Popper，*The Open Society and Its Enemies*，G. Routledge & Sons，Ltd.，London，1945，Vol. I. pp. 139-144.

作或者受到羞辱之后才发现他们根本不喜欢这些东西。但是，当明确的不喜欢的可替代选择被排除之后，人们很难知道剩下的可替代选择中哪些是他们更为喜欢的。渐进主义就是一种通过经历来持续不断检验一个人的偏好的过程。

第三，个体通常都有很多目标，但是有些目标相互冲突，理性行动需要对这些目标进行妥协并且需要持续注意那些边际调整给目标的实现带来收益的点。这种个体行动上的渐进主义的逻辑同样适用于社会行动。

第四，渐进主义有助于确认个人选择的结果。这与分离出单一变量的原则一致。一个人行动之后的结果可以与变化发生之前的情况做比较，并且特定的选择和特定变化之间的关系很容易就可以确定。

第五，渐进主义有助于确保控制。渐进的变化能够给指定的上级具体指导下属或检查下属工作细节的机会。作为一般性事件，渐进变化的幅度越大，对于上级来说就越难以控制下属或者只能给下属以空头支票一样的指导。

第六，渐进主义是可逆的。如果犯了错误，这些错误很容易得到改正。

第七，渐进主义允许运作中的组织继续存在并发生持续性的改变。通过命令来稳住突发情况的企图经常会遭遇失败，因为正在运行的组织有它自己的规章和原则，它们会反抗突然的、大规模的巨变。为了实现大规模的变化，必须在一定程度上摧毁现行组织的规章和原则。但是摧毁这些组织规章和原则的结果通常难以预
84 料，首先是因为人们很难预计科层制控制体系摧毁这些规章的结果，其次是因为人们不知道什么样的规章和原则会替代现有的规章和原则。革命分子总是低估现有原则和规范的持久性，他们根据自己的喜好用新的规章和原则替代旧的规章和原则的能力，以及恐怖之后“热月政变”接踵而至的可能性。

第八，正是因为所有这些原因，渐进主义才是选民以至多头政治理性的辅助工具。实际上，渐进主义恰恰是西方长久以来的多头政治不断实践的变革体系。

当然，我们不能把渐进主义和简单的认为“逐渐的改变相较于快速的改变总是更受人喜欢”的思想相混淆。在给定工具目标的情况下，知识的科学化程度越高、人们对自己的偏好越有足够理性的自信，人们能够理性做出的改变的增量就越大。

在社会变革方面，我们也不应将渐进主义与“试验主义”相混淆，因为“试验主义”可能是渐进主义的，也可能不是。实际上，在一个将追求高度的主观平等作为目标的社会里，某种意义上，“试验主义”经常被自动排除，因为在这些社会，拿人民做“试验”是严令禁止的。

或许这只是一个语言和语义理解上的问题，取决于这个人是否有意识地指代用人民做试验，或者只是用一种多少算得上科学的方法在事后检验某些事件。在第二种含义上，渐进主义和“试验主义”之间没有必要存在冲突，因为一个正在进行的事件所提供的数据可以经常被当作一种“试验”。在美国，48 个独立的州并不是特意用来“试验”某些社会问题的可替代解决方法的，但是实际上却产生了不同的解决方法，而这种比较经验有时候可以用来评估不同的选择而不是有意识地进行“试验”。各种各样的企业组织形式也不是在有意地做试验，但是事实上，很多组织形式都被创造出来了。企业领导者会从某种或者其他的组织形式的相对优点和缺点中

受到启发，因此，有些组织形式持续并扩展开来，有些逐步消亡。

当然，社会行动中的理性渐进主义的一个前提条件就是在基本目标上达成一定 85
程度的共识。因为在这种情况下，参与者之间的差异可以被缩小和分离出来，并且因为在基本目标上存在共识，这一任务就变成了寻找更为具体的方法而非具体的目标。当然，这种前期达成的共识也会显现在政治领导者的项目和政策中，尤其是在政治党派的政策或平台中。当然，对这种情况也会存在一些常见的抱怨，比如美国的竞争党派就像双胞胎兄弟一样，它们需要反映出的只不过是在一些基本问题上的广泛共识。在这种情况下，公民需要在一个相对较少区别而不是存在巨大区别的基础上选出政治领导人，从而使理性的渐进的改变得以推进。

计算风险。渐进主义并不总是令人满意的。在政策方法的连续性上，美国《宅地法案》（Homestead Acts）对阿拉斯加的扩展就是一种渐进的过程。但是第一个《宅地法案》就是一种计算风险。对于政策制定者来说，现存的实际情况显然令人不满意，但是没有人能够有把握地预期在西部土地上建立自耕地会有什么结果。然而，总体来说，对政策制定者而言，这一风险不会比现存的实际更差了。

承担一些经过估算的风险经常是必要的，因为科学的方法还没有足够成熟的知识让我们预判大的变化的结果，小的变革显然不能实现想要的目标，而现实却又非常令人不满意。如果魏玛共和国可以被挽救，那么挽救它的一定是那些愿意进行社会改革的领导者或者非领导者，而不是德国民主党人。同样，在 1933 年的美国，一些相当剧烈的变革也是呼之欲出的。

在这种情况下，计算风险才是一个人能够采取的最理性的行动——因为所有的可替代选择，包括简单地继续现有的政策，都是计算风险。对改革的保守的反对经常可以回溯到这一想法，即当未来不可知时（经常是这样），“什么都不做”才更明智。但是不可能什么都不做，什么都不做就等同于继承了现有的政策。然而，在很
多种情况下，继承现有的政策比放弃它们转向其他的计算风险会带来更大的风险。 86
那些保守者只不过是更喜欢冒一些不经计算的风险的人。

乌托邦主义。如果人们必须经常承担社会行动的计算风险的话，那么理性计算的承诺不过意味着计算风险应该经常被直接当作（部分的，经常是大部分的）结果难以确定的决策罢了。在这方面，渐进主义和计算风险根本上与乐观主义或乌托邦主义的改革相悖，就像波普尔所辩称的乌托邦主义与理性计算势不两立。因为渐进主义认为，不是不应该做出大规模的变革，而是因为变革的规模越大，其结果就越难以确定；而乌托邦主义者认为，特定组合的大规模的变革能够得到可以预计的结果。乐观主义者或者乌托邦主义的规划者反对“修补旧系统”这一想法。当然，这一比喻存有偏见。修补旧系统就是改变它本身最为理性的方法，因为这种修补恰恰是人们一次能够理解和接受的变革的程度。“修补”的最终结果是社会系统的转变。资本主义就是对封建主义的一系列修补。

在限制的范围内，所有的变革本质上都是渐进的，现存的社会组织的法则和规范是抵制突变而走向乌托邦工程师设计的勇敢新世界的。乌托邦主义者不仅拒绝承认这一社会事实，还拒绝接受渐进主义比乐观主义变革更为理性这一想法。乌托邦主义发生在很多未知的地方，比如，1930 年开始，尽管海陆军军需委员会制定了

一个工业动员计划以备战时之需，但是当战争到来时，这一计划也没有启用①。这一计划并不是乌托邦主义的，因为它从来没被启用过，它没被启用的原因正是因为它是乌托邦主义的。并且，它理想地认为，像战争的爆发和动员这样大规模的变革的结果是能够预测的，能够受到先前蓝图的重大影响。

很多经济规划的著作将整体观当作理所当然的前置条件，甚至不加任何解释。
87 学术界存在一个严重的通病，就是热衷于大规模的变革并醉心于“规划”。芒福德（Lewis Mumford）就是一位非常有洞见的、接受全景观的规划者。比如，他曾经写过，为了规划，我们需要一种新的知识过程。“我们还仍然需要继续使用格迪斯（Patrick Geddes）所称的‘同时思考’的艺术，既定性又定量地同时考虑多方面的相关现象。”② 然而，除了极少数活动外，我们真的可能做出这样的智力壮举吗？如果每个人都想为所有的社会勾勒出一个全面的计划，难道这样的计划不是非常非理性的吗？因为没有人能够同时处理“多方面的相关的现象”。当然，就像芒福德后来所说，人类没有能力用这种（同时思考）方式思考，是自由放任的个人主义的文化遗产。我们面临的，难道不就是人类本来就非常有限的大脑面对现代社会的复杂性吗？

与这一观点相反的是，乐观主义的计划者认为，为了理性行动，人们需要一个相对完整的模型而不是一个非常准确的他们想实现的社会模型。总而言之，他们需要一个乌托邦。然而，困难就在于，几乎所有的人对新社会的向往都和他现存的社会非常接近。绘制出这样社会的一个蓝图，只不过是在一个充满不确定的社会里幻想一下确定性。所以，乐观主义者通过假设不存在的东西来解决理性计算的问题。实际上，他们认为，当人们确切地知道他们想要什么以及得到这些东西最为有效的途径时，对他们来说，如果不选择这种最为有效的途径才是非理性的。

当然，这一论断只是一种无谓的反复，和其他反复一样，它并没有多少用处。因为关键的问题产生了，即人们并不是经常准确地提前知道他们想要的是什么，就算他们知道了，在政治-经济事务方面实现他们想要的东西的最有效的方法通常也是难以确定的。人们在生活中发现他们想要的东西，但需求又会随着人们的经历而增长和改变。

有时候，乐观的计划者又会声称乌托邦是人们的合理需求，他们认为即使不是
88 为了反对现有的缺陷，人们也需要为了一些东西有所“追求”。经常地，人们会听说，自由主义的一个缺陷就是它只反对现有的罪恶，但是却不支持任何东西。但是，这一说法仍然充满危险的谬误。对抗已有的罪恶或许是人类能够实施的最高理性程度的计算。可以确定的是，从逻辑上来讲，假设没有更好的替代选择，人类并不能对抗已有的罪恶。但是人类并不需要知道这些可替代选择的具体细节，通过渐进的调整以远离现存的罪恶，人们能够得到这些所需的细节。在所有相对于集中营

---

① Herbert A. Simon, Donald W. Smithburg, and Victor A. Thompson, *Public Administration*, Alfred A. Knopf, New York, 1950, pp. 448–449.

② 在芒福德写给另一作家的前言中提到了这一点：Findlay Mackenzie (ed.), *Planned Society*, *Yesterday*, *Today*, *Tomorrow*, Prentice-Hall, New York, 1937, p. vii.

而言的替代选择中要知道哪一个最好并不容易，与此相比，我们更容易判断集中营是一种需要避免的恶。

那么，作为理性行动的一种辅助，乌托邦就真的一点价值都没有吗？现在这样说可能还为时过早[①]。作为一种模型，乌托邦激发了人类的想象力。它指明了就目前而言，各种可替代选择需要着眼的方向。就像我们已经定义的民主，毫无疑问，它也是一种乌托邦。合起来看，第 2 章我们所设定的各种目标就是一个乌托邦社会的大概模样。

乌托邦也有助于我们专注于长远目标，在没有充满想象力的乌托邦的帮助下，渐进主义很可能会退化为微小的变革，或是对未来的恐惧，或是对现有的悲苦逆来顺受，或是非理性地不愿意承担计算的风险。

不仅如此，乌托邦作为动机的一种辅助工具具有心理上的功能。因为它具有驱动力，乌托邦也可能会非常危险，一旦沉湎于乌托邦精神，一个人可能会很容易忘记本章所讨论的理性计算的所有困难以及我们在此所提出的理性计算的辅助工具途径的巨大效用。然而，如果人们能记住所有这些提醒，乌托邦也可以成为行动的一种重要激励，或是启发奉献和忠诚的目标，或是点燃信仰的能量。社会运动对人类的生活具有深远的影响——通常是通过一小部分热衷贡献的精英的推动——人类总是具有他们的乌托邦。没有各自的乌托邦的话，基督教、民主或自由放任的资本主义、纳粹主义以及法团国家能否控制人类的思想、能量和感情？

人类有乌托邦的空想，不危险。危险之处在于，用乌托邦蒙蔽了自己的双眼，从而对理性计算的艺术与科学视而不见。

3.3　目标安排机制

很明显，刚才讨论的计算的辅助工具对理性的个体行动和理性的社会行动来说 89
都很重要。没有这些辅助工具的话，政治-经济事务方面的有效计划几乎是不可能的。但是这些辅助以及其他类似的辅助都还不够。很多与政治-经济事务有关的选择都要求其他人的回应也应有效。也就是说，一个人不光自己要在可替代选择中做出决定，从非严格的意义上来说，一个群体也应该做出这个群体的决策。当各种选择也需要其他人的有效回应时，将这些选择的目标和行动都叠加在一起供大家选择所能得到的结果可能就十分有限。政治-经济事务中有四种这样的机制，分别是投票、市场选择、授权以及自主的社会选择[②]。我们已经在本章的很多地方暗示了前三种机制，第四种在政治-经济行动中相对来说不太重要，其他三个都需要进一步

---

① 参见：Raymond Ruyer, *L'Utopie et les utopies*, Presses Universitaires de France, Paris, 1950: chaps. 1-3.

② 在以下著作中都会发现有相互重叠但又略有不同的分类：Kenneth J. Arrow, *Social Choice and Individual Values*, John Wiley and Sons, New York, 1951, pp. 1 ff. 以及 Frank Knight, "Human Nature and World Democracy," in *Freedom and Reform*, Harper & Brothers, New York, 1947, pp. 308-310.

的讨论。

投票

当启动投票时，目标的设定通常根据参与者在共识的基础上表达的偏好计数来进行。表达偏好的共识基础可能会在个人平等（如在民主社会）到广泛的不平等［如在古普鲁士的三级选举体系里，克虏伯家族（Krupp family）就可以单独选举出埃森市（Essen）的所有代表］[1] 之间变动。不平等的程度越高，选举就越像是授权。相似地，一个决策所需要的支持选票可能在全体一致同意或少数人认可之间变动，全体一致的要求赋予少数人反对的权力——就像参议院阻挠议事的例子一样——都是少数人原则的一种消极形式，而积极的形式是给少数人特殊的权力。因此，少数人投反对票或做决策的权力越小，投票就越接近授权。

90 投票可以像选举一样明确，也可以像社会上的朋友聚会一样没有明确的目的。这种含蓄的投票更接近自发的社会选择。

作为安排目标的一种机制，选择几乎太普遍了，在不同的文化和不同的时期，选举都比较广泛使用。从这种意义上来说，选举这种机制是自然地走向人类的，这种机制是如此明确、如此轻易被合法化，因此，被人类在各个方面一次又一次地发现。

市场选择

目标安排通过交换偏好的物品这一过程进行，交易中的每一方都用一种物品换取了另一种至少等值的物品，在这一过程中市场选择也得以完成。市场选择所安排的目标用相对价格表示，也可能会变成这样的语言："当你给我 6 片雕刻的象牙时，我会给你一个魔方。""你给我 82 美分，我给你一打鸡蛋。"和投票一样，市场选择也是一种广泛的安排目标的形式，它可能遍布于各种各样的社会，如美国、苏联、欧洲的封建主义和原始部落。当然，市场选择被用来安排目标的程度差异巨大，比如，与美国或西欧经济体相比，苏联、欧洲封建主义和原始部落显然限制了市场选择在安排目标方面的运用。但是，也许我们并不能找到一个完全不使用市场选择的社会。

授权

当使用授权安排目标时，一个人或者一个群体选择这个目标，其他人则通过默许选择的方式参与目标的安排。同样，授权也广泛存在。应该在一个授权的光谱带上区别授权的程度和类别，从合法到强制。当授权具有合法性的时候，代表会选择

---

[1] Herman Finer, *op. cit.*, p. 229.

目标，其他的参与者同意他的选择，认为他们应该同意他的选择，代表选择的目标是或者应该是所有参与人的目标。代表者所拥有的合法性可能来自个人魅力，或者，比如他是一个具有类似想法的群体的代表人，他被选出来为其他人做选择；或 91
者，另一种特殊的代表——因为群体受到大量规范的约束，这样只能由代表者来显示他做出的选择。

当授权是强制时，代表者做出选择，但是其他的参与者默许了这些选择，因为他们预期到某种奖励或剥夺以使他们顺从，尽管这种顺从缺少良知的许可。因此，默许就会让其他的参与者产生一种沮丧、焦虑和限制的感觉。极权领导就是强制授权的一种极端形式，它用来针对不服从的少数。

自主的社会选择

当没有投票、市场选择、授权时，目标安排有可能通过自主的社会选择进行。这种情况下，每个人都自主地调整他的目标，直到达成共识，就像一群人一开始有多种选择，最后习惯性地都只接受了一个一致同意的路径。自主的社会选择是一种非常重要的社会机制，但在现代工业社会的效率化过程中，作为目标安排的一种机制，自主的社会选择的重要性非常有限。

再对授权问题说一句：在代表和非代表之间，他们同样都会使用投票、市场选择以及自主的社会选择等机制来安排目标。任何难以通过这三种方法达成目标安排的人群都会发现，转向授权非常有必要。但是代表本身可能也难以使用这三种机制达成目标的安排，他们反过来也只能使用授权。这种演变会一直进行下去，直到选择的权力被授权给个人，他不需要使用投票、市场选择或自主的社会选择，因为他可以作为一个个体进行选择。但是，如果他的个体选择被其他的参与者默许的话，事实上，他的个体选择就变成了一种社会选择。

政治-经济组织的文献中一个基本的问题就是投票、市场选择和授权在安排目标方面的理性程度。然而，一种近乎挑剔的职业偏见使很多讨论染上了不同的色彩。和市场选择相比，经济学家倾向于贬低投票和授权的理性程度；同时，和投票、授权相比，非经济学家倾向于贬低市场选择的理性程度。

实际上，本书的很大部分是对这些机制的检验和评估。但是，因为他们只是安 92
排目标的工具，为了使它们有效发挥作用，他们必须是包含控制的社会过程的一部分，这一伴随理性计算的过程是我们下一章讨论的主题。

第 4 章

控制的一些社会过程

93 计算只是理性社会行动的两个主要组成部分的其中一个。另一个部分是控制，也是本章的讨论主题。所有的经济体，比如美国、英国和苏联的一些经济体，都是各种各样的控制技术的组合。就像我们所假设的，一个国家的经济和另一个国家的经济的区别——比如美国和苏联之间——很难用每个都依赖于不同的控制技术这样的说法去解释。因为基本的控制技术在所有复杂的经济体中都有所展现。它们的区别只是在于组合的方式不同。就像同样的三到四个化学元素会产生完全不同的化合物一样，这取决于每一种元素的使用量。因此，四种基本控制技术的不同组合会产生出就像美国和苏联一样差别巨大（或者非常相似）的经济体。实际上，基本的控制方法倾向于组合成某些典型的政治-经济技术的集群（constellations），而不同国家的经济体确实是这些政治-经济技术的不同组合。

4.1 控制的一些特点

还原为直接控制的控制

快速回顾一下个人的经历也许会证实控制的四个重要方面。第一，间接控制的大型单位，如公司、工会或者股票市场通常由很多直接控制的小单位组成。公司董事长控制着工厂工头的回应是一种有效的抽象，意思是说，工厂工头的回应从功能上取决于公司董事长的行动。但是，即使是在一个只有几百人的企业里，公司董事长也常常会发现，通过其他人的中间链条来控制工厂工头也非常必要。这种中间控制链条之 94
所以是必要的，是因为每个人可以直接控制的人数通常很少，当然这个数目也会因具体的人、环境和任务有差异。因此，将军、公司董事长、局长、政党领袖和其他的经理发现他们在组织内部不可能直接控制超过一定数目的参与者时，他们一定会通过直接控制的链条对这些人实施控制。

随后，本章要检验的控制技术主要是直接控制的技术，在每种经济秩序、政治社团或其他人类的组织的控制链条的最后分析中，这些链条最后都会回归到直接控制的链条中。为了方便记住这一点，在本章中，当我们提到直接控制时，会把“控制”一词（英文）大写。从这种意义上来说，控制经常是两个或多个人之间的直接关系。从松散的意义上来说，如果 A 的行动引起 B 的特定方式的回应，那么我们说 A 控制了 B 的回应。更严格和复杂的说法是：**在一个直接或间接的函数关系中，当 B 的回应取决于 A 的行动时，我们说 B 被 A 控制**。

控制者和上级并不相同

第二，控制者（施加控制的人）和下级（被控制的人）并不总是与规范下的或者常见的上级和下级相同。通常名义上的下级控制着名义上的上级，确实，这在任何复杂的组织中可能都难以避免。名义上的下级有上千次机会对上级施加控制，在某些决策方面，上级不得不依靠他名义上的下级的判断，或者上级会特意给名义上的下级一些自由裁量权并认可下级的决策，或者下级会与其他的雇主协商以诱使他的上级给他升职。这并不仅仅是一个名义上的下级控制他的上级这样的事情。有时候，A 的名义上的下级 X，实际上是 B 的真正的下属。

规范下的和运行中的组织。这种名义上和实际上的上级和下级之间的差异，只 95
是规范下的和运行中的组织的差异中各种普遍现象中的一例。**规范**指的是暗示或者明确地说明应该实施某一个或者一组特定的行动。当一个或多个人指导其他人进入某种稳定的、持久的并且重复性的关系中时，他们的这种指示就可以说是构成了一种规范下的组织（从技术上来说，指示并不能构成组织）或者组织的一种规范下的章程①。因此，有多少指定者，就有可能有多少种规范下的组织。

当我们想区别规范下的和运行中的行为时，我们把任何可观察到的、实际发生的、现实生活中的行为都称为**运行**中的行为。因此，人们能够区别出来规范下的和运行中的规章、标准、原则、目标和组织。

因为各种各样的原因，运行中的组织关系几乎没有和设置的规范完全相同的。

---

① 勒特利斯贝格尔等将其称为“正式的”组织：F. J. Roethlisberger，W. J. Dickson，*Management and the Worker*，Harvard University Press，Cambridge，1939，p. 558. 其他人有时也提到了“正式的”组织，但是这一术语的使用并不是统一的。比如，在 Chester Barnard，*The Functions of the Executive*，Harvard University Press，Cambridge，1938，p. 4 中使用“正式组织”有另一种含义；也可参见 Herbert A. Simon，*Administrative Behavior*，The Macmillan Company，New York，1947，pp. 147–149。正是因为这些模糊性，我们选择了我们认为更具有描述性的词语——“规范下的”（prescribed）。

常见的四个原因如下：

（1）规范很难预测到可能发生的所有情况。因此，某段时间新发展出来的关系并不能在任何规范中找到，也可能永远都不会被并入上级制定的官方规范行为中。

（2）规范之间可能互相冲突，运行中的组织可能并不适应所有这些规范。在勒特利斯贝格尔和迪克森在霍桑的工作研究中，高级官员所规范的组织与工人所发展和期望的组织是相互冲突的。

（3）为了更有效率，规范需要一些控制技术，但是实际上，由于无数的原因，控制非常缺乏，包括的可能性如下：存在技术困难，如沟通；那些有控制权的人想
96 要废除有争议的规范；社会教化和习惯并没有培育出必要的回应；等等。

（4）规范条例可能被用来做宣传、鼓舞士气、维持公共关系、进行心理战、欺骗等等，而不是作为单纯的组织规章。

控制常常并非有意的

第三，很多控制并非有意进行。脾气总是暴躁的老板并不是要引导他的秘书对他温和，然而，一个好秘书的回应通常就像完全被控制了一样，像那个老板故意要求她比平常做更多的准备一样。消费者购买一件商品并没有想要控制生产者的活动，但是他们的购买行为本身已经比他们要求生产者实施某种特定的行为要有效得多。在安排布局时，作者常常忽略了对错误的假设的无意识的控制，这也在某种程度上否定了理性的社会行动。

对具有自治权的连续体的控制

第四，我们最好将被控制的行为放在一个连续体的一端，另一端则是自发或自主的行为。自治指缺少直接和实时的控制。当一个人不能得到特定方式的某个人的回应时，我们说这个某人的回应是自发和不受控制的。更精确地说：**就 A 而言，在一个直接的函数关系中，B 的回应并不取决于 A 的行为，此时 B 的回应就是自发的。**

因此，这些回应对某些人来说可能是自发的，但是对其他人来说则是被控制的；或者这些回应可能完全是自发的，因为其他人不能带来这些回应。然而，不论在哪种情况下，自发的行动都可能是为了得到想要的局面而做出的协调努力的重要组成部分。问题就在于，自发的行动对那些试图协调的人来说是否是可预测的？很多自发行动在很多时候取决于一组事件在某些特定时刻的特定组合。因为这样的行动是不可预测的，也不能被安排。但是自发的回应通常是习惯性和重复性的，因
97 此，对于那些不能控制回应的人来说是可以预测的。这样的回应可以被安排成若干人协调行动的一部分。

4.2 通过主观领域进行控制

为了控制其他人，一个人必须让其他人产生回应。为了让其他人产生回应，通常一个人必须对其他人认识的主观“领域”产生作用，这些“领域”就是每个个体自身特殊的有意识或者无意识的对宇宙的认识，由他自身、他与其他物体的关系、资源和能力、他的奖励和剥夺感觉、象征以及期望等组成[①]。当然，人们也可以通过对一个人在某个领域的某些方面施加影响来影响其他的因素。

其他的方式

可以确定的是，还有其他的方式能够让人产生回应，这些方式不涉及对人的心理“领域”施加影响。但是，这些方式在社会行为中并不是很重要，当然在理性的社会行动中也没那么重要。比如，你可以从身体上操纵其他人，就像你在操纵没有生命的物体，一个棍子、一块石头、一股溪流或者一台机器一样。“力量”（force）和“暴力”（violence）这两个词的使用有时就好像它们是同样的物理操纵现象。事实上，当人们谈及力量或暴力时，他们经常指一种重要的控制其他人的方式：有些人通过让别人接受不守时会有的严重惩罚来控制其他人。甚至用折磨手段让人吃尽苦头，最终使其服从，这一行为的成功也只是因为它对受害者的心理领域发挥了作用[②]。

在政治-经济行动中，各种对意图和目的的控制（直接控制）都是对人的心理施加影响。必须承认，形体操控、心理能力操控以及对心理领域施加影响这几种方式具有明显的区别，但它们都在一个连续体上。现实生活中它们之间具有足够明显的区别，因此，为了安全起见，后文中的控制是指对人的心理领域施加影响的控制。 98

对个人施加影响的方式

如何进入一个领域施加影响来获得一种回应，是现代心理学家之间经常争议而又非常模糊不清的一件事。然而，这个人必须做出假设，并且最好能阐明这些假设。

---

① 此处我们使用的“领域”（field）一词仅仅是我们给出的定义，请不要认为它的含义和物理学、涂尔干的社会学或卢因的心理学含义中的“field”一词接近。这一章使用的所有术语都要注意这个问题。在可能的地方我们已经将我们自己限制到和多数或者所有心理学理论相似的基础假设范围内，但是请不要把我们的术语解读成和某些心理学家联系在一起的术语的具体定义。

② 其他一种可能是直接通过手术、药品或者类似的东西作用于一个人的精神能力（psychophysical capacity）。尽管这一方式，以及一些更新颖的药品的发明能够大大增加直接精神操控的机会，但是基于本书的目的，我们将忽略这些方式。

也许有几种可行的方法能够对一个人产生影响。一种是改变他奖惩他人所需要的资源和能力，进而改变他的期望值和行为。当一个政治家被任命或革除了某个办公室的职位时，他影响公共政策的资源就会显著改变。在经济生活中，通过增加或者减少一个人的财富，就可以改变他的行为。

但是，改变一个人的能力并且控制他的回应的原则体系就是影响他对奖励和剥夺的预期，或者，就像本书所说的，他的激励或他的心理报酬、收益、满足、目标实现，以及他的惩罚、损失、罚款、成本或不满意。让一个人认识到，在某些奖励或惩罚之后，会产生一种特定的刺激（stimulus）（信号、沟通、线索、信息），此时他的激励就会发生改变。这样他就会用一种特定的回应来避免被剥夺或者获取奖励。诱导行动的信号或者沟通本身并没有构成奖励或者剥夺。

具体来说，一个人可以通过对另一个人的信号、沟通、线索、信息、象征来施
99 加影响，从而控制这个人的心理领域；或者一个人可以对作用于下级的奖励和剥夺施加影响，从而影响下级的预期；或者两种方法都用①。

4.3 四种基本的控制技术

对我们来说，通过对别人施加影响从而产生回应，我们很容易区分四种控制他人的技术。第一，一个人可以无计划地对其他人的领域施加影响，我们将此称为自发性领域控制。如果一个人读到某只股票价格在上涨的信息，且他拥有这只股票的话，这一信息就会直接激发他的幸福感；对于那些没有这只股票的人来说，这个信息则无法带来这样的愉悦。但是，在两种情况下，得到这一信息的人都会将这一信息当作购买更多股票并对未来奖励有所预期的线索。

第二，通过命令，一个人可以故意地操纵其他人的领域。第三，一个人可以通过除了命令以外的方式来操纵其他人的领域。这三种关系都被证明是单边的，用符号表示为 A→B 的关系。但是，很多关系是相互的，也就是说，两个及以上的人控制另外一个人的领域的相互关系可以用符号表示为图 4－1 的形式②。

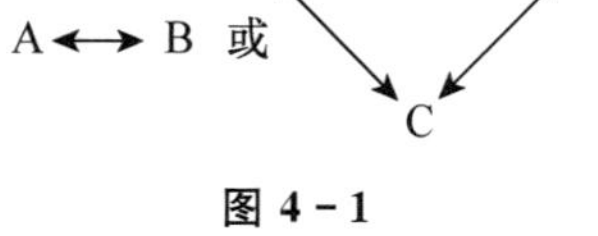

图 4－1

---

① 也有可能就像很多杰出的心理学家指出的那样，可以通过操纵个人所处环境中的符号或者物体来影响个体的行为，尽管个人对奖励和剥夺的期望绝不会受到影响。但是，我们并没有发现使用这一假设是必要的，因此在本书的余下章节我们忽略了这一假设。

② 下面是四种控制技术之间关系的总结：

单边	多边
自发性领域控制＝	自发性领域控制
操纵性领域控制	相互控制
命令	

自发性领域控制

三个悖论。对另一个人的自发性领域控制或许是所有控制技术中最为矛盾的一个。第一个悖论：自发性领域控制是所有社会组织中的一个基础控制技术，然而很多人甚至没有把它当作一种控制形式。第二个悖论：自发性领域控制也可能 100 是一个人一生中所经受过的最为残暴的控制，然而对无政府主义者来说，通过自发性领域控制运行的社会是最完美的自由社会。第三个悖论：因为自发性领域控制是无意识的控制而不是有意识的控制，它可以被描述成计划的对立面，但它却是理性社会行动最重要的控制技术之一。

什么是这种悖论的控制技术？它起作用的方式是这样的：通常，当你采取行动时，作为你的行为的无意识的副产品，你给出了奖励或者剥夺的信号，或者你的行动直接产生了这些奖励或者剥夺；这些信号、奖励和剥夺会影响其他人对奖励和剥夺的预期。其他人会做出回应以尽力避免威胁性的剥夺或保证期望的喜悦，然而你并非有意要让他做出回应。因此，其他人的回应取决于你最初的行动，在不经意间，你控制了其他人的回应。这就是自发性领域控制[①]。

这种控制技术对经济事务方面的理性行动来说非常重要，因为它是价格体系运行的基础，我们在以后也会认识到这一点。其他的控制技术在价格体系中也发挥作用，但是自发性领域控制扮演了特殊的角色。

既残暴，又自由。现在，人们能够理解自发性领域控制的三个悖论了。它有时候是残暴的，以为在家庭、邻居、同事、雇员、上级、熟人之中，只要一个人步入人际关系网络，就再也无法从自发性领域控制中逃离。此外，自发性领域控制还支配着很多对人类有机体而言极为重要的愉悦和剥夺体验：爱和恨、仰慕和恐惧、友谊和敌对、尊重和蔑视，有时候还包括金钱和权力。这些激励的程度如此之强，以至于人们会极力避免剥夺，并努力争取愉悦。但是很多时候，人们不得不在严重的惩罚性回应和轻度的惩罚性回应之间做出选择。这就是专政，也就是说，一种由他 101 人施加的对自由的严重剥夺。

相反，寻找社会秩序自愿体系的无政府主义者可能会误将自发性领域控制当作政府强制命令的一种非强制性替代，因为他们并不是经常看到它的控制作用，或者认为它是残暴的。无政府主义者并不经常把自发性领域控制当作控制，就像我们童年时代侦探小说里所描述的隐形墨水一样，普通的检验并不能抓到它们的行迹：没有命令、没有明确的指示、没有法律证据、没有确定的司法体系，也没有惩罚违反者的牢狱。然而，这些无政府主义者的社会也可能像大街上的“社会”施暴者一样强制和残暴，这些人已经通过了这些不充分的检验。

---

① 使用“自发性”（spontaneous）一词并不意味着控制者的行动是没有理由的。控制者的行动可能是由其他人的控制而产生的。尽管是自发的，但很有可能控制是由和环境中的非人类物体互动而引发的，或者是嵌入人的性格中的因素等。“自发性”或者“自主”（autonomous）都不是指任何人类的行动都是毫无缘由的。

为什么“计划者”低估它？人们也可以认识到为什么计划方面的作者经常恐惧自发性领域控制。首先，自发性领域控制看起来比较不可预测并且充满错误。如果用命令替代自发性领域控制，计划者认为秩序就会胜过混乱。然后，对社会主义者甚至对很多非社会主义的计划者而言，自发性领域控制看起来与私人的、竞争的经济或者自由放任的资本主义相同。他们认为自由放任的资本主义是罪恶的，因此，自发性领域控制也是罪恶的。持有这种观点的人认为自发性领域控制根本就不是控制，所以，他们认为工人和消费者是由命令和操纵控制的，但是他们对自发性领域控制对企业家的影响却熟视无睹。结果，就像新古典经济学家夸大了自发性领域控制在市场经济中的作用一样，计划者经常对命令和操纵替代自发性领域控制的可能性过于浪漫化。

为什么它看起来不像控制？为什么自发性领域控制经常看起来不像控制？观察者也许就像无政府主义者一样，他们并不能“看到”自发性领域控制的运行，因为并没有命令、明确的法律、专门的强制人员、法官或可见的惩罚的方法。控制者也可能看不到这种控制，因为他们并没有控制行动的意图，所以，他们的注意力通常在别的地方。因为这些原因，即使那些被控制的人也可能“感受”不到控制。此
102 外，如果剥夺比较轻的话，任何控制都会创造一种放任的氛围，如果他们强调奖励而不是剥夺，或者如果他们创造出各种各样的奖励和剥夺，而一个人可以在此中选择并给出想要的回应。原则上，命令也可以用这种方式运行，但是通常并不如此，因为这样的话，各种各样的原因立刻就变得非常明确。所以，自发性领域控制和操纵性领域控制经常给被控制者一种感觉，认为他自己是在自主行动。

为什么它无所不在？为什么自发性领域控制如此常见和普遍？它无所不在的原因有很多种。其中一些原因也解释了其他形式的控制的普遍性。主要原因如下①：

(1) 基本的人类组织中的人类关系不可避免地创造了剥夺、愉悦和诱因，家庭、血缘群体、街坊、工作场所、市场、朋友圈、宗教社团等就是这样的组织。

(2) 自发性领域控制也是普遍的控制技术，因为人类有机体有很多深深埋藏而又不可避免的欲望，如爱情、喜爱、尊重、团结、友谊等等，都是通过对人类的愉悦和剥夺来施加影响。

(3) 自发性领域控制普遍的原因还在于很多重要的目标只能通过自发性领域控制实现。尽管它的符号、奖励和惩罚都可以并且经常是人为有意地操纵，但是在有意的操纵和一些重要的愉悦之间还存在一定程度的心理上的不兼容。如果一个人总是有目的地去操纵他的爱恨情仇、以友谊和尊重控制其他的人，那么他的爱恨情仇、友谊和尊重的价值就只会降低：自发性领域控制也就减弱了。有些自发性领域控制看起来对爱、友谊和尊重关系是非常必要的。

顺便插一句，作为上述最后一点的证据，美国人对他们自己文化的一个经常的批评就是，现在广泛存在的通过商业广告、演讲、商业“友谊”、公司招聘和晋升

---

① 价格体系中的自发性领域控制是一个特例。此处列举的所有原因都不适用于它。

政策，以及扶轮社的虚假活力等手段，故意地操纵人类重视的情感和愉悦，使它们走向“堕落”。结果导致这些行为的价值大为降低，也就是说，它们已经不能 103
激发人类强烈的愉悦感了，或者当人类失去这些愉悦时会感受到更为严重的剥夺感。

(4) 它之所以普遍，是因为它很快就可以被认识或习得。因为就像我们刚刚看到的一样，在很多文化中，人类有机体具有很强的动机去获得自发性领域控制中的奖励并且避免剥夺，人们很快就能意识到所需做出的回应。比如，儿童能很快地学习对人的面部表情、声调、投掷动作、音量大小、词语选择和身体姿势做出适当的回应。

(5) 它之所以普遍，是因为自发性领域控制可能偶尔会非常灵敏，与此相比，其他的技术则非常粗糙和不严密。在需要灵敏回应的地方，以及需要对社会激励、奖励和惩罚做出小幅调整等适当的回应时，自发性领域控制就必不可少。教育或使儿童社会化，在很大一部分上是教儿童准备好服从自发性领域控制。简·奥斯汀的小说就暗示了，在 18 世纪的英格兰，贵族社会精致的礼仪主要就是一种自发性领域控制。同样，在当代社会，很多角色要求个人服从自发性领域控制：演说家、律师、教师、女房东、秘书甚至父母都必须学会对副产品的激励、奖励以及其他的惩罚等及时做出灵敏而又适当的回应。

(6) 它之所以普遍，是因为它简单、经济并且易被创造。人们经常会感到有意的计算和对相关结果的有意控制都会增加成本。至少，这些活动需要人们额外付出精力。人们可能会醉心于有意的计算和控制，因此，只有他们不这样做时才可能会受到惩罚。自发性领域控制某种程度上是一种避免有意的计算和控制的方式，是一种特别创造的强制机制，也是一种致力于协调社会活动的特殊组织，最初看起来它非常有利。

(7) 它之所以是无所不在的，是因为就像我们看见的一样，它可能是非常包容的。尽管我们知道自发性领域控制并不需要这样，但它仍然给人一种“自由选择”的感觉。对多种文化中的很多人来说，这种自由选择的感觉本身就是他们所渴望的。此外，这种“自由选择”的思想状态也有助于人们产生乐观的想法。 104

(8) 最后，自发性领域控制可以被（或者可能）经常用在双边的或多边的关系中。如果它经常以单边的关系开始，到最后会转变为双边的关系。结果，人们可以在不损害其他人的主观平等的情况下控制其他人。尽管主观平等并不是一个普遍的人们要求的目标，但是在那些非常重视主观平等的社会组织中，自发性领域控制会被广泛地用在处理双边或多边关系中，甚至在高度寡头的社会组织中，人们也会要求在寡头之间以及下级之间有一定的主观平等。

操纵性领域控制

很多情况下，自发性领域控制都是一种潜在的操纵性领域控制。幼儿的哭声常常将母亲引至他的小床边。首先，这种控制方法是自发的。但是随后幼儿会认识到哭声能够吸引母亲的注意力，于是当他需要母亲的注意时，他就会放声大哭。此时使用的是操纵性领域控制的方法。比如，多年以来，消费者在市场上购物，并不是以控制市场价格为目标的。但通货膨胀发生一段时间后，他们发现生活成本提高了，就与其他消费者联合起来罢市，要求降价。再如，过去，利息作为资本的价格只占总资本的一小部分，是资本来源之间的多边相互作用控制了利息率。只有在很少的时候，利息是被有意操纵的。正如比德尔和美国第二银行当年吓唬杰克逊和银行自己敌人的企图没能成功那样。今天的美国联邦储备委员会非常倚重利率在操纵调控银行、企业和消费者方面的作用。

是什么？操纵性领域控制就是通过“命令”以外的各种手段来有意操纵别人的领域，以达到影响对事物的回应的目的，一般操纵的手段是释放奖励或惩罚的信
105 息，或操纵奖励或者惩罚，或两者兼具。这样，为了获得奖励和避免惩罚，下属就会做出相应的回应，调整自己的行为。

为什么无所不在？通过对信息、奖励和剥夺施加影响来故意操纵他人的领域控制看起来和自发性领域控制一样普遍、广泛和全面，原因也类似：

（1）故意操纵性领域控制可以控制每个人日常生活中的愉悦、激励和剥夺。

（2）受人重视的愉悦和剥夺，从某种程度上来说可以被操纵。在各种各样的人类群体中，喜爱、爱情、尊重、同情、恐吓、鼓励、友谊和地位在某种程度上来说，就像愉悦和剥夺一样可以被操纵。但是，为了达到控制的目的，金钱和权力这两个工具性目标很可能是最容易被操纵的。这两个目标都可以通过细的等级被操纵，人们可以用金钱和权力建立对多数人的控制链条。并且，在很多社会中，金钱和权力都是其他各种各样重要目标或工具目标的重要手段，它们与奖励和惩罚一样高效。

（3）因为那些被用作愉悦和剥夺的目标非常重要，因此，需要的回应通常很快就可以习得。

（4）人们可以用特别灵敏的方式使用操纵性领域控制。

（5）通过线索、愉悦和剥夺进行操纵——尽管可能不需要——会激发一种“自由选择”的感觉，由此唤起人们的乐观心态和积极性。

区别。这些相似点并不意味着自发性领域控制和操纵性领域控制之间的区别不显著，在某一方面它们的区别非常明显。对一个人或者一个小群体的人来说，他们难以通过自发性领域控制或者类似这样的控制链条来协调很多人的活动。因为领导者看起来并不能给出很多人想要的合适的奖励或惩罚，或者沟通只不过是他们自己行为的副产品而已。通过自发性领域控制的社会组织必须规模较小，或者极为分散和分权。相反，故意通过信息、奖励和剥夺来操纵人们的期望这一行
106 为就存在让少数人通过集权控制多数人的可能。在每一个大型、集权的组织里，操纵性领域控制都必定发挥了重要的作用。

命令

目前我们所描述的两种控制技术都非常普遍、广泛和全面，或许它们是现实世界里所有控制关系中重要的组成部分。与它们相比，命令是一种重要的但又边缘的

控制手段。因为在大多数人类组织中，命令控制行动的数量相对较小[①]。

是什么？命令是什么意思？就像流行语所暗示的，被“要求”做某事和被“命令”做某事有区别吗？尽管命令并不总是以单一含义使用，命令这一词语常常有一个独特的含义就是：发出命令就是威胁某人如果不遵守的话就受到剥夺。这也是我们将命令分离出来，作为第三种需要多加注意的主要的控制技术的含义。更精确地说：**命令就是指通过控制者描述的不采取指示的行动或不接受规定的指令会遭受的惩罚来控制服从者的回应的行动，以此，服从者能够预期到不按照要求进行回应的话会受到上级的惩罚。**[②]

命令是边缘性的（marginal）。就像无政府主义者一样，很多人混淆了法律和命令、命令和控制。他们看到现代社会中，很多行为是由法律规定的，所以他们认为命令无处不在。但是法律很少以命令的形式存在，而只是以命令的形式**出现**，因为在法律面前，它们只不过给出了那些不按特定的法律规定来采取行动的惩罚。然而，就像法律社会学的现代学生所指出的，法律的形式并没有解释为什么多数人要 107 遵守法律，它只不过解释了为什么少数人会遵守它。要解释为什么多数人遵守法律，我们需要检验由自发性领域控制或操纵性领域控制所影响的大量复杂的奖励和剥夺，这些控制是由家庭、朋友、教师、邻居、熟人、同事、上级、名义上的下级等等施加的，而不是由法庭施加的。所以，社会学家经常面临的一个悖论就是：“如果一种法律没有得到群体内的多数人支持，这个法律是无效的；但如果是的话，这个法律就是不必要的。”当然，这一悖论本身是个谬误，因为尽管是边缘性的，命令也可能起催化剂的作用。但是这一悖论正确地暗示了命令在法律强制方面只有有限的作用。

为什么命令是边缘性的？为什么命令常常局限于相对少数的行动？首先，命令通常需要前期的训练才能教导人们识别信号、做出正确的呼应以及在没有做出要求的回应时受适当的惩罚。要有效地训练人们，就有必要让人们得到奖励。因此，建立一个控制系统并保持运转往往需要使用一个或更多其他控制技术。

此外，因为各种各样的原因，单纯的只带来剥夺而没有奖励的命令会严重地限制它作为控制技术的效用。

(1) 如果能找到逃避惩罚的方法，一般的下级没有动力去遵守命令（如果有任何激励——除了害怕惩罚——那么单纯的命令技术就不会再存在了）。因此，人们会投入一定程度的精力和创造力去逃避命令和惩罚。美国的禁酒令就是一个明显的例子。

(2) 此处使用的命令有局限这一提法比较不易得到认同。因为，如果一个人得到了遵守命令的奖励，从严格意义上来说，命令控制就已经对他产生了影响。当 108

---

① 其他观察者已经指出了这一点。参见：*The Sociology of Georg Simmel* (translated, edited, and with introduction by Kurt H. Wolff), Free Press, Glencoe, III., 1950, pp. 182–183; Charles Merriam, *Political Power, Its Composition and Incidence*, McGraw-Hill Book Co., New York, 1934, pp. 22 ff.

② 此处的命令看起来和拉斯韦尔和卡普兰所说的权力的意思相似。“权力是……通过政策所意指的不服从就会受到（实际的或者威胁的）严重的剥夺来影响其他人的过程。”参见：*Power and Society*, Yale University Press, New Haven, 1950, p. 76.

然，人们也有可能会从心智上接受命令作为控制的必要性，并且认可命令，但并不是出于对奖励的期望而遵守某个命令。

(3) 因为命令很难合法化，它需要专门的机制去检验、强制并给出惩罚。而设立专门的机制成本高昂。

(4) 尽管这方面的证据还不是十分清楚，但看起来，在一个纯命令的情形下，人们几乎没有动力去保持勤劳、乐观、忠诚、创新、创造。独裁制、军事组织以及其他科层制体系想要得到以上的回应，也会使用其他控制手段，甚至奴隶制都不是一个单纯的命令系统，而奴隶制已经被证明比“自由的”劳动力的生产力低下得多。

(5) 因为命令只会带来剥夺，所以它本来就是令人沮丧的。然而，如果控制者不能给服从者除剥夺以外的东西，控制者和服从者之间的关系就会变得非常紧张。这种关系显然会威胁到组织稳定所需的最低程度的共识。一个单纯的命令社会——一个只受恐惧驱使的社会——将会严重地威胁到社会的稳定。

(6) 正是因为所有这些原因，上级自己也发现只依靠命令并不有效和有利。建立奖励系统这样的机制显然能够使命令的缺点最小化，甚至极权主义也发现了引入奖励的有效性，比如苏联的斯达汉诺夫运动。

当然，很多人类高度重视的目标都不能通过命令实现。就像我们已经讨论过的，爱情、喜爱、尊重、友谊、尊严和团结都要求最低程度的操纵性领域控制，而它们经常是通过自发性领域控制实现的。因此，对千百种日常关系，命令都不起作用。命令只会摧毁这样的关系，而从来都不是获取这种关系。

最后，只有在社会组织能防止下级脱离上级的控制范围的情况下，命令才能实施。“在原始人类聚居的条件下，如果承受得起反抗任何形式的压迫，那么一群人
109 或者甚至一个人才有可能从族群中分离出来并建立自己的居住地。”① 在这些情况下，对违反行为的惩罚必须要小心使用，命令的方式本身也会尽量不用②。甚至在现代社会，一个群体越具有“自愿性”——也就是说，成员越容易离开并在其他的群体中实现自己的目标——这个群体中的成员就越没有理由服从命令，因此，领导者通过命令实现控制的能力就越有限。作为多头政治的一个条件，这一社会现实极具重要性，我们在后文会具体讨论这一点。

相互控制

在现实世界里，控制极少是单边的③。在双边或多边的关系里，两个或多个人

---

① Gunnar Landtman, *The Origin of the Inequality of the Social Classes*, University of Chicago, Chicago, 1938, p. 320. 也可参见：Richard Thurnwald, *Werden*, *Wandel*, *und Gestaltung von Staat und Kultur im Lichte der Volkerforschung*, in *Die Menschiche Gesellschaft*, Vierter Band, Walter de Gruyter & Co., Berlin and Leipzig, 1935, pp. 86 ff.

② “在新几内亚的巴普雅（Papuans），……没有人能够阻止不满意的人的离开……在婆罗洲的克扬族群中，一个部落有一部分人不满意他们首领的领导，他们离开了他们以前的村庄……在普南族部落中，一旦对首领不满意，一个或多个成员就会拒绝接受领导者或者多数人的判断，他们也会离开族群……”参见：Gunnar Landtman, *op. cit.*, p. 320.

③ 参见：*The Sociology of Georg Simmel*, p. 185, and Herbert Goldhamer and Edward A. Shils, “Types of Power and Status,” *The American Journal of Sociology*, September, 1939, p. 178.

经常使用自发性领域控制来控制他人。甚至在科层制的组织中，在很多情况下人们也可以使用命令或操纵性领域控制，或者同时使用两种控制方式来对抗其他人。在这种双边或多边的关系中，两人或两人以上通过命令或操纵来相互控制的行为，被我们称为相互控制。

考虑到主观平等、民主和自由等目标，相互控制是一种非常重要的控制技术。如果人类不能消除控制，相互控制就是无政府状态的一种替代选择。如果控制下的极端不平等并不是人们所希望的结果，那么相互控制就是暴政的一种替代性选择。

4.4 控制和协调

这四种基本的控制技术，即自发性领域控制、操纵性领域控制、命令和相互控制，就是所有社会建立的基本构件。 110

直接控制的局限

然而，要想实现期望的状态，这些控制技术并不够。首先，我们所生活的宇宙只在有限的范围内可以被操纵。尽管这有限的范围正在不断扩大，但是正像每个人都知道的，这个范围仍然还很狭窄。比如，面对亚洲爆发的大规模干旱，任何控制技术都难以阻挡。

社会世界也是相互控制的。就像物质世界一样，我们能够控制的社会世界也非常有限，尽管这一范围在不断拓宽，但仍很狭窄。主要通过命令和集权操纵来控制的极权领导体制，和主要通过相互控制实现控制的社会组织如多头政治社会，都同样会遭遇人类的特点带来的挫折。因为，极权主义者醉心于单边控制这一手段，他排除了很多只能通过相互控制和自发性领域控制实现效率化的重要目的，与此相同，只关注那些由相互控制和自发性领域控制手段的民主党人，他们也排除了一些极权主义者才会使用的方法。此外，在任何社会，直接控制从来都不曾有效完全控制个体的自主作为。因此，控制的局限就像理性计算的局限一样巨大，不论是在极权主义的社会还是在多头政治的社会，人们只能期望理性的社会行动能够带来一点一滴的边际改变。

间接控制方法

然而，即便是直接控制或对特定行为的链条式控制也不能带来想要的状态，有时候，间接控制也许能够实现这一目的。

(1) **影响人的性格**。如果由于性格原因，现在并不能通过直接控制获得某些期望的行为，人们可以先用控制来影响人的性格，在这个基础上，这个人的回应可能会产生想要的结果。所以，多头政治的社会可能是因为：控制可被用来教化，使人 111

们熟悉回应的种类，多头政治就会依此运行。

(2) **影响角色**。控制也可以首先被用来影响人的角色。当一个人面对一个特殊的日程安排（需要做的事情的安排）或者是一个课程安排，他可能会以一种特殊的方式采取行动，如果当他面临的特殊的安排或者是课程安排的回应多多少少是他熟悉的并且是重复性的时候，这些回应便构成了他的角色[①]。检察官和辩护律师有截然不同的角色。法官的角色并不是律师的角色。根据议程安排是否要求起诉所谓的罪犯，是否为他辩护，或为他进行公平审判，同一个人可能会做出完全不同的回应。

直接控制有必要先教化一个人，这样他就会按照某些期望的方式行动。一个人应该习得他必须做出哪种自主回应，并接受对他在生活中应该扮演的角色的控制。在美国，很多人都是根据他们的送报路线、杂志销售网点、教会义卖活动或家庭琐事认识到该如何恰当地回应商人。很多这些回应最终变成自发性的了。一个人可能会认识到，比如，在他的职业角色中他不该使用很多非职业角色中基督教会所强调的戒律。通过区分各种各样的角色，人们能够认识到如何扮演这些可能明显相互冲突的角色。因此，在一种角色中看起来比较愚蠢的反应可能在其他角色中却是合适的。

(3) **影响议程安排**。直接控制也可以在一开始就用在**影响议程安排**上，以实现想要的结果。它可能会影响需要做出的决策的种类，也可能会改变需要做决策的人。比如，理性计算的一些辅助工具也有可能改变议程安排。因此，将决策权授权给其他人或者将可替代选择进行量化比较都能够改变先前难以改变的议程安排，或者实施先前不能实施的控制。

112 改变议程安排是战争和动员时期政府在经济计划方面做出的最为引人注目和影响深远的手段。在动员和战争时期，原材料、机器和消费者所需的商品不再是通过价格体系进行的，而是通过政府的优先权和政府的直接配给进行的，因此，商人和政府领导者的议程安排都发生了深刻的变化。商人和政府领导者面临对大量复杂决策的全新政策安排，这些决策不是由个人或者委员会做出的。尤其是政府领导者，他们需要做出非常复杂的集中决策，将钢铁、铜、铝和大量其他的各种各样的原材料、半成品和成品分配给制造商，而制造商往往有更多的半成品和成品。

需要做出的这些决策都非常重大，以至于没有任何人或者委员会能够完全胜任。因此，当政府优先权和分配替代了价格体系，从而改变了议程安排时，高层政策制定位置上的个人和委员会也在不断地通过分权改变他们自己的议程安排。战争经济时期，领导者面对的一个核心管理问题就是，找出对他们自己来说与集中决策相容的最低议程安排，以及与他们自己能力相符的最高议程安排。战时机构的不断重组就是对议程安排的一种长期试验[②]。

---

① 参见：Talcott Parsons and Edward A. Shils, *Toward a General Theory of Action*, Harvard University Press, Cambridge, 1951, p. 23. 帕森斯（Parsons）和西尔斯（Shils）强调了自我和他人的期望，而不是作为角色特点的重复的回应。我们发现现在的概念对我们的目的来说更为方便。

② 为了实现和其他人的快速合作所做的对某些行为的控制，以及最初要影响性格、角色或议程的对特定行为的控制，二者之间并没有清楚的分野。因为（a）控制者的行动和服从者的回应之间经常有严重的时滞，（b）一些干预性的回应经常早于对下属期望的回应，以及（c）通常很难决定一个回应是独特的还是重复性的。

4.5　有效控制的一些条件

通常，实施有效控制的条件并不具备。那么，这些重要的条件是什么呢？

控制者和服从者目标的统一

首先，控制者的目标必须与他想控制的人的若干目标保持一致。我们总是容易 113
夸大人的性格中的易适应性，从而低估了这一目标的统一性。近些年来，行为主义、广告行为、早期的宣传研究以及人类学对多元文化方面的知识的扩散都滋养了一种结论，即认为人类可以被塑造成任何样子，所以，在任何情况下，当直接控制非常有限时，人们只要控制好抚育下一代的问题就可以了。

但是人类的灵活性并不是无限的①。在每一个社会都会有一些人固执地坚持一些可能会与他们将来的控制者相冲突的目标。尽管原始社会可能比我们现在的社会更具有同质性，但也必须要处理那些离经叛道之人。他们用各种各样的方式处理这些离经叛道者，一种极端情况是，离经叛道者可能会被认为是魔术师或药师从而被接受，在另一种极端情况下，离经叛道者则会饱受折磨、被放逐甚至被杀害。在任何社会里，离经叛道者都会是一种难题。如果控制者严格处理了这些人，这种行为本身可能会制造出另外一些与其他人冲突的目标。然而，如果对这些离经叛道者放任不管，他们可能会影响其他人。

充分的奖励和惩罚

其次，控制者需要一个充分的奖励和惩罚系统。然而，即使没有那些难以根除的冲突，对于那些可能的控制者来说也几乎不可能建立一个这样的系统。因为他们可能会缺乏知识和资源。我们已经强调过奖励和惩罚在控制方面的作用，在此，我们没有必要再强调它作为一种正式的必要条件的作用。

内在的奖励和惩罚

良心的功能。并不是所有的奖励和剥夺对一个人的回应来说都是外部性的。很

---

① 比如："尽管每一个生物学事实都有社会意义，但是遗传所给的东西并不是无限可变的。" Clyde Kluckhohn and Henry A. Murray, *A Conception of Personality*, in Kluckhohn and Murray (eds.), *Personality in Nature, Society and Culture*, Alfred A. Knopf, New York, 1949, p. 107. 也可参见：Clark L. Hull, *Principles of Behavior*, Appleton-Century-Crofts, New York, 1943, pp. 59-60; Otto Klineberg, *Social Psychology*, Henry Holt and Co., New York, 1940, pp. 160-162; George P. Murdock, "The Common Denominator of Cultures," in Ralph Linton (ed.), *The Science of Man in the World Crisis*, Columbia University Press, New York, 1945, pp. 127-129; Gardner Murphy, *Personality*, Harper & Brothers, New York, 1947, pp. 127-129, 620, et seq.; Edward Chace Tolman, "Motivation, Learning, and Adjustment," *Proceedings*, American Philosophical Society, vol. 84, 1941, pp. 543-550.

114 多奖励和剥夺的来源都是内在性的，从这种意义上来说，这些奖励和剥夺都是自己强加给自己的，通常的形式有羞耻、自尊、紧张或自我肯定。这些内在的奖励和剥夺构成了一个人的良心或超我。因为这些奖励和剥夺都是内在化的，因此，一旦它们成为个人内在化的一部分，它们就不容易再被操纵了。

因此，社会在构建人们的良心方面投入了很多心力。较高的投入——训练社会组织中的个人的超我——经常会得到丰厚的回报，因为良心承载着两种重要功能。

作为代理控制。首先，作为一种代理控制，良心非常有用，对上级来说，这一事实可以让他们给下属一定的自治权并使其充满信心。比如，AEC 就能以合同的形式将大量它可以处置的“赞助金”给了私人企业，以奖励它们设计、建造并运行了很多设备。联合委员会、财政部和白宫都建立了大量的监管系统以保证合同具有相当的奖励性，但是这样的一个系统对管理者来说非常多余并且成本巨大。目前为止，对合同授予的内部监管已经撤销，实际上，国会和总统对委员会和它们雇员的良心的信任使他们获得了很多自由裁量权。

如果上级对下级的良心没有信任的话，很多组织的运行——工业、商业、政府、宗教、教育等的组织——可能都会暂停，我们这样说并不为过。为了发挥全部功能，这些组织通常不得不保持更加集权和科层制的结构，这样，分权和自由裁量权的优点就消失了。

作为合法性的来源。良心的一个功能就是有助于建立合法性。只有当控制被认
115 为是或者当作“正确的”时，控制才获得了合法性[①]。“正确”的检验可能是自觉意识强、表达清楚而又有逻辑的规范（就像有关民主秩序里的司法审查的适当角色的理论一样）。也可能不那么有自觉意识，有很多不规范连贯的、逻辑性不强的结构和理论的抽象。第二种比第一种更不好操纵，但第二种更接近良心的范畴。因为第二种比较难实施，控制者更难获得他们想要的回应。

因为合法性的检验是主观的，因此对控制者来说合法的控制，对服从者来说可能并不具有合法性，或对一个服从者来说合法的控制可能对其他的服从者来说并不具有合法性。部分是因为这种复杂性，部分是因为现代多元主义社会的多头上级领导，部分是因为现代始终如一的信仰体系的崩塌[②]，和过去或者原始社会相比，现代西方社会非常确定的合法性已经极为少见了。因此，和很多其他社会现象一样，控制也可能在极端纯粹的合法性和极端的非合法性之间变动。在珍珠港事件后的那些年，美国人在日本侵袭珍珠港之前罗斯福外交政策控制的合法性问题上，仍然存在巨大的争议。

对所有的控制来说，合法性并不是必不可少的。然而，缺少合法性的话，控制者必须承担昂贵的成本。因为，合法性能够促进那些需要乐观主义、忠诚、自由裁

---

① 很奇怪，在美国政治科学中，合法性的概念被忽略了。该书中还原了这一概念。Herbert A. Simon, Donald W. Smithburg, and Victor A. Thompson, *Public Administration*, Alfred A. Knopf, New York, 1950.

② Karl Mannheim, *Diagnosis of Our Time*, Kegan Paul, Trench, Trubner & Co., London, 1943, pp. 17 ff.; Alexander H. Leighton, *The Governing of Men*, Princeton University Press, Princeton, 1946, pp. 322-325; Sebastian de Grazia, *The Political Community*, University of Chicago Press, Chicago, 1948, *passim*.

量权、分权和审慎判断的组织的运行。如果曼哈顿工程地区的每一个参与人都认为格罗夫斯将军的控制完全不具有合法性，我们很难想象原子弹该如何设计、开发和制造出来。

适当的认同

当一个人决定应该怎样以及是否能够被诱导做出其他人想要的回应的时候，这个人就做出了一种简单的认同他人的行为[①]。然而，因为它是和良心一样内在化 116 的，因此，认同并不容易被操纵。

一个人认同的方面可能会促进或阻碍控制。小孩子对父母施加控制是因为对父母来说认同孩子很容易。企业组织中白领工人的顺从部分是由于他们倾向于让上级认同他们。但是，近年来有证据表明，城市的工人之间的相互认同越来越多，而工人与企业领导者的认同面已经断裂[②]。因此，工人对工人领导者的回应越来越多，但是对于企业领导者的回应越来越少。

改变一个角色经常的结果就是改变了一个人的认同，"自我"成为注意力的焦点和努力的中心。在一个人各种各样的角色中——如儿子、朋友、父亲、丈夫、邻居、俱乐部成员、零售购买者、企业经理以及投票人等——这个人可能会有各种各样的认同。一个人愿意遵从父亲的控制，并不意味着他愿意以同样的方式遵从他的经理的控制，反之亦然。他购买烤羊肉、一组匹配的熨斗、一辆车，或者一座房子等的身份认同也会大大不同，更不同于他站在投票站投票、在乡镇会议开会或参加立法组织方活动。

因此，身份认同也会给控制施加强烈的限制，并且，通常控制者只能接受服从者已有的身份认同，并据此改变他们的控制。

沟通

最后，控制要求快速传送线索、信号、激励，或者信息。在内战时期，有竞争力的价格体系被很多改革者轻视。在战争时期和战后的重建时期，一些国家——尤 117 其是英国——通过科层制方法协调国家经济的经历使科层制的昔日辉煌略微黯然失色。然而，那一时期的经验却让价格体系重放光彩。这种情绪转变的一大原因就是，人们认识到通过科层制来协调国家经济会带来非常棘手的沟通问题，因此，集权协调和分权的自由裁量权这一困难从来没有得到满意的解决。对很多"国家计划

---

① 在政治科学中，拉斯韦尔的一系列作品中广泛使用了认同的概念。可以参见：Herbert A. Simon，*op. cit.*，chap. 10. "认同"这一术语有各种各样的用法，但西蒙的定义对我们的目的来说最为合适："当一个人做决策时，他会根据可替代选择给特定群体带来的结果进行选择，此时他会从某个群体中找到共鸣。"*Ibid.*，p. 205.

② 对比林德（Lynd）对米德尔敦（Middletown）的两个研究会发现这一点。参见：Robert S. Lynd，*Middletown*，Harcourt，Brace and Co.，New York，1929，and *Middletown in Transition*，Harcourt，Brace and Co.，New York，1937.

者”而言，与内战时期他们还不熟悉科层制的协调的问题相比，在某些情况下通过价格体系进行协调的容易程度看起来更有吸引力。

有时候，改变议程安排的一个重要原因是制定一个可行的不一样的信息传递系统。因此，将战争时期科层制的原材料分配议程安排转变为通过竞争的价格体系进行分配，这一议程安排的变化也深刻地改变了沟通体系。

这些都是控制的一些重要的先决条件。如前所述，它们看起来非常正式和明显，但有时，我们很容易忘记这一点。

4.6 自由、平等、理性和控制

自由和控制

自由和控制之间并非天然仇敌。相反，自由需要控制。正像我们在前一章所表明的，自由经常需要社会组织。然而，每一个社会组织都是一个控制体系。因此，自由必然经常需要一些控制。

通过其他的路径人们也能得到这样的结论。我们中的很多人都有一些高度重视的目标，除非我们能够经常地保证其他人回应，否则我们自己无法实现这些目标。而经常地保证其他人的回应就是控制这些人，因此，我们自己的自由需要我们在某些方面控制其他人。相反，我们的一些目标，比如友谊和爱等也只有我们允许其他人在某些方面控制我们时才能实现①。

118 有时候，人们会混淆了自由和自治（自主行动），即无控制的行动。但是，如果这是对的，自由就不等同于自主行动（也许，认真地区分自主行动、控制和自由，“自由意愿”和“决定主义”的争议才更有意义）。可以确定的是，自主行动有时候可能对一个人的自由来说是必需的，因为有时候一个人的目标只有通过自主行动才能实现。很多审美上的满足就属于这一类。但是，当一个人要实现自己的目标需要其他人的合作时，只依赖自主行动就会使自己的自由受挫。

那么，我们先前讨论的四种控制技术对自由又有什么影响呢？

自由和自发性领域控制。如前所述，自发性领域控制可能是我们所知道的最为暴力的方式了。因为诸如爱与恨，或尊重与蔑视这样的愉悦和剥夺都是通过自发性领域控制进行分配的，可能没有其他的控制系统会这样令人沮丧、这样具有压迫性。文献和现实生活中都充满了家庭、邻居、小镇、办公室，以及一个人的同事、亲戚甚至朋友通过自发性领域控制带来的暴力行为。命令是否能够控制一些自发性领域控制带来的伤害？这一点还值得怀疑，因为自发性领域控制能够并且经常带来巨大的挫折感、焦虑、绝望、仇恨，给人的性格带来永久的打击，也可能会带来神

① 对自由、控制和自治权之间关系的困惑有时会因尝试区分以下几个内容上的失败而加重：(1) 服从者的自由；(2) 控制者的自由；(3) 其他受服从者和控制者行为影响的人的自由。

经或心理上的创伤。在最后的分析中，很多人被投入监狱或精神病院可能不是因为操纵性领域控制，而是自发性领域控制所致。

事实上，自发性领域控制常常是无意识的，但这也正是其暴力之处。控制者甚至不知道他们要对可怜的牺牲者负责。同情性认同的检验可能会消失不见或者姗姗来迟。然而，和命令不同的是，自发性领域控制并不需要使服从者的目标受挫。不像命令，有时候和某些形式的操纵性领域控制一样，一些自发性领域控制形式可能会与控制者和服从者的自由相容。毫无疑问，这是因为自发性领域控制能够在某些情况下导致服从者和控制者的相互自由，因此，这种控制就经常明显等同于自由， 119
自由的一个可能的条件就被误认为是一个充分条件。

操纵性领域控制。操纵性领域控制有很多和自发性领域控制相同的地方。操纵性领域控制和自由之间并不存在一种一对一的关系。操纵性领域控制是否增加了或削减了自由，取决于当时的情形、当时的情形所使用的操纵性领域控制的具体种类以及考虑的是谁的自由。

但是，人们操纵其他人的方式可能会对自由产生显著不同的结果。有两种非常重要的可替代选择：(1) 一个人是否操纵了现实的象征以澄清或混淆其他人对现实的理解；(2) 一个人是否通过奖励或剥夺来操纵其他人的领域。我们从被控制者的观点来检验这两种选择。

(1) 通过操纵现实的象征来控制其他人的方式有两种（这两种方式分别处在一个连续体的两端），这在希腊-罗马文化及其衍生文化中受到了完全不同的重视。通过操纵象征来确认服从者对现实的理解——让服从者认为如果按照控制者要求做的话，能够得到想要的期望——是西方社会所珍视的规范。父母、教师、政治领袖以及其他人都对这种操纵性领域控制方式有很高的依赖性。但是，一个人也有可能为了传递虚假的期望而操纵现实的象征，这些经常能在宣传、广告以及政治竞选中看到。尽管已经广泛实践，尤其在近几代人更是发展到更高的艺术水平，这种类型的操纵性领域控制仍然与某些西方社会长久的规范格格不入。

和杰斐逊一样，很多人已经广泛呼吁通过教育、正确信息的传播、讨论、言论自由和出版自由等工具来实现个人的自由。他们的假设是，如果人类想要正确理解现实的话，这些机制必不可少。一个人对现实的理解越好越全面，他就会认为，他可以更有效地实现自己的目标。人们越有效地实现自己的目标，他们就会 120
越自由。因此，从民主的观点来看，一个人的自由和他对现实的理解之间存在直接关系。

尽管像杰斐逊和佩因这样的早期的自由民主党人过度使用了理性的心理学，但是现代心理学仍然赋予他们的基础假设很多支持。因为无视现实是挫折行动的重要来源，无视确实削减了自由。或许在任何社会里，最受奴役的人是那些神经病患者，从某种意义上来说，他们对现实有一种虚假的认识，并时时深陷其中。

可以确定的是，如果现实本身是令人沮丧的，那么只理解现实并不会使人自由。一个生活在肮脏贫民窟的小孩，父母互相怨恨、争吵不断，即使他能够理解他的现实处境以及更大的世界，他也并不是自由的。在社会生活中，有时候，如果一个人**不知道**其他人会怎样看他的行为，他的挫折感反而会更少。

当然除了这些困难之外，自由民主的观点可能基本上是有道理的。因为，如果现实是令人沮丧的话，我们需要做的不仅仅是理解现实，而且是努力去改变它。并且，如果现实是令人沮丧的，人们需要有很强的动力去改变它。理解现实就是努力增加以期望的方式改变现实的机会。即使现实令人非常沮丧，理解现实也经常是增加自由的一个必要条件。

自由民主党人的案例和陀思妥耶夫斯基的《宗教大法官》（*Dostoevski's Grand Inquisitor*）的案例之间具有不可逾越的鸿沟。现实本来就是令人非常沮丧的（与自由的案例相反），人们只能依靠神话生活。对人类来说，混淆现实比增加他们对现实的理解更好，因为理解现实只会放大他们的绝望。《宗教大法官》与列宁所描述的“真理是小资产者的美德”之间只有一步之遥。

自由民主案例的前提是，尽管忽视现实能够减少短期的沮丧，但从长期来看，忽视现实只会降低人类有效处理现实的能力，从而明显增加沮丧。如果有人说这一欺骗只是暂时的，自由民主党人可能会回应说，那些能够施加“暂时的”欺骗的控制者所处的位置，通常能够将这种暂时的控制变为永久的控制。

121 自由民主党人的案例是对科学检验、调查自由以及“真相总会大白于天下”的信念的辩护。

（2）至于第二种可替代选择，在操纵性领域控制中，使用奖励明显比命令能够给被控制的个人更多的自由，因为对服从者来说，命令天然令人沮丧。但是，即使不通过命令，人们也可以操纵影响下属福利的因素，进而达到影响下属行为的目的。这并不是命令，因为这个人并没有这种期望，在他不服从控制者的指令的情况下，控制者会惩罚他。

很难断定操纵性领域控制是否比直接命令更加让人不舒服。命令是一种更加清楚明了的、直接的、人对人的关系，或许会比操纵性领域控制更容易冒犯个人的地位、自我尊重感和人格尊严。操纵性领域控制更适合创造一种“被允许的情境”，例如，创造一种有特定导向的回应性情境，激励人们的行为走向，但为下属做出其他可能的选择留下余地。从另一方面来说，操纵性领域控制也会引起尴尬和失望，因为下属并不总能清楚地（哪怕只是秘密地）识别和回应操纵者。所以这个问题只能不做回答。这本身也是有意义的，因为人们一般认为，操纵性领域控制比命令更能让大家享有自由。

命令。评价“命令”好还是不好，关键在于区分下属的自由、控制者的自由与第三方的自由。如果只考虑下属的自由，就应该尽可能少用命令。因为命令是一种靠剥夺、威胁来进行控制的方法，它直接而且必然地降低了下属的自由，需要用其他的控制方法来增加控制者和服从者的自由。命令永远不可能直接增加下属服从者的自由，而控制者的自由总是靠牺牲下属的自由来获得，而下属则不可能从命令关系中通过自己的努力赚取直接的奖励，他只能尝试逃避被剥夺。因此，在一种纯粹的命令情境下，下属不追求对他自己行为的奖励，他只追求满足控制者欲望的目标。

然而，服从者的自由经常会遭到命令的侵犯，因为控制者或第三方的自由经常会要求这样。以制止犯罪为例。当然，犯罪的动机并不常常是通过命令进行控制。如我们所展示的，法律形式的命令规定了惩罚、警察、法庭和监狱这些控制犯罪的边缘因素。然而，我们没有人能免于命令，因为我们希望使用命令来对抗那些边缘 122
人物，他们仅会因为预见到将受到法律制裁才停止犯罪。

相互控制。与命令不同，相互控制本来就不需要限制任何参与者的自由。但是如果所有的参与者并没有在目标上完全达成共识的话，这种相互控制的安排可能会限制某些人的自由。因此，对自由来说，相互控制之所以重要是因为它是一种达成共识的体系，它可以决定在冲突的情况下，谁的自由会被许可或剥夺，许可或剥夺多少等等。

结论。因此，即使只是简单地检验一下自由和四种控制技术之间的关系，我们也会发现，没有一种技术比其他技术对自由来说更必不可少，也没有一种技术本来就比其他技术能够产生更多的自由。我们认为，这是一个重要的结论。因为有一种趋势认为，某一种控制技术本来就比其他的技术要优越，或者从像政治平等和自由这样的目标来看，人们可以合理地建立优先性，比如相互控制优于命令。当然，这一说法也是错误的。

人们最多只能说——这一点也很重要——命令经常侵犯服从者的自由，而其他的技术并不需要这样。一个关心自由最大化的社会必定是在发现有效的替代命令的选择方面别出心裁。但是当其他的控制技术侵犯了自由时，它在发现可行的替代选择方面是具有同样的创造性的。

并且，在民主是主要目标的情况下，所有参与者之间的相互控制是必要的。命
令和操纵性领域控制都是单边控制。它们所创造的控制关系本来就是不平等的，服 123
从者并不与控制者在政治上平等。因此，对政治平等者来说，相互控制是他们唯一能够接受的方式。相互控制不仅是必需，还需要被尽可能地最大化。所有偏离最大化的相互控制都意味着政治不平等。

主观平等

和政治平等一样，主观平等也并不总是一个需要被最大化的目标。这一困难并显然模糊的目标可以用这种方式阐释：**在任何地方、任何具体情况下，多数人而不是少数人能够有机会实现他们的目标，这一决策由多数人而非少数人掌握**。因此，一般来讲，主观平等的关系要求对奖励和剥夺的分配多多少少要平等。

命令。如果一个人只考虑控制者和服从者之间的关系，那么很明显，纯粹的命令根本上就违背了主观平等。因为纯粹的命令只会给服从者带来剥夺，然而控制者通常的位置是只通过服从者的行动来奖励自己，这一点必须记住。因此，命令只会通过牺牲服从者实现自己目标的机会来增加控制者实现他们目标的机会。服从者要么就按控制者的要求去做，要么就承受惩罚。然而，服从者自己的目标——除了逃离惩罚之外的渴望——却常常被忽视了。服从者从其行动获得的，除了逃离控制者的惩罚，也可能会得到奖励。如果他得到了奖励，这种关系就不仅仅是纯粹的命令关系了。

操纵性和自发性领域控制。与政治平等的案例不同，操纵性和自发性领域控制可能会也可能不会侵犯主观平等。当然，任何单边控制都有这样的可能性，即服从者所遭受的痛苦会损害控制者的利益。但是，不论是操控性领域控制还是自发性领域控制都不需要产生这种结果。因为控制者可以使用这些控制技术去奖励服从者。因此，在这样的关系里，服从者可以使他的某些目标最大化。

相互控制。然而，作为一种实践，相互控制的某些元素是奖励那些被控制者的
124 最好保证。任何一种单边关系都有可能具有剥削性。相互控制是在平等基础上分配奖励和剥夺的最重要的保证。在像爱情和友谊这样亲密的人际关系里，以及像工作场所、商店、市政厅和联邦办公楼这样的非人格化环境里，每个人都能够对其他人施行相互控制这一事实就构成了主观平等的基础。

目前为止，我们关心那些被控制的个人的主观平等。然而，就像我们在自由案例中所看到的一样，只从这一观点出发并不能评估控制技术的效用，因为人们必须同时考虑控制者和其他受影响的第三方。当然，一个人的评估结果会随着他对一个具体决策的结果的关注而改变。

在很多涉及其他人行动的案例中，人们常常并不关心某一决策的结果，然而，人们可能会有一个强烈的偏好，即不论结果怎么样，都不应该明显地侵犯参与者之间的主观平等。在这样的情况下，排除那些会明显违背主观平等的关系就非常明智。

实际上，无数种社会关系都是这样处理的。第三方并没有要求其他特殊的结果。但是这种关系受到管制，因此只有在 B 希望从中得到回报时，A 才可以控制 B；而 A 控制 B 却不必给 B 回报的可能都被各种法律和规章所禁止。实际上，放任的自由主义只是这种思想在所有的或几乎所有的经济关系中的应用。但是从放任自由到现代高度管制的国家的转变，在很大程度上并不是因为很多人认为规则并不能切合实际地应用于很多情形，而放弃了规则的结果。因为，自由放任实际上允许企业家对工人和消费者施加更多的单边控制。现代国家的控制不是由决策，而是通过排除那些显然会侵犯主观平等的关系来进行的。

理性和控制

要实现各种各样像第 2 章中所列举的复杂的目标，以及实现或多或少算得上是
125 理性的社会，我们在此必须说明，使用四种控制技术的各种排列和组合成为必需。然而，要描述用到的所有组合不是一本书就能完成的，而是要一部卷帙浩繁的百科全书才可以做到。即使所有需要的组合都已经知道了，当然也并不是全部，只是列举出来这些组合无疑也会占据本书的很大篇幅。在本书余下的章节，我们会描述一些与政治-经济计划问题有关的重要组合。

然而，在开始之前，我们有必要用一张总结表来阐释这四种控制技术和上一章讨论过的目标安排工具之间的关系。一群人安排目标的方式取决于他们选择的控制技术，相反，一群人所选择的控制技术取决于它选择的目标安排工具：

1. 通过如下方法安排目标：		
投票或隐含的投票	要求	相互控制
市场选择或其他自发的选择	要求	自发性领域控制
授权	要求	命令和/或操纵性领域控制
2. 相反，通过如下方法控制：		
相互控制	要求	投票或隐含的投票
自发性领域控制	要求	市场选择或其他自主的社会选择
命令和/或操纵性领域控制	要求	授权

观察这些关系能够强化我们之前的结论。因为第 2 章列举的目标需要上表列出的所有安排工具，因此它们也要求所有的控制技术。相反，因为第 2 章的目标要求所有控制技术，因此它们也需要所有的安排工具。

最后需要提示的是：即使一个人知道他想要实现的目标，他也很难决定需要使用哪种控制技术或者哪种控制技术的组合。这种困难主要有两个原因。第一，几乎没有人知道使用一种控制技术而非其他的技术可能的后果。确实是，我们已知我们 126 对一组控制所产生的结果知之甚少，这就是，当人们的性格被控制后，它的长期效果是什么[①]。因此，选择哪种控制技术或者控制技术的组合，某种程度上就像在黑暗中摸索一样。第二，一种技术通常可以转变为另一种技术，这样就给决策增加了一种不确定的因素。因为一个人不光要计算一种技术在给定情形下的可能结果，他还要计算一种技术转变为另一种技术的可能性以及这种改变可能带来的结果。在过去，放任自由主义者常常忽略这一点。在排除了大规模的失业以及对劳动力的剥削的"萨伊定律"的善意管辖权下，大萧条时期，自由主义者也看不到企业家能够通过几乎没有相互控制的命令来控制雇员。劳动力实际上并不是流动的，一个工人也经常并没有其他的工作，并且在最糟糕的情况下，工人租住公司宿舍且在公司商店里赊账。因此，一个不讲道德的雇主掌握了很多控制因素，他可以命令工人接受某种工作条件，如果员工拒绝的话，可能会受到严重的惩罚和单边的剥夺。因此，一种表面上的相互控制体系就转变为命令体系了。

人们必须经常估计这种可能性。比如，危机而非平常的操作就是检验政府手段的一种方法。因为在危机时以及危机后，社会能够发现政府的控制手段转变成了哪一种形式。

① 在本书的最后一章中我们提出了一些相关的问题，但是甚少给出答案。

第3篇

效率化的社会过程

■ 第5章　效率化的社会过程

第 5 章

效率化的社会过程

5.1　六个过程

根据第 2 章所提出的价值，在经济生活中，理性计算和控制的必要过程是什么呢？或者，换一种说法，效率化需要什么过程？描述效率化的方式有很多种，可以确定的有 6 个相似的过程： 129

（1）资源享有权的分配过程。第一个是通过计算和控制，对劳动力和其他资源的需求进行理想分配的过程。并不是每个人的目标在经济生活中都能够得到满足。因此，效率化需要一个过程来决定谁的目标具有优先权以及优先到何种程度。社群中的每个成员都该对劳动力和其他的资源提出同样的要求吗？或者一些人的需要可以多些？多多少呢？所有人都应该享受对资源的最低需求吗？还是有些人的需求应该全部剥夺？这一分配需求的过程可能会对精英、习惯、讨论或投票手中的力量形成威胁。在货币经济中，需求很大程度上以货币收入的形式表现。

（2）稳定。第二个是通过计算和控制，协调资源总量范围内的总需求的过程。稳定要求资源既不能少分配，也不能过度分配。第一种的结果就是失业，第二种的结果就是有些需求不能有效满足。描述稳定性非常简单，但要实现稳定性并不容易。从

1930 年开始，经济不稳定性已经使其他经济难题相形见绌，因此稳定性的过程开
130 始被认为是效率化最大的部分。1930 年的经验已经足以说明不稳定比其他效率化过程中的缺陷能够更严重地浪费资源。1933—1937 年，美国的失业人口从来没有低于 700 万，最多时达到 1 400 万。1929—1933 年，国民收入下降了近一半。这些都是熟悉的数据，但是值得再次强调，经济组织的技术并不能将收入和就业的波动限制到一个更狭窄、周期更短的范围，无论它们在效率化的其他方面多么有效，这一点都令人难以忍受。

(3) 选择。第三个是通过计算和控制，让那些有需求的人能够在不同的选择中进行选择并给出期望的回应信号的过程。在现代经济中，从需求持有者的偏好沟通到企业公司的管理偏好沟通等都需要一种复杂的机制。考虑到我们提出来的价值，这些过程都需要协调各种职业选择——比如在不同工作或在工作与娱乐之间进行选择——以及其他生产者的偏好，当然还有消费者在不同的商品和服务之间的选择等。

(4) 配置。第四个是配置计算和控制的过程，通过它诱导对选择的回应。诱导工人和资源所有者将他们的生产能力投入需要的地方，这就要求具备一个奖励和惩罚体系。

(5) 资源开发。第五个过程由前面的配置过程引发而来，通过它能增加资源的数量。一种方法就是将资源分配到那些能够生产更多资源的地方。但是发现和发明也可以实现开发。在欧洲、非洲、亚洲和南美，很多经济政策都是为了开发自然和资本资源以增加产量。战后重建和对落后地区的开发都给政府加重了负担，需要政府通过大量的投入提高产量。在这样的情况下，提升选择与配置过程的注意力很容易被冲淡，尽管有些选择与配置仍然很重要。

(6) 资源高产出。第六个是资源高产出计算和控制的过程，通过它获得更高的产出。当然，资源产出依赖于资源的分配。那些没有分配到资本设备的工人产量常常不大。但是，还有其他的因素会影响资源产出，包括智力、技能、勤奋程度、精
131 确度，以及组织中的员工和管理工作履行职务的速度等。

5.2 “好”的效率化的要求

根据提出来的价值，什么是期望的、偏好的或者完美的需求分配、选择类型、资源分配、资源开发速度、资源产出水平呢？稳定过程并没有这些问题，因为稳定性容易定义。然而，对其他的过程来说，标准并不明显。在此，我们提出了每一个过程的标准，首先是资源开发的标准。

资源开发的标准

根据过去的趋势进行推断，美国的实际国内生产总值应该以年均 3.5%的速度

增长，或者，换一种说法，即每 20 年翻一番[①]。当然，将来的实际增长率将取决于各种各样的影响，这就使得这种推论非常危险。但是，看起来，如果在不稳定性时期比过去少浪费一点资源，增长率显然可以高于 3.5%。

令人满意的资源开发速度是怎样的呢？“越多越好”并不是一个正确的答案，因为最快的开发速度可能会与其他不太重要的目标相互冲突。现有的资源并不总是能够用来生产消费者需要的产品以及新的生产能力，因此，资源开发总是以现有的消费为成本。此外，英国近些年的经历已经表明，对资源开发的雄心勃勃的计划可能会激发资源的过度使用和随之而来的不稳定性。英国也经历了资源开发和收入再分配之间的矛盾，因为两者都造成政府财政负担，甚至选择与配置过程也会忍受过快的资源开发之苦。如果像有时人们提议的[②]，通过授予企业更大程度的自治权鼓励资源开发，那么，想要从中获得收益就必须牺牲消费者对选择与配置的控制。

另一方面，资源开发有时候能够促进其他的过程。要实现资源高产出，需要各 *132*
个过程联合发挥作用，提高技术的实践和企业机构的生产组织就说明了这一点。通过教育和职业培训进行的资源开发与资源高产出的过程难以区别。稍后我们能够看到，更平等的收入的主要原因在于它能够使人们更多地在人的生产能力上进行投资，因此，资源开发的过程和需求分配的过程有时是相互补充的。

因此，适当的开发速度就是一个主观偏好的事情了。假设，人们都一致认为，只要不与其他的目标产生严重的冲突，开发的速度就应该尽量加快。发现和发明最有可能实现这一目的，因为它们在开发时所使用的资源只有极小部分是用于其他的目的。同样，目前为止，因为平等的教育机会可以实现开发的目的，因此，较快的开发速度也是人们期望的事情。除此之外，可能会有不同的观点。一方面是需求分配或稳定化，另一方面是资源开发，这两方面的冲突给选择带来了只能通过特别方法解决的选择难题。选择与配置过程与资源开发之间的冲突也是这样。

在某些经济体中，资源开发提供了这样的可能，即在 10～15 年间，人们的生活标准将提高 1/3[③]。这样的收获即使牺牲其他社会过程的某些增量收获也是值得的。资源开发的优点值得强调，因为经济理论往往轻视它们所拥有的选择与配置过程中的成见。直到最近的几年，经济发展的理论才走到舞台的中心。

资源产出的标准

最近一本关于税收和激励的书中这样说到满意的资源产出：“目前为止，因为
现有的税收安排导致行政人员拒绝承担他们能够胜任的最大责任，或者使得他们对 *133*

① Simon S. Kuznets, *Uses of National Income in Peace and War*, National Bureau of Economic Research, Occasional Paper No. 6, New York, 1942.

② Kenneth E. Boulding, “In Defense of Monopoly,” *Quarterly Journal of Economics*, vol. 59, 1945, pp. 524-542.

③ 自 1850 年以来，据估算，美国人均每小时的产出每隔 10 年增长 18%。参见：J. Frederic Dewhurst and associates, *America's Needs and Resources*, The Twentieth Century Fund, New York, 1947, pp. 22-25.

于目前的工作不会投入更大的努力，由此可以判断他们对经济和社会都不满意。”①然而，最需要强调的是，理想的产出并不是最高的产出。这一说法是正确的，因为除非一个人完全不关心实际收入的分配、不关心娱乐、不关心内心的宁静、不关心自己生活节奏的自由——他所关心的只是产出，这也是唯一的社会目标。

考虑到前面提出的目标，生产并不比更好的收入分配，更多其他社会目标，尤其是正义、公平竞争、平等的社会地位分配，威望和控制等这些无形的东西更有优先权。比如，如果工人在工作中并没有取得最大的产出，这种损失并不等同于企业的产品损失。从产品的损失中必须减去各种各样的收益。不得不承认，当产量损失时，这些价值通常难以实现，但是对西方经济来说，娱乐收获本身就很大。

提高资源产量并不能主要地通过让人们更努力工作来实现。如果这是唯一可行的途径，人们并不能十分确信更高的产出是他们想要的结果。产量的提高可以通过工业技术实践、劳资关系和培训来实现。这些可能性——当然还有更多其他的途径——足以表明，即使没有对工人更严格的管理或者让人疲惫不堪的工作安排，更高的资源产出也是可能的。因此，提高资源产出经常可以通过非常低的成本实现。

但是，资源开发等资源的高产量并不总是低成本的，因此，最优的比率仍然是一个主观偏好问题。很多人都认同，提高资源产出的过程应该充分利用这一可能性，即实现更高的产出的同时努力实现教育机会的平等。人们也会希望利用这样的可能性，即通过不恶化紧张关系或增加其他工作量的方式来提高生产力。除了这些老生常谈的东西，合适的水平是一件特别需要注意的事情。

就像在资源开发的例子中一样，很多经济学家对选择与配置的成见都忽略了更
134 高的资源产出能够带来的潜在收益。资源产出的关键因素有很大部分还有待劳资关系和管理实践的学生继续研究②。他们估计可能获得的未被缺点抵消的收益可能在25%～50%③。这些都只是一些粗浅、模糊的估计，但是这些估计表明实现资源高产出的过程是靠得住的。

分配、选择与配置过程的复杂之处

更深入描述理想的资源享有权的分配或资源享有权的选择与配置，比描述资源享有权的开发与资源的产出更容易。当然，一个大家都希望的理想的资源享有权的分配是主观偏好，就像资源开发和产出一样。但是，一个人的主观选择也要看他如何解决一系列我们讨论过的相关问题。对于选择与配置来说，我们有可能把更具体的优化的标准表述出来。我们先来考虑分配问题。

---

① Lewis H. Kimmel, *Taxes and Economic Incentives*, The Brookings Institution, Washington, 1950, pp. 104－105.

② 比如参见：Chester Barnard, *The Functions of the Executive*, Harvard University Press, Cambridge, 1938; Fritz J. Roethlisberger and W. J. Dickson, *Management and the Worker*, Harvard University Press, Cambridge, 1939; Fritz J. Roethlisberger, *Management and Morale*, Harvard University Press, Cambridge, 1941; Burleigh B. Gardner, *Human Relations in Industry*, Richard D. Irwin, Inc., Chicago, 1945.

③ R. P. Lynton, *Incentives and Management in British Industry*, Routledge and Kegan Paul, Ltd., London, 1949, p. 65.

5.3　需求分配的要求

效率化从稀缺的资源开始，结束于消费者手中的商品、服务、娱乐和其他价值。只有合适的商品、服务和其他价值到了合适的人手中，效率才得以实现。不论是否是这种结果，在现代工业经济中，效率化主要取决于以货币收入为形式的需求的分配。但是实际收入和娱乐的分配仅仅部分取决于货币收入的分配，因为实际收入也取决于消费者的选择类型以及资源持有者的回应方式。因此，尽管我们通过货币收入的分配对实际收入和娱乐的影响来评价它本身，但是其他可能影响实际收入分配的因素也不可忽视。

我们能描述一种最优的情况吗？大量的变量和对这些变量有限的知识都让我们 135
难以描述这种最优的情况。尽管如此，我们认为某些类型的分配可能会比其他的类型更让人不满意，并且我们有可能可以指明增量调整应该进行的方向。以现在的货币分配和实际收入为起点，向更多的平等或更少的平等前进，就能够最接近我们提出的目标吗?

在美国，货币的市场分配是非常不平等的。比如，在 1948 年，平均的税前家庭收入大约在 4 000 美元，中位数低于 3 500 美元。但是，其中大约 1/3 的收入都低于 2 000 美元，另外 1/3 的收入都高于 5 000 美元。并且，如果将全国人口按货币收入被分成两部分的话，有可能一半属于 80%的低收入人口，将近 20%属于最富裕的人口。收入最高的 5%人群的收入可能和最底层的 40%的人群的总收入一样多①。

但是税收和转移支付可实现平等转移。众所周知，所得税本身就大大减少了高收入，比如，1951 年的所得税大约拿去了一对收入在 2 万美元、没有孩子的夫妇的 1/4 的收入。而大多数美国家庭的收入都位于这一范围。然而，税收的平等效应非常小。在美国，有些税收是递减的，但是，考虑到收入本身的不断提高，税收对平等的作用非常有限。表 5-1 是一个联邦税前和税后单位消费占货币收入的百分比②。

表 5-1　单位消费占货币收入的百分比（税前和税后）

不同群体收入水平	税前/%	税后/%
1 000 美元以下	14	15
1 000～1 999 美元	19	21
2 000～2 999 美元	21	23
3 000～3 999 美元	19	18
4 000～4 999 美元	11	11

① U. S. President, *The Economic Report of the President Transmitted to the Congress January*, 1950, U. S. Government Printing Office, Washington, 1950.

② U. S. President, *The Economic Report of the President Transmitted to the Congress January*, 1951, U. S. Government Printing Office, Washington, 1951, Table B-1, p. 226.

续前表

不同群体收入水平	税前/%	税后/%
5 000～7 499 美元	11	8
7 500～9 999 美元	2	2
10 000 美元以上	3	2

136 通过社会保障和其他福利支出转移的收入也不容易估算，因为很多支出都是通过对那些收到这种支付和服务的人的税收支持进行的。就美国来说，通过税收和转移支付以及服务达到的转移可能在任何情况下都不会超过国民收入的10%。美国缺乏这样的充分计算，对这一说法最好的证明，可能是1937年英国对再分配的精细计算，计算表明，税收和公共支出可能只将国民收入的5%～6%从富人手中转向穷人手中①。如果这一数量看起来不合理的话，其他一种证明的方式就是，通过重新分配的财政，英国工人阶级的收入提高了8%～14%②。美国和英国现在的再分配已经比二战之前多了，但是1937年为战争前期做出了超乎寻常的高转移支付。在任何情况下，10%的转移支付对美国来说都是非常高的了，当然正确的数据可能还不到5%。据估计，瑞典的转移支付达到了10%③。

平等和不平等

一些难以接受的标准。一种常见的会导致不平等的教条的说法就是，每个人都有“权利”拿回他们投入群体收入的部分，收入份额应该由每个人平等地“贡献给”社会。这一教条是难以让人接受的，原因有二：第一，尽管倡导者呼吁有激励的必要，但是社会教条并没有弄清楚差异大小和激励强度之间的关系，也就是说，这一教条常常宣称合理的分配类型能够保持理想的激励，但是这些分配类型是否能够形成激励还没有得到验证。“贡献”理论更容易产生让人们道德败坏的不平等，而不是发展出期望的激励。

第二，这种教条的倡导者有时并不会通过引证激励来证明它是合理的，而是简
137 单地宣称人们“值得”从他们的行动中获得奖励，或者他们主张这是“自然”的或“明显的”事情，或者“事情本来就应该是这样”。在这种论断中，事实和道德判断已经混淆不清了。对于这一情况还没有明确的道德正当性，我们也发现，除了发挥某些特殊的功能，如为期望的活动提供激励之外，并没有其他的好处。假设在很多人的根深蒂固的正义感里，分配份额中的补偿物看起来是受到制裁的，我们只能把这一事件当作社会事实，而不是政策的引导。这一教条的倡导常常是通过自然权利这一教条进行解释的。

---

① Tibor Barna, *Redistribution of Incomes through Public Finance in* 1937, Oxford University Press, New York, 1945, p. 233.

② *Ibid.*, p. 232.

③ Erik Lindahl, "Swedish Experiences in Economic Planning," *American Economic Review*, Papers and Proceedings, May, 1950, p. 12.

当然，栏杆的另一侧是各式各样平均主义的标准。如果说自然权利被用来支持现有的收入不平等这一观点的话，那么，某些教条化的平等主义信条也同样被用来支持绝对的平等。这些平均主义者宣称，没有人应该比其他人得到更多。对他们来说，任何情况下，A 和 B 都应该得到相同的回报和机会。这是“自然权利论”的另一版本。

有时候，人们错误地用政治平等来类比收入平等，以证明收入平等的合理性。这一观点常常通过理想的民主生活中投票的绝对平等和市场中极端不平等之间的对比来直接体现。如果我们认定让一个人拥有比别人多一次的投票权是错误的，那么同样的道理，让一个人（甲）比另一个人（乙）的选票更有价值权重（比如甲的选票有 10 万美元的价值，而乙的选票只有 1 000 美元的价值）也是不合理的[①]。但是，我们所说的政治平等的案例仅仅指的是在最后决策权（last say）上的政治平等。因为很多原因，特殊投票权或者其他的不平等控制被施加给了特定的人或群体。如果还存在平等的权利来决定在什么情况下可以做出这样的特殊安排的话，那么这些情况就没有不符合政治平等的。

有时候，也有人提出政治的经济理论为彻底的收入平等提供了价值中立的客观论证[②]。这些论证如下：为了最大限度满足人的需求，将收入给那些能够使额外收入的效用最高的人是必要的。一般的，对那些收入最低的人来说，他们的额外收入的效用最高。因此，将高收入再分配到低收入的人手中将会使他们的需求满意度最 138
大化。因此，就需要平等。

这一论点的最严重的缺陷在于它的结论隐藏在它的原假设中。将人的需求满意度最大化是什么意思？它意味着“消费品或者社会收入的任何部分都不应该给某个人，除非他能够从消费中获得最大的满足”[③]。现在，我们很清楚这是一个对份额分配的描述，同时也是一种价值陈述，但并不是事实或者定义。毫无疑问，对某些人来说，满意程度最大化很明显是人们所期望的。但是，我们需要附加一句：收入分配应该是为了照顾更大的需求而不是更小的需求，这只是一种主观的价值判断，并不是客观的、科学的命题。

否定了这些平等和不平等的观点后，我们相信，向更平等收入分配的渐进转变是令人满意的，理由有三，即主观平等、政治平等和稳定，以及人的能力的投资。

主观平等。关于更平等的收入和第 2 章提出来的主观平等的目标之间的联系，此处无须再次赘言。实现目标的平等机会与存在于美国和西方世界经济体的收入不平等的程度之间并不一致。很多个体的最普遍的目标都是消费目标，很明显，如果每个人都有绝对平等的实现消费目标的机会，那么平等的收入分配就是必要条件。并且，除了消费目标，在社会中自由流动的机会、参与政府和公共事务的机会、受

---

① 这一思辨过程在于，如果众所周知每个人只有一次投票权是公平的，那同样的道理，人们也应该认可每个人投票的分量权重是等值的。——译者注

② 参见：Abba P. Lerner，*The Economics of Control*，The Macmillan Company，New York，1944. 相似的案例，参见：Howard R. Bowen，*Toward Social Economy*，Rinehart and Co.，New York，1948，chap. 19.

③ Abba P. Lerner，*op. cit.*，p. 25.

教育的机会、获得地位和尊重的机会、找到满意的工作的机会……这些都取决于一个人的收入。以主观平等为由，如果人们在渴望更多收入平等上有任何分歧的话，人们应该追溯主观平等这一目标本身，因为主观平等和收入分配之间关系的紧密性是不容辩驳的。

因为目标之间是相互冲突的，主观平等几乎没有给出任何线索告诉我们平等应该被推进到什么程度，也没有任何与平等化存在冲突的其他的目标的线索。这些问
139 题我们都应该考虑。然而，目前，我们可以简单说出主观平等和收入的关系，而它们之间的复杂关系我们以后再讨论。

政治平等和稳定。尽管这第二个渐进推进平等的原因次要于第一个原因，但是我们也不能忽略不提。实际上，它比第一个原因更需要详加阐释。收入差距是社会紧张的一个来源，反过来，这也是打破共识引发政治不平等的一个来源。

政治不稳定有很多根源。有时因为各种原因，共识度会降低。收入的差距也可能会造成一些政治上不适但并不严重的后果。但如果坚决认定收入不平等与政治稳定至今有普遍性的必然关系，那就是错误的。二战后法国和意大利政治不稳定的原因有很多，一部分也确实是人们对收入分配不满意造成的后果。在其他案例中，共识、政治稳定和收入平等之间有一定程度的相关性也是很显而易见的。

美国的收入不平等程度还没有严重到威胁政治稳定的程度，但是它们已经足够解释通过控制价格和工资不可能成功地管理一个反通胀项目。很多人都想让通胀最小化，但是在需要做什么的问题上可能每个群体都会形成想提高他们自己的收入的共识。先前美国的老年人收入定位不但导致了汤森的养老金方案的出台，还有“香肠和鸡蛋”① 以及更多其他“万灵药”的出台。如果这些计划没有威胁共识的话，毫无疑问它们会破坏理性的计算。

当紧张威胁到共识或计算时，危险也从来不会消失，紧随而来的政治不稳定将会威胁到多头政治的生存，因为人们对言论自由的渴望、对自由竞争的政党或自由选择的可能，都不需要共识。这是法国和意大利政治不稳定比较严重的原因之一，也可能解释了 20 世纪 30 年代美国拖延主义的一面。

然而，收入不平等对平等的政治权力的威胁不仅仅是直接通过它对共识的影
140 响。正式的规则，如“一人一票”，并不能保证政治平等。众所周知，金钱在政治中扮演了重要的角色，想要获得真正的政治权力的平等是不可能的，因为收入差异带来了严重的权力不平等，这样权力就不会允许公民和其他的控制精英平等对话。不平等妨碍民主的实现。

现在，对共识、稳定和民主政府的最大威胁已经达到了经常性地难以意识到的程度。因为这一问题非常复杂，想要依靠更加平等的收入来消除这一威胁简直太愚蠢了。然而，发达或落后国家更好的收入分配对达成民主价值的共识贡献巨大，忽略这一点也同样聪明不到哪里去。

人的能力的投资。将分配看作投资的过程是考虑分配需求的另一种方式。对任何经济来说，最主要的资源都是人，而人对食物、医疗护理、教育和其他价值的需

① “香肠和鸡蛋”是美国人典型的早餐食谱，有老人营养餐的含义。——译者注

求都是衡量如何激励人和使用人，且其生产能力被激励和开发出来的方式。美国已经在公共教育、奖学金和技术培训方面走得很远，即便这样，现在的收入分配也与人们合理充分利用人力资源的期望不相符合。还有很多有能力的人没有受过训练，就像还有很多生产的工时消失了，因为低收入往往意味着不好的健康状况。

浪费的人力资源有多少？总统的高等教育委员会报告说这一浪费非常巨大。收入水平对教育的影响经常不仅仅是直接的，还是间接的，比如，收入水平还会影响一个人的抱负水平。1926 年，费城的学校对六年级的男孩进行了跟踪调查，结果表明，一定数量的男孩，在智商水平相等的前提下，最高收入水平家庭的小孩上大学的概率是最低收入水平家庭的小孩的 4 倍。在另一项研究中，班级排名前 10%的可以进大学，而在其他的学校，相同排名的高中生则可能不行。在有些学校，在
排名前 1/3 的学生里，3 个当中有两个都进不了大学①。这些研究还很有限，但它 141
们表明，这个国家只有少量有能力的年轻人才能进入大学。

其他研究表明，有 70%～90%高收入家庭的小孩在完成高中后都会进入大学(当然这一数据会根据我们选择的高收入人群而变化)，而在低收入群体中，只有 1/3 的孩子会读完高中，他们中仅有 1%～5%会有机会上大学②。机会上的差别是显而易见的，教育水平的差异太大仅用与收入相关的能力来解释是不够的。

教育不足很大程度上归因于收入分配，基础教育上的支出也表明了这一点。1940 年的美国，公立小学和初中的教师平均工资密西西比州为 559 美元，纽约州为 2 604 美元。近年来，在每个学生身上的平均支出，密西西比州为 31 美元，纽约州为 157 美元③。

身体健康上也出现了类似的不平等。穷人中得慢性病的概率是富人的 3 倍，并且与高收入群体相比，残疾破坏了低收入群体 3 倍的工作时间④。

在过去的 100 年，西方经济体在资本设备上的投资减少，而更多地转向对人力能力的投资，这些投资更快地开发了人力资源的生产能力⑤。不论这一推测是否真实，收入不平等带来的人力资源的浪费仍然非常显著。

分配类型的维度

除了对“更多平等权，但又不是非常多”的一般认同之外，如果我们不说清楚 142

---

① President's Commission on Higher Education, *Higher Education for Democracy*, U. S. Government Printing Office, Washington, 1947, Vol. II. pp. 13-15.

② 参见美国国会联合委员会（U. S. Congress, Joint Committee）的瑟斯通（John L. Thurstone）在经济报告中的证言，*Hearings*, Subcommittee on Low-Income Families, December 12-20, 1950. U. S. Government Printing Office, Washington, 1950, pp. 4-5. 更多的资料请参考：U. S. Congress, Joint Committee on the Economic Report, *Low-Income Families and Economic Stability*, Materials on the Problem of Low-Income Families Assembled by the Staff of the Subcommittee on Low-Income Families（81st Congress, 2nd Session）, U. S. Government Printing Office, Washinton, 1950（Senate Document No. 231）, pp. 16-19.

③ J. Frederic Dewhurst and associates, *America's Needs and Resources*, The Twentieth Century Fund, New York, 1947, pp. 310-311.

④ *Ibid.*, p. 249.

⑤ H. D. Henderson, *Supply and Demand*, Harcourt, Brace and Co., New York, 1922, p. 131.

更多的收入平等可以实现的特定目标，就不可能明智地进行分配，平等和不平等都只是天然的词语而已。我们应该追求哪种特殊的收入分配类型？又是因为了什么呢？

让我们来思考一下这一论断：“有些人并没有足够的收入。”这一论断只是认识到了资源的有限性，国民收入从来没有像我们想象的那么多，不论哪种分配类型，我们都没有足够的收入来满足我们的目标。但是，在分配不足的范围内，它可能有很多种含义。

它可能意味着有些个人或家庭并没有足够的实际收入，即使已经考虑了他们除了用收入购买的东西以外的可以使用的社区服务。它也可能意味着在税后，人们没有足够的可支配现金收入，或者它可能意味着人们没有足够的某种服务或商品，比如住房或教育，这些都是非常重要的。并且，有时候它可能意味着除了生活的标准以外，有些人可能遭受着低收入带来的羞耻感。这些不过是开始识别出很多收入不均带来的问题，很明显，想要列出所有可能的问题是困难的。

但是，我们可以对那些影响人们优先分配选择的主要变量进行分类，从而简化平等分配带来的复杂问题。

第一，分配不均涉及分配份额的大小以及分配份额改变的方向和速度。也就是说，收入份额可能会让一个人沮丧，不仅仅因为它太小了，还因为即使这一份额还很大的时候，它也可能快速减少，或者因为这一份额不可能持续增长，即使已经很大了。

第二，被分配的可能是下面这些东西：

(1) 货币或者实际收入。

(2) 排除或者包括娱乐的收入。

(3) 在税收、补贴和免费的政府服务之前的收入，或者在税收、补贴和免费的政府服务之后的收入，或者在税收、补贴、免费的政府服务、人际关系中的礼物以及慈善之后的收入。

143 (4) 特殊的商品和服务，其消费对于社群来说非常重要。

(5) 现在的收入或者长期的收入，比如家族周期。

(6) 劳动所得（从工资和薪金中获取）或非劳动所得（从利息和分红中获取）。

(7) 继承的收入或非继承的收入。

(8) 当前收入或累计的财富①。

(9) 生命之初的收入（此处的收入是一种资源，它可以用来持续开发收入的可获得能力）或者成年人生活的终端产品的收入。

第三，在一个端点，这些标准能够反映社群对独立个体的福利的关注；在另一个端点，这些标准则反映了群体的生存。因此，收入分配可能会形成一个难题，因

---

① 除了缺乏统计上的预测，人们都知道美国财富分配的不平等比收入分配的不平等更为严重。对持有的流动资产的研究为类型的研究提供了一些启发。在美国，1945 年，20％的支出单位是由拥有最多流动资产的人支出的，他们大概占流动资产总量的 77％；支出最少的那 20％几乎没有什么流动资产。参见：Bureau of Agricultural Economics，*National Survey of Liquid Asset Holdings，Spending and Saving*，U. S. Government Printing Office，Washington，1946，Part I. p. 7.

为它不满足于任何一个人或多个人通常所用的标准：

（1）物理的生存和身体的健康。

（2）需求，不管如何定义。

（3）简单的平等。

（4）一些其他的被社会认可的个人最低消费标准。

（5）对某种商品或服务的最低消费。

（6）个人的素质培养的（由消费和教育的不平等，或者社会流动、机会、思维习惯或行为不同导致）不均可能会损害个人的品质与性格。

（7）政治稳定和多头政治，分配不均可能会产生严重的社会紧张。

（8）社会和谐和相互的团结、尊重和认同（由消费、教育、社会流动、机会或思维习惯和行为不同导致）分配不均能够制造阶层差异并且阻碍阶层之间的交流。

第四，分配不均问题的实质取决于收入不足。这意味着当与以下几点有关系 144
时，特殊的收入不均的问题就会出现：

（1）个人的收入。

（2）家庭的收入。

（3）儿童的收入。

（4）特殊的个人的收入，社区可能对这个人有一种特殊的责任，比如单身妈妈。

（5）需要以群体考虑的主要经济群体的收入，比如在某些领域的“农场收入”。

（6）特殊群体的收入。因为各种各样的原因，这一群体可能承受了特殊的剥夺，比如农村地区医疗护理的不足等。

第五，收入和财富要为个人的各种各样的目的服务，所以收入分配不均造成的服务水平和服务目的不同，也会带来各种各样的问题。这些目的或收入目标包含如下：

（1）消费。

（2）地位，既因为收入是地位本身的来源，也因为收入可以让个人通过特殊使用他的收入而获得地位。

（3）安全。

（4）控制。

（5）收入能力的进一步开发。

（6）文化和社会机会。

（7）娱乐时间。

（8）自尊。

一些结论

分配的优先权。在分配过程中，哪一方面才是最重要的呢？答案取决于个人的价值观。但在定义了美国的低收入人群后，我们能够对这一答案有所领悟。

1948 年，美国 1/3 的非农场家庭其年收入低于 2 000 美元。这些低收入家庭表现出了非常具体的特点。有 64 岁以上老人的家庭几乎占低收入家庭的 1/4。同样，1/4 的家庭由女性做主。并且，在超过一半由女性做主的家庭中，家庭户主都没有
145 工作。很明显，破碎的家庭是低收入的一个主要原因。在这些低收入家庭中，户主不是 64 岁以上的老人的家庭，大约 1/5 是非白人家庭。3/5 的低收入家庭户主只有小学及以下受教育程度。更少一部分群体是残疾人。1/3～1/2 的低收入家庭一年之中至少有一段时间是失业的。最后，1/3 的低收入家庭其户主是没有任何技能或只有少量技能的工人[1]。因此，低收入常常大部分与年老、家庭破碎、种族问题、教育和职业联系在一起，因此，收入分配的改革必须向这些群体倾斜。

此外，因为很明显的原因，生活之初的不平等——对儿童来说不平等的自身发展机会，以及长大后不平等的发展赚钱能力的机会——都是相对其他问题来说更为紧迫的问题。财富上的不平等也可以被认为是一个非常急迫的问题。它会导致收入上的不平等。此外，因为财产收入通常被当作非劳动所得，因此财产收益的不平等可能会产生比工资和薪酬不平等更为严峻的局面。另外，即使抛开那些源于收入不平等的差异，财产上的不平等常常是地位、社会流动性和社会阶层的差异的根源，并不只有收入差会造成这种差异。

生理需求或社会需求。在美国，地位、文化、社会机会和控制上的不平等比消费、娱乐时间或安全上的不平等会带来更多的社会罪恶。在此，我们常常陷入无形的困难，只能小心翼翼前行。但是，我们需要说明，低收入群体从有限的创造性或具有想象力的活动、参与活动、公共认可、声望、个人成就等无形的东西中受到的伤害比从饮食中受到的伤害要多得多。令人满意的发展个性的机会需要的不仅仅是填饱肚子、穿暖衣服、有家可住。遗憾的是，这些无形的东西常常难以控制。物理意义上的生存已经成为一个相对具体的需要追求的目标，而人们可能在各种可替代
146 的技术中进行选择。但是如何去追求消除阶级冲突、开发人的最优的性格，都还只是猜测[2]。

在英国、美国、斯堪的纳维亚以及其他的西方经济体中，公共政策已经比刚开始时离最优情况更近了一步，但是目标和现在的成就之间仍有很大的差距。除了战争时期生产力遭受的巨大损失外，物质生存已经不再是收入分配的主要议题。并且，公共政策已经为一些重要的商品和服务，如健康和教育等，建立了最低标准。1950 年，英国政府在社会保障、教育、住房、家庭补贴、健康和食物补贴上的总支出（除了由受益人缴费的国家保险外）已经达到 13.03 亿英镑[3]。福利支出约占

---

① Testimony of Dewey Anderson, U. S. Congress, Joint Committee on the Economic Report, *Hearings*, Subcommittee on Low-Income Families, December 12–20, 1950, U. S. Government Printing Office, Washington, 1950, pp. 492–498.

② 若要了解一些收入平等化带来的文化结果方面的冲突性观点，参见：R. H. Tawney, Equality, George Allen & Unwin, Ltd., London, 1931, and Bertrand de Jovenal, *The Ethics of Redistribution*, The University Press, Cambridge, England, 1951.

③ Barbara Lewis and R. H. B. Condie, "The British Social Security Program," *The Journal of Politics*, May, 1950, p. 342.

英国国民收入的 18%，而美国的这一数据大概为 5%。

因此，尽管有很多可以做的事，营养、健康、住房和教育这些问题与地位、特权、控制、参与和创造相比，重要性也降低了。营养、健康和教育等问题，越来越与很多更抽象的问题交织在一起。比如，在美国，没有一个人缺少足够的收入来支付牙齿护理。然而，很多人还相信他们负担不起牙医费用。当然，对这一现象的解释是，社会标准和压力使得他们将支出投向了其他方面。牙齿和医药护理价格比那些能够被社会接受的消费更容易被长期忽略。每一个人的穿着都必须符合最低的社会标准，不管他的健康程度如何。

一些饮食方面的研究表明了物理生存的需求和最低的社会标准之间的差距有多大。对人的物理生存来说，没有什么比食物更重要的了，然而，即使"最低的"食物预算也超过了生存需要的标准。1944 年，那时候社会工人和家庭经济学家预测每 *147*
个人最低的食物预算不能低于 135 美元，在很多计算中甚至更高，60 美元能够买到的小麦粉、炼乳、白菜、菠菜、干菜豆、松饼粉和猪肝能够满足一个人一年的营养需求[①]。这 60 美元的规定饮食一成不变，这些食物或许只能满足少数人的饮食乐趣。这才是重点：收入需求是由生理需求以外的东西决定的。

这一事实的含义可能比最初设想的要更广。因为，如果社会标准很大程度上决定了最低的收入需求，并且如果社会标准主要是由群体中那些负担得起设置它们的人设置的，那么，通过增加国民收入的规模来解决收入问题的可能性就会减少。增加国民收入的规模就有希望提高人民必须满足的社会标准[②]。因此，只有在有限的范围内，更大国民收入规模而不是进一步的收入平等才能实现先前所列举的很多收入目标。

分配的复杂性。最后，很明显，没有一个简单的目标可以控制收入的分配。相反，为解决特殊问题，需要对特定的收入流进行特殊的调整。这牵涉到很多不同种类的问题，并且，有很多不同的但某种程度上又相互冲突的目标。比如，税收措施是用来使收入份额普遍更平等的，但是人们有时候可能会质疑税收，不仅是因为这种一般性的措施可能并不能满足已经确认的最紧急的难题的需要，还因为"普遍更平等"这一词语并没有实际含义。没有人能够"解决"最优的收入分配这一难题。因为有太多的难题了，决定什么是与收入相关的社会目标，变成一个难以想象的困难的事。

为了解决某一难题而进行的改革很有可能会使一个或多个其他的难题恶化。比如，为了给儿童一个平等的人生的开始，或者为了修复儿童之间收入的不平等而做 *148*
出的努力，可能会给家庭收入以及家庭内部的收入分配带来难以估计的结果，这些结果可能会影响家庭的团结。

很明显，对于目标和收入转变本身，分配的技术手段都一样重要。我们不能够通过政策方面先决定我们想要实现的份额的分配，然而再选择相应的技术。有时候只有通过特定的技术可以实现，特定的份额类型才是人们满意的。比如，如果类型

---

① George J. Stigler, "The Cost of Subsistence," *Journal of Farm Economics*, May, 1945, pp. 303-314.

② 对此做出的一个令人印象深刻的解释，请参见：Jay Taylor, "Going Broke on \$10,000 a Year," *Harper's*, July, 1952, pp. 60-65.

的分配都让人难以接受的话，通过慈善进行分配可能会令人满意。如果通过慈善进行分配会被人认为令人丧气的话，可能通过税收进行分配会使人满意。此外，如果技术能够改变人的收入能力，人们有可能会比使用税收或补贴来重新分配收入更接近平等，同时又不会破坏激励。

平等的障碍

需求的平等分配之路还要走多远？对于这一问题，我们始终还没有充分的答案。在贫穷的社会，如印度，将收入平等化进程推得过远可能会带来灾难性的后果，因为政治领导、艺术、科学和很多其他的社会组织无法在这样的社会中发展，除非它已经达到了令人满意的收入水平，甚至甘地都在呼吁一个令人满意的工资水平。在更富裕的国家，尽管彻底的平等也可能会遇到一些相同的困难，国家财富可以使社会逐渐迈向平等化。当然，还可能仍然存在限制。相似地，当平等化将希望的工资水平的竞争转化为权力的竞争时，平等化进程可能会带来截然相反的后果。或者，平等化进程可能会摧毁期望的多元文化。

这是因为没有人非常准确地知道收入平等化会带来什么样的后果，我们所能做的不过是进行渐进的收入分配的改变，然后我们可以通过观察渐进的结果来指导后续的政策走向。考虑目前人类知识的有限，对分配目标的渐进的态度要比预测领导、权力、文化多样性和社会组织的其他方面的巨大改变的结果要有说服力得多。因此，没有人可以定义什么是人们想要的或者最优的需求分配，人们只能大概说出
149 期望的方向。

然而，人们所广泛讨论的平等还有一个主要的缺陷——实际上，人们很担心——所有收入目标的讨论都会提到它。这是一个和激励有关的问题。在不破坏人们想要的激励的情况下，平等化的道路能够走多远？这一问题需要小心翼翼地回答。当然这一问题没有人们预期的或最优的需求分配这一问题重要，其复杂性需要做进一步讨论。

激励方面的知识非常有限。激励或者奖惩提出了一个非常大的问题。幸运的是，收入分配方面的“激励问题”仅仅与有限的几个具体激励有关。这些问题产生于使用差异化的金钱激励来诱导关键的生产活动①。但是，有关收入和激励之间关系的系统的、确定的知识还非常有限②。表达对这一关系的确定的观点的自由显然

① 在描述本章中的效率化的要求时，我们试图避免混淆要求本身和实现要求所需要的某些手段，后者将在后面的章节进行讨论。然而，在收入分配的案例中，为控制生产而采用的差异化现金奖励的手段影响了平等化进程，因此，我们不再坚守要求和手段之间的差异。

② 相关文献可以参考以下文献，它们都认识到了知识在某方面的局限性：Dennis H. Robertson, *Economic Fragements*, P. S. King & Son, Ltd., London, 1931, chap. 1. pp. 1-22；J. M. Clark, “Economics and Modern Psychology,” *Journal of Political Economy*, February, 1918, pp. 146 ff.；Klaus E. Knorr, “Welfare-State Measures and the Free Market in International Trade,” *American Economic Review*, Papers and Proceedings, May, 1951, pp. 431-444；R. H. Tawney, *op. cit.*；J. J. Spengler, “Sociological Presuppositions in Economic Theory,” *Southern Economic Journal*, October, 1940, pp. 142 ff.；R. P. Lynton, *op, cit.*；Thomas H. Sanders, *Effects of Taxation on Executives*, Division of Research, Graduate School of Business, Harvard University Press, Cambridge, 1951；Lewis H. Kimmel, *op. cit.*

和相关的知识还不成比例。

关于激励效果的知识并不完整具体。我们一般只能观察短期的效果，即使这样还是存在困难。长远来看，期望的调整可能会发生，这样的话，一定的奖励或惩罚可能会产生和先前非常不同的回应。此外，实践信息通常描述了有些人是如何回应分配上的变化的，但他们的回应是如何被代表的还一无所知。另外，也没有人试图系统地分析已有的数据，以审视在什么程度上有力的激励可以弥补它的负面效应。最后，很多激励方面的研究还不能解决来自两个方面的收入分配的影 150
响，即（1）有时候使用某种特殊税收或使用其他实现分配的技术手段的明显不同的影响；（2）向一个新的分配类型调整的过渡过程的影响[①]。这些困难的核心在于，在人类活动的领域中，通常收入差异只是一个元素罢了。人类还会受到其他控制、个人的角色和性格等的影响。

对激励的一些一般性的评论。现有的差异在多大程度上是必要的？西方经济仅有的一些证据表明，小幅的差异对激励的威胁和对激励的促进作用一样多。人们认为大量减少差异可能会有损激励，这一想法并不比现有的差异规模会阻碍生产这一想法理性到哪里去。通过依次检验几种激励可能会支持我们提出的这一命题。但是让我们首先考虑一下常见的人们对收入差异的一些误解。

（1）现金奖励常常和差异化现金奖励混淆在一起。然而，实际上，现金奖励有时候是必要的，但是差异化现金奖励并非如此。此外，由于收入差异和地位、名望和控制的差异常常具有相关性，非金钱的激励方式的可能性如地位、声望，就像领取一美元象征工资的人一样，常常易被低估。

（2）此外，现金收入既是奖励，也是资源。减少差异以提高低收入群体的现金收入可能会增加他们的资源，反过来也会提高对他们的激励。因为现金奖励在控制人的行为方面的有效性取决于现金奖励的大小和它们的可获得性，并且增加个人的资源可能会为他带来其他不可能的奖励。奖励的效果被削减，奖励被推迟得越久[②]，并且当人们认为得不到奖励时，奖励的效果就全部丧失了。在极端情况下， 151
漠不关心可能是收入极端不平等的一个结果。

（3）即使奖励是可以获得的，也并不意味着奖励越多，效果越好。因为当生活中太多的奖励都因为表现差异产生，并且几乎没有奖励是直接给出的时候，不安全和绝望可能会成为人们回应的常态，远远多于奖励原来想要得到的回应。经典的例子是出于人们对失业的恐惧而发展出的工作约束[③]。货币收入的大部分作为应得权，伴随着差异不大的工作绩效奖励，鼓励雇员乐于对金钱奖励的诱惑做出回应。

（4）当需要用收入差异作为激励时，现在还没有证据表明最有效果的奖励是否是一个人在收入梯度的排名或者是差异的规模大小。税前的收入差异通常被认为具

---

① 参见：Lewis H. Kimmel，*op. cit.* 在他的研究中确认了所有这些缺陷。

② John Dollard and Neal E. Miller，*Personality and Psychotherapy*，McGraw-Hill Book Co.，New York，1950，pp. 187–188.

③ R. P. Lynton，*op. cit.*，pp. 65 ff.，75 f.；Klaus Knorr，*op. cit.*，p. 441；E. Mayo，*The Human Problems of an Industrial Civilization*，The Macmillan Company，New York，1933.

有激励效果，尽管税后的收入差不大。需要记住的是，一个人的工资通常描述他的社会地位。很明显，这就暗示着可以通过可支配收入方面的相对较小的差异来实施激励。比如，一个公司经理有动力去增加企业的收入，尽管他并不会分享公司的收入；同样，他也有动力去赢取高工资带来的声望，尽管声望并不能拿来消费。

（5）回应取决于差异的最明显的证据在于使用特殊的奖励诱导人们加班加点工作。在很多情况下，只有支付额外费用时，人们才愿意付出额外的努力。遗憾的是，使用对任何一个人皆可行的差异化来引导额外的付出通常和使用医生和体力劳动者之间的差异化来引导人们成为医生弄混了。这两种情况差异巨大，建立第二种情况下人与人之间的差异的需求要比第一种情况难得多。

（6）这引发了工作-娱乐选择的问题。要让一个人更趋向于工作、减少娱乐，高工资是必要的，尽管这还并不是一个普遍的想法，但是高工资很可能会让一个人
152 更想娱乐。毫无疑问，高工资使工作变得很有吸引力，但是随后的高收入也让娱乐很有吸引力。因此，较大的收入差异是否会将工作-娱乐选择推到一个方向还是其他方向，取决于其他的事情、取决于一个人对买得起的商品和娱乐的边际偏好。现在的知识水平还不允许对这些边际偏好进行一般化，尽管不同的收入群体偏好有所不同。但很明显，边际偏好更多的平等并不必然意味着更少的工作①。此外，通过限制继承来减少不平等，确实可以增加货币收入对那些没有遗产可继承的人的工作激励。因为他们的财富对这一限制并不敏感。

在总结最近一个关于企业领导税收的调查时发现：那些愿意更加努力工作的经理和不太愿意付出努力的经理的工资一样多，前者很明显受到税收的影响。税收方面的影响看起来和利率对存款数目的影响相似。就像有些决心坚定的人当利率降低时他们会节省更多一样，在税收增加时，同种类型的人可能会倾向于更努力地工作，这样他们的税后收入就足以维持他们先前的生活标准，并为家庭提供足够的保障，这也是他们先前设定的目标②。

（7）因为效率化要求高资源产出，而不是最高的资源产出，收入平等化会减少工作量并且增加娱乐时间，这可能是人们期望的，但也可能不是。然而，在某些情况下，为收入平等化而进行税收再分配可能会使人们对娱乐有不良的偏见。人们可能会为还没有发生的服务付费，因为相较于减税的付款，供应者更喜欢娱乐。相较于付出的钱，服务的消费者更喜欢得到的服务，供应者喜欢付款胜过娱乐（如果他
153 不需要缴税的话）。尽管每个人都认为如果今年可以直接和服务交换就好了，那么交易就不会再发生了，因为存在再分配性的税收。但这是一种相反的激励效果，其假设是服务提供者的工作-娱乐选择并没有偏向于工作。这并不是一个不合理的假设，有一点不能忘记，即工作-娱乐偏好受竞争和模仿的影响很大，而它们本身在某种程度上就是现存的不平等的结果。它们的效果可能会在边际上产生对工作的非理性的处理。

---

① Lewis H. Kimmel. *op. cit.*, p. 99.

② Thomas H. Sanders, *op. cit.*, pp. 20-21.

(8) 有时候，差异化的需求被夸大了，因为将税收对激励的反作用与平等化的反作用混淆了。美国和英国的所得税率都使人们害怕更多的平等可能会威胁激励。但是，高税收被归因为各种各样的政府性支出，其中花在平等方面的支出只是一部分。高税收是否会威胁激励还是一个值得讨论的问题，但是，为了方便讨论，我们假设这一说法成立，那么我们能够从中得到的结论就只有，当军事支出上的负税减少时，才能实现更多的平等。因为美国的政府支出中只有 5%花在福利（教育、健康、社会保障等）上，很明显，当其他的支出减少时，福利方面的税收可以增加。

此外，除了收入转移外，税收对激励有负面作用。因此，通过高税收、收入再分配这样的方法来解决激励和税收之间的冲突有很多种可能。尤其是商业税常常饱受激励不必要的障碍之苦[①]。当然，税收改革对某些激励的最大贡献就是减少了边际税收，也就是说，避免了回应应得的现金奖励边际的减少。

(9) 最后，对较大的差异的需求也被夸大了，因为差异减少对激励的破坏作用比对激励的提升作用会更快被发现。如果工厂工人之间的非正式工作约束因为差异减少而减少，随之提高了收入，那么想要提高产量就会非常困难。相似地，平等的 *154* 收入可能会允许更高的期望和更好的培训。此外，人们很容易找到激励受损的例子，因为通常人们对税收增加带来的限制反应又快又明显。

勤奋的激励。让我们来检验一些特殊的激励，它们主要关注一些重要的激励问题。其中一个是对勤奋工作的激励。毫无疑问，工作中的技能、勤勉和纪律是一个人工作领域、角色和性格等无数变量的结果，不同文化中的工作习惯各有不同。比如，英国和美国的工人和管理者对工作、管理、技能和运行的速度表现出的不同态度并不能由差异化现金回报来解释。且在一种文化范围内，差异化的现金回报在将一个不太勤勉的工人转化为一个更加勤勉的工人方面的重要性非常有限。

有证据表明，增产奖励工资计划只获得了有限的成功。因为不论在英国还是在美国，大约 3/4 雇员的工资是根据工作时间而非计件来算的。大多数工人“受到物质奖励来工作”，但是一旦到了工作场所，生产的是多是少，对他们来说已经不重要了[②]。有一个观察者曾经这样评价这个系统：“对于增产奖励工资的作用，一般来讲，当它有助于形成良好的劳资关系时它就成功了，但是另一方面，良好的劳资关系却是它成功发挥作用的前提条件。”[③]

近年来的一项研究支持了勤勉的管理激励的相同观点。“访谈的证据已经表明，作为税收影响的一个结果，企业经理人员已经减少了他们的工作量和努力程度，但是这一点经常被夸大了……有很多其他的原因已经表明，尽管税收会影响人的工作努力程度，但为什么这种对工作的努力还会持续下去？这些人掩盖了所有的非财务性的工作激励，以及行政组织和纪律的强制要求。”[④]

---

① 有关建议，参见：Ralph S. Brown, Jr.，“Techniques for Influencing Private Investment,” in Max F. Millikan (ed.), *Income Stabilization for a Development Democracy*, Yale University Press, New Haven, 1953.

② R. P. Lynton, *op. cit.*, pp. 84 ff.

③ F. Zweig, *Productivity and Trade Unions*, Blackwell's, Oxford, 1951, p. 53.

④ Thomas H. Sanders, *op. cit.*, p. 12. 若要看相似的结果和相似的研究，请参见：Lewis H. Kimmel, *op. cit.*

储蓄的激励。考虑更广义的储蓄的激励，并且考虑到储蓄的能力以及储蓄的诱
155 因，这一激励可能比勤奋的激励更取决于收入差异。减少收入差异可能会增加或减少储蓄的动机，但是一个传统的也是重要的论断就是，富裕的人的储蓄能力可能会因为收入差异的减少而降低，因为这种收入差异的减少是通过减少高收入实现的。穷人的生活仍然入不敷出，西方社会的中产阶层和富人阶层主要依赖储蓄来生活。1949 年，5%收入最低的群体花了自身收入的 150%，而收入最高的 5%的群体则为自身节省了 16%的收入①。

然而，这一论断并不是说，收入差异的任何减少都会减少储蓄的激励或能力，阻碍资本的增长。尽管储蓄对收入差距的依赖性有时候被说得太简单了，实际上，收入差异化和储蓄之间的关系非常复杂。首先，从经济学家发现很容易使用的术语的意义上来说，消费者个人并不能储蓄。把资金放入银行账户、年金账户、股票和证券里，这些资金并“不能花费”，但是“不能花费”是否完成了国民收入的实际储蓄——从消费中保留一小部分实际收入以为未来生产之用——取决于消费者“不能花费”的部分是否会被商业支出所抵消，即被商业投资所抵消。如果“不能花费”的部分与商业投资相符，实际上储蓄就发生了，因为储蓄和投资只是两种看待同一资本积累过程的不同的方式。如果“不能花费”的部分与投资不符，收入和就业就减少了，这样既不会有新的储蓄也不会有新的投资——这样就直接减少了支出。考虑到投资的重要作用，储蓄更有可能会决定价格是否会上涨或者下跌，而不是决定资本累积率。

富裕阶层的“不能花费”的钱有时候会带来灾难性的后果，它取决于投资的激励，我们以后会加以考虑。但是，很明显，投资激励的一个来源就是消费者支出，并且“不能花费”的钱能成为商人可以使用的资金，消费者支出会使商人从投入商业活动的资金中营利。因此，收入份额中的什么差异能够提供合适的支出
156 量以及“不能花费”的量，这一问题异常复杂，并不是“越大越好”这么简单的事情。

当然，除了储蓄-投资过程之外，还有很多其他各种各样的激励资源开发的方式。即使不增加投资的数量，发明和发现也可以增加生产力。当旧的机器和技术磨损后，可以用更具生产力的机器和技术来代替它们。而平等，我们已经说过，就是这样的一种开发人的生产资源的方法。

个人或家庭的“未花费”的钱也不是资源开发的唯一可能的资金来源。在美国，总储蓄额的很大一部分都是由企业实现的；以未分配利润和折旧提存形式存在的内部储蓄，远远超过了资本市场能够提供的资金数量②。通过税收和其他的立法也可以将这些储蓄发展成与更大的收入平等一致的资金来源。某些由政府负责的储蓄则是其他的选择，比如政府对每一个人征收所得税时收取的强制储蓄。

创新的激励。还没有事实数据要求我们大胆处理创新。有些人喜欢根据他们从不质疑的指导来开展工作，其他人则在思考怎样能把工作做得更好之前，从来不会

① U. S. President, *The Economic Report of the President Transmitted to the Congress January*, 1951, p. 225.

② 参见：Lewis H. Kimmel, *op. cit.*, pp. 87-88.

碰触机器和材料。这两者之间的区别还没有系统的知识可以解释，除此之外，性格、智力、身份和技能都比现金奖励更为重要。当创新成为一项常规的工作，就像在实验室的研究一样，创新的激励就是勤奋的激励。

管理创新具有一些不同于其他几种激励类型但又相互重叠的特征。第一，创新可能会采取新的投资形式，这一点也是我们目前应该注意的地方。第二，创新也可能被指向削减成本。削减成本是市场企业的主要管理责任，激发成本削减的激励也是激发勤奋的激励：要做高质量的工作、决策快速而又精准。这些都是我们前面讨论过的，它们很大部分都是性格、教化和对个人领域的影响的结果而不是现金奖励和惩罚的结果。第三，创新可能会被当作充满想象力的创新性活动。但是很难通过 157
现金奖励和惩罚来控制创新活动，它是角色和性格的结果。

投资的激励。投资的激励指扩大在工资、设备、材料和工厂上的支出的刺激物。它是开展新业务的激励。现在，开展新业务传统的动力是利润。根据这一点我们可以认为利润越多，开展的新业务就越多；反过来，也可以推出工作差异的减少会减少刺激。这一推理被简化了，只因为它忽略了对企业在某些重要元素方面的影响，如消费者支出、有能力的员工的可得性、社会的政治稳定，以及文化因素带来的活跃和乐观主义，所有这些元素本身都会受到收入分配的深深影响。

除了这些复杂性之外，有些可以被归因为利润动机的易变性特点。在现代企业业务中，每一个参与者，直到高层管理通常都是领取工资和薪酬的雇员，并且，尽管管理者可能会持有公司的股票，他们的收入也主要是来自工资①。结果，管理激励就不再主要是马上收到由公司高层管理人员分享的利润，并且利润动机变得更复杂。商人们变得非常教条，或者会变得非常患得患失。工资调整可能会促进这一动机，但是这些刺激本身还不够②。

商业投资的回报是各种各样的③。有时候，看起来较高的公司收益记录就是回报；有时候，回报是晋升或企业伙伴之间的名誉，社会上的声望、权力和财富。很多商人扩大业务的动机比扩大财富的动机更强烈，其他人可能更倾向于财富或者平静的生活，而不是扩大业务或权力。考虑到商人之间动机的多样性和差异性，我们 158
很难得到投资的激励对现有差异化的依赖方面有意义的结论。

在西方社会，还有很多未被发掘的管理精英。比如，在美国，对很多潜在的有能力的经理来说，教育上的不平等和招聘环节的缺陷都对他们关闭了机会的大门。他们中的很多人追求货币收入，其他人则裨益于特殊的非金钱的奖励，比如权力和声望，还有一些人愿意承担管理的角色。一个可信的假设是后两个群体，不包括第一个群体已经大到可以全部活跃地承担企业活动了。把这一假设陈述得保守一些：随着时间的推移，通过不断并逐步走向平等的努力，加上改进了的招聘方法，合适的、充满活力的、有想象力的经理人员就可以通过比现在小得多的金钱差异来

① Robert A. Gordon, *Business Leadership in the Large Corporation*, The Brookings Institution, Washington, 1945, chaps. 12 and 13.

② 在后面的章节我们会讨论利润动机。

③ Thomas H. Sanders, *op. cit.*, pp. 21-26.

获得。

英国有一位经济学家曾经写道："这个国家未来的一流企业管理人才供应可能不是依赖于企业的工资或利润水平，而是取决于我们在多大程度上选择系统地在企业中培养寻求崇高的决策感的人。"① 不论是在英国还是在美国，有证据表明，还有很多不追逐金钱利益的管理精英，这并不是结论但毫无疑问是得到广泛认同的。

已有证据表明，在美国只有很少一部分——尽管现在已经是很大一部分——有能力的年轻人接受了大学教育。因为管理招聘越来越多是从大学毕业生中进行，大多数有能力的人越来越多地被切断了进入管理职位的道路。此外，20 年前，陶西格（Taussig）和乔斯林（Joslyn）发现 60％的美国企业领导者都是商人的儿子，现在可能比 20 年前好一点，但进入企业领导层的机会仍然受血统的影
159 响②。在美国，职业流动性受到两方面的损害：一是教育，二是有能力的年轻人和现在的企业领导者之间的沟通障碍。

可以确定的是，有人可能会说，实际上，商人的儿子要比其他职业群体的儿子更有商业领导才能。然而，考虑到企业家群体所占的比例较小，陶西格 60％的表格都无法解释职业和儿童智力之间的相关关系③，并且企业家可能不会把其他的商业领导能力的特点传授给他们的孩子，企业家群体在人口的分布已经足以解释这 60％的数字。

分配的激励。将自己的劳动力分配到各种各样的职业中的激励，以及分配个人自己的资本、土地或其他资源的激励都包含在分配的激励中。

劳动的第一种简单的分配很大一部分是由发生的意外完成的。家庭环境会影响很多年轻人的工作领域和职业水平。不考虑金钱的职业偏好一定程度上又简化了选择。然后，更为精细的劳动分配由职业空缺和工资差异促成。但是，现有的工资差异可能是必须的，因为流动的障碍可以被移除。现在，进入行业和获得技能——也是获得通常所说的最好工作——的途径只有有限的几种，其范围从进入医学院的有限的途径到市政许可的电气工程师，并且，通常也包括收入不平等带来的教育机会的不平等。

当这些限制明显减少时，对差异的需求也会减少。如果某些职位还有空缺，那么可能是这些职位上的工作令人不满意或者地位很低。因此，职业流动的差异可能就会反过来，就会需要变成高收入工作。为了实现地理流动，很明显需要差异化工资的激励。使泥瓦匠、工程师或律师从一种工作换到另一种工作，从城市的一个地方流向另外一个地方，或者从国家的一个地区流向另一个地区，工资差异化发挥着
160 非常重要的作用。非金钱激励看起来对这种流动的诱导作用非常有限，除非晋升也

---

① D. H. Robertson, *op. cit.*, p. 19.

② F. W. Taussig and C. S. Joslyn, *American Business Leaders*, The Macmillan Company, New York, 1932, p. 122. Cf. C. A. Anderson, J. C. Brown and M. J. Bowman, "Intelligence and Occupational Mobility," *Journal of Political Economy*, June, 1952, pp. 218–239.

③ Douglas Fryer, "Occupational-Intelligence Standards," in Bruce V. Moore and George W. Hartmann (eds.), *Readings in Industrial Psychology*, D. Appleton-Century Co., New York, 1931.

涉及其中。

然而，地理上的流动需要的只是边际流动，并且边际流动发生的原因经常和收入差异无关。因为很多原因，包括对他们现在的工作不满意，很多雇员开始和雇主分裂并在谋求新的职位。相似地，很多家庭从一个城市迁往另一个城市，可能是气候和健康的原因，因为他们对自己的生活方式不满意，所以就在暗中寻找机会，或者他们搬迁是为了和亲朋好友团聚。因此，在很多情况下，仅仅是提供了一个职位就有可能招聘到新员工。也就是说，即使没有工资差异的激励，很多处于劳动力供给的不断变化和流动区域的人也可能会去寻找空闲的职位。

当然，有些情况下，劳动力流通需要有超越传统的边际供给需求的动力。这些流通的激励因素需要比现有的工资差异更大。比如在二战中，住房和交通保障是招收工人的必要条件。现有的工资差异水平处于两个极端之间：一方面是差异大到不必要的水平，另一方面是差异太小。在任何情况下，它们都没有有效地诱发期望的分配[①]。此外，通过使工资所得者财务上有能力搬迁，收入的平等可能会有助于地理上的流动。

对于非劳动力的资源来说，现在的差异更为重要。与诱导职业流动的差异化不同，非劳动力资源的差异通常并不代表能够克服进入就业渠道的激励因素。并且，我们很难对其进行一般化。减少工资差异可能会有两种相反的效果。它可能会使资本所有者比以前更认真地分配资本以利用每一种可能的收益。相反，这可能会使资本所有者没有注意到找出几种分配选择中最有利可图的一种的重要性。也许减少差异最显而易见的一种相反的效果就是将投资转向最安全的一种冒险的可能性，因为 161
平等的工资并不允许为冒险活动支付高额的奖励。美国现在的税率就是这种效应的一种证据[②]。

分配中的渐进主义。和关于激励的所有讨论一样，分配中的渐进主义的讨论也不是结论性的。然而，先前关于激励的讨论已经足以证明，激励的问题并不会使朝平等方向调整的收入失去价值。保留期望的激励并不是实现更多平等的明显障碍，但是有时候看起来会是这样。另一方面，除了先前已经给出的原因之外，现在对激励的知识也告诉我们，最优的或理想的分配是不可能的。可以确定的是，我们很有必要采取渐进调整的方式，这样的话，在我们进行下一步之前我们就检验了当前这一步的结果。

此外，激励和回应经常是自发变动的，因此，分配的变化就形成了一个持续变动的领域。那么，引导期望回应的最有效的奖惩是什么就取决于特定的情况，而这些情况只在某种程度上受公共政策的控制。我们能给的建议就是，自发的奖励和惩罚比依靠一两种激励手段更能诱导某些回应。当然，这是货币激励的一大优点——通过这种要求，一个人可以要求无数种回报。

---

① 现金激励、职务空缺和其他流动性因素，参见：Lloyd G. Reynolds and Joseph Shister, *Job Horizons*, Harper & Brothers, New York, 1949, esp. pp. 84–88.

② Lewis H. Kimmel, *op. cit.*, pp. 92–94.

5.4 选择与配置的要求

现在，转向讨论选择与配置的过程，我们会发现我们的基础就比较扎实了。

但是，首先，我们要注意选择与配置的重要性。在理论经济学领域，选择与配置的过程经常被捆绑在一起。直到稳定性理论取代了它之后，选择与配置理论才成为经济学中的主导部分，对某些经济学家来说，选择与配置才是最主要的经济过
162 程。那时候，经济学的细化经常被各种评论归因于起源于不止亚当·斯密一人的古典传统。令人好奇的是，斯密比他 20 世纪的继承者们更关心需求的分配、高资源产出以及资源开发。尽管古典经济学有其自身的局限性，但这些继承者要对选择与配置中的前凯恩斯主义经济学的成见负责的说法并不正确。说在马歇尔主义经济学后期，也因此忽略了对其他经济机制的解释也不对。

那么，在选择与配置机制中，是如何看待效率化的过程的呢？其中一种回答是，稀缺性、选择与配置是经济计算中的可区别的问题，这和我们看到的一样。因此，处理稀缺、目的选择、成本估计和资源分配给最具生产力的人的计算技能就成为经济学家最与众不同的技能，经济学家就成了供给和需求、相对价格、效用和管理主义方面的专家。如果抛开这些问题，经济学家几乎难以展现他在明显擅长领域的独特见解和能力。在需求分配方面，经济学家可能会感到他没有哲学家有能力，在资源高产出方面，他可能没有社会学家或工程师那样更有资格。

此外，选择-配置过程有助于建立模型，在这个模型中，我们可以检验达到最大数量的条件。这样，我们就可以推出很多经济理论的分支。相反地，就像在其他社会科学领域的遭遇一样，那些寻找理论一般化的直接实证或数据基础的调查路线将会遇到无法应对的困难。因此，经济学家不打算按阻力最小的路线，而是按那些能够阻力可以被克服的路线行事。例外情况很少，即使有也主要集中于货币理论。等到人们对非演绎的实证基础上的理论的期望显著提高时，模型也就建立好了。

19 世纪，澳大利亚理论学派和古典传统的相遇才是最重要的。因为各种原因，
163 并且部分是因为他们的作品还没受到当时当地的社会问题的直接激励，19 世纪的澳大利亚人直接从计算的复杂问题中发展出了一套经济理论。澳大利亚人所发展出的工具和他们得出的简洁结果让美国和英国的经济学家发现了在选择与配置领域深耕细作的乐趣。一旦经济学家构建出抽象的、逻辑上令人满意的、复杂的分析工具，对那些大学里想研究社会的年轻人来说，经济学研究就变得非常有吸引力，他们在其他社会科学的知识中并不能得到满足。受到改进经济学的研究方法诱惑而选择成为经济学家的年轻人，他们可能很勉强才能抓住这些经济过程，而这些经济过程并不能通过选择与配置理论掌握。

我们也许会怀疑，选择-配置理论的成见是否并不允许经济学家回避一些尴尬的难题。在选择-配置理论中，他们的惯例总是站在天使这端考虑，因为他们所做

的并不是为了政策制定者的利益，只不过是为了解释清楚理性的意涵罢了。比如，比较优势法则就简单描述了人类的表现有多理性，从这一法则中，我们能够看到人类的行为并不是向被规定的行为的危险一跃。即使经济学家们“人是理性的”的假设并不成立，他们还是会坚持这一看法，哪怕它被人们无视。如果他们同样努力热切地倡导他们中一些人相信的“理想型”或“平均主义”的想法，那么还是会被无视。

伦理上、政治上以及知识上，经济学都因为对选择-配置过程的专注而得到宽恕。我们会发现经济学家是如何尝试在选择-配置的主题下，为其他的过程找到一个合适的位置以拓展他的研究领域但又不失去其优势的。资源开发的问题很容易被嵌入目前和以后的消费之间的选择中，或者被嵌入消费和生产者商品的资源分配中。目前，这一解释都还很有说服力，但是除了像熊彼特在《经济发展理论》[1] 一 164
书中所做出的努力以外，它脱离了经济理论的主体，发展过程的充分记录需要考虑那些不能被嵌入选择-配置理论中的重要变量。相似地，尽管还有所犹豫，大家都知道这只是片面的真理，但是经济学也倾向于暗示，即较高的资源产出主要取决于对资源的正确分配以及经济过程有效性的激励。

选择和成本

理性选择和实际配置的要求可以被简单、系统地阐明，我们先开始讨论选择的过程。

经济计算。在计算时选择者面临什么样的问题？通常，人们可以使用这些手段中的任意一个以达到期望的目的。然而，人们也经常利用某种特定的手段来实现一个或多个各种各样的期望的目的。通常，在后一种情况可能时——一种手段用于多种用途——这种给定的手段通常并不足以同时实现所有期望的目的。这种手段可能在任何时候足以实现多个目标中的两三个，但是不能再多了。在这种情况下，为了实现某些期望的目的而使用某种手段就需要放弃实现其他的目的。然而，选择问题的核心就变成了为了实现其他的目的，需要计算哪种目的值得牺牲以及需要多大程度的牺牲。简而言之，其核心就是对成本进行计算——计算为了实现一个目标需要放弃什么。

这也是效率化过程中特有的一个计算问题。特定的手段有多个期望的目的，实现所有期望的目的的手段并不充分，以及需要牺牲一个目的来实现其他的目的——这三个都是经济过程中的计算问题[2]。

因此，理性选择更多需要一个更复杂的过程，而不仅仅是利用稀缺的资源对商品、服务、娱乐和其他的价值偏好进行排序，然后从中选择排名较高的目的。如果成本——也就是被放弃的替代选择——在一个人的名单上具有很大的价值，选择者 165

① Joseph A. Schumpeter, *The Theory of Economic Development*, Harvard University Press, Cambridge, 1936.

② 也许所有的决策和活动都至少涉及一些手段，但是这些手段却不足以实现它们的用途，因此，所有的计算都有经济的方面。

可能会选择排序较低的价值。在几乎所有人的偏好刻度上，一所新房子将会比一包香烟的排序高，然而，人们还是选择消费很多包香烟而不是购买一所新房子。中央权威也不能仅仅从优先权的列表中选择排序较高的那个，而完全不考虑成本问题。对于中央权威和个人来说都一样，资源的稀缺性才是主要的障碍。

在理性选择方面，每个选择者所需要排序的并不是他对可替代商品的偏好，而是对可替代的组合的偏好。对于选择者来说，他不是要在房子和香烟之间进行选择，而是要在（1）一座房子和剩余的对他来说能够实现的较少的余额，以及（2）香烟和对他来说能够实现的较大的余额之间进行选择。通常，从逻辑上来说，这就提出了一个最大化的问题。在给定的需求的组合中，对所有其他人来说，哪一个是所期望的？

但通常，一个个体选择者并不能抓住这种方式提出的问题，中央权威也一样抓不到。西方经济可得到的不同商品和服务的数量以百万计——甚至以十亿计，这主要取决于分类的方法——所有可能的组合都是为了无数实践性的目的。因此，为方便起见，通常每个选择者都会通过比较他在组合中能做出的边际改变来比较不同的选择组合。即使可能并不是很明显，他比较的是组合中可能的特定增加量与特定减少量（为了增加而必须减少的部分），他并不是通过对各个组合进行比较而进行选择，而是通过比较增量和减量——也就是边际收益和边际损失——来进行选择。简而言之，他比较的是付出边际成本后收获的边际价值。也就是说，当边际收益的数量并不比边际成本高时——选择者做出的选择就是经过理性计算的。

边际成本。让我们弄清楚对理性计算来说是前提条件的成本信息种类。相关的成本就是一个人做选择时放弃的其他选择，它并不存在于各种可替代选择组合中，也不存在于香烟、汽车或住房等这些一劳永逸的供给中，而是存在于他选择的组合中的增量和减量。对一个选择者来说，选择的相关成本就是他牺牲的那个可替代选
166 择，当他做出选择时这个被放弃的选择也就立刻确定了，而当他不做选择时这个可替代选择就可以不用放弃。这就是边际成本①。

成本计算中未来的复杂性。理性计算的另一个前提条件就是成本计算需要考虑这一事实，即对作为一个整体的经济来说，成本会根据选择类型的不同而变化。实现任何目标的成本取决于实现这一目标所需要的资源类型，这反过来又取决于人们在这些资源的使用上做出的要求。当其他的需求改变时，成本也会改变。因此，成本计算需要考虑不同资源相对稀缺性的变化。如果要实现理性计算，就不能仅仅用重量、数量或能源单位来表述这些资源。

对资源提出需求的人并不仅仅是作为消费者的个人。很多个人也是生产者，并且这些人的偏好，比如对一种工作相对于其他工作的偏好也和放弃的目标的计算有关。因此，在计算成本时必须考虑，作为生产者的个人其职业和偏好对资源的相对稀缺性的影响方式。并且，还有这种情况，即个人是直接为自己做出选择还是将他们的选择交给一个中央权威。

---

① 边际计算是接近最大值的方法。在下面的章节，我们会考虑它不能适用的情况。

可管理的议程。在资源相对稀缺的条件下，需要通过一些方法来简化需要考虑的变量，并通过计算来进行选择。建立可管理的议程有两种主要的方法。一是授权：将不可管理的决策分成更小、更好管理的每个人都可以做出的决策。二是量化：找出多数变量的共同要素，这样很多变量都可以当作一个变量进行处理。尤其是对成本进行量化是人们期望的。下一章会考虑授权和量化的可行技术。显然，价格体系是其中一种技术，但是还有很多其他的方法。

配置

每一种产品都可以用可替代的方法进行生产，而每一种资源都可以用可替代的方法加以利用。假设人们在各种各样的产品和服务中做出了选择，那么哪种资源该 167
用于哪种产品的生产?[①] 特定资源配置给特定的产品是否正确，取决于人们的偏好。将稀缺资源定量配置给人们最希望的用途，这需要一个过程，需要考虑消费者和生产者的个人偏好。

边际计算。简单来说，当任何边际单位的资源都不再能更好地移作他用，也就是说，当任何给定的资源在所有可能的配置选择的边际上都同等“有用”、“富有成效”或者“有价值”时，理性的资源配置就实现了。在选择方面，通常需要对可选择的各种类型进行整体比较，我们只需要问边际调整是否能够改进现有的类型。

但是，对资源的有用性、生产力或价值的检验是什么呢？它指的是资源能够满足那些对其有需求的选择的能力。也就是说，一种资源在特定用途上的价值既取决于选择者对商品或服务的偏好程度，也取决于这种资源的具体生产力。这两方面决定了它是有边际价值的产品。如果需求的分配在某种意义上达到了最优，或者选择已经经过了理性计算，那么，正确配置资源的条件就是任何资源的边际价值产品在其所有的用途上都是相等的[②]。

我们可以重申这一结论以表明它和正确选择的条件之间的关系。如果一种资源从一种边际用途上撤出并应用于其他的用途，前一种用途的边际价值产品就是后一种资源用途的成本，因为它（前者）是被放弃的替代选择。因此，我们可以说，当使用一种资源的边际成本等于从它的用途中获得的边际价值时，这种资源配置就是
正确的。因为选择与配置是相似的，实现最优的条件就是收获和放弃的价值在边际 168
上是相等的。

配置的过程并不只限于对基本资源的分配，比如将自然资源和劳动力配置给消费品和服务的生产等。很多中间产品，比如设备和原材料必须配置给消费品的生产；相反，很多资源也必须被配置给中间商品的生产。对于这两种配置，正确配置

① 但是，因为选择取决于成本，而成本取决于总需求，总需求又取决于资源，将资源配置给不同的需求又同选择与配置的过程交织在一起。为了简化起见，我们对配置和选择的讨论基于它们是能够分开的假设。

② 在以后的章节中，有必要考虑一般化的量化了。实现正确的资源配置的一个复杂之处就是，每一种不同的资源配置都是一种不同的实际收入分配。只有当收入分配在某种程度上是理想的时候，基于这一假设的配置才能认为是正确的。然而，在这一点上，这些复杂之处都可以忽略不计了。

的条件都是边际成本等于收获的边际价值。对于中间产品的配置，可以用这些中间产品的边际价值来代表收益。这些中间产品可以直接用来生产消费品，或者与其他产品结合生产消费品。

可管理的议程。这一问题的复杂性让人震惊。不论是为了计算还是为了控制，通过量化和授权进行简化都是必要的。并且，就像在选择的例子中一样，成本的量化尤其有用。

5.5 效率化的技术

现在，满意的需求分配条件、正确的选择与配置、稳定性、较高的资源产出以及资源开发都被带到了这样一个点，即满足条件的可替代过程都可以被检验。后面紧接的 8 章检验了四个主要的社会政治过程：价格体系、科层制、多头政治和讨价还价。政治-经济组织的所有特殊技术都是从这四个过程中得出来的，下面我们会对它们一一进行检验。

第4篇

四个主要的社会政治过程

第 6 章

价格体系：对领导者和被领导者的控制

6.1 领导者与非领导者

和许多其他的社会过程一样，领导者与非领导者间的关系对于效率化的过程至关重要，此种关系对人们评价社会的方式来说也至关重要。本书第 2 章列举的许多目标的实现要求这些关系，并排除了其他的关系。 171

但是，在不复杂的社会中，即使是在极权社会中，也并不存在单一的、绝对排他的占主导地位的关系。某些关系在极权社会中占主导地位，而其他关系则在宪政民主的社会中占据支配地位，但是一些特定基本关系的实例可能同时存在于这两种社会体系中。

比如，人们可以将美国视为科层制社会，也就是说，在这种科层制社会中，领导者对非领导者有着很高程度的单向控制。欧洲的观察者如加埃塔诺·莫斯卡（Gaetano Mosca）、罗伯特·米歇尔斯（Roberto Michels）、帕累托（Vilfredo Pareto）和美国的观察者布坎南（James Burnham）都强调过这种关系的重要性，即使在被认为是民主的社会中这种关系也十分重要。从另外一个视角看，马克思主义者尤其是列宁主义者、斯大林主义者也都十分看重这种西方“资产阶级民主”的特征。

当然，观察者也可以将美国归入民主社会，也就是说，在美国这种民主社会中，非领导者对领导者们有着很高程度的控制。这是因为“民主社会”中的领导从来没有被民主的规则彻底同化，本书中，我们将这种社会称为多头政治。但是很明显，从托克维尔和布赖斯（Bryce）到当代政治学家布罗根（D. W. Brogan）和芬纳（Herman Finer），那些强调美国社会“民主”性质的观察家都强调非领导者对领导者施加很高程度的控制。

172 也有人将美国归为讨价还价的社会，在这种社会中，重大决策主要由领导者通过协商做出，而这些领导者反过来可能与其追随者有着多种多样的关系。比如：康芒斯鲜明地将讨价还价视为美国社会的主要特征[①]；杜鲁门在《政治过程》[②] 一书中对美国政治的某些分析也暗示了这一点。从一个更为局限的视角来看这种现象，加尔布雷思近年来已将此概念当作他美国经济中的“对抗力量”（countervailing power）理论的核心[③]。

人们也可以将美国归为重要的市场社会，在这种社会中，重大决策主要由价格体系控制的商业领导者制定。必须承认的是，福利国家的增长使得美国是市场社会这一观点与上一代相比不那么可信了。但有时候，仍有草率的欧洲观察者们接受这种观点。并且，很少有观察者反对这个命题，即这样的描述第一次最好地接近了美国社会重要的一部分。

对于这几种分类，我们可以举出非常有说服力的例子，这是因为美国和大多数欧洲国家一样，同时具有这四种社会性质。实际上，在某种程度上，我们说前三种类型存在于所有的社会中并不为过，但第四种可能并不是那么普遍。

对于效率化而言，以上四个社会政治过程都是必不可少的。任何复杂的社会如果想明智高效地利用资源，那么在某种程度上，以上四个过程都将会不可避免地被使用到。任何试图避免其中一个过程的社会都必然会走向贫穷。而且在实际应用中，如果任何意识形态或政党纲领只关注四个中的一个或两个类型且排斥其他的类型，都不可避免地导致经济贫困。在此我们直接给出这一观点，是因为对任何一个一开始就怀疑此观点的人来说，本书接下来的部分都将打消你这种怀疑的念头。

173 我们将分别对这四个社会政治过程进行讨论，进而最终确定每个过程适合的效率化的条件是什么。这是因为在这四个社会过程中，对于效率化功能而言，价格体系是最为专业的一种，因此我们从它开始讨论。在解释价格体系中不同机制是如何促进效率化中的计算和控制的时候，我们将会进一步解释效率化过程本身。随后，我们将解释科层制、多头政治以及效率化过程中讨价还价的重要性。

---

① John R. Commons, *The Economics of Collective Action*, The Macmillan Company, New York, 1950.

② David Truman, *The Governmental Process*, Alfred A. Knopf, New York, 1951.

③ John K. Galbraith, *American Capitalism: The Concept of Countervailing Power*, Houghton Mifflin Co., Boston, 1952.

6.2　价格体系作为理性计算和控制的过程

作为理性计算的过程

在之前的章节里，我们已经对效率化过程中计算的特性进行了解释（有限手段和多重目的），这也使这种计算的简单化尤为重要。在效率化过程中，任何人都需要处理不同的变量，而减少变量数量最有效的手段就是量化和授权。很明显，价格体系能够同时实现这两点。首先，在一个价格体系中，无数的价值由价格体现，且价格又是价值的共同要素。其次，价格体系不需要中央权威的参与，决策权委派给很多个人，协调决策甚至不需要由中央机构监管。

在价格体系中，可用数字表示的可替代的选择来表示理性的消费者的选择。类似的，从不同的就业中收获的数字化表示（工资等能用数字代表的东西）也可以促进人们的职业化选择。对于领导阶层而言，理性计算也被极简化了。每个领导者不需要制定一个涉及成千上万种资源和数以百万计的商品和服务的生产计划，他们只需决定是否买或卖一个范围相对较小的资源、材料或可进行量化比较的消费品。实际上，在价格体系中，领导的功能在复杂的事物方面已经被大大弱化了，以至于在基本的社会政治过程中，商人有时并不被当作主要的领导者。

通过价格来进行价值的全面量化和通过授权来实现分权是一个价格体系的两大 174
标记。但是对于理性计算来说，仅仅通过价格来表示商品价值是不够的，它需要价格也能包括可替代选择物品的价值，即边际成本。这绝对不能简单地用随意的数字表示。我们对价格体系概念的认知是价格应当代表边际成本，即使它并不是那么完美。

如果按上述说法定义价格体系，还必须满足两种情况。第一种是每个企业家为生产资料和生产要素支付的价格应当代表它们的边际成本，即替代选择用途中的边际价值。第二种是每个企业家都要控制产品定价（price-production）政策，这样就可以使其销售价格与其生产资料和生产要素的花费大致相等。

价格体系是如何同时满足这两个条件的呢？如果有许多工薪阶层和资本所有者向企业家提供他们的服务和资源，那么他们想要迫使企业家支付比其他企业家更高的价格是不大可行的[①]。同样的，如果有许多消费者对商品和服务进行竞标，任何消费者强迫企业家长期以低于边际成本的价格进行销售的可能性也很低[②]。同时满足这两种情况时所出现的困难在于，企业家能够以比边际成本更高的价格进行销售，或者以比其他选择的价值更低的价格购买劳动力或资源。为了避免企业家这样做，有必要对企业家采取专门的控制。对企业家的一些可能的制约是以“竞争”的名义进行的，但竞争仅是价格体系中的一种控制方法。我们将对各种控制方式进行

① 非常明显的例外是工会主义和劳资谈判，这也将作为一个特殊案例在第 17 章进行讨论。

② 在一个私人企业的价格体系中，企业家可以自由地在运营面临损失的情况下停止其生意。

简短的检验。在此，我们可以非常简单地提出这一观点，即价格体系要求对企业家进行专门的控制——限制企业家将其销售价格提高到超出边际成本，或者通过使企业的购买价格低于资源、原材料和设备的边际成本——这些控制有助于正确地计算成本。

最终，在价格体系中，价格必须变化以出清市场。也就是说，价格必须变化，没有购买者愿意以当前的价格进行购买，商品就找不到销售者了，并且，如果没有
175 销售者愿意以当前的价格进行销售，他就找不到购买者了。价格体系的这一要求服务于一个特殊的目的。只有这一条件得到满足，价格才能与所有购买者和销售者的出价持平，代表所有被放弃的其他的替代选择。

根据正式的经济理论进行更为细致的描述，或者向它的法律基础进行探索，我们也许可以找出价格体系作为理性计算机制的其他特点。但是就当前的目的而言，除了在将价格体系当作一个控制的过程进行描述时需要对一些特征详加说明以外，我们已对价格体系的特征进行了充分的定义。

作为控制的过程

价格体系是非领导者控制领导者、领导者控制非领导者，以及其他领导者控制领导者的一个过程。因此，对效率化过程的控制类型来说，这是一个需要驾驭的高度专业化的机制，在下一章我们会详细讨论。

价格体系可以通过两种方式促进领导者对非领导者的控制。首先，价格体系是这样一种机制，领导者可以支付工资、租金、利息以及其他现金奖励来诱导工人或其他资源所有者服从企业内部的科层制控制。也就是说，通过这个控制机制（通过行业操纵来运行），生产过程中的参与者将会被置于共同的控制和纪律约束中，如果没有这一控制，“高效”的生产是不可能实现的。其次，它是领导者控制消费者的一种机制，这种机制使消费者不再尝试去消费更多的超出可利用范围的产品。这一机制是通过对现金收入的分配、对消费品以及服务的价格进行自发性领域控制或操纵性领域控制完成的。

尽管这一过程中的所有元素都十分清晰，但是价格体系是如何实现非领导者对领导者的控制却并不十分明显。非领导者的控制始于消费者和职业的自由选择①。商人只有生产出消费者想要的东西，消费者才会付款，所以我们说消费者控制商人。资源的持有者包括劳动力，也可以控制商人，因为他们可以威胁说将其资源销售给其他商人②。

176 想要实现有效控制的话，消费者和资源持有者都必须对他们的选择有清晰的认识。因此，高效的控制需要所有确认了的理性计算的条件。这就特别需要两个条

① 我们使用传统的术语“消费者自由选择”和“职业自由选择”来描述市场选择。他们是否“真的”自由在这里并没有很大关系。

② 为简单起见，我们使用“职业自由选择”这一术语来表示所有资源持有者的“职业性”选择或者他们对使用资源所雇用人员进行的选择。

件：价格必须取决于市场，以及边际成本与商品价格应当相等。如果这两个条件都满足，商人们将会对消费者和职业的自由选择发出的信号进行回应。这是因为如果价格由市场决定，商人也不愿意使消费者或零售商不满意。并且如果边际成本和价格相等，消费需求的增长会有效地影响生产，并且不允许商人以较高的价格销售与之前相等的商品数量。

不可否认，在西方经济中，除了暂时的失调、对商品价格的控制或定量配给，商品价格实际上是由市场决定的。但是需要强调的是，对于边际成本和商品价格从来都是大致相等的这点，仍然不是非常明确。因此，限制商人高价销售、低价购买的特殊控制过程在价格体系中十分重要。因为这些特有的控制过程是价格体系的核心，所以值得我们小心留意。对理性计算和控制来说，这些特有的控制过程是非常重要的。

在对这些控制进行进一步研究之前，我们首先探讨一下价格体系中领导者之间相互控制的特性。在价格体系中，消费者和资源持有者都不出现在交易中。很多交易只是在企业家之间进行的。因此在价格体系中，企业家们为了促进消费者和资源持有者对商人的控制，换句话说，为了强化非领导者对领导者的控制，他们有必要在交易时以这种方式进行相互控制。如果企业间的交易既没有违背价格使市场出清的条件，又没有违背商品价格和边际成本相等的条件，那么它们会促进期望控制的实现。但值得一提的是，如何避免企业间的交易违背这些条件，取决于对企业 177
家进行控制的关键过程，这在前面我们已经提过了，下面我们将进一步对其进行解释。

小结

在效率化过程中，价格体系是一个高度分层的社会政治过程，能在经济过程中控制领导者和非领导者之间的关系。它通过对价格进行量化以及授权来简化效率化过程。其最突出的特点是通过自由消费和职业选择等迫使企业家进行回应，通过这个机制，领导者可以通过将资源所有者置于每个企业的科层制控制中来组织生产活动。在价格体系中，为了完成正确的成本估算并控制企业家，使市场决定商品价格、商品价格与边际成本相等是很有必要的。最难理解、对价格体系的效率最为重要的过程是，企业家既不以高于边际成本的价格出售商品，也不以低于边际成本（边际替代价值）的价格购买资源、材料和生产服务，正是通过此过程，企业家才被控制起来。接下来，我们就来讲述这些过程。

6.3　对商人的控制

在垄断竞争理论中，商人被描述为一个很有活力且潜心于销售战略的领导者。

但是，即使以这种方式描述商人，也未曾表明当商人改变消费者的品位、引入新的生产线、击退竞争对手、赢得消费者的支持时，他就能成为多元民主的领导者，会影响政治取向、吸引投票者、击退竞争对手并赢得选民的支持。

对在价格体系中商人是如何被控制的这一点，并没有达成共识。在价格体系
178 中，竞争是消费者控制商人的最有效方法。如果竞争依然存在，其他人就会对此有所回应，它也是注定要走向灭亡的，垄断会取而代之。最近争论的贡献之一，就是发现了存在于大规模的买家和卖家之间的抗衡力量中的控制过程，这也意味着除了市场竞争之外，还有很多可替代的控制手段①。然而，在价格体系的控制如何运转方面，还没有达成共识，其原因可能更多的是忽略了观点的分歧，而不是要确认这些分歧。无论如何，对价格体系控制进行的系统检测，能够让我们发现那些减少这一领域争论的模式。

价格体系以一个主要的和很多补充性的控制为特征，并且这些特征可以约束商人。如同所有的控制一样，它们所起的作用并不是完美的。即使是在最好的状况下，对稳定和收入分配的控制也不是充分的。在通常情况下，它们在其他很多方面也是有缺陷的。然而这些控制始终对企业政策有着强有力的约束。

主要的控制

在所有的西方社会中，对商人进行的最常见的价格体系控制是通过自发性领域控制的变化来实现的。因为这是自发形成的，所以这种控制非常残酷，它的暗示和激励要求一个不会出错的强制性机构。作为一个销售者，商人可能会自发地被它的顾客控制，因为他们更愿意花钱购买其他商品而不是向其支付更高价格②。作为一个购买者，他所受到的自发性领域控制可能来自这样的可能性，即供应者即使卖给其他购买者也不会接受他给出的低价。在任何一个行业中，这种主要的自发性领域控制并不取决于公司间的竞争③；并且它能控制所有类型的商人，无论是小业主、
179 企业高管、企业经理或者公共企业的负责人以及政府性的商业企业。所有消费者和销售者都面临着被取代的威胁。

尽管这种控制为经济学家所熟知，但它并不经常受到重视。就像对销售者的控制一样，其普遍性很不明显。一些例证可以说明这一点。1949 年秋天，由于一则巴西农作物收成不好的谣言，咖啡的价格一路飙升，茶的销量也有所增加；美国很多地方，茶叶销量增加了 50%④。另一个案例是 1949 年，美国纤维公司（American Viscose Company）拒绝遵循杜邦公司提高人造纤维价格的要求；副总统亲自出面解释说，这个公司既担心该商品被羊毛和棉制品替代，又担心由磨坊编织的

---

① John K. Galbraith，*op. cit.*

② 诚然，购买者一定会故意威胁企业家说："他们要购买其他产品，而非接受企业家所提出的过高价格。"

③ 正如接下来的讨论所揭示的，企业之间的替代作用或者产业之间的替代作用的区别对于研究控制是非常有用的。即使是在尝试描述产业间和企业间的替代作用的差别的时候，也要注意这种区别在需求弹性不同时是有差异的。

④ Alfred R. Oxenfeldt，*Industrial Pricing and Market Practices*，Prentice-Hall，New York，1951，p. 371.

人造纤维会替代羊毛和棉制品①。

如果只有一个公司销售铝制品，那么当它提高铝的价格时，它会发现很多顾客都会去购买钢制品，而不是出高价购买铝制品。铁路客车、厨房用具等都会有这种情况。如果汽车价格过高，那么消费者就不愿去买汽车，而是将更多的钱花在装修房屋、购买火车票、娱乐、购书方面。如果衣服价格过高，那么消费者就会把衣服穿得更久。如果只有一家公司销售弹簧床垫，那么他对商品价格的控制也就十分有限了，因为床垫也可以用橡胶、毡制品、马鬃等其他材料制作。

为了控制一个卖家，并不是所有买家都需要寻找替代品；因为卖家一定会有很多的边际损失。如何能够牢牢地控制商人，在很大程度上取决于其价格提高时所减少的总收入，以及生产的产品的成本之间的关系。如果提高价格使消费者花了更多的钱却买了更少的日用品，那么这种主要的控制就是无效的。

替代品的种类。买家可能寻求的替代品的主要种类是什么呢？

(1) 其他行业领域的产品。两种产品虽然表面上看起来不同，但实际用途是可以互换的。在日常术语中，玻璃和金属是不同的。但是在某些特定的目的上，它们的实际用途是一样的。铜线和铁丝虽然来自不同的行业，但是在很多用途方面，二者能够极好地相互替代。另外一些例子就是煤与石油、金属和木材、冰和电冰箱、 *180*
电影院和夜店、火车和汽车等。还有些替代物看起来相互间没有多大联系，比如，对于一个有汽车的人来说，汽油和城市交通并没有多大联系，报纸和广播、渔具和雪茄、汽车和公寓、衣服和家具也都看似没有多大的联系。

(2) 个人服务。若洗衣机价格很高，消费者就会选择把衣服送到洗衣店。购买幼儿园或托儿所服务的家长可能会自己变成育婴女佣或保姆；总是购买成衣的人可能会学着自己做衣服，变成裁缝；购买整体橱柜的人可能会变成木匠；购买新车的人可能自己变成旧车修理工。在工业领域，机器-劳动力之间的互替是十分普遍的。

(3) 家庭生产。作为对价格的一种限制，家庭生产代替工业制成品和服务也是一种很普遍的现象。在家剃须和剪发就替代了理发店的服务。家庭缝纫、烘焙和清洁就是对服装店、面包坊和女佣服务的替代。很多男士在家里更倾向于自行粉刷、做木工，而不愿雇用专业人士，而且很多女士则发现她们自己的劳动可以代替吸尘器、厨房水龙头和洗碗机以及诸如此类的东西。

(4) 国外的商品。对国际贸易的限制常常会阻碍这种替代性。尽管如此，这种代替性仍然非常重要，即使是在美国这样的经济自给自足程度很高的国家。

(5) 二手产品。二手的旧产品中有很多可以有替代能力。最突出的例子就是美国的二手车交易市场，这里为新车提供了大量的替代品。其他的例子就是二手家电、二手房子、二手家具或者二手工厂设备。代替新产品的旧产品虽不引人注意，但这种重要的替代一直发生在我们身边，车主会继续开旧车而不是买新车，商人会延长旧设备的使用期限而不会出高价买新的。对所有耐用物品来说，新商品和现用商品间的替代是操纵价格的主要限制。在西方经济中，生活水平的日益改善和机械

---

① Alfred R. Oxenfeldt, *Industrial Pricing and Market Practices*, Prentice-Hall, New York, 1951, p. 371.

化程度的提高使耐用商品的比例逐渐增加。

181 (6) 一般物品的替代。在很多情况下，即使是不需要的物品，消费者也会做出满意的转换。例如，高价电视会使消费者转而购买衣服，衣服成为电视的替代品只是为了从每一美元的消费中得到满足，他们相信从衣服中获得的满足感更强。虽然电费高，但这并不会导致消费者购买蜡烛，但是他们会少用电并购买其他的日用品。所以在一定限度内，所有商品都是彼此的替代品。

这些可能发生的各种替代，在商人将商品卖给消费者和其他商人时，会对商人产生控制。任意一个买家都可以对替代品施加影响，一旦成功地施加影响，他就能控制整个链条上的卖家。举例来说，如果一个消费者不付款给零售商，零售商就不会付款给批发商，批发商就不会付款给制造商。所以这整个链条上的卖家都会受到消费者自发的控制。

不断变强的主要控制。至少有三个原因可以说明控制经销商的有效性是不断变强的。第一，实验室依然是开发新产品和技能的重要渠道。举例而言，塑料产业生产出了很多替代品，因为较老的产品依然通过影响力对价格进行蚕食。因为生产者知道如何赋予一种产品多种特性。木头、橡胶、塑料、铁、铜、铝和玻璃与以前相比都成了更为密切的竞争对手。第二，随着生活水平的日益提高，消费者花在所谓的必需品上的预算比例（这些必需品很难被取代）降低了。举个极端例子，用香槟替代波尔图葡萄酒、用书替代电影，比寻找土豆的替代物更容易。第三，城市化进程和交通的发展降低了消费者对资源的依赖程度。比如，很多人都可以从任何商店中购买家庭日用品和食物，并且零售商们也可以多储存些不同类型的商品。

由于主要控制常常由补充性的控制支撑，所以关于它自身是否充分的问题从未出现。即使拟定了统一的标准，我们仍然要根据证据进行评判，而且也会出现差异
182 巨大的观点。然而我们不能排除一种可能，即主要的控制其自身也能像价格体系之外的科层制控制一样有效。

补充性控制

尽管所有的商人在一定程度上受到各种商品的替代品的控制，也受到其他商人提供给资源持有者和工人的可选择的出价的控制，但在对商人的补充性控制手段方面，不同市场之间差异巨大。为了描述可选择的补充性控制，设想一下不同种类的价格机制是非常有帮助的，而且人们会发现每一种价格机制可能都只依赖一个或其他市场中的补充性控制，正因为这样，每一种机制都很独特。现实生活中，尽管是以不同的方式，但是大多数价格体系都会将所有的可替代的补充性控制联系在一起。

价格体系控制在许多种情形下都是非常有效的，它可以根据市场、企业的结构发生变化，同时也可以对任何一个企业家进行一系列特殊的控制，在完全的或者理想的竞争中，它并不单单是依赖假设的情况。

自发的价格机制。最常见的补充性控制要求每个产业中有许多企业。因为买家和卖家可以求助于同一产业中的其他企业家，这样就可以施加控制。没有人试图用

此方法控制企业家，他会被买家和原材料、资源供应者的行为所附带的现象控制。补充性控制和主要控制通过可能的替代物自发地进行运作。同一行业有多个公司，这一效果对买家和卖家来说更容易使其他公司替代任何一个公司，因为不同的公司会提供相同的产品，并有更多的公司销售此产品。如果每个行业有很多公司，那么我们就不需要强制实施补充性控制，因此强制机构不会因粗心大意而判断失误，因为这种强制是自发的。

西方经济体很大程度上依赖补充性控制。使用同一行业公司间的竞争来实现自发性领域控制的这种价格机制，我们通常称为竞争性的价格机制。每个人都对这一 183
名字非常熟悉，但是我们很快就会发现，这只是能用这一方法描述的几种控制之一。

讨价还价的价格机制。第二种补充性控制是互惠性或讨价还价。购买者可以控制企业家，销售者则通过熟练地操纵这一行业来控制他所要销售的对象。因此，在企业家试图通过互惠来相互控制以后，这方面的政策就出现了。买家或卖家为了控制商人，会使用什么技术呢？两种区别性很大的技巧可能会出现，并且二者都不需要每个行业有很多公司。

竞争性讨价还价的价格机制。第一个案例是买家或卖家——在此案例中通常是买家——通过威胁或替代的事实控制企业家。一个汽车制造商与一个钢铁企业在钢铁的价格上进行讨价还价，有意无意透露了如果价格不合适，他就会自己生产钢铁的信息。有时，积极主动地寻找其他供应商，或去资助一个目前还不能为其提供服务的竞争性的钢铁公司，都足以构成威胁。

非竞争性讨价还价的价格机制。第二个案例是买家和卖家——此案例中通常是卖家——不是通过替代品控制企业家而是通过他享有的定价的权力，因为价格体系对他的控制是微不足道的。粗略地说，这两种交易的区别是：在第一个案例中，A 通过削弱 B 的垄断权来控制 B；第二种则是 A 通过提升自身的垄断力量来控制 B。举例来说，贸易联盟、牛奶制造商等通常使用这种方法。

第一种交易在一定程度上是竞争性的，这是因为他威胁或利用替代品来达成控制。它使主要的控制和自发补充性控制具有家庭的类似性。二者都是通过替代品进行运作的。然而，它却是一种故意的、非自发的竞争性控制。

这种讨价还价的效率依赖于它寻找替代品的双重动机。在自发补充性控制中， 184
替代品出现的可能性取决于竞争性的企业的数量，并且由于销售可获得很多利益，所以任何一个企业都有和其他企业竞争的动机（收益没必要只局限于利润本身）。在人为操纵的讨价还价的竞争中，另外一种动机源自企业家的收益，因为他们可以从自己这里购买。和购买者节省的东西一样，一个有竞争力的讨价还价者期待能获得企业家应有的通常奖励，比如，如果他可以开建一个新的零件生产工厂，他就不需要向其他的企业家出高价购买他生产所需要的零部件。因此，他的这种威胁不能被轻视。

竞争性讨价还价也是有效的，因为它能够强制企业进入竞争。在竞争理论中，进入一个行业的难易程度对竞争的成功来说非常关键。自发补充性控制中一个常见的缺陷是潜在的竞争者既不能筹集进入行业的资金，也不会冒险强行进入某一个行业。进入行业的障碍既包括所需的大量资本，比如钢材，又包括行业中公司已有的战术，一个经典的例子就是美国现金注册公司（National Cash Register Company)。但是明显有一些大型的邮购商店或汽车公司、钢材公司、化工企业以及电子产品企业有能力强行进入各种行业，它们在这些行业中从事买卖。它们持有资金资源、运行组织以及已有的荣誉。

对所有可选择的补充性控制来说，最不可靠的就是依赖非竞争性讨价还价。一个企业的价格-生产政策不用受制于有效的补充性控制，但是却会受到其他具有垄断能力的买家企业的控制。相似的，一个强有力的卖家同样可以控制一个强有力的买家。但是这也存在风险。第一，买家和卖家通常都可以最终牺牲消费者来达成共识。第二，通过建立一个垄断组织来对抗另一个垄断组织的这种粗暴过程并不会给出可行的保证，即一个企业（或一个人）不会推翻其他企业（或其他人)。

在第二种情况之下，修复的方法是增加弱势一方的力量。我们可以想象，在双方都追求对对方的平等控制的过程中，一种力量会不断累积。当然，这种补充控制
185 不会达成稳定的均衡控制。这种对手的力量可以成长到一个点，在这个点上，他们可以通过市场体系让消费者的控制妥协。这种讨价还价的市场体系很容易在价格机制之外成长，并且发展成不受价格机制控制的讨价还价体系。

在西方集体经济集体讨价还价发展的过程中，这些非竞争性讨价还价的价格机制的弱点就显现出来了。企业家们对雇员的控制具有不同程度的任意性。因为雇员们能够在削弱自身的竞争力量上达成一致，这样工会能够获得一定的工资控制权。这里有一个通过利用强大的卖家来控制买家的明确的案例。但是，有些企业家更愿意和工会协商，而不是反对工会，企业家会利用工人工资和其他的让步来交换对雇主更安全的不罢工或其他利益。这两方的利益是以消费者为代价的，消费者不得不支付较高的价格。如果讨价还价力量中的很多元素都集中在一个特定的市场，以至于会产生一种联合力量的优势，而不是一种平衡，此时，工会的控制可能和先前的雇主的控制一样变得没有回应性①。在这样的案例中，讨价还价就不能起到控制的作用。

非竞争性讨价还价的价格机制中的最后一个问题是它通常很容易陷入科层制中，集体讨价还价就是一个很恰当的例子。在劳务关系中，大企业的讨价还价的谈判牵涉很多方面，政府不会放手不管。比如，工资政策就很快就受到政府越来越多的管制；再如，近年来西方经济的经历就证明了：不论官僚对工资的控制是否是人们希望的，重点是，非竞争性讨价还价的价格机制都是不稳定的，它很容易就转变成一个不同的体系。

然而，除了这些缺点之外，非竞争性讨价还价在某些市场中也是一种重要的控制形式，至少在企业家之间的每笔交易中扮演次要地位。因为其他的控制从不完美，所以每个企业家都会对价格进行某些控制。因此，几乎在商人的每次交易中，他们在一定程度上都是相互控制的。这种讨价还价在农产品中发展得最少，而在建

---

① 举例请见：Charles E. Lindblom，*Unions and Capitalism*，Yale University Press，New Haven，1949，chap. 9；Lloyd G. Reynolds，*Labor Economics and Labor Relations*，Prentice-Hall，New York，1949，chaps. 8，18.

筑行业、工业设备的定价以及劳动力市场中，这种讨价还价则发展得很好。即使是 186
在零售行业也不例外。

科层制价格机制。对于企业家的另一种补充性控制是政府的科层制控制。比如，政府可以要求企业家将价格定为接近边际成本。公共事业管理（public utility regulation）、反垄断和最低工资方面的立法、农产品价格支持政策，以及企业或行业的国有化都可能是科层制控制的工具。政府同样可以通过强行使用补充性控制，通过操作市场、购买与销售日常用品来控制其价格。我们将科层制控制最普遍的形式称为**强制性价格机制**，将通过市场操纵进行的科层制控制称为**操纵性价格机制**。

在这两种科层制价格机制中，由于某些原因，市场操纵没有强制性操纵重要。当然，一种中央的直接科层制可能会通过买卖市场上的大量商品来控制企业政策，从而控制价格。但是通常而言，一个政府必须要实实在在地生产商品，以保持市场上这种商品的供给，从而保证对市场的操纵。无论如何，政府都必须要提前制定具有可操纵性的价格政策。基于这两个原因，对于政府来说，通过规定、否决，或通过规定自己企业的价格政策更容易直接制定价格。

政府控制不能补充价格机制，但是可以通过决定主要的生产目标来取代它，进而对价格冲突进行自发性领域控制和强制性控制。黑市就有这种情况。对市场进行操纵可能会比强制性控制更有效。但是在强制性控制被用作补充性控制的价格体系中，强制性控制会影响消费者的选择。因此，自发性领域控制和强制性控制之间的冲突在价格体系中是最小的。两种控制可能都会被使用。

强制性价格机制中的政府所有权。考虑到对行业公有或私有的传统争论，我
们需要先简短地插一句，谈一谈公有制企业的强制性价格体系控制功能的合 187
宜性。

尽管对许多民主社会主义者来说，公有制的设置是抛弃价格体系以迎合科层制的喜好，其他的社会主义者故意用公有制来实现强制性价格机制，以取代自发的或讨价还价的价格机制①。因为下面的三个原因，我们并没有夸大强制性价格机制的优点。

第一，他们希望能从废除企业私有制中产生巨大的结果。作为民主社会主义者的核心信仰，公有制的衰减和他们近来的认识背道而驰，即私有制的规则体系构成了一个控制体系，对实现他们的目标必不可少。比如，英国的民主社会主义者发现他们并不想因为英国铁路工业中的那些财产而大规模地使用新方法和激励机制。相反，他们只想对方法和激励机制进行逐步的调整，比如把铁路经理和国有企业经理放到类似的岗位上，在一定的限制下，让他们像在私人企业中一样工作②。

---

① 这是通过对英国和法国最近国有化进程的原因总结而来。参见：Ben Lewis，*British Planning and Nationalization*，The Twentieth Century Fund，New York，1952，pp. 43－45；以及 P. Aubry，"The Nationalization of Public Utilities and Basic Industries in France，" Ambassade de France，Service de L'Information，Series，IV，French Opinion，No. 26，March，1949.

② D. N. Chester，*The Nationalized Industries：A Statutory Analysis*，Institute of Public Administration，London，1948.

第二，民主社会主义者对强制性价格体系的信仰，经常代表他们对作为一种控制机制的**规范**（prescription）的效果拥有一种不客观的态度。没有充足奖惩措施的规范无法实现控制；但是总体来说，民主社会主义者已绕开了公有企业的奖惩不足的问题。他们同时也低估了教化对抗规范的力量。比如，大家都令人信服地指出，英国政府对银行按照规范实现国有化后，并没有比国有化之前靠公共责任教化私人银行经理的方法让银行管理更精确、灵活和简单，尤其是在他们提供业务咨询和对
188 财政部给出的工作建议方面①。很明显，法国在其企业国有化的进程中遇见的众多问题可以追溯到规范和教化之间的冲突②。

第三，当民主社会主义者面临补充性控制所必需的充分的激励时，他们经常回去争论地位、声望、公共服务的愿望是非常强大的。如果它们是强大的，对强制性价格机制中的特殊种类的规定来说，驾驭这些动机也并非易事。或许它们能诱导人们更努力、更具有想象力和创造性地工作，但是它们并不能诱导出价格体系中的商人所需的某种回应。如果一个价格机制能以某种方式起作用，此时它就必须引诱商人回应特定的价格和存货清单，通过这些线索，买家和卖家向商人发出自己的需求信号。选择与配置过程的错综复杂需要一个复杂的动机系统。如何诱导商人回应强制性价格机制是一个很大的以及还没检验过的问题③。

一个注定会发生像美国20世纪30年代那样近乎有2/3失业的大规模的经济萧条和崩溃的价格机制，并不比强制性价格机制更容易防卫，民主社会主义者认为这种强制性价格机制可以结束萧条。当然，最近几年，人们开始达成了一定的共识，
189 即反对大萧条的武器不一定就是国有化，自发的和讨价还价的价格机制并不需要因为大萧条被永远地判绞刑。因此，人们都视强制性价格机制为几种可能价格机制中的一种，其适当性依赖于特定的行业环境。

对公有制非教条的态度在斯堪的纳维亚半岛最为坚定。正如一个挪威经济学家所说："即使在那些非常相信政府管制好处的人中间，国有化也只是很多方式中的一种，通过这些方式，在特定情况下，政府可能会增加福利，但是这种方式不应该使用在任何经济领域，除非细致的调查证明它有可能带来令人满意的结果。"④

如果这样的话，我们并不能知道在哪些情况下公有制是合适的，但我们可以给出一些建议。第一种可能是，为了使控制具有合法性，公有制是有必要的。这虽然难以理解，但它又很重要，我们在后面的章节会再回到对这个问题的讨论⑤。第二种可能是，公有制能使控制问题简单化，特别是当很多复杂因素在某些点上汇集，

---

① Roy Harrod, *Are These Hardships Necessary*? Hart-Davis, London, 1947, Appendix.

② P. Aubry, *op. cit.*

③ 有时人们说经济理论已经说明了一个基于公有制的价格体系的可用性。再一次，经济理论展示出的一切是可以被公式化的，如果遵从这种公式就可以实现产品对消费者的从属关系和自由选择。理论已经证明，这些规定显示了与自发的价格机制同样的回应。但理论没有说明是否能够建立足够的激励来有效控制回应的信息。（参见："the Rule" in A. P. Lerner, *The Economics of Control*, The Macmillan Company, New York, 1944.）

④ Petter Jakob Bjerve, "Government Economic Planning and Control," in Henning Friis (ed.), *Scandinavia Between East and West*, Cornell University Press, Ithaca, 1950, p. 52.

⑤ 见第17章。

使行业的科层制控制成为一种必要。在混合的管制给非政府管理留下很小的空间时，公有制可以将双重控制者减为一个控制者。第三种可能是，投资的风险有时可能会将私有制排除在外。然而，与最初看起来的相比，第三种情况不太可能发生，因为我们可以用很多技术对私有制的风险做出风险等级评估。在美国，即使原子能生产风险巨大，也没有阻止 AEC 使用私人企业进行生产，并且大多数观察者会认为，作为一种控制形式，AEC 的合同项目要优于对这一产业的国有化①。

第四种可能是，私人企业角色和特点的微小变化会导致它不能妥善回应市场控制。比如熊彼特指出了可能影响企业家角色的因素，如美国政治领导的变化、商业 *190*
的官僚化，以及不断发生变化的商人及其家人的身份②。事实上，在熊彼特的分析中，那些破坏商人企业家活力的因素可能对任何价格机制中的企业家精神都有很大的影响；因此，它们更可能成为价格体系和价格等级之间的选择标准，而非可替代价格机制之间的选择标准。

更重要的是，商人对价格体系方法和激励的回应是商业领域许多复杂因素的产物，在现有的知识中，对结果的预测是不可能的。即使一个人自信地认为很多因素降低了控制私人企业的有效性，其他因素也总是一直在加强这些控制；并且，这两类因素的影响可能在过去几十年中只互换过几次。对熊彼特来说，如果将创新官僚化，则会导致私人企业的衰退。但是美国联合碳化物公司、通用电气和田纳西-伊斯曼公司在原子能项目上的官僚化则给了私人企业更大的发展机遇。

正如已经建议的那样，当在私有制和公有制之间做出选择时，在特定行业或公司，一种明智的选择则是对这两种控制的优缺点进行不间断的检测。通过这一点，对未来来讲，私有制和公有制的相对优点将取决于市场结构的发展（这种发展以私人企业自发性领域控制及讨价还价控制为特征）以及科层制控制的发展。如果市场结构变得不利于私人企业的发展，而利于党纪或对公务员的招聘及教化，那么，尽管公有制运动现在正处于低谷，它再次崛起的可能也不是没有。

目前，尽管强制性价格机制控制范围广泛，但公有制企业的控制范围却很窄。除了公有制企业，对价格的主要科层制控制通过公共事业管理、反垄断和最低工资立法、农产品价格补贴、政府参与劳资谈判、维持转售价格立法、价格歧视立法以及政府对市场合同的赞助得以实现。因此，每次交易都受制于科层制的补充性控 *191*
制，尽管它只在少数交易中是占据主导性的补充性控制。政府销售的服务和商品只占消费者收入的 5%③。尽管在许多公共事业中，高资本-劳动比例意味着这些产业在经济中比就业人数指标更具影响力，但是包括交通运输和通信事业在内的公共事业只占所有雇员的 8%④。

---

① 但是请参见：纽曼的批评，"The Atomic Energy Industry: An Experiment in Hybridization," 60 *Yale Law Journal* 1263, (December, 1951).

② Joseph A. Schumpeter, *Capitalism, Socialism and Democracy* (2nd ed.), Harper & Brothers, New York, 1947, Part II.

③ Alfred R. Oxenfeldt, *op. cit.*, p. 388.

④ *Ibid.*, p. 398.

自主的价格机制。最后一种可能是，自主的行动补充了主要控制，使对商人的辅助控制没有必要。当企业家为自己买卖时，他的自主决定不需要控制。在会员积极主动控制的消费者合作社中，制定价格-生产政策的人以及购买产品的是同一群人。另一个例子是一个公司向子公司按照母公司规定的价格购买产品。生产者合作社会和水果种植商一同控制企业家压低水果进货价格的行为，因为卖水果的种植商和决定水果价格的生产者合作社可能是同一伙人。另一个例子是卖东西给自己分销组织的企业。但是所有这些都是买者控制或卖者控制的例子，而非两者一起。我们可以想象一种纯粹的类型，这种类型中，消费者拥有所有交易，也拥有所有能够提供给公司的直接资源，并为其提供劳动力。但这种情况是很少出现的。但是垂直整合的公司很接近这种类型。

生产者和消费者合作社都不是美国经济的一大部分。在美国，消费者合作社只占了零售业总额的2%，生产者合作社则大部分局限于农业市场组织，比如乳制品合作社是政府控制计划的一部分。当然，在斯堪的纳维亚经济体中，它们的角色更重要。大约40%的丹麦家庭、大于25%的挪威家庭以及接近50%的瑞典家庭属于
192 消费者合作社。在丹麦和瑞典，消费者合作社在零售业中大约占了10%。生产者合作社在它们的领域更重要。在丹麦，生产者合作社加工的牛奶超过90%，加工的猪肉接近90%。在瑞典，几乎每个农民都是生产者合作社的一员，生产者合作社生产了95%的牛奶、96%的黄油和87%的奶酪。只有在挪威，生产者合作社的作用弱一些①。

消费者合作社是使人们认识到价格体系优点的一个重大改革运动。这种认识既有缺点又有优点。一方面，这个运动有时在主张适当的无垄断价格体系方面是有限的，尽管收入分配、不安全以及收入和地位的不平等问题都将随垄断的消亡而逐渐消失。另一方面，这个运动能使希望变成现实，由于美国在改善价格体系的提案中使用了一种协调机制（而不只是蓝图），它虽是不完美的发展但是很容易得到改善。

除合作社以外，自主的价格机制的范围部分地被垂直整合隐藏起来了。当处于一条生产链上相互交易的企业联合到一起时，曾经出现在市场上的交易将发生在完整的企业内部。对企业的管理来说，当利益的差别使控制价格变得令人满意时，目前统一的控制就会消除这种可能性。企业某一部门中的人可能还在努力反对部门中的其他人，但是一个管理良好的公司会将过去不同的人组织起来，有负责销售的、有负责采购的，这些销售和采购人员之间的矛盾会随着他们在企业内不必需的交易产生的交集而烟消云散。

企业的所有权，或许归生产方，或许归消费方，有时它们各自（而不是同时）阻碍而不是促进控制。例如，农场主通过对牛奶生产厂的占有，消除了奶农之间作为卖家的竞争，牛奶生产者合作社可以用企业层面的政策来回应牛奶生产厂的需
193 求，而对牛奶消费者的需求置之不理。就像在消费者合作社中，买家也可能以供应

① Henning Friis (ed.) *op. cit.*, pp. 203, 208–210, 214; Gunnar Hecksher, "Pluralist Democracy," *Social Research*, December, 1948, p. 433.

商为代价来达到控制。此外，尽管自治避免了对企业外部控制的需要，但要在企业内部捍卫实际消费者或供应商对领导权的控制，可能需要一个复杂的多头政治。因此，就像是在瑞典一样，一个大型消费者合作社结构变成了一种多元控制的价格机制。

价格体系控制的多样性

上述内容已能足够显示价格体系是一个比“竞争”体系更全面的控制系统。并且，价格体系控制运用了自发性领域控制、操纵性领域控制、命令以及相互控制。因此，鸡蛋并不是都在一个篮子里。价格体系控制的多样性作为一剂解毒药是值得强调的。但某些圈子里流行观点——价格体系像乌托邦一样美好则是值得商榷的。当然，这跑到了我们即将要讲的故事的前面。在下一章，我们将更多地谈论价格体系。这里，我们将重述对商人进行各种控制的要点。

价格机制的种类	**其特殊的补充性控制**①	**所有价格体系共有的控制**
1. 自发的价格机制	自发的：行业内的替代	
2. 讨价还价的价格机制	讨价还价者对领域的操纵	
a. 竞争性讨价还价的价格机制	a. 通过替代进行操纵	
b. 非竞争性讨价还价的价格机制	b. 其他方法进行的操纵	
3. 科层制价格机制	政府的命令或对领域的操纵	通过自发的产品之间的替代来实现主要的控制
a. 强制性价格机制	a. 主要依赖规范	
b. 操纵性价格机制	b. 主要依赖对领域的操纵	
4. 自主的价格机制	自主行为：不需要补充性控制	

① 在本章所有的区别性补充控制中，加尔布雷思（Galbraith）将对抗性权力分为三个：竞争性和非竞争性讨价还价，以及强制性控制。参见：John K. Galbraith, *op. cit.*

第 7 章

价格体系：对领导者和被领导者的控制(续)

194 上面已勾画了价格体系的概貌，作为一种控制手段，为了我们能更好地理解它，下面对其做进一步的描述，第一，我们要分清价格体系中竞争和垄断发生的地方。第二，我们应该把前面章节抽象描述的各种控制手段放在日常情境中加以考察——就像它们在商业实践中展现的一样。第三，政府所有权下的产业价格体系值得进一步检测。第四，我们希望能解释清楚角色和性格在价格体系控制中的重要性。

7.1　竞争和垄断

如果一个人在放空（tabula rasa）的状态开始对价格体系的控制进行分析，或许我们先放下竞争的概念，只讨论主要控制和其他补充性控制的手段比较好。然而事实上，在多数人看来，有关价格体系控制的有效性和两种过程有密切关系，一种是竞争，另一种是垄断。我们必然会面对这两个概念，因为如果抛开这两个核心的概念，将很难形成对于价格体系控制的概述。关于竞争和垄断有很多不同见解，有些术语的使用带来更多的问题，有些则没有。竞争是消亡了还是仍然存在？垄断是竞争中的缺陷还是它的替代选择？

竞争控制和垄断的概念

两个自发的竞争控制。竞争性控制包括自发的主要控制、自发的补充控制和竞争性讨价还价。与第三个相比，前两者更接近竞争。因为它们控制着那些缺乏控制 195 的领域，除了经济学家和那些把与任何中央科层制不一致的行为看作是控制的系统模式的人之外，它们从来没有被很好地理解。这便是亚当·斯密对社会科学的巨大贡献，他察觉了这种模式并看到了它的重要性。

对很多社会学家、教育学家、政治科学家、历史学家甚至是经济学家来说，我们当代的一种时尚是只要听到斯密，都会微笑着认同。他的描述性的巨著是《国富论》(*An Inquiry into the Nature and Causes of the Wealth of Nations*)。但大多数人已以某种方式形成了对他的理论的特有印象，即如何在没有政府管控的情况下驱动经济发展。当然，事实上在那个时代，斯密的著作是一股进步主义的力量，并且他的“看不见的手”比“撒手不管”或者自由放任更好地刻画了他的控制思想。

从他以后，“看不见的手”和“经济人”这两个术语也有些令人困惑的地方，也遭到一些客气的批评，难说不带有天真的成分。他的语言不怎么适合我们这个时代，但是斯密还是抓住了一个与他的那个时代相比，同样适用于我们这个时代的概念。他察觉到自发竞争控制方式能较大程度地对社会经济进行协调的潜力。斯密的学说代表了一种伟大的学术成就，即使有那些对斯密和他的学派来说已经过时和费解的社会哲学和心理学，也不能降低斯密的学说对整个社会科学的重要性。

没有人能够准确地说出新观点源于何处，又是如何让很多人信服并成为主导世界的力量的。但是说《国富论》的思想正在显示自己的丰硕成果并不错。我们可以说是斯密“发现”了政治经济学中自发控制的概念。他以及由他发展出的古典学派让这个世界觉醒，并认识到自发控制的可能性，斯密又借用现代术语的外衣，让那些教条主义的规划者要一直对自发控制的优点保持警醒。

非常确定的是，从自发控制到一般性控制结构的思想，从竞争性价格体系到一 196 般性价格体系，斯密从来没有进行总结。但是当今那些试图将斯密有关价格制度的原初概念总结成能够作为社会协调基本形式概念的人，也仅仅只是认识到了——或者至少认识到了——1776 年所说的“看不见的手”在当下的力量。在近来关于计划的经济学文献中，一个核心概念便是价格体系，主要讨论了它的角色、贡献和局限性[①]。斯密很好地诠释了“革命”一词。现代革命——同样从语言的角度来说——在斯密和他的学派留下如何组织经济生活这一讨论后，并没有走多远。

很多好的观点也成枉然，并已消逝近百年，因为从某种程度来说，它们被混杂在令人疑惑的形而上学或心理学的混沌中，而这些令人疑惑的形而上学或心理学已经被人们抛弃了。因此，很多斯密关于价格体系中的自发性领域控制的学说都必须要从过去被抛弃的混乱思想中重新提取出来。在古典经济学发展的高峰期，对价格体系的呼声甚至被夸大到荒谬的程度，这些人坚定地相信，只要有机会，自发性领

---

① 参见第 1 章中引用的作品。

域控制——虽然他们并不这样叫——完全可以替代科层制组织。最后，在斯密的成就中，他本人以及他的追随者都没能实现通过讨价还价进行竞争性控制的可能，也没有通过非竞争性的补充性控制实现价格体系组织的潜能。

垄断的含义。在三种竞争性的控制手段中，第一种给了我们有关垄断含义的直接线索。在最极端的情况下，垄断意味着每个行业中只有一个企业。按照这种解释，垄断价格体系是商人只受自发性主要控制手段的控制。现在，这种主要的控制力量已变得非常强大。尽管这不是一个令人满意的选择（因为还有更好的选择），但是它比那些没有价格体系而只受中央控制的经济要有效得多。因此，垄断主导的经济并不是一种不受控制的经济，或者是一种能够容许其中的企业家有无限自由裁量权的经济。事实上，垄断经济也是一种竞争性的价格体系。

197 更广义上讲，垄断有几种形式：单一卖方垄断、双头垄断、寡头垄断，或者当垄断者是买家时的垄断，即买方独家垄断。但是通过这些延伸，垄断通常是指对企业家施加的自发补充性控制的缺点，并不是指缺乏主要的自发性领域控制，而自发性领域控制本身是竞争性的。大多数情况下，"垄断"这一术语好像是指一个连续体的某个极端，或者是在描述一个范围的位置。当取这种意思时，它指的是，从主要竞争性控制（垄断）到主要的和自发补充性控制结合在一起的一般性的竞争连续体。

垄断还有其他的意思。通过讨价还价，补充性竞争可能更有效；科层制、自治体制或者非竞争性讨价还价可能在缺乏自发性竞争的情况下更容易流行。"垄断"也同样适用于这些控制。因此，如果简单地说一个公司是一种垄断，意味着这种垄断要么由主要的自发性控制手段来控制，要么由一个或者更多补充性控制手段来控制。因此，垄断可能意味着这种组织受到的控制类型为：（1）只有主要控制；（2）被竞争性讨价还价补充的主要的控制；（3）非竞争性讨价还价、科层制或自主。在前两个例子中，垄断是一种竞争性控制；在第三个例子中，垄断是竞争性和非竞争性控制的结合。显然，垄断既不是竞争也不是有效控制的对立物。

大企业和群体控制

显然，大企业并不是有效的价格体系控制或者竞争性控制的敌人。因为，即使一个行业中的许多竞争性公司给巨头公司让路，它们也可能会受到由竞争性的主要控制和任何非竞争性的补充性机制的组合的控制。也许更多情况下，它们由主要控制和竞争性的讨价还价的组合控制①。

---

① 关于大企业可以免于竞争性控制的观点也犯了混淆企业绝对规模和它在市场中相对规模的错误。一些近期的研究也同意这一看法并认为，尽管有美国的企业比50年前更大这样的令人印象深刻的可测量的证据，但是这些企业的产品集中度比例几乎没有变化。如果它增长或减少了，那么也如一个观测者所说的"以冰川堆积的速度"，无法用现在的统计技术测量。参见：M. A. Adelman, "The Measurement of Industrial Concentration," *Review of Economics and Statistics*, November, 1951, pp. 269–296；也可参见：Warren G. Nutter, *The Extent of Enterprise Monopoly in the United States*, 1899–1939, University of Chicago Press, Chicago, 1951. 当然，像这样的研究并没有证明行业不是高度集聚的——它们尤其说明了这一点——但是它们破坏了这种容易性，将规模的确认误解为集聚，它们也破坏了这一常见的观点，即大公司的增长必然意味着，和50年前或更多年前相比，经济是不具有竞争力的。

除了大企业的增长，对于竞争性控制的最大威胁是商人通过群体控制对价格进行控制：价格领导、市场份额、标准成本和其他正式或者非正式价格协议的工具。强制性控制，例如竞争性行为已经迫使商人减少对他们自己的群体控制；但是，正如大家都知道的，强制性控制不能完全破坏买家或者卖家达成的协议。 198

完全竞争的正式条件禁止对价格进行群体控制。但是在现实生活中，价格变化必须由某些特定的个人发起；对由竞争性控制的奖惩所引起的价格行动安排来讲，群体控制的工具可能是有效的。在完全竞争的模式下，经济学家没必要考虑什么能够引起社会学家调查价格的兴趣。社会学家可能会问谁领导了价格的设定，又是谁跟随了这种决定，这个价格是如何设定的、什么时候设定的。有时，他会拒绝在经济理论中使用类似的术语，即认为价格不是人为设定而是自发形成的。但是经济学家也知道，“看不见的手”通过卖家和卖家之手发挥作用。只有在竞争已瘫痪的情况下，从“自主的”和“非人格化的”词语中推论个体都是有目的的、有意识的决策者才是不正确的。群体对价格的控制经常出现，仅仅是因为某些具体的制度安排对于改变价格来说是必要的[①]。

在缺乏群体控制的方法时，协调因为各种原因而受到威胁。当评估价格改变对总收入和总成本的影响非常困难时，竞争压力更可能会导致向下的误差，而不是向 199
上的误差的传播。价格可能会被迫下降到一个不切实际的程度。小的公司、非标准化的产品，或者不完善的财务状况可能致使成本和收入的精确预算非常困难。或者因为各种原因，一个行业会生产能力过剩并带来破坏性的竞争。此种不协调的可能性是很大的[②]。

遗憾的是，群体控制表现出的有用功能经常为各种各样的限制性的实践做证明。好的评判要求进行区分，但是，要根据现有的对行业价格政策和对这些政策的检验方面的知识进行区分并不容易。我们的观点并不是群体控制对竞争性控制必然是有用的，而是群体控制对竞争性控制必然是无害的。

在大企业和群体控制价格的情况下，非经济学家有时相信他们看到的是一种可以替代竞争性组织的体系。例如，他们看到由很多大型商业部门控制的行业，每个都具有高度的机械化并显现一种精致的、紧密结合的科层制控制体系，以控制它方方面面的工作，上至协调审计办公室，下至处理地上的口香糖包装纸这样的小事。他们把这与由很多公司组成的看起来破烂的行业相对比，这些行业的经理互相竞争，公司几乎难以维系，其他的甚至破产。对他们而言竞争不是有序而是无序的。

---

① 参见：Alfred R. Oxenfeldt, *Industrial Pricing and Market Practices*, Prentice-Hall, New York, 1951, chap. 3.

② 相关讨论见：Edward S. Mason, “Monopoly in Law and Economics,” in American Economic Association's *Readings in the Social Control of Industry*, The Blakiston Co., Philadelphia, 1942, pp. 25－48; Edgar M. Hoover, “Price and Production Policies of Large Scale Enterprises,” *American Economic Review*, Supplement 1939, pp. 102 ff.; William Fellner, *Competition Among the Few*, Alfred A. Knopf, New York, 1949; C. D. Hyson and F. H. Sanderson, “Monopolistic Discrimination in the Cranberry Industry,” *Quarterly Journal of Economics*, May, 1945, pp. 330－369; Carroll R. Daugherty, Melvin G. de Chazeau, and S. S. Sratton, *The Economics of the Iron and Steel Industry*, McGraw-Hill Book Co., New York, 1937, pp. 546－567; Clarence D. Long, Jr., “Newsprint: Costs and Competition,” *Harvard Business Review*, vol. 18, 1939－1940, pp. 372 ff.; J. A. Guthrie, *The News-print Paper Industry*, Harvard University Press, Cambridge, 1941.

他们相信秩序是科层制的，而科层制存在于大企业和联合中。因此，大的企业和联合是保持经济秩序的工具。

很明显，这个主要前提是不怎么正确的。在被确认为无序的状态下，竞争也和
200 无政府状态一样被滥用，也许这就是理想的自发领域系统。无政府状态意味着混乱，但它也有另一个意思：一个自发性协调系统。就像无政府状态的概念容易从没有层级秩序的概念滑向完全没有秩序的概念一样，竞争的概念也很容易从没有层级秩序的竞争滑向没有秩序的竞争。

此外，秩序和缺乏改变并不一样。竞争通常被等同于无序——因此，通过一些令人生疑的逻辑，垄断是有秩序的——因为竞争意味着赢利，同样也意味着亏损，因为它要求一个永不停歇的破产队伍。但是偏好在改变，同样科技和资源也在改变。如果一种经济体要进行效率化，那么首要要求就是适应性。经济秩序能够清理过时和无效的东西，同样也在进行无尽的试验。真正试验的检验多数是失败的。

垄断性竞争

很多公司避免价格竞争，希望通过产品的多样化进行扩张。这个过程能证明竞争性控制的显著失败吗？对某些产品来说，产品多样化为消费者提供了更多的选择。确切地讲，完全竞争的一个要求并不符合产品差异化迅速发展的条件即很多卖家销售同一个标准化产品。但是缺点通常很小[1]。事实上，它可以一点儿缺陷都没有，不同的产品可以实现不间断的相互替代。

一部分垄断竞争理论已经尝到了低估竞争性控制的后果。张伯伦（Chamberlin）和罗宾逊（Robinson）在 1933 年出版的书——或书的一部分，根据某人的观点——是一场经济理论界的革命[2]。经济学家对垄断的兴趣受到了他们热心开发的新概念、工具的刺激。结果，经济学家对垄断的高度兴趣常被误解为经济中应该有
201 更多的垄断。同样，新理论更注重市场中比较具体的制度而不是纯粹的竞争理论：经济学家开始对市场结构进行分类并且试图寻求结构和价格政策之间的大概相关关系。这一方法在强调价格决定中的自由裁量元素方面甚少失败，因此，它也常常使经济学家将垄断增长的认识和垄断本身的增长弄混。

新的理论发展逐渐表明，老的关于竞争和垄断的理论包含了极端或有限的例子，但是它们总结出的垄断理论能覆盖那些符合现实市场的中间例子（in-between cases），这一理论的发现给人这样一种表象，即竞争经济突然被发现是或多或少具有垄断性的。当然，已经发生改变的仅仅是经济学家的概念和语言以及他对经济学的理解。

可以把“垄断性竞争”简单地看作不完全的竞争，也就是说，这种竞争无法从

① 即使在一个比较理论化的坐标系中，作为违背竞争性的条件，产品差异化的重要性可能经常是微小的。Alfred Nicols, “Rehabilitation of Pure Competition,” *Quarterly Journal of Economics*, November, 1947, pp. 31–63.

② Edward H. Chamberlin, *The Theory of Monopolistic Competition*, Harvard University Press, Cambridge, 1933; Joan Robinson, *The Economics of Imperfect Competition*, Macmillan and Co., London, 1933.

细节上一一回应完全竞争的理想假设。因此，可以想象，这是在任何一个真实世界中的经济竞争。但是相反，垄断性竞争有时并不是垄断，而是竞争的对立面。有时，垄断性竞争理论被看作一些不同于或有悖于竞争的理论。但是垄断性竞争只有在垄断小幅偏离理想的分析时才与垄断相同。正如我们看到的，在任何情况下，垄断都是一种竞争形式而不是它的对立物。

新理论的出现是有关垄断的一个令人信服的证据。因为它们似乎比老的经济理论更为准确地描述了实际的市场运行关系。但是实际上，新理论正在用一种实践的方式描述经济中的不完美，而不是经济中现在运行的协调框架。在这种意义上，新理论比旧理论更加抽象，尽管表面上看起来是相反的，因为只有从它与经济的相关 202
性，而不是通过理论进行解释时，才能理解它们的重要性①。

以上所有这些并不是说新理论得出的新见解被错误解释或不当使用了。在某些经济学家眼中，完美竞争理论具有一种高估竞争作为控制手段重要性的倾向，而新理论克服了这个问题。但是这样做时，新理论的某些部分又被误解了，在理论之外的现实世界，理论发生变化时，现实也会发生变化。在 20 世纪 30 年代和 40 年代由美国经济协会（American Economic Association）出版的《当代经济观察》（*Survey of Contemporary Economics*），可以发现一段总结垄断理论发展的说明：

> 在非常复杂的层面，新著作沉重地打击资本家行为的内在秩序的概念……在某些环境下，这可能是革命性的。没有任何规则比竞争性规则更深植于非社会主义的经济学中了，在非社会主义的经济学中，对资源的控制**趋势**被许多公司利用，并且不同的行业以这种方式进行分配，即将产品的效用最大化和使人们的满意程度最大化结合起来……但是，这一教条有一个最为脆弱的点，即当引入垄断时，防卫者和进攻者完全认可垄断（包括寡头垄断）对竞争性模型具有深深的颠覆性。并且，因为寡头垄断常常抵制进入一个新系统，它会彻底地摧毁它所进入的地方，至少是以非常古老的方式。②

很明显，只有当垄断颠覆竞争模式，而不是颠覆真实世界的竞争性体系时，它才会拒绝嵌入一个新的理论体系而不是经济体系，并且最后，它“摧毁的”是理论而不是经济，这才是有效的前提。但是，在作者后来的评论中，作者本人和作者指代的对象都没有弄清楚理论和现实之间的区别，因为他继续说道：

> 一个或者两个学者已经看到未来发展的前景。后来的海因里希（Heinrich）赢了施塔克贝格（Stackelberg）……他拓展性地处理寡头垄断的问题，看起来
> 他的分析结果已经放弃了除了州政府提供的经济秩序以外的所有希望……海曼 203
> 教授（Eduard Heiman）也认为要注意这一理论的意涵所给出的警示。他暗示：“现在是时候承认垄断体系的概念本身是自相矛盾的，并且它否定了经济

---

① 这些评论在该作品中也可以部分见到：William H. Nicholls, “Social Biases and Recent Theories of Competition,” *Quarterly Journal of Economics*, November, 1943, pp. 1–26.

② John K. Galbraith, “Monopoly and the Concentration of Economic Power,” in Howard S. Ellis (ed.), *Survey of Contemporary Economics*, Published for the American Economic Association by The Blakiston Co., Philadelphia, 1949, p. 109.

学所代表的一切东西。”[①]

在垄断竞争理论发展之前，如果完全竞争理论概念导致经济学家高估了竞争性控制的准确性，那么对于非经济学家而言，竞争性控制更是麻烦重重，因为理论和现实观察到的经济生活具有明显的差距。很多社会科学家并不理解经济学家的概念工具的限制，所以他们将工具弃之不用，并相信在任何地方垄断都是无比强大的，而竞争在哪里都处于弱势地位。在他们自己的领域犯这种错误并不会有大的危险，因为他们不会像经济学家一样经常能找到精确的模型构建工具。

尚未解决的问题

因为竞争拥有三种控制商人的方法（一个主要的和两个补充性的），并且因为垄断要么是一种竞争方式，要么是竞争性控制和非竞争性控制的结合，还因为大企业，群体控制以及垄断竞争都不是反竞争的，因此我们得出结论，竞争性控制既有说服力又有效果。这样的总结缺乏正式证据，并且对竞争性控制力量的准确评价需要理论工具更深层次的发展。但是，本章的主要目的是描述各种各样的市场机制，这些机制是控制那些作为领导者的商人的先决条件。因为这样做，我们将展示：第一，主要控制是普遍的；第二，许多补充性控制是可用的，而竞争和垄断的传统问题变成次要的了。实际上，这些年来，为了绕过垄断竞争的问题，经济学家已经在重新阐述市场控制的问题了[②]。

7.2 商业实践和控制的先决条件

204 价格体系是一套令人好奇的制度安排。对于一些人来说，价格体系是一系列强有力控制的组合；对另一些人来说，它只不过是对经济理论而非现实世界的分析模型。目前的情况是理解自发性领域控制的困难的症状，而价格体系主要依赖自发性领域控制。但是对于这些观点的分歧，还有另一种解释。精准起见，经济学家常常通过确定完美或完全市场类型的条件来描述价格体系。他们并没有充分地描述那些可以在现实经济生活中确认的特点。这一过程并不必然有缺陷，但是距离完美还有一定的差距。

本章的这一节尝试弥补有效的价格体系控制的先决条件和实际中观察到的商业实践之间的差距。这一章主要是写给那些不能认清商业实践与我们对价格体系控制的描述的读者。有些商业实践不能用有效控制手段来解释，但多数是可以的。

---

① John K. Galbraith, “Monopoly and the Concentration of Economic Power,” in Howard S. Ellis (ed.), *Survey of Contemporary Economics*, Published for the American Economic Association by The Blakiston Co., Philadelphia, 1949, pp. 109-110.

② 例如：Edward S. Mason, *op. cit.*, pp. 46-47.

边际成本的问题

观察到的商业政策的突出问题是：有效的价格体系控制会迫使商人管理价格-产出政策，这样，边际成本才会与价格相等。但是，实际上，商人也通过各种各样与边际原则并没有关系的方法来进行决策。

边际成本的测量。首先我们来思考一下如何计算边际成本。基本的困难在于，成本的测量应该包括经济中损失的已支付成本，然而在很多情况下，这一点很难测量。虽然企业购买时，市场会以投入的价格来记录可替代的价值，但是一旦设备和原材料离开市场进入企业，再持续客观地计算它的可替代用途就不可能了。因此，现实世界的边际计算同理论上的边际计算非常不同。

当我们对测量中最麻烦的问题进行归类时，会发现这一事实，即有很多可以选 205
择的边际成本。边际成本取决于一个人有多么短视。一个月每天增加一千单位产量的边际成本，通常来说小于同等的但是稳定增长的产量的边际成本，因为产量的暂时增加并不会产生对持续大量生产来说非常必要的新成本。此外，当合同更新时，那些被认为增加的边际成本也会发生变化。在考虑新合同时，承包出去的价格就成了将要发生的产量的边际成本。但是一般合同签订了，成本就是固定的了，在考虑合同时就不会再有其他的边际成本了。在很多可能的边际成本中，哪一个与价格最相关，这主要取决于制定价格并安排生产之前的时期。因为这些原因，现实世界的边际成本计算包含众多不确定因素。

同样，还存在高峰期和其他产量的巨大改变所带来的边际成本问题。例如，电力公司在高峰期产生的高成本，应该分配到高峰期还是平均分配到所有时间段的产出里呢？一方面，边际主义的严密逻辑是一个问题；另一方面，方便的优点和稳定的价格也是问题。由于成本浮动的原因很多，这个问题要比高峰期的问题宽泛得多。

浮动的价格使消费者和商人的购买计划变得困难，而且由于边际原理的本质是一种理性的辅助，当把选择推到难以理性决策的程度时，我们什么好处也得不到。此外，浮动的价格会使支付的途径和公司成本计算变得更加复杂。最终，如果成本上涨，导致价格急剧上升，会减少那些不得不以较高价格购买商品的人的实际收入。成本和价格的临时性改变可能是令人失望和愤怒的。因为这些原因，较松散地运用边际主义可能是人们所希望的。

在公司生产不同的商品的地方，将成本在不同的产品中进行分配也尤为困难。美国钢铁集团（The United States Steel Corporation）销售 50 000 种不同数量的基
础商品和 50 种不同质量的基本商品。国际收割公司（International Harvester）有 206
250 000 种不同零部件以服务农业器械。“理想地”，每个产品的成本应该被精准地计算。但是，问题是是否值得这样的努力，并且对这些例子来说，没人能够讨论出答案。

严格来说，边际主义会对消费者的每次消费进行计算。把东西卖给浪费商品的人比把它卖给那些所需的人花费的成本更高。然而，可以想象，随着消费者权衡他

们的选择，他们会对价格每一分钟的上升产生疑惑。所有这些问题都会产生精确估值的问题。边际主义严格的逻辑否认精确本身也有极高的边际成本。

第二个测量成本的困难和需求产生于统计上和理论上的概念不可能相等。例如，假设一家公司通过采用拇指规则（凭感觉的方法）解决了可能会有的时间管理、产品分类、将边际成本根据消费者群体进行分开计算等问题，那么是否它能和计算一起继续进行呢？结果当然是肯定的，人们并不能总是提前知道投入的价格，每个工人的产出、维护费用以及其他的一些变量也无法提前知道。这方面的事情，即使未来没有变动，现在也很难确定，因为从加总成本到计算每单位产出的成本，可能存在很多错误。

解释边际成本计算困难的最后一个问题在于，公司单位成本随着产出的扩张而下降，因此，只有边际成本和价格相等时，生产才会扩张，并且价格并不能覆盖总成本。边际成本规则的运用需要企业亏本经营。如果企业亏本经营，那么赤字则变成了纳税人的成本，或者其他人需要来支付这种损失。在这种情况下，边际成本是有缺陷的，它并不能促进理性选择，并且可能需要那些不消费商品的人放弃选择，因为其他的人已经选择了消费它。

人们不该忘记的是，边际成本计算在促进理性选择和分配方面是非常有用的。
207 作为一般性规则，边际成本计算得越精准，选择和分配就越合理。但是我们已经发现，希望边际计算能够达到一个能预测出商品到达特定消费者手中的点，这样的追求并不总是理性的。现在，我们只能简单地说，因为其他的原因，在计算某个给定的工厂产出时追求边际成本并不总是理性的。在最好的情况下，通常，商人只能计算出某几个单位的额外产出的边际成本，他并不能计算出产量从每周 1 000 个单位增加到每周 1 001 个单位时的边际成本。因此，所有的边际成本计算将缺少精确性，就像我们一直讨论的，周全的考虑将指出应该把精确追求到何种程度。

在最后讨论的案例中，因为已经给出的原因，亏本经营以满足边际成本原则可能会引起异议。此外，它还丧失了价格体系中诸多优点中的一个，即如果信息并没有反馈回来预想的回应，那么随之而来的惩罚将会是迅速的损失。在边际成本标准禁止把损失当作惩罚来使用的地方，给公司提供一定的补贴是必要的。因此，为了偶然的收益把不确定性和主观性引入奖励和惩罚，可能并不值得为此牺牲。

边际成本的商业实践。很多企业的常态在价格-产出决策上是偏离边际主义的，为的是应对上面列出的边际成本计算的复杂性。政策要处理的变量的巨大数量、这些变量之间的关系的数量，以及所涉及的时间周期的复杂性，都使得常规或程式化成为必要①，这些实践并不像它们最初看起来的那样，是偏离边际成本的证据。

使用的惯例是什么样的？一项英国制造业的研究总结道：

（1）通常企业为某一特定产品引用的价格等于预期的平均直接生产成本加上成本率（costing-margin）……；（2）成本率通常会覆盖掉生产的间接成本因素并且

---

① Joe S. Bain, "Price and Production Policies," in Howard S. Ellis (ed.), *op. cit.*, p. 153.

提供一个普通的行业整体利润水平，这一成本率可能会反映间接因素或生产的一般性持久的变化，但是对于个人企业组织，不论它的产出水平如何，成本率可能都保 208
持不变；(3) 考虑到生产的直接价格因素，不论产出水平如何，价格都会倾向于保持不变；(4) 在这样的价格水平，企业多少会有一个清晰界定的市场，并且会出售消费者需要的商品数量，企业的销售会等同于它有限的市场份额①。

这种价格–产出的常规，可以由一些来自英国和美国的观察家确定。② 一项美国的研究得出这样的结论：

> 很明显，近期关于一些大公司生产销售的研究表明，对所研究的公司来说，经济学家的长期经营的成本函数几乎接近定价时考虑的成本，而不是短期经营的成本函数。通用汽车和国际收割公司计算的标准成本是单位成本，在达到产出的标准量（与假设的工厂和设备有关），并且工资水平、原材料的成本或工厂效率没有发生变化时，在保守估计的生命周期里，单位成本有望重新捕获工厂的投资。这是霍尔和希契（Hitch）提出的总成本原则的一个版本，在英国和美国的商业公司内得到了非常广泛的运用③。

如果在大范围的产出中，每个单位产出的平均成本是非常稳定的，那么基于可变成本（variable cost）和涨价的价格政策可能与边际成本定价并没有显著不同，除非在产出较高时平均成本和边际成本趋向偏离，那时候两者才会有显著的差异。即使那样，如果商人在高产出时采取涨价，平均成本定价和边际成本定价之间的差异将会非常微小。事实上，大范围产出时，平均成本是否是稳定的，以及商人在较 209
高产出时是否通常会采取更高的价格，这些都仍处于争议之中。

在不确定的情况下，惯例有时也是接近边际主义的一种明智选择。在价格–产出决策必须做出之前，卖家既不知道他们的边际成本，也不知道可能收入，这时，必须对成本–价格关系的更为糟糕的可能性做预计。由于此原因，卖家不会试着使现有的边际成本与现有的价格相等，相反，它会确保这一售价足以弥补它所有的成本。这种解释使得全成本定价法（full-cost pricing）成为风险最低的边际计算方法④。通过将"长期最优位置的次要特点提升到指导原则的位置"，盈亏平衡定价法（break-even- point pricing）和成本加成定价法（markup pricing）也被解释为是接近长期边际成本原则的方法⑤。通过解释清楚商人和经济学家之间的话语和概

---

① P. W. S. Andrews, *op. cit.*, pp. 184 f.

② R. L. Hall and C. J. Hitch, "Price Theory and Business Behavior," *Oxford Economic Papers*, No. 2, May, 1939, pp. 12–45. 这里其中一些研究因过分夸大对边际主义的偏离遭到了批判。(R. F. Kahn, "Oxford Studies in the Price Mechanism," *Economic Journal*, March, 1952, pp. 119–130.)

③ Conference on Price Research, National Bureau of Economic Research, *Cost Behavior and Price Policy*, NBER, New York, 1943, p. 286. 这个相同的研究也观察到了，完全的边际成本计算是罕见的，正如一个运用全成本定价程序并尝试摆脱低利润产品的公司阐述的"The process of selection and rejection here followed may well lead to a fair approximation of the maximum profit position aimed at in an estimation of marginal costs and revenue." (Ibid., pp. 284–285.)

④ William Fellner, *op. cit.*, chap. 5.

⑤ Martin Bronfenbrenner, "Imperfect Competition on a Long-Run Basis," *The Journal of Business of the University of Chicago*, April, 1950, pp. 81–93.

念，人们也在努力使常见惯例和长期的边际主义相一致①。

我们能利用这些证据得出结论吗？答案是，在这些政策和合理使用的边际规则之间，我们无法展示悬殊的差别和统一②。当然，很明显，没有不可逾越的差距使商业实践和有效的市场调控的要求分开。当然，正在讨论的商业实践可能会阻碍接近边际主义的过程，而渐进主义对有效的价格体系控制来说非常必要。但是，人们能从任何一个主要的社会政治过程——不论是科层制、多头政治还是讨价还价——中所期望的最好的就是它能在尽可能多的情况下有效，尽管不一定是普遍有效。

我们不应该忘记，企业既是建立平衡也是破坏平衡的主要工具，更是迄今为止
210 最成功的创新社会的工具之一。企业家不仅仅只进行生产，他们也进行实验、创新、发明和制定计划。为了使企业作为推动进步工具效能的最大化，并鼓励它们灵活适应，企业与它们的直接消费者之间的关系就有必要控制得相对宽松。如果控制得相对宽松，就能够让企业在人事、设备和收入方面更有安全感，企业就会充满活力。

此外，不要要求决策者将他们的宝贵时间和精力集中在账目和价格-产出政策上。“正确的”成本和定价可以是高层管理的全职职位。但是因为时间和精力是非常稀缺的资源，使用简化的趋近来实现正确，可能是令人满意的方法，尤其是在公司内部，传统的和拇指规则已经成为基本的科层制控制手段。这些可以作为原则，可以被科层制的各个层级广泛理解，它们是如此客观，以至于人们能够很明显鉴别出哪些是正确的，哪些违背了这些原则。

7.3 对公有制的进一步观察

既然现实生活中，边际主义的复杂性已经得到了检验，那么我们有可能对先前的政府所有的强制性价格体系的评估再向前推进一步。

强制性价格机制所谓的简化

米塞斯③是对强制性价格机制可使用性的争论的一个极端的代表，他认为：强制性价格机制里的理性计算是不可能的，在缺乏很多竞争性买家和卖家的情况下，价格不能正确反映成本或者不能管理基于成本-价格计算的生产。与米塞斯观点相

① P. Wiles, “Empirical Research and Marginal Analysis,” *Economic Journal*, September, 1950, pp. 515–530.

② 参见：W. J. Eiteman, *Price Determination—Business Practice Versus Economic Theory*, University of Michigan School of Business Administration, Ann Arbor, 1949；P. Wiles, *op. cit.*；R. F. Kahn, *op. cit.*, pp. 119 – 130；R. A. Lester, “Shortcomings of Marginal Analysis for Wage-Employment Problems,” *American Economic Review*, March, 1946, pp. 63–82.

③ 米塞斯的原文出现在德国，标题是：“Die Wirtschaftsrechnung im Sozialistischen Gemeinwesen,” 47 *Archiv f. Sozpolitik* 86 (1920)；这篇文章还被翻译成英文，标题是：“Economic Calculation in the Socialist Commonwealth”, in F. A. von Hayek (ed.), *Collectivist Economic Planning*, G. Rourledge & Sons, Ltd., London, 1935, pp. 87–130.

左的包括兰格（Oskar Lange）和莱纳（Abba P. Lerner）[①] 在内的很多经济学家则
认为：在对卖家进行一些简化和量化的指导时，在此基础上的社会主义价格体系实 211
际上是可以在现实世界运行的；管理卖家产出的主要指导方法是通过使边际成本等
于价格来对产量进行调整。就像很多争论，真相往往介于两者之间。

考虑后一种极端。根据规定，价格必须变化以使市场出清，在这样的管辖权下，定价机构可以设定价格。企业必须根据这样的规定运行，即它们的生产必须变化，以使边际成本等于价格。这两种科层制规定可以为经济中的企业提供足够的协调，且更具体的控制就成为不必要的了，除非有新的投资。像这样的规则是非常简单的，因此也容易强制执行。因为这些原因，自由裁量权将会被最小化，而回应性将会被最大化[②]。

作为经济理论中的分析模型，社会主义的价格体系这一图景是有效的。经济学家的一致观点是米塞斯至少在没有承认这一点上犯了错误。

模型的复杂性

我们来考虑一下刚才描述的计算边际成本遇到的困难。边际成本会随着计算之
前的时间周期而变化。它们每天的波动取决于像租约一样要更新的成本承诺。在很
多操作实践中，边际成本是难以计算的，最终，无视和不确定性使得估计和猜测成
为必要。因为我们提到的这样或那样的原因，成本计算和成本-价格政策的常规是
必要的；在某些情况下，平均成本计算必须被当作距离边际原则最近、最具有实践
性的接近（approximation）。因此，指导生产者增加或减少他们的生产率，直到边 212
际成本等于价格，并不是给他们一个清晰的、客观的、容易强制的规则，偏离这些
原则也很容易被识别并更正。

此外，通过价格上升或下降使市场出清，有时候是不稳定和成本增加的一种原因。此外，某些商品价格的急剧增长可能会影响那些低收入家庭，造成他们实际收入的减少。在边际原则违背企业的偿付能力的情况下，修改边际原则以避免补贴并维持企业的自治权可能是明智的选择。

因此，为了适应这样的价格体系原则，必须限定很多资格条件，就像兰格或莱纳对现实世界中的复杂性所讨论的一样。也许，对国有企业制定可行性原则要比控制私有企业对价格的垄断更容易。然而，如果公司间缺少竞争，那么科层制则有必要运用补充性原则限制自主权。社会主义价格体系的可行原则可能比竞争价格体系的可行原则更复杂。

正如兰格和莱纳提出的，没有一个简单的程序可以使社会主义价格体系轻易地客观化、简化和量化。然而，在某些有类似于自发价格体系的部门的经济中，一个

---

① Oskar R. Lange in Oskar R. Lange and Fred M. Taylor, *On the Economic Theory of Socialism*, University of Minnesota Press, Minneapolis, 1938; Abba P. Lerner, *The Economics of Control*, The Macmillan Company, New York, 1944.

② Oskar R. Lange, *op. cit.*

可行的社会主义价格机制是有可能存在的。在这些部门中，一个类似于自发价格体系的可行性社会主义价格体系能为简化、客观化、量化和分权化提供一套粗略的、不完美的但是很重要的技术。在所有可能的状况下，规定无须陈述企业政策，原因是在缺少价格体系的情况下，他们将必须这么做；他们仅需要根据市场指引做出常规反应。

从对社会主义价格机制的现有争议中，一个适当的推理可能是：对某些经济部
213 门来说，一种可行的但不完美的社会主义价格机制是可能存在的；这种机制可被扩展的范围和其他形式的经济协调一样具有争议性。大体来讲，一个可行的社会主义价格体系拥有自发价格体系的大部分优势和劣势；这两种都是价格体系，而且都将自发领域作为他们的主要控制方式。但是，社会主义价格体系既有它的特性也有问题。比如，事实上它不能够像某些极端倡导者所希望的那样消除自由企业家的权力，以及不具有回应性所带来的风险。不论是强制的还是自发的，价格体系本质上是组织的一种类型，在这种组织中制定的决策会遵循一定的规则；尽管这些规则可能会缩小自由裁量权的范围，但它们绝不可能把它消除掉。需要遵循的特定规则，即需要制定的某些价格-产出政策，和自发性讨价还价价格机制的合理价格政策一样，是需要进一步探讨的。

可行的强制性价格机制的标准

下面不再讨论社会主义价格机制的可行性，而是讨论其特殊的优缺点和先决条件。但是，不要忘记，实施强制及价格体系的可能性不局限于国有化企业。缺少政府的控制权、科层制和价格体系的组合能够并且可以被用来克服价格体系的缺陷。实际上，为了使价格体系的绩效保持在较高的水平，政府可以使用一些规则来管制私有企业中的价格-产出关系。这也是公共事业管理努力的大致方向，并且，这一技巧也很有可能被扩展到垄断的管理中。

过去，公共事业管理、工业价格政策、垄断和社会主义价格体系已经被不同群体的经济学家当作不同的主题进行了大量的研究，但是在他们的作品中，这些
214 主题之间甚少有联系。例如，莱纳的《经济的控制》(*Economics of Control*)① 一书，并没有从企业价格政策和公共事业管理的研究中得出什么。另一方面，不论是社会主义下的价格问题研究还是实际的工业价格政策研究都没对公共事业管理的大多数著作（也有一些明显的例外）产生多大的影响。同样的，企业价格政策和垄断领域的理论直到最近才开始融合，《当代经济调查》(*Survey of Contemporary Economics*) 显示了二者的成就和它们结合的失败②。最意外的是，试图找出可行性的竞争标准的经济学家和试图为科层制价格机制找出可行性原则的人之间存在严重的隔阂。因为所有这些研究的核心都是为价格体系中的价格-产出政策找出可

① *Op. cit.*

② 参见：Joe S. Bain, "Price and Production Policies," and John K. Galbraith, "Monopoly and the Concentration of Economic Power," both in Howard S. Ellis (ed.), *op. cit.*, pp. 129–173 and 99–128.

行性标准。

近年来，这些研究越来越多地用同样的语言提出同样的问题，这大大增加了在这个问题上取得进展的可能性。例如，最近关于社会主义价格的讨论——如经济学家利特尔（Little）、刘易斯（Lewis）、科罗斯兰（Crosland）、米德（Meade）和弗莱明（Flemming）的研究所体现的——已经大大远离了几年前的作家们的乌托邦思想①。这些经济学家中的某些人发现，公共事业工程师所使用的务实性原则和经济学家所使用的理论性原则间的差异远远小于不同的经济学家用于研究这个问题所使用的话语的差异。两者间的差别是很重要的，工程师有时可以指导经济学家，而不是经济学家指导工程师②。

强制性价格机制的可行性

对领导的好处。当然，可能会有人怀疑，在管理私企或者国企时，政府领导阶层及其下属是否关心强制性价格机制规范的精确性。乍看之下，与价格体系无关的 215
直接科层制控制好像更容易些。但是政府官员可以从价格体系规则中获得很多利益。因此，即便是政治家，价格体系及其规则也不是以前愚蠢的、技术性的以及和政治无关的事情。

第一，为了能够从各个利益冲突的团体中抽身，政治家和管理层希望能有法规的限制，让他们能够代表自己参与管理。第二，立法和执行政治家常常希望通过将直接责任交给专业管理者来避免对管制的直接责任。但是，因为失败还是会归责于民选的官员，他们并不会完全放权给这些专业的管理者。所以，他们要用规则为这些职业的管理者规定明确的义务。如果必须有规则的话，那么价格体系规则很有用。因为，他们必须允许企业内具有较大程度的适应性，同时使管制与原则紧密相连，而这些原则的强制实施能够为政治家免去很多麻烦，也就是说，每一个企业必须通过承担自己的成本来独立经营。第三，强制性价格体系的规则可以相对容易地被当作自发性价格机制的价格体系规则的有益补充，它们之间并没有严重的冲突。

分权。最后，强制性价格机制的使用是一种可代替选择——可能是唯一一个可行的选择——过度的集权化会对政府扩大对商业企业的科层制控制产生威胁。英国煤炭委员会（The British Coal Board）正在操纵世界最大的由中央控制的企业。科尔的关于集权化问题的论述是具体的、有力的，且没有明显的过度简化。他在战后的英国社会主义改革中写道：

---

① 例如，参见：I. M. D. Little, *A Critique of Welfare Economics*, Oxford University Press, New York, 1950; W. Arthur Lewis, *Overhead Costs: Some Essays in Economic Analysis*, Allen and Unwin, London, 1949; C. A. R. Crosland, "Prices and Costs in Nationalized Undertakings," *Oxford Economic Papers*, N. S. no. 3, January, 1950; J. E. Meade, *Planning and the Price Mechanism*, Allen and Unwin, London, 1948; J. Marcus Fleming, "Production and Price Policies in Public Enterprise," *Economica*, N. S. vol. 17, February, 1950.

② W. Arthu Lewis, *op. cit.*, p. 14 n.

> 英国社会主义的问题是……如何通过自己的方式在实现社会主义的努力中
> 216 获得新动力。我认为，他们之所以失败，是因为他们没有认识到只有两种方式能使人们摆脱无精打采的状态并创设必要的领导。一种是通过集权化和独裁主义的方式来建立一个特别自律的政党，让它自己成为权力的唯一来源，在各个层面上给予下属充分的权力，这样他们就能在享受权力的过程中驱使人民。对第一种方式，唯一的替代方式是分解权力，将权力和责任分发到很多人手中，依靠人民选出他们所属的团体的领导者——然后鼓励这些领导者充分运用他们自己的主动性，通过榜样和影响力来领导其他的人民，而不是通过使用从中央获得的权力……①
>
> ……国家委员会体系令人不满是因为它没有生产热情。政府和企业之间负面的交叉使得工人认为通过低成本来获得高产出与自己的责任无关，而现在这一点恰恰主要依靠工人才能实现。它让消费者没有参与感，让他们认为自己面对的是巨大的、不可控的垄断机器。我可以看到所有股份公司对赞助者做出美好承诺的理由，但忘记的是，社会化的效率依赖于在人民之中释放新能量，依赖于让人民感觉到成败皆由他们做主。②

科尔的主张看起来很学究。他似乎是在处理在遥远的未来模糊的社会形态面临的假想问题。但是，在英国和其他西方国家，政府对经济生活控制的增长已出其不意地将科尔的社会主义的困境转变为当前面临的困境。

也许，未来没有科尔描绘的那么黑暗。或许，工人、消费者、公民不想要科尔为他们争取的参与权。或许，如果人民不想要参与权时，就不应强加于他们。但是，如果问题正如科尔认为的那样，以及这个问题的解决方法是分权，那么这个永恒的问题又会被提出来：如果不通过强制性价格机制，各个分权的单位之间如何进
217 行协调？价格体系不会让企业失控。用高度集权的指导来取代消费者的自发性领域控制，在某些情况下，可以最大限度地实现科尔所说的“将权力和责任分散到很多人手中”。

国有企业的部分国有化是因为想在一定程度上用集体控制来取代市场控制和消费者的自由选择。因此，仅仅通过强制性价格机制来组织国有化企业，可能会破坏某些国有化目标：若以单纯的形式，强制性价格机制能够禁止集体的非市场控制，这也是国有化想要实现的目标。与管制一样，国有化也必须在通过价格体系进行的市场控制和通过讨价还价或科层制进行的集体控制之间寻求妥协。强制性价格机制的优点之一是有助于将集体控制限制在某些特定的决策上，这些决策也是集体控制想要施加的范围，其他的控制可以留给市场。

比如，国有化允许英国运输委员会制定一系列的科层制规范，说明什么类型的商品和货物应该使用公路运输，什么类型的应该使用铁路运输。然而，国有化不会强制当权者自己承担这个重任。相反，各种不同服务的价格可以大致反映它们对应的成本，服务的消费者可以根据这些价格在铁路和公路运输之间做出选择。恰当的

---

① G. D. H. Cole, “Shall Socialism Fail?” *The New Statesman and Nation*, May 5, 1951, pp. 496 ff.

② *Ibid.*, p. 524.

比率调整可以反映不同服务的稀有性，这样能避免对某一种服务的过度使用或者使用不足①。

美国和西欧广泛实施的对政府控制的分权化教条，比主要的左翼民主党所倡导的社会主义及其改革要激进得多。价格体系很有可能会破坏科层制的社会，这一点经常能在将它的家族比作无政府状态时找到痕迹。

事实上，一个阶级价格体系不仅能够通过协调私人企业之间的经济活动实现分权化，还可以通过协调不同区域的经济活动——例如国际贸易——实现分权化。因 218
此，这个系统提供了分散决策权的可能性，这不仅包括视商业公司和产业为“当地”单位，也包括视地区为“当地”单位。

借助价格体系将 10 个小的经济体系整合进一个大的经济体内，每个小的经济体系本身都在价格体系的帮助下进行内在协调，当前，可能仅仅提一下这种可能性都是非常荒唐的。然而，建议表明在科层制的价格体系的帮助下进行剧烈的分权化改革是可能的。没有人能够说明，新条件什么时候会使这种思想变得值得讨论——只要能否定这种思想就好了。如果有一天我们发现在英国经济体中弄出 5～10 个瑞士型的公司或在美国弄出几十个瑞士型的经济体有利可图，我们就会开始讨论它们的可行性，那权力的集中就会变得很可怕了。

7.4　价格体系中的议程、角色和性格

价格体系议程

非经济学家有时会认为将价格体系理解为一个控制过程是很困难的，因为经济学家们总是倾向于认为，除了角色和性格之外，改变议程也是一种控制手段，甚至忽略了对某些特定行为的控制。必须记住，任何以上渠道都可以完成控制。然而，非经济学家通常希望一个控制过程的描述会与对特殊行为或角色和性格的控制有关，但是，这些影响控制的主要因素通常不在经济学家对价格体系描述的范围内。

用最简单的术语来说，价格体系就是这样一种高度差异化的社会机制，通过这一机制能够将决策制定权划分为很多个可管理的小单位，并且可以通过非常不同的方式来组织决策和行为。因此，它是一种建立议程的方法，但是这一议程与集权控制经济时期流行的议程大为不同。对价格体系的讨论很多与找出某一特定的议程下的人类行为的结果有关，但是这一议程与在其他社会组织部门发现的有很大不同。因此，对经济学来说，通过观察不同的决策制定形式，以及特殊的价格体系议程内 219
参与者参与经济过程所采取的行动，在“解释”价格体系内的效率化过程方面可以做出很大进步。

① W. Arthur Lewis, *op.*, *cit.*, pp. 32-43.

对角色和性格的忽视

对议程的过度关注，会把对相关问题的关注限制在角色和性格这两个方面，在这一点上，只要考虑信息不完整的经济或非经济学家如何对经济过程失控就知道了，因为议程本身并不能为行为差异提供足够的解释。例如，价格体系议程的独特性对解释企业政策有很大帮助，但是多数商业企业是官僚制性质的，在这些企业中许多成员面对的不是市场的诱因、奖励和处罚，而是科层制的上级做出的规定。对于这些人，他们可能在企业中处于重要的管理岗位，我们不能单独通过对价格体系议程的参考来理解他们的行为，角色和性格也是十分关键的。

新英格兰企业和美国对应的企业间的差异阐明了角色和性格对价格体系协调的重要性。近年来，纺织品行业的创新，创造了混合人造纤维和自然纤维后有利可图的市场。价格体系的诱因要求扩张生产。然而，也有一些重要的例外，市场发出的信号还没诱使新英格兰生产商像其他地方的生产商一样做出回应。新英格兰经济顾问委员会将回应的不同大部分归咎于角色和性格的差异。“进入工业竞技场的地区开始了一种新的途径，通过有活力的、好胜的管理、不被传统方式限制的劳动力、最现代的工厂，以及 2 500 亿～3 000 亿美元的国民经济的定位和前
220 景。”①另一方面，在新英格兰，所面临的问题仍然是需要“打破思想和行动的固化”，“得到些新的想法”②。

对价格体系中的效率化过程进行充分的描述，需要我们认识到行动如何被人们面对的议程的种类影响，以及它如何被角色、性格和给定议程中对特殊行为的控制影响。

价格体系所需要的角色和性格

“手段-目的”的视角。我们可以从个体在面对价格体系时必须扮演的角色，以及是否需要任何特殊种类的性格方面来进一步探讨③。在很多人之中，托尼和马克斯·韦伯已经观察到，那些适于市场经济并被市场经济所创造出的个体的类型，与中世纪时期对价格体系来说非常重要的性格特点非常不同④。这种差别至少可以体现在三方面：一是用传统权威的态度来对照现代理性的力量；二是用社会团结、稳定、礼制、合作、交际以及安全所带来的回报的吸引力对照那些可用货币购买到的

---

① Council of Economic Advisors, Committee on the New England Economy, *The New England Economy, A Report to the President*, U. S. Government Printing Office, Washington, July, 1951.

② *Ibid.*

③ 我们不认为性格类型应当独立地作为效率化的一个工具。然而我们仍然想将此作为一个工具来理解。具体请见第 18 章。

④ 参见：R. H. Tawney, *Religion and the Rise of Capitalism*, Harcourt, Brace and Co., New York, 1926, and Max Weber, *The Protestant Ethic and the Spirit of Capitalism* (translated by Talcott Parsons), Charles Scribner's Sons, New York, 1930.

回报；三是将工作本身当作一种创造性活动，认为工作本身就是一种目标，比照将工作当作一种工具的观点。

在以上三方面的每一视角下，“现代”人以其“手段-目的”视角著称[①]。如果“市场”人眼中的理性计算比传统更能激发他们的兴趣，那么部分原因在于他把他的行为看作一种适应目的的手段。如果他发现金钱相对地比邻居的快乐或身份的安全更有价值，同样的，部分地也是因为他发现金钱是完成各种各样目的的手段。如果他把工作更多地当作一种工具而不是目的本身，也部分地是因为，他能很快地区分出工作是一种手段，而他的祖先可能把工作本身当作一种目的。 221

在定义市场体系所需的性格时，推测很大程度上替代了系统观察，在分析中，我们对这一点只有有限的目标。然而，除了通过对手段和目的进行严格的区分之外，甚至在那些人们认识到特定的目的可能也是一种手段（反之亦然）的地方，人们并不能界定选择-配置，或效率化，或理性本身的过程，观察这一点非常值得去做。

价格体系只是人们进行效率化的机制中的一种。但是，价格体系可能比科层制或讨价还价更加依赖于根据手段-目的进行计算的人。首先，它需要大量计算，并且尽管一个人可能想当然认为所有人可以进行大规模计算，但他不能确定所有类型性格的人都愿意这么做或可以做好。同时，它也让每个参与者的肩膀上都承担了这样的决策责任，即在科层制或讨价还价时，他应该授权给少数几个领导者，因此，它需要某些愿意承担这种责任的性格。或许，更重要的是，它要求一种能够扮演多种不同角色的性格类型，在这些角色中，每一种角色的目的都和其他的角色有所不同。

快速的角色变化。价格体系中的个人要扮演很多种角色，每一种角色都要求将扮演当作一种手段，这一方法要求的手段-目的观点的复杂性比任何其他的效率化机制更为重要。价格体系内的功能的专业化、专业化功能的特点以及职业流动性都要求一种能够在不同角色之间进行快速切换的性格。

可以确定的是，在任何社会中，每个人可能都被号召作为一个家庭成员发展某种相当标准化的回应，作为朋友或邻居或市民则要其他种类的回应。但是这些角色在他们特有的价值观和态度中差异不大，都要求认同某个团体并且受到诸如正直、忠诚、服从、公正等价值观的教化，这些对任何一个团体的运行都是必要的。 222

然而，在一个价格体系中，除了已经提到过的角色，一个人还可能扮演着雇主、雇员、销售员、竞争者以及公务员等角色。在一个有效的价格体系中，雇主的角色需要对有雇员的雇主身份的认同以及自发地愿意把雇员当作机器这两者的结合。没有这个结合，雇主无法激发雇员的积极性（让员工认同），同时削减他们的

---

① 当然，对“现代”人进行识别和认定并不是件容易的事。对于非发达地区的以薪资为目标的劳动者来说，价格体系所蕴含的暗示和激励都太弱（参见：Wilbert E. Moore, *Industrialization and Labor*, Cornell University Press, Ithaca, 1951, chap. 7）。如果这些个体都不是“现代”人，那么英国的煤炭工业从业者的失败就回应了价格体系的暗示，那么其他英国工人想要从业于煤炭工业又有哪些困难呢？

工资并迫使他们在对雇主没有利用价值的时候换工作或退休。作为一个“公平的竞争者”，同一个人需要接受一个团体的规则，这被谴责为违背了他展示给雇员的对其他商人的态度。对雇主来说，“相互帮助”是比“公平的竞争者”更有约束力的描述。在一个不同的市场环境中，相同的竞争者可能对他的竞争对手没有义务，并且可能会坏着良心从他的竞争者身上获得好处，而不会受到任何禁止。然而，在供应严重短缺的时期，政治领导者或者他的生意伙伴要求他扮演企业政治家的角色，可能会把他当公务员看待，并把他的稀有权力当作一种公共信任。在任何情形下，他作为销售者的角色经常要求他贯通一系列的分角色以便迎合每一个顾客。

价格体系需要一种性格，这种性格能够快速、轻易地从任何一种角色转变到另一种截然不同的角色。可能这暗示着价格体系需要摧毁性格，也就是摧毁稳定的目标和态度。在现阶段的分析中，这样一个推断至少是不成熟的，并且在任何情况下，可能都比价格体系要求善变的性格这一谨慎的结论更难证明。当然，对价格体系来说，善变的性格可能并不像在一个价格体系中利用机会获取个人私利那么必要。善变的性格与利用机会争取利益的差别虽然复杂，但有可能是正确的，正如我们在后面的章节会确认的那样，刚刚描述的善变的性格可能确实是任
223 何真实世界价格体系的先决条件。价格体系的观察者经常无法理解其对积极的角色扮演的依赖，这主要因为正规的经济学理论倾向于给每一个参与者设定一个单独的角色。

利己角色。在价格体系中，利己主义者是角色要求最苛刻的角色之一，我们先前没有提到它，是因为需要特别强调它。当然，现在所有有动机的行为都是利己的。但是在价格体系安排中，人们常被要求扮演一种角色，“利己”这一角色常常被用来和另一个更广泛的角色（有时被称为“利他”的角色）进行区分。举一个极端的例子，在某些情况下，价格体系的成功运行要求：领导者取消赎回抵押品的权利，即使“他们很讨厌这样做”。或者商人要按照“可靠的商业原则”——反映利己的特殊解释——来行事，即使他们这样做必须违背一些重大的个人目标或价值①。

要区分对个人在价格体系中的角色来说非常重要的“利己”和更多是人们想象的利己，其中一种重要的方法就是认为前者是狭义的，后者是广义的，前者更关注个人的金钱利益和市场所得，后者更关注友谊、团结、睦邻和自尊的价值。维持价格体系的一个困难就是，一个人的“利己”角色并不会在他们的非经济活动中扮演，而当这些人必须想象是在市场里时，他们会发现与他们所想的完全不一致。

如果不一致的话，为什么价格体系还要求具有狭义的“利己”的角色呢？答案是，对价格体系中的控制很多是通过现金奖励和惩罚来运行的。如果太多其他的价值影响行为，这些控制将变弱。现金奖励和处罚可以被操纵，但其他的却不行。如

---

① 关于利己角色，参见：“The Motivation of Economic Activities,” in Talcott Parsons, *Essays in Sociological Theory Pure and Applied*, Free Press, Glencoe, Ill., 1949.

果利己被狭义地理解为是恶的，就是一种私人的恶变成公共的美德的案例了，这一点曼德维尔（Mandeville）在他的《蜜蜂的寓言》（*Fable of the Bees*）中也观察到了。

企业政治家角色。鉴于近年来许多商人想要扮演企业政治家角色的倾向，狭义 224
利己角色的必要性正变得越来越明显。有两种美德正在塑造商人的角色。其中一种教导商人要"公平"，另一种教导商人要具有竞争性。其中一种呼吁企业政治家、公务员、公共利益的调节者、雇员和股东；另一种呼吁"老式的"利益寻求，以追求狭义的利己。

在大量的案例中，价格体系控制商人的可能性取决于后者对现金收益和企业损失的关心，因为这些可以被消费者操纵，也取决于他对很多其他价值的忽略，因为那些价值不能被人操纵。企业政治家常常是这样的商人，他的价值允许他逃离控制。如果他根据"公共利益"采取行动，就像他自己所说的，可能仅仅是因为他不能自由地定义它而已。

这种对企业政治家角色的批评不应该被推得更远。第一，我们发现，很难设想这样一种可能性，即管理大公司时，不应该考虑那些被灌输的除现金收益和奖励以外的价值，就像我们发现，很难想象不依靠和对他的教化过程类似的习惯来对他施加控制一样。

在这两种情况中，教化为商人和公务员创造了一个角色，扮演这种角色在两个方面使控制生效：它使人们接受特定的原本会拒绝的控制，并且它改变了他们在自发行为中做出的决定。解释是危险的，因为商业决定是许多因素的共同产物。但是相对成功的担保或交易管制是可能的，仅仅因为商人接受的是特定的价值观而不是利益和损失。

第二，相反地，一个公务员角色要求创造一个人造的"利己"角色。公司经理必须扮演一种把公司利益和损失当作自己个人利益与损失的角色。通过薪资调整、分红、提拔和降职，这两种受益和损失可以在很大程度上保持一致。但是领薪水的商人与见利抛售的业主不同，某种程度上他们是隔离在市场的回报和剥削之外的。
并且最高管理层——虽然他们也是从大公司中领薪水，但是如果他们愿意——可以 225
在不考虑公司赢利和损失的境况下给自己发工资、分红和奖励，由此使自己明显地区隔于市场激励之外[①]。

因此，必须对一个角色进行教化，建立商人和公司之间的认同，只有这样，价格和存货动态、收益和损失（价格体系对生产的整个机制）在事实上都变成了对特定人的回应的控制，这些人在制定企业政策时不会考虑个人的现金得失。如果不这样做的话，当他们在公司内找到能做出想要的回应的人时，市场线索、回报和惩罚就会被削弱。

不理性。对角色和个人性格的另一个要求就是，商人必须有一定程度的不理性。也就是说，他必须在一定程度上养成一种绕过理性的特别计算的性格。他的公

---

① Robert A. Gordon, *Business Leadership in the Large Corporation*, The Brookings Institution, Washington, 1945, chap. 5.

务员的角色和他对企业的认同，都要求他发展出一种习惯性反应，这种回应不同于他在理性计算过他的决策之后的回应，并且很有可能和他作为商人的长期的成功相一致的回应相反。如果这一点已经明显到无须再提，是因为它对每个人来说都是正确的，那么必须记住，作为价格体系的先决条件的声明，它使——理性是实现最优的条件——这一经济学理论的常见假设变得复杂了。

博弈的性格。最后，经常有人认为，在商人不愿意去博弈——也就是比其他群体有更多的信心去面对经济生活中的不确定——的时候，价格体系就不能运行和持续。我们不知道商人的行为究竟在多大程度上依赖于其性格中的某种独特性。但我们可以确定的是，如果需要去尝试一下一种不同寻常的性情的话，根据本章讨论的
226 补充性控制的类型，这些要求可能会随之变化。比如，如果通过私有财产和行业内不同公司之间的竞争来对企业家施加补充性控制的话，相较于通过政府假设的失去财产的风险和对价格-生产政策的科层制的指导来实施的补充性控制，前者更有可能诱发一种冒险性格。

7.5 价格体系的局限

本章描述了效率化的四个社会政治过程的其中之一。我们已经清楚了价格体系能够实现什么，但价格体系最大的局限在于它是一个高度专业化的过程，并且较其他过程，其适用的案例和领域更为狭窄。这一点和其他的局限性将在之后几章进行进一步说明。接下来我们将注意力转向效率化的其他三种主要社会政治过程上。随后，我们就可以评价它们相应的优缺点。这些过程在其各自领域都是不可或缺的，我们的任务是找出那些对这四种社会政治过程来说不合适的条件。

第 8 章

科层制：领导者的控制

8.1 领导者和科层制

对效率化来说，科层制是一种熟悉的、普遍的、重要的社会过程。在本章和接下来的一章，我们将考察其作为一个社会过程的某些基本特征，以理解它对效率化的影响；然而，我们对其作为效率化的一个过程的分析，将会持续到本书结束。 227

大体上讲，组织的科层制过程指的是领导者对非领导者施加很高程度的单向控制。但这个界定仅仅是最为接近的。通常，如果按我们的意愿对其进行分割和讨论，进而将其准确标识，可能会遇到一些非常棘手的问题。

科层制不是纯粹的单向控制

第一，正如我们在前一章所强调的那样，几乎没有组织会展现纯粹的单边控制关系，即使有，也非常少。下属对它的上级也并不是没有控制权。在效率化方面，单纯的单项控制很不常见，甚至对分析来说，它也是一种有用的抽象的模型。因而，除了它对特定组织或过程创造精确的标签的困难，我们用“科层制”这个术语举出一个“很高的程度”但又不是纯粹的单边控制的例子。可以用两种实用的但不精确的测试来区分一种科层制组织：在或明或暗的投票后，非领导者不能和平地替换领导者；以及领导者很大程度上决定何时、在何种情况下以及向谁进行咨询。第一种有助于区分科层制和多头政治，第二种有助于区分科层制和讨价还价。

谁是领导者？

228 第二，事实已经证明，对于社会学家和政治科学家来说，寻求一个辨别“领导者”的有用的、具有操作性的定义十分困难①。一个最为接近的说法是，如果群体中的个人按照他们对别人的控制“程度”排序，领导者们则拥有“明显”更多的控制。如果群体中无人拥有“明显”更多的控制，那这个群体就不存在领导者。因而，我们可以沿着“平等控制—分散控制”这一连续体来定位控制关系。领导者是那些具有差别控制的人。当然，困难在于控制的“程度”和“明显”更多的控制的概念是什么。

控制程度。政治科学家和社会学家尚未开发出能够达成共识的测量控制“程度”的方法。在他们尤为精确和开创性的系统研究中②，拉斯韦尔和卡普兰区分了影响力的**权重**或者“影响政策的程度”、影响力的领域或者“受到某些政策影响的人”、影响力的范围或者“政策中牵涉到的价值”。

然而，这些仔细的区分绝对没有提供一个清楚的方法去确定是否 A 在 C、D 或 Z 上比 B 拥有“更多”的控制。因为，A 可能控制一些对 B、C、D 和 Z 的某些较高的目标具有重要意义的决定性回应；B 则可能控制许多对 A、C、D 和 Z 的某些较低的目标具有重要意义的适度回应。在这些条件下，我们显然不能恰当地说 A、B、C、D 和 Z 中谁是领导者；我们仅能说，A 在这种情况下是领导者，B 在另外一种情况下是领导者。不仅如此，如果试着确定是否 A 在自己的领导位置上比 B 在自己的领导位置上具有“更多”的控制，这是非常危险的。因为，好像并没有令人满意的共同标准，为了给自己进行层级排序，不同的控制形式总是被简化。

229 精确起见，人们应当避免比较不同情形中领导者的控制“程度”，严格来说，此种条件下的控制形式并不是可比较的——例如，不同的控制形式并不是都可以简化的，或者根据受到影响的人数，或者根据回应的数量，或者根据受到影响的目标数量，或者（这无疑是最为关键的问题）根据以排序或重要性加权的目标数量。到目前为止，本书确实尽可能地避免此种比较。然而，缺少某些此类比较，将不可能对备选的社会技术进行有用的分析。在这些情形中，我们将结合特定情境，努力说明某种情形中的控制较其他情形“更多”到底是什么意思。对大部分内容来说，我们希望探讨的控制“程度”的差异大体上已经足够，对它们而言，精确性上的困难将不会扰乱实质性的争论。

---

① 对这个定义问题的精彩和详尽的讨论，参见：Alvin W. Gouldner (ed.), *Studies in Leadership: Leadership and Democratic Action*, Harper & Brothers, New York, 1950, “Introduction,” pp. 3-49. 然而，我们并没有遵循古尔德纳（Gouldner）的定义建议。

② Harold D. Lasswell and Abraham Kaplan, *Power and Society: A Framework for Political Inquiry*, Yale University Press, New Haven, 1950, pp. 73-77.

明显更多的控制。"明显"的概念，也必须以同样实用和接近的方法加以运用。在考察绝对和完全平等的控制的可能性时，贵格会教徒祈祷会（Quaker meeting）中有活力的、令人信服的成员的控制比消极的、沉默的和不受欢迎的成员的控制"明显"更多。另一方面，在决定一个典型的贵格会教徒祈祷会是否是民主的、多元的或者科层制的时候，我们应当倾向于说，贵格会教徒祈祷会中的控制差异并不是"明显"很多的。通常，贵格会教徒祈祷人类以穷尽所有可能的方式接近政治平等；因而，我们可以将这些组织称为"民主的"。

处于连续体之中的科层制

因而，在最好的情况下，在理论模型和真实世界中，科层制过程的概念必定要包含多种在某些方面各不相同的子类型，此种差异对某些目标来说是相当重要的。因此，我们可以建构一个或数个连续体，以力图将一些主要变量考虑在内，例如，受到控制的行动类型、控制集中在顶层领导者的程度或者以军事化方式分散在下行控制链条中的程度、命令和操纵性领域控制之间的偏差、抵抗相互控制的程度和类型等。尽管此种分类对我们的目标而言可能过于复杂，读者仍有可能在心中对某些不可避免的过度简化保持警觉，此类过度简化为我们在这些章中必须使用的。"科 230
层制"这个词在社会过程的原野上切开了一条巨大的刈痕。

领导者和行动的创设

在什么是领导这个时常令人困惑的问题上，是领导者在发动群体行动方面的角色。在两个或三个行为个体间，毫无疑问，领导者通常会是那个最为频繁地创设群体行动的人。但群体的规模越大，领导者直接采取行动的可能性就越小。正如一位作者说的那样："因而，并**不是**先提出观点或者建议的人，而是在已经提出的意义上，能通过自己对提议的支持和信奉进行合法化的人才是领导。他将其转化为某种准则，群体成员不得不据此来调整自己的行为。"①

在大型组织中，大量的决定是由个人或群体而不是高层领导者做出的。对其中的大部分而言，领导者否决、支持、修改、推迟以及将行动或者由他人所建议的行动进行分类②。尽管如此——这是至关重要的——当他感到需要行动时，领导者就可以处于采取行动的战略位置上；巴纳德（Chester Barnard）写道："经理人员主动决策的情况，是对其能力最重要的考验。出于自己对情形的理解……决定是否需要做或者更正某些事情。"③ 不仅如此，领导者可以采取和修正能够影响整体结构和过程的行动，以在组织内采取行动。

因此，领导者能够如其所愿地采取行动的战略机会，是其最为重要的特征之

---

① Gouldner，*op. cit.*，p. 19. 读者需谨记，我们并没有遵循古尔德纳自己对领导力的具体定义，见 p. 17.

② 参见：Chester I. Barnard，*The Functions of the Executive*，Harvard University Press，Cambridge，1945，pp. 190 ff.

③ *Ibid.*，p. 191.

一，不仅在科层制中，在多头政治和讨价还价中也是如此。

8.2 科层制和民主的信条

当今西方社会最明显的特征之一是，科层制过程变得十分关键和无处不在。这一特征如果不与某些意识形态或民主思潮的本质相对立，也就不足为奇。但这种理
231 念和现实之间的冲突在美国十分明显。尽管在细节上可能有误，杰斐逊在原则上的确是对的，他坚持认为权力的平等需要以农耕社会为基础。他准确预见到，城市社会将严重依赖科层制。由于美国人接受了他的结论而拒绝了他的社会学假说的前提，我们这个国家中不得不拥有两套不相协调的意识形态：一个是为了公共场所的雄辩，另一个是为私人使用；一个是彻底的平等主义，要求我们对当前社会的整体结构做革命性变革；另一个是彻底的科层制，对它的追求已经在事实上导致内战前主导的社会整体农业结构发生了革命性变革。

在前内战时期的农业社会中，激进的民主成为人们广泛接受的信条，与此相比，现代美国显得愚钝了不少。将眼光转向现代可以发现，人们参与其中并深深依赖的强有力的科层制过程，常常在大型组织中发挥作用。公司，工会，政府机构，党派组织，政治机器，游说群体，职业协会，为退伍军人、农民或者商人代言的专业化组织，教会，许多巨型大学——借助于此，层级关系在普通民众的生活中起到了决定性作用，杰斐逊在 1800 年、杰克逊在 1830 年认为这同民主不一致，几乎同暴政没有区别。当前某些组织的成员比杰斐逊时代的许多州和城市的总人口还要多，一些组织拥有的资产和债务比那时联邦政府的都更为庞大，许多组织掌控奖惩的力度和影响的全面性，超过了 1800 年的任何政府组织。杰克逊同美国第二银行进行斗争，因为他深信，在民主的秩序中，借由大型私有组织对大众进行一些娴熟的控制是不可容忍的。但除了现代美国生活中的巨型科层制外，“银行”是一语双关的。

从彼时到现在，控制的分布已经发生了革命性变革。控制间的差异是显著的，但大体上讲，它们反映了个人资源的各种差异：出生、财富、收入、地位、性格、
232 智力、地域、运气。但是，把这些个人资源当作一种控制其他人的方式的重要性是有限的，因为美国大体上来说还是一个小农场主和边疆开放的国家。当然，奴隶制是一种没有被自由的农业社会和平等公民的思想同化的制度。

即使在今天，控制的不同继续反映了个人资源的不同，但是科层制社会过程放大了这种差别。在个人资源中，无论这种差别是什么，位于顶层的人们——尤其是那些擅于经营具有科层制特点的组织的人——通常比底层的人更具有影响力。即使“对所有的人来说到达顶层的机会是平等的”，但残酷的现实是，到达顶层的人仍有比底层更多的控制权。竞争性招录并不会必然削弱社会的科层制特性；事实上，通过引入表面上平等（机会平等，而不是控制平等!）的“民主”原则，竞争性招录通过赋予控制平等合法性而使社会的科层制特征稳定化。

或许，这场革命中最值得注意的方面是美国人现在接受其结果的方式。在一些

小争论（平民主义者是否承认新秩序及其合法性的农业力量的最后残余之一）过后，大多数美国人在尚未意识到的情况下就已经接受了科层制的事实。到现在，美国人好像已经接受了科层制；社会教化也在不断强化美国人在科层制组织中必须扮演的角色。

个人在三种最为重要的科层制组织中的体验，似乎完成了此种教化。首先，商业公司在这场革命中是先头部队和先驱者。内战以来，越来越多的美国人逐渐习惯于为大型的科层制公司工作，向其投资或消费其产品。接下来是军队。甚至在韩国之前，两场战争使相当大比例的成年男子习惯于比他们所能想到的更加严格的科层制，即使他们中的许多人尚处于成长期。许多服兵役的军人深深地厌恶军队中的科层制因素，但极少数能公开质疑军队组织中的此种科层制控制。例如，内战时期试 233
行的军官选举制度，看起来从头到尾和农耕民主一样毫无生机。第三类是政府机构。联邦、州和地方政府的科层制以令人叹为观止的速度发展，帮助教导数以百万计的公民就像雇员或者客户一样依赖这些组织。

商业、军队生活、政府以及其他科层制组织的优势看起来如此明显，同平等控制的冲突也如此公然，以至于自由民主理论和社会实践变得不相协调。在实践中，放任自由主义产生了巨大的商业科层制组织，其存在又反过来刺激了其他“私有的”和政府的科层制。但在理论上，放任自由主义通过约定俗成的惯例认为这些组织不过是由自由的合约参与者组成的自愿性组织，从而忽略了这些科层制组织。此种戏法将科层制控制从书中排除，却在实际生活中将其培育。

现代福利国家的自由主义者坚持认为，商业科层制应当被工会和政府科层制抵消，从而在协调性问题上获得了通行证。但他们无法否认，大型科层制组织领导者间的讨价还价极少实现传统民主信条的承诺；与此同时，他们也不愿将此信条放弃。在这一点上，很难将民主社会主义者和福利自由主义者区分开来。他们现在知道，社会化多少改变了控制科层制组织的技术，但并未驱除科层制这一事实本身。

于是，出现了两个问题。首先，鉴于第 2 章中的目标，科层制的收益和成本是什么？其次，在什么情况下，收益能够超出成本？简而言之，社会应当在什么时候、以何种方式利用科层制去追求第 2 章提出的那些目标？第一个问题是本章余下内容的主题。第二个问题比较复杂，事实上是讨论本书大部分主题的一种方式。

8.3　官僚制的鲜明特征

官僚制是一个无处不在的现代组织，在其中，经常可以看到科层制过程的出现。官僚制也是当前社会中发现的实现效率化的运用最广和具有重要影响的工具之一。科层制的大多数收益和成本，都可以通过对官僚组织的考察发现。 234

当然，“官僚制”这个词本身的含义是模糊不清的。谈起官僚制，许多人会想到一个被某些广义上的特征所形塑的组织：不受欢迎的，主要忙于繁文缛节、推诿扯皮、缺乏弹性、非人格化以及过度集中的组织。另一方面，越来越多的社会学家、政治学家和管理作家将官僚制看作一个为某些结构特征所标识的组织，不能轻易地将其界定为受欢迎的或不受欢迎的。

实际上，在很大程度上，两个群体关注的似乎是同种类型的科层制过程；因为，正如在本章将要看到的，具有让社会学家和政治学家识别“官僚制”的那些结构性特征的组织，也倾向于产生那些让许多人反对的、将其视为“官僚制”的特征(繁文缛节、推诿扯皮、缺乏弹性、非人格化和过度集中)。

首先，让我们来辨别我们称为“官僚制”组织的一些重要的结构性特征。韦伯是试图陈述这些特征的先驱之一。然而，遗憾的是，他的“纯粹官僚类型”只是一些特征的混合物，与产生它的条件并没有非常紧密的联系①。尽管如此，韦伯之后的大多数人试图描述的“官僚制”，都得益于他的思想②。目前
235 已经达成的可观共识是，以下结构性特征在将“官僚制”区别于其他组织的方面至关重要：

有意识地调整手段以适应目的。很大程度上，官僚制的规定章程代表着一种自觉和谨慎的尝试，即调整组织的结构和人事以最大限度地实现官僚制内外的高层领导者想实现的最大目标。当然，实际运行中的章程有可能与官僚的要求相分离，有时分离的程度可能会非常大。但仍然可以认为，高层领导者设定的章程反映了理性地调整手段以适应目的，这不仅会显著影响运行中的组织，还会影响官僚制的整体特点。较大多数组织更甚，官僚制的结构被控制者有意地塑造而成，它们希望通过这种塑造，能够“理性”和“有效”地调整手段以适应目的。然而，这并不否认观察者可能将官僚制视为高度无效率和非理性的，或他并不同意官僚制最大化的那些目标，或者他认为这些目标实际上并没有被官僚制组织有效地最大化，或者两者兼而有之。

科层制。官僚制以或长或短的控制者链条为标志；控制呈阶梯状，每个控制者自身又是另一个控制者的下属。在此种意义上，官僚制是“金字塔式”的，相对少数的处在高层的人，通过控制链条能够控制（或多或少）相对多数的位于其下的人。上级希望控制下属时，通常会减少控制环节的数量；当希望限制或者推迟名义下属对他们自身的控制时，他们就会增加控制环节的数量。

规定的和有限的自由裁量权。在官僚制中，每个下属和控制者的自由裁量权通常是被规定好的和有限的。也就是说，个体和单位在做出官方决策时可以妥当考虑的选择范围或多或少已经被一套法规明确界定和限制了。

---

① 韦伯的分析见：*The Theory of Social and Economic Organization*（translated by A. M. Henderson and Talcott Parsons and edited by Talcott Parsons），Oxford University Press，New York，1947. 现今被整合到了一本有独创性的书中：*Reader in Bureaucracy*，Robert K. Merton，Ailsa P. Gray，Barbara Hockey，and Hanan C. Selvin（eds.），Free Press，Glencoe，Ⅲ，1952，Cf. 也有一些评论，见：Carl J. Friedrich，*Some Observations on Weber's Analysis of Bureaucracy*，pp. 27 ff.

② 例如，参见迪宾（Robert Dubin）的 *Technical Characteristics of a Bureaucracy*，in Robert Dubin（ed.），*Human Relations in Administration*，*The Sociology of Organization*，*with Readings and Cases*，Prentice-Hall，New York，1951，pp. 156 ff. 也可参见：Carl J. Friedrich，*Constitutional Government and Democracy*，*Theory and Practice in Europe and America*（rev. ed.），Ginn and Co.，Boston，1950，pp. 44-57；参见：Herman Finer，*Theory and Practice of Modern Government*（rev. ed.），Henry Holt and Co.，New York，1949，该书对其结构特征以及政府公务员中广为批评的特性进行了精彩的探讨，它将“官僚制”限于后者，见第 28 章；也可参见：S. E. Finer，*A Primer of Public Administration*，Frederick Muller Ltd.，London，1950，pp. 34-36.

技能和功能的专业化。被限制和规范好的自由裁量权常常被安排妥当（妥善），形成组织的技能和功能的高度专业化。当然，对官僚制而言，这个特征并不独特， 236
但确是一个不容忽视的重要元素。

所有权的分离。作为个体，官僚组织中的成员并不占有他们借以工作的工具和手段。财产权归属于官僚制整体，更常见的是归属于某些由法律构建的、官僚制规定的组织。

通过对官僚制的上述五个特征的描述，我们可以得出一个关于官僚制的客观概念——它并不试图从定义上证明官僚制是否受欢迎——进一步来看，这个概念可以广泛适用于各种现代组织，不仅适用于大多数政府机构和军事单位，也同等适用于大多数大型商业组织，以及在不同程度上适用于工会运动、教会（当然，最引人注目的是罗马天主教会）、像全国制造者协会那样的压力集团和宣传组织、商会(Chamber of Commerce)、博物馆、图书馆、消费者合作社、教育机构、慈善组织、医院等。

8.4　官僚制的动力学：目标收益

官僚制组织的数量在急速增长。在人们最少期盼它的组织中，从小学院到海滩俱乐部，官僚制也显示出强大的主导趋势。同杰斐逊和杰克逊的时代形成鲜明对比，现代美国世界沿着官僚化急剧发展。为什么组织会发展到上述五个特征集聚出现的地步？

我们提出了五个方面的原因，其中两个原因起源于工作任务的大小：(1) 相对少数人协调相对多数人的行动的需要；(2) 进行超出任何单个人能力的复杂决策的需要；(3) 劳动分工的优势。在上述三种情形中，“需要”或“优势”是官僚制的原因，当然，仅限于此种情形，即影响制定官僚制决策的人在主观上相信此种“需要”和“优势”。但另外两个原因在性质上绝对是心理的或主观的：(4) 对地位和 237
实现控制目的的渴望；(5) 一种文化偏好，偏爱以一种手段和目标明显相适应的理性方式进行审慎和自觉的努力。这些并不必然是仅有的原因，但对作为效率化手段的官僚制的分析而言，他们可能是最有意义的。

协调大规模的人群

官僚制是一种重要的方式，借助于此，相对少的人能够协调相对大规模的人群的活动。

只要群体成员相互间都能维持直接的、面对面的接触，不需要官僚制，群体成员就可以协调他们多种多样的活动。在小群体中，许多行动可以通过互惠、自发控制和简单的科层制加以协调；也就是说，群体并不迫切需要精致的科层制、规定的和有限的自由裁量权、高度的专业化、分离的所有权，甚至没有大量有意识地创设“理性”组织的努力。讨论、咨询、选举、领导者的权威、普通习惯、传统、共享的规则，就足以确保每个成员为共享的组织的目标努力——贡献足够充分，至少，使得群体感到没有较大的改变组织的压力。在小群体中，劳动力根据不同的任务来分配：狩猎、准备食物、耕种土地、准备未来需要、同敌人作战、施行正义、照顾老弱病残、训练和教化年轻人——所有的事情都可以在没有官僚制的情况下得到充分处理。

在决策不再能通过群体间所有成员面对面接触来做出的情况下，协调的问题（如分配劳动力）就变得更加复杂。即便如此，也并不必然需要官僚制，以下是几种可以替代科层制-官僚制的方案：

通过自由联盟来协调。大量不依靠官僚制而运行的小群体可能形成“自由联盟”，以协调他们的活动并避免官僚化。非官僚化大型社会中协调的理论概念奇妙

238 地出现在各种地方——例如，在卢梭的著作、马克思的《法兰西内战》（*The Civil War in France*），以及杰斐逊的著作中，至少进行了含蓄的表达。通过暗示，像这样的一些概念必定隐藏在杰斐逊晦涩的理念中，它描述了一个控制中心位于州和地方社群的高度分散的联邦主义。

当然，这样的“自由联盟”意味着对分裂的邀请。我们来看看杰斐逊和麦迪逊起草的《弗吉尼亚州和肯塔基州决议》（Virginia and Kentucky Resolution），其中指出，被一个成员州坚持认为违反了基本的讨价还价机制——宪法——的中央政府行动不应当在那个州实行。此种观点不可阻挡地将逻辑引向了南卡罗来纳州在1832年废除的条例中采取的立场，并由此引向了南卡罗来纳州1860年脱离联邦的宣言。的确，正如林肯在第一次总统就职演说中指出的那样，同样的逻辑必须在州内部适用于其他次级群体，在次级群体内部适用于个体，直到个人达到（林肯所称的）**归谬法**（*reductio ad absurdum*）状态，个体如果不喜欢所在群体达成的协议可以反过来从中脱离。

然而，只要有一个完全以此种方式运行的社会存在，协调大规模人群活动的努力就不可能（独自）创造出对科层制-官僚制的需要。

通过相互控制和自发相互控制来协调。某种程度上，假如人们有相同或相似的规范和实在概念，大规模人群的行动可以通过相互控制和自发性控制来协调，而不需要科层制-官僚制。毫无疑问，如果明天取消所有的交通警察，在很长一段时间内，全美国的大多数司机仍将继续靠右行驶。事实上，如果不是因为大量的司机基于相似的规则和对安全以及便利的现实观点实现了自发和操纵领域的控制，并由此达成了（相互间的）协调，否则即便有更多的警察，交通控制也会迅速崩溃。但是，“假如”是很重要的。假设100名司机中仅有一位不相信靠右行驶，违反所有的社会禁令，并坚持认为以每小时60英里的速度行驶在闹市中是安全的，那么，剩下的99名司机将（不得不）呼唤以警察形式出现的官僚制组织。

239 **通过价格体系来协调**。大规模人群多样化的活动在某些情形中也可以通过价格体系来协调。尽管将通过价格体系运作的经济体视为缺少官僚制（毕竟，大型的商业组织就是官僚制组织）是一种过度简化，价格体系提供了一个备选方案，以替代通过官僚制做出的一系列决策（的方案）。相互竞争的家具制造商各自做出增加餐厅桌子产量的决策时，并没有受到科层制-官僚制的控制。因此，在战争时期，当

直接分配取代“自由”市场之时，所有人都意识到了分配资源组织的根本性改变，官僚制组织取代了非官僚制组织。

协调何时需要官僚制。因为联盟时常是不可能的，个体在其规则和现实观点上通常并不一致，价格体系高度专业化而运用有限[1]，官僚制常常是少数个体协调大量人的不可或缺的手段。辨别官僚制的特征丛，成为至今仍然开放的替代方案的不可避免的因素。如果处于官僚制顶层的个体能够协调他们的活动（“一人控制”的原因之一就是减少顶层协调的问题），通过赋予上级对下属的至关重要的单向控制的层级安排，例如，通过一个梯度控制线的“或长或短的链条”，他们就能协调无数其他人的活动。因为官僚制的替代方案部分地取决于自发控制，当这些控制失败时，协调要求“有意识的和审慎的尝试”以使组织手段适应高层领导者的目标。因为，自发控制并不充分，个体的裁决必须“被一套规则或多或少地明确规定和限制”，这可以协调一个人同其他人的行动。协调的这三方面要求加总起来时，我们已经称为官僚制的轮廓开始显现。但是，为什么这些情境中的协调要求个体同他们的工具和手段相分离呢？为什么所有权必须赋予官僚制自身？答案是，所有权是种 240
控制，如果下属能控制他们的工具，控制就不能通过自上而下的控制关系链条而得到规定。因为，如果他们能（控制自己的工具），任何单向控制的尝试都会转变为讨价还价。

复杂性

当决策所必需的变量数量和信息量过于庞大，以至于不能指望任何个人胜任决策时，对决策的需要也会导致具有官僚特性的组织的产生。因此，官僚制是理性计算的助手。

举一个极端的例子，假设一群人想制造一颗原子弹，但无人知道如何去制造。很明显的第一步是，其中一人或更多人通过培训和专业化来“提升”他们的能力。然而，人类大脑的容量非常有限，他们中的任何一个人，即使他是一位诺贝尔物理学奖得主或者是卓越的工程师，都不可能吸收和理解所有变量的足够正确的信息。因而，很明显的下一步是，降低任何个人都必须做出的决策的复杂性。例如，通过改变议程来减少任何个人在决策中必须处理的变量数量。

通过价格体系降低复杂性。改变议程以减少任何单个人所必须处理的变量的数量，需要再次探索行动的两条线路。第一条，已经在前面章节中出现[2]，是力图将变量量化，将其简化为成本和收益等某些共同的测量尺度。将变量定量化、简化为成本和收益的共同尺度的一个重要方法（也已经出现过），是通过价格体系中的市场选择来完成的[3]。但这种解决办法在技术上并不总是可行。在将价格标签贴于提炼铀-235 的气体扩散过程的成本和收益上，并将其同电磁方法的成本和收益相比

---

① 当然，我们在后面将询问这些有限的运用是什么，见第 14～16 章。

② 第 3 章。

③ 第 5 章。

较之前，必须要首先发明、设计和建构这两套方法；在这些阶段中，价格标签确实有相关性，但无助于解决工程和物理学上的技术问题。即使价格体系在技术上可
241 行，由于本书后面将要解释的许多原因[①]，其在分配资源上并不总是令人满意。

通过授权降低复杂性。在价格体系中的市场选择技术上不可行或者不受欢迎的地方，改变议程的第二个方法是通过授权实现分权。也就是说，决策可以通过将它的不同部分分配给不同的人而实现分裂，以此减少每个人不得不处理的变量的数量。分裂决策的第一个常用方法是根据题材进行分割，第二个方法（仅在实践中有所区分）是根据每个人行使控制的程度进行分配。第三个方法是在为人熟悉的大型组织的模式中实现两种方法的结合，以便创立专业化个人和单位的金字塔式结构[②]。当然，这就是发明和生产原子弹的方式，也是商业和政府机构简化其议程的方式。

授权的后果。由于几个原因，此种改变议程以简化每个人面对的决策的方式，趋向于产生辨别官僚制的特征丛。当然，将不同题材给予不同的人是专业化的一种形式。不仅如此，将“总量”不一的控制权广泛授予不同的人——也是专业化的一种形式——产生了控制的层级链条。通过规定每个人能做的事情，不同题材和“总量”的控制授权得以实现。在专家构成的组织中，每个人也必定受到限制或者减少每个人考虑的变量数量的基本目标——这是此类组织的最初原因——将被违反。

所有权和技能的分离在逻辑上是相伴而生的，没有理由表明决策必须被分裂的基础必定会同个人占有工具和设备的意外事件相一致。进一步来看，随着新问题的产生，大量的组织可能不得不去尝试。的确，在开发新技术的复杂运营系统中，改
242 组必定几乎是持续的。因而，工具和设备的个人所有权将会是理性组织的主要障碍。最后，这些加总起来产生了一种需要，即或多或少有意识和审慎地尝试使组织的手段和目标相适应。为了简化决策，高层控制者有无尽的动机去制定一个他们看来经过审慎设计的组织宪章，以实现这个目标。

劳动分工

官僚制获得的第三个收益是劳动分工。劳动分工在许多情形中导向了效率，但众所周知，这个观点也需要重新展开辩论。但就规模来看，劳动分工可能需要，也可能不需要官僚制组织。主要的选择方案，也再次大体相同。劳动分工通常以此得到保证，在小型的面对面群体中通过互惠、自发性领域控制和简单的科层制；在大型群体中通过“自由联盟”，或者相似的规则和实在感，或者价格体系。

除了已经讨论的之外，对这些选择方案有必要补充两点评论。首先，即使是没有官僚制也可以运转的小群体，如果想要实现高度劳动分工的话，可能也不得不官

① 第14～16章。

② 西蒙对功能性地位（functional status）和科层制地位（hierarchical status）的区分，参见：Herbert A. Simon, Donald W. Smithburg, and Victor A. Thompson, *Public Administration*, Alfred A. Knopf, New York, 1950, p. 191.

僚化。也就是说，在其他条件同等的情况下，劳动分工的程度越高，普通成员或者领导者和非领导者间面对面接触、取代科层制扩展的可能性就越小。其次，在对高度专业化工人的官僚制协调的所有替代方案中，价格体系无疑最为重要，正如亚当·斯密在多年前指出的那样。

然而，当情境缺乏这些替代方案时，为什么劳动分工倾向于产生辨别官僚制组织的（这个）独有的特征丛？当然，劳动分工是技能和功能的专业化。为了在这些条件下获取技能和功能的专业化，工人们的自由裁量权必须得到规定；它也必须受到限制，以免损失专业化的优势。因为受欢迎的专业化技能并不同工具和手段的所有权一致，要求成员拥有他们自己的工具是不明智的。

对劳动分工收益最大化的关注，很轻易地刺激了一种或多或少理性的、仔细计算的、使组织手段和目标相适应的尝试。由于任何个人可以直接控制的专业化下属 243
的数量有限，而专业化的整体收益又取决于协调，所以就必须建立一个由无数控制者和下属链组成的控制链条。

8.5　官僚制的动力学：主观因素

从上文可以清晰地看出，对某些情况下产生的问题而言，官僚制组织是一个高度理性的和有效的解决方案。尽管观察者可能并不同意具体情形中的条件，鉴于已经设定的那种前提条件，大多数观察者可能都会同意官僚制方案是理性的。但是当理性作为组织形式的时候，官僚制就会应运而生，这也受到了广泛的质疑。

对地位和实现控制目的的渴望

社会组织官僚化的另一个原因，是为组织中的人，尤其是那些阶梯顶端的人，提供地位和控制①。

对那些将控制视为不需要劳动的、具有某种重要性的主要目标的人来说，官僚制可以作为控制的一个来源。即使地位并不总是同科层制中的位置相一致，但规定的科层制的存在也倾向于传达地位。因而，官僚制使旁观者（特别是体制外的旁观者）感到好笑的是官僚组织内地位象征的重要性：谁能直呼他的名字、办公室有多大、使用哪种类型的桌子、秘书人员的数量、（有无）电话、部门间沟通设备、地毯等。在人口事务局（OPA）中：“一个突然被提升到部门主管的人，为了急于使地毯显得与众不同，把在大厅看到的一块铺在地上的地毯拖走，放到了自己的办公室。但这张地毯确实太大，他不得不将其剪成两块，后来发现剩下的另外一半被放 244

① 巴纳德在《地位系统的功能》（“Functions of Status Systems”）一文中列出了六个“地位的病理学方面”：William F. Whyte (ed.), *Industry and Society*, McGraw-Hill Book Co., New York, 1946, chap. 4; Simon, Smithburg, and Thompson, *op. cit.*, pp. 207-209，总结了巴纳德对四个方面清晰的建议。也可参见对“权威和地位的结构”的总体讨论，*Ibid.*, chap. 9.

在了副手的办公室。"① 但是，政府官僚同其他任何人其实并没有区别。"例如，最近，一个大型的中西部公司险些失去一个最有价值的副总裁。在更换办公室时，无意中给了他一个金属材质的办公桌，而不是和他的支架一样的红木材质。'为什么?'他对此前思后想、焦躁不安，开始从每个随机谈话中品读痛痒、征兆和暗藏的含义。最后大家才知道问题出在哪里了，因为这个副总裁再也坚持不下去了，精神崩溃了。"②

美国人官僚化社会组织的独特倾向，部分地被解释为对正式地位的渴望，是完全可能的。没有王室和世袭贵族作为正式地位的源泉，美国人不可避免地另辟蹊径。在后内战时期，金钱尽管不是通用的，但却是普遍接受的地位来源。然而，近年来，金钱的重要性在美国看来是在下降，至少在那些权力和影响力或者控制大为发展的群体中是这样。因此，威尔逊（Charles E. Wilson）（美国通用汽车公司总裁）作为战争动员部门主任的地位比通用电气领导的地位高得多。

但美国人也是追求组织实际性的。因此，为了获取地位，他们的组织必须有一个"理性的"形象。换言之，对同时作为地位重要来源和官僚制基本识别特性的科层制链条来讲，必须要有一些显而易见的正当理由。此种对正当理由的需要，要求模仿为科层制提供理性基础的条件。因而，"帝国大厦"就产生了，或者增加需要被协调的人员的数量，或者简单的问题必须使其看起来非常复杂，或者经济必须使其从极端的劳动分工中出现。

基于这些模仿条件的理性化（而不是理性）结果而产生的组织，反过来也必定
245 是那些模仿真实条件而非模仿已模仿过的条件的组织。模仿那些条件和"理性"官僚制精确特征的需要，为某些特性提供了进一步的原因，包括：详细规定下属能做什么和不能做什么，为使控制和地位更容易掌控的所有权和技能的分离，起草精细化的组织表格——例如，在官僚制的形象中创造一个组织。

如果除了其他方面外，社会能够提供地位的备选性来源，美国和其他各地社会生活走向官僚化的强大压力可以被削弱，这是非常可能的。

理性主义的偏好

最后，前述四个条件本身都假定了一个文化偏好：青睐手段和目的审慎的、有意识的和明显理性的适应。社会生活的官僚化以此种速度推进的原因是，对现代思维来说，看待组织的其他办法好像并不明智。例如，美国人对待官僚制的实际态度同他们社会关系官僚化的倾向之间存在密切的相关。因为，对使手段和目的以最理性的方式适应的审慎的、计算的和有意识的努力来说，官僚制首先宣告了其胜利。

那些将神秘、程式化和不可动摇的传统融入全部组织生活的人，可能意外地发展出官僚制的近似体；当然并不存在走向官僚制的动态驱动。像将组织生活视为主

---

① 对 OPA 中地位象征的有趣解释，参见：Victor A. Thompson，*The Regulatory Process in OPA Rationing*，King's Crown Press，New York，1951，chap. 10，quoted in Simon，Smithburg，and Thompson，*op. cit.*，pp. 205－207.

② "Problem for the Front Office，" *Fortune*，May，1951，p. 81.

要是快乐、自发性、友谊、尊重和其他重要目标来源，而仅在次级意义上是工具性目标来源的那些人，将不怎么倾向于官僚制。最后，对组织根本没有意识、“看”不到它的人，将不大可能发展出官僚制（组织）。

毫无疑问，这些态度都不同程度地存在于现代社会，但没有一个是现代西方社会景象的真实特性——或者，我们几乎可以将对组织的“现代”性态度界定为对上述三种态度的拒绝；也就是说，“现代”性思维倾向于通过官僚制解决大量的组织问题。

然而，即使按照它自己的条件——也就是，手段和目的的理性适应——此种观 246
点当然也有一个重大的不足：倾向于忘记相互控制和自发性领域控制也能产生协调。第二个比第一个更容易被人忽视，因为轻易忘记协调可能是一个副产品而不是有意识和审慎组织的成果。幸运的是，对具有第 2 章假定的目标的那些人来说，这些备选方案并不如许多计划者和反计划者时常认为的那般互斥。但这已经超出了我们在此讨论的范围。

第 9 章

科层制：领导者的控制(续)

247 很容易明白，为什么官僚制会在现代生活的境况中蓬勃发展，为什么商业、政府、工会、教会、医院、大学等各处的领导者都如此热衷于它，为什么公民、顾客、工人、教会人员、病人、教师和其他人不仅能够容忍而且会经常需要它。因为它提供了一个运行框架，在这个框架里，科层制能更有效地对大量人员进行控制。

但是，官僚制也有成本。本章的目的在于考察其中的一些成本。在评价科层制，特别是其作为效率化的一个过程的用处时——我们在后面的章节会更加详尽地讨论——必须时刻记住这些成本。

我们本章讨论的官僚制的成本，产生于促使官僚制出现的环境，以及官僚制所采取的形式特征，从这个意义上来讲，这一成本是与生俱来的。尽管广受批评，某些成本——就其对社会结构、性格以及第 2 章中提及的目标的可能的长期影响——对我们来说相对较小，而其他某些成本则较为重要。公开承认小成本和主要成本之间的区别代表了一种并不是所有人都会分享的评价，但如果尝试采纳就会发现，这是将两套成本分类的便捷方法。

9.1 较小的成本

较小的成本指的是内部的繁文缛节、推诿扯皮或者官僚组织中的个体不情愿做决策、缺乏弹性、非人格化和过度集中①。

繁文缛节

不断自我扩展的用以限定决策行为的那些规则和规章——繁文缛节——内在于官僚制之中②。如果自由裁量权需要受到限制和规定，规则和规章就是必需的。专业化也需要规则和规章，因为专业化的个体和组织的区域必须明确界限，以免他们逾越正当裁定的界限或者制造麻烦。领班不被允许决定理应由人事主管处理的问题，人事主管也不能擅自决定需要总经理或者董事会同意的事情。科层制大体上必须由规则和规章加以界定，以区分下属和上级各自必须做什么。因而，规则和规章将大型和复杂的组织凝聚在了一起。尽管如此，它们都是成本。 248

进一步来看，繁文缛节能够轻易超出理性计算和控制所必需的范围。例如，导致非理性或者模仿官僚制的条件之一——追求地位和控制——也以一种对规则和规章的愚笨培育的方式表现出来。此外，同样，官僚制的一些鲜明特性将其引向病态发展。如何对个人裁量进行必要限制是关注的焦点。由于科层制带来了沟通上的困难，下属会轻易忽视高层领导者的重大目标。专业化也具有双重效应：引起了对保护和界定个人特殊角色的关注，甚至造就了整天忙于制定规则和规章的专家。鉴于以上原因，规则倾向于变得具有如此高的价值，以至于官僚们发现，消磨新规则或 249
者积极以客户和上级的利益为代价适用旧规则都是有利可图的③。

规则和规章的繁殖，是过度追求清晰计算的又一例证，能够在实际上阻碍理性的社会行动。习惯、风俗以及未表达的理解，相比将潜在规则正式化的努力，经常能够导致更为理性的社会行动，因为组织会像人类一样思考，有时候亦能够发展出应对复杂问题的能力，但后者对于有意识和审慎的方案因过于复杂而难以处理。

推诿扯皮

不情愿做出决策，并将决策推给他人的努力，被美国人称为“推诿扯皮”，这也同样根植于官僚制结构中。专业化有助于专家在各自的业务领域做出胜任的决策，但也意味着在此领域之外可能无能为力。在外行看来是对要害的不果断的拒绝，实际上可能是对专家权力的有益限制。科层制在同样的方向运行，因为科层制

---

① 这些中的大部分都已遭到了激烈的批评。参见：Ludwig von Mises, *Bureaucracy*, Yale University Press, New Haven, 1944; John H. Crider, *The Bureaucrat*, J. B. Lippincott Co., Philadelphia, 1944; Lawrence Sullivan, *The Dead Hand of Bureaucracy*, The Bobbs-Merrill Co., Indianapolis, 1940; James M. Beck, *Our Wonderland of Bureaucracy*, The Macmillan Company, New York, 1932. 谈到关于这个主题的一些作品，具有重要意义的是，上述评述都是有问题的，4 个中有 3 个并没有包含对“官僚制”和“官僚”的定义。因为，对官僚制各个方面更加均衡的分析通常被视为是令人反感的，见以下著作第 6 部分“官僚”和第 7 部分“社会病理”：Robert K. Merton, Ailsa P. Gray, Barbara Hockey, Hanan C. Selvin (eds.), *Reader in Bureaucracy*, Free Press, Glencoe, Ill, 1952, pp. 363 ff.

② 参见：Charles Hyneman, *Bureaucracy in a Democracy*, Harper & Brothers, New York, 1950, chap. 24, and Alvin W. Gouldner, “Red Tape as a Social Problem,” in Robert K. Merton et al., *op. cit.*, pp. 410ff.

③ Robert K. Merton, *Social Theory and Social Structure*, Free Press, Glencoe, Ill, 1949, pp. 155-156.

的主要目的之一就是阻止下属在本不应该决策的时候做出决策。在复杂的组织中，如果成员不知道何时应该“推诿扯皮”，协调将不可能进行。

不过在其病态阶段，“推诿扯皮”可能超出有效协调或者理性决策必须范围，并在实际上妨碍了上级和客户的目标。科层制和专业化可能会削弱决策的能力。值得注意的是，1853 年提交的建议在英格兰地区确立竞争性公务员制度的报告中，诺斯科特和屈威廉（Northcote & Trevelyan）主张，招录进来的公务员应当直接进入政府官僚制的高层，避免因对琐碎决策的无聊训练毁掉牛津大学和剑桥大学高才
250 生的能力[1]。这个原则得以采纳并毫无疑问地有助于限制（尽管并没有根除）英国公务员决策无能的病态发展。

世界各地的诗人和作家已经令人信服地证明，政府官僚中的确存在这种病态情况。果戈理（Gogol）的著名小说《外套》（*The Cloak*）中的提到一个小事：在政府中作为抄写员工作多年的主人公被提升到一个职位，即抄写之时他必须就拼写、读音、语法的变化做出一系列小决定。他表现得相当不能承受这些新的负担！“推给他人”并不仅限于政府官僚，几乎所有人都能在同工商业官僚的接触中体验到这些令人同样愤怒的感受[2]。

正如果戈理小说中上述事件表达的那样，官僚制不仅可能招录倾向于规避风险的人，也会对被招录的人的人格结构产生深刻而长远的影响。遗憾的是，这个领域当前的经验知识过于稀少而难以归纳。有证据显示，社会组织的官僚化可能会极大地弱化爱冒险、勇于承担风险、不墨守成规的人格角色，并确实会彻底地将有思想的、带有美感的，甚至物质的风险和冒险降格到一定程度，以至于生活变得单调、灰暗和苍白。尽管这种可能性永远不应被忽视，但我们并没有足够的证据证明其可能性有多大。

缺乏弹性

过分的僵化或者缺乏弹性是一种无能，不能足够迅速地变通将那些组织设立的目标最大化。在大多数人类组织中，不论是官僚制的还是非官僚制的，都存在着某些维持稳定的力量。由于学习新的回应代表着个人的精神成本，必须使新的回应得到丰厚奖赏或者旧的回应得到严格惩戒，或者双管齐下。组织变化常常使得某些人
251 的地位、控制、收入和其他价值受到严重损失，利益受损者必会反对变革。鉴于以上两个原因，希望改变组织的上级必须用对下属的奖赏和剥夺方法来武装自己，并做好使用这些方法的准备。然而，上级常常既缺少丰厚奖励又无严格剥夺，对下属过于认同而不愿无情地加以处置。

---

① 对诺斯科特和屈威廉报告的讨论，参见：Herman Finer，*Theory and Practice of Modern Government*，Henry Holt and To.，New York，1949，pp. 763－765.

② Marshall E. Dimock and Howard K. Hyde，“Bureaucratic Problems in Business Organizations，” in Robert Dubin（ed.），*Human Relations in Administration*，*The Sociology of Organization*，Prentice-Hall，New York，1951，pp. 168－171，尤其是参考第 170 页. Temporary National Economic Committee Monograph No. 11，*Bureaucracy and Trusteeship in Large Corporations*，U. S. Government Printing Office，Washington，1940.

官僚制可能并不比许多其他组织更倾向于缺乏弹性。或许，使它们通常看起来如此的，是其稳定性与主张组织手段同目的理性适应之间的鲜明对比——不主张组织理性时，此种对比也就不那么令人惊奇。事实上，官僚组织一定程度的缺乏弹性，不仅难以避免同时也是非常有益的。组织的复杂章程并不容易学会，再培训就成了一项要尽可能避免的成本。进一步来说，对规定和运行中章程的理解帮助一个人了解自己的功能；这些章程给雇主目标感，也给予他们自我尊重感。章程的频繁变化必定会引起对组织目的及个人在其中角色的质疑，继而衰减士气，正如战时的许多政府机构呈现出来的那样。于是，变化涉及地位的转变，快速的变化阻止了清晰地位的出现。也由于此，组织文化的反复无常，就像战时机构那样，可能会严重损伤一些成员的士气。

尽管官僚制可能并不比许多其他组织更为缺乏弹性，也可能测评的缺乏弹性是官僚作为理性计算和控制机器的不可避免的成本，官僚制中仍有一些特定的因素使其倾向于僵化：(1) 由于专家并不总是可以轻易替换，他们处于强势的讨价还价地位，因此能够抵制变化；(2) 作为组织黏合剂的规则和规章，常被用以反对无情的上司；(3) 处于科层制高层的成员，他们通常并不置身于稳定性带来的回报之外；(4) 习惯于运用规则和规章的上级可能不倾向于采取必要的无情处置手段；(5) 科层制和由此而形成的地位体系导致了阶层间的沟通困难，因而下属可能难以说服上级相信变革的理由，就像上级可能很难以下属可以理解的方式进行变革一样。

非人格化

毫无疑问，官僚制的确在内部及同外部客户的关系上造成了非人格化。对组 *252*
织手段和目的审慎适应的偏爱，要求官僚将人际关系视为实现组织既定目标的工具性手段，而不是直接主要的目标成就的源泉。快乐、爱情、友谊、同情和喜爱等必须被抑制——除非它们碰巧培育了组织的既定目标。单单是成员的事实就有助于造成非人格化；因为没有人希望认识组织中所有的人，哪怕只是一种肤浅的假意的认识，某种非人格化的制度安排是不可避免的。进一步来看，规模和专业化将日常接触增加到一定水平，以至于除非人格化关系之外的任何东西都会给个人的感情资源增加摇摆不定的负担；非人格化是病态的必需品。科层制也需要非人格化。如果一个人必须维持单向控制，他不敢允许自己同下属发展亲密的私人关系，因为如此一来就会自动增强互惠性。因此，在军队中允许自己同下属发展出亲密关系的青年军官，有时候会发现自己很难下定决心去派遣自己的下属执行危险任务。

非人格化的成本何时会抵消其收益？这是一个如此大的价值问题，以至于没有两个观察者会达成一致意见。如果官僚制组织是必需的，非人格化也是必需的。如果现代官僚组织的非人格化被认为过度了，唯一可行的方案不是将官僚关系人格化，而是降低官僚制在现代生活中的角色（的重要性）。

过度集中

自由裁量的分权与集中协调之间常见的困境，处于官僚组织的核心位置。在没有自由联盟、共同规范和实在观点、价格体系的情况下对大量专家加以协调时，高层领导者通常要面临亲自决策或者授权下属决策的选择。如果他们授权下属，协调效果可能会减弱；如果不这样做，高层领导者可能会负荷过重。毫无
253 疑问，组织天才和普通领导者的常见区别，不过是在何处划定界限的敏锐洞察力。

官僚组织很多，然而组织天才却并不常见。集中化的诱惑显然比分权化的预期回报更加有力。依靠自我判断而成功晋升到组织的高层领导位置——加之冷酷无情——很可能并不能使此人具有充分的自信以对那些尚未成功的人做出准确判断。相反，一些在做了多年下属而后被提拔到高层的人，常常不能抛弃对细节的习惯性关注，尽管那些细节已不重要。当处于顶峰之时，人们常会情不自禁地去关注——与下面那些“山谷”和“山坡”上的“侏儒”可能看到的相比——自己对这个世界能多看到多少。显而易见的是，如果下属开始做出重要的角色，一些人就会感到自己的地位受到威胁。

最后，官僚组织中的高层领导者并不必然是自由主体。他们反过来也受外部控制。将组织成功的责任直接归于高层领导者，产生了所有重要决策都由高层做出的诱惑，以防止下属做出错误决定。因此，1949 年 AEC 的希肯卢珀（Hickenlooper）的研究加速了委员会内部集中化进程，一些员工认为此举将会剥夺在戴维·利连索尔（David Lilienthal）强有力领导下形成的审慎分权政策的优势①。

对于集权与分权的困境，可能并不存在完全令人满意的解决方案，当然也没有明显的方案。由于这个原因，官僚组织时常不稳定地从一极波动到另一极，因为当前的弊害真真切切、令人痛苦，而朝另一方波动的获益又非常明显、吸引人心。我们将在后面的政治-经济技术部分讨论此种困境。

9.2 主要成本

如果这些是官僚形式仅有的特殊成本，那么，官僚制作为效率化工具的潜在净
254 收益将远远大于当前实际状况。但是，我们现在必须转而考察另一些特殊成本，它们几乎总是不可测量、难以理解、充满争议的，但可能是非常巨大的成本。包括：（1）效率化的失败；（2）不平等；（3）上级和顾客控制的困难。

---

① Robert A. Dahl and Ralph S. Brown, Jr., *Domestic Control of Atomic Energy*, Social Science Research Council, Pamphlet 8, New York, 1951, p. 56.

效率化的失败

人们常常指责说，官僚制浪费了大量的人力、物力和财力。但在某种程度上，这仅仅将官僚制等同于政府。如果将内部成本作为标准——也就是说，按货币计算的组织里的账户实际上支取的成本——企业官僚组织的成员一定程度上具有比政府官僚组织成员更强的动机去降低成本[①]。当然这并不是说，这个组织成员会直接受到严格意义上的“赢利动机”的深刻影响，因为他们并不占有用来工作的工具和设备，因而严格来讲，也从未得到过利润。

尽管如此，正如我们看到的，企业官僚制中的一些高级领导者确实从增加的利润中获益，通过多种途径将企业的利润和损失转化为个体的收益和损失。当然，在政府官僚制中也有少数例外情况。在企业中，利润指向晋升、分红和薪水的增长。这些都是成功的标志，因而可以在企业圈子里显示地位，即使在其他地方并不总是如此。于是，商业企业的气质指向了多少有些不同的灌输，商人受商业文化的灌输而追求利润。利润不仅是获取地位、权力和收入的工具，而且允许像自尊和自我认可这样更为直接的满足，赢利本身就是一项成就。

企业官僚制中上级人员的动机差异对下属成员产生了重要影响。晋升、未来、保障、工资和薪水的增长、在公司中的地位、上级的喜爱和尊重程度等等，所有这些在一定程度上都取决于一个人帮助企业官僚制中上级人员实现其目标的能力。

因而——尽管这点很容易被夸大——企业中上级目标的简明性确保他们建立成本核算系统以及其他测量工具，以看起来精确的方式测量企业中各位成员的贡献 255
度，这在有着多重目标取向的政府官僚组织中困难得多。组织始终对内部效率化有更强的激励，组织、程序、灌输和注意力以一种在政府官僚制中通常不存在的方式成为问题。差异的象征是这样一个事实，即英格兰的复式记账法（England double-entry bookkeeping）在 1830 年起为政府采用之前，已经在商业企业中使用了数个世纪之久。

现在，假设企业和政府官僚制之间的区别是显著的，也不能表明——正如经常被误认为的那样——官僚制自身倾向于内部的浪费；这仅仅能够证明，政府官僚制并不像企业官僚制那样很好地控制着内部成本。如果这意味着政府中的官僚制在浪费成本，也意味着企业中的官僚制并非如此。然而，两者都是官僚制组织。

进一步来看，即使政府官僚制和企业官僚制在控制内部成本能力上的差异，对控制官僚的外部成本或者政府和企业官僚间的相对外部成本没什么重要意义，也就是说，实际上组织并没有给社会支付成本。在多种情况下，企业官僚制的内部节省成本常由其制造的外部成本抵消，而政府官僚制的内部成本常由其带来的外部社会收益抵消。后面的章节将会对这些可能性进行细致的分析。与此同时，对于官僚制

① 我们将在第 16 章回过头来更加详细地予以说明。

作为效率化工具的效用，有两点值得再次强调。首先，通常并不是在官僚制和其替代物之间，而是在政府官僚制和企业官僚制之间做出抉择。其次，对官僚制的内部的低效益以及外部收益和成本的测量，总是非常困难甚至是不可能的。

不平等

内部科层制的典型产物是控制、地位和收入的不平等。因而，他们危及主观平等和政治平等。

256 **个人的不平等**。在科层制组织构成的社会中，领导者可以将奖酬收入囊中而将亏损推给非领导者。因此，广泛的科层制也可能产生大量不平等，包括尊严、敬重、机会、机遇、住房、娱乐、休闲、保障等方面的不平等。每个人平等的自由很可能难以实现，因为控制、地位和收入等方面的差异使得领导者比非领导者更容易实现自己的目标。

政治不平等。政治平等的目标会被重温，并不要求在所有情况下平等地分享控制，而仅在讨论的最后关头实现即可。然而，“最后关头”的政治平等在高度科层制的社会中也会遇挫。因为，在政治平等和控制的大体平等间做出逻辑区分是一回事，而将此种区分付诸实践却是另一回事。当然，很简单的现实是，在现代科层制（公司、贸易组织、政府机构、政治党派）中，处于高层的领导者会不可避免地倾向于对政府政策施加较其下属大得多的影响。

科层制中的领导者远非简单的是组织中所有或大多数被称为平等者的个体的代言人，也就是说，他自己的偏好比其他任何下属的都有价值得多。在影响提名、竞选捐款、投票结果、投票人态度、意见领袖、立法机构、白宫和行政行为的过程中，科层制中的领导者并不是一个单纯的计算器，不能自动将备选方案的偏好进行加总，将包括自己在内的组织的所有成员视为彼此平等。与之相反，他的偏好正是计算器的操手；当他认为需要增加自己个体偏好的权重以超过所在组织中其他所有人之时，他会决定采取不平等的计算方式，使自己的偏好比组织中其他所有人的重要十倍、百倍甚至千倍。

当然，后面章节将要讨论的多头政治的条件，确实对科层制领导者最小化政治平等协议施加了真实的限制。毕竟，莱维斯（John L. Levis）未能在1940年的大选
257 中将煤矿工人的选票投给威尔基（Wendell Willkie）。但是，难道有什么人会认为在对政府制定政策施加影响方面，莱维斯私人的、个体的偏好远比联合煤矿工人（United Mine Workers）中任何其他个人的偏好更有价值？又或者，任何大型公司中董事会总裁或主席的私人、个体的偏好远比其他股东或者工人的偏好更有价值（除非，他们凑巧也是其他组织的领导者）？正如前文所述，当像杰斐逊和卢梭这样的人争论说，完全的政治平等在充斥着大型科层制组织的社会中不可能实现时，他们在原则上是正确的。

因而，尽管多头政治和科层制可以相互制衡，多头政治实际上需要科层制，正如我们在后面将会看到的，科层制对政治平等的实现范围做了限制。

控制的困难

刚刚谈到的内容，显示了一种第三类并紧密相关的成本："外在于"科层制的名义上级在对组织进行控制时可能存在巨大困难，而不论他们是否为多头政治中的公民。许多科层制在名义上、实质上从属于其他人——例如，对多个科层制拥有名义上的或运行上控制权的更高层级的领导者，或是通过选举或者主要决策而共同行动的非领导者们。

科层制控制问题由此产生的主要联系存在于多对主体间，如公民和政府机构之间、政治家和政府官僚之间、工人和工会领导者之间、工人和企业领导者之间、工会领导者和企业领导者之间、顾客和企业领导者之间、顾客和政府科层制之间以及股东和企业科层制之间等。

"外在于"科层制的领导者为了能够在这些关系中对科层制施加实质性控制，必须使用四种技术中的一个或多个。多头政治是其中一个，超级科层制[1]是另外一个。但对科层制的控制也可以通过讨价还价或者价格体系来实现。只要这些不是现成的，那么条件就不可能是对科层制的外部控制。

这正是前文所列最后一对关系——股东和企业科层制之间——的情况。其中，领导者之间为赢取非领导人支持而开展有效竞争的必要条件并不存在（后面的章节 258
将讨论这些条件），因而多头政治并不可行。从整体上来看，境况并不利于分散股东的保护性组织，因而讨价还价也是不可能的。利益相关者也可能通过价格体系影响公司的政策。鉴于以上原因，超级科层制只不过将更加深远地减小股东的控制。因此，企业生活的一个事实是，股民对企业科层制的控制相对较小[2]。

詹姆斯·伯纳姆（James Burnham）在《管理革命》（*The Managerial Revolution*）[3] 一书中实际上争论道，就像股东难以对企业领导者施加有效影响一样，对所有其他重要的"管理"科层制进行有效控制的条件也不存在。接下来他认为，一个管理的统治阶级必将出现。伯纳姆的论点看起来有两处根本性错误。首先，他严重低估了多头政治[4]、讨价还价和价格体系作为控制手段的可行性和成就，我们会在后面的章节对其进行讨论。其次，由于上述原因，与诸如政治家等其他科层制领导者相比，他夸大了技术人员、他的"经理人员"的潜在控制能力。

尽管如此，伯纳姆的夸大性论断，就像加埃塔诺·莫斯卡（Gaetano Mosca）在《统治阶层》（*The Ruling Class*）[5] 中一样，道出了真理。在依赖于科层制的社会中，即使通过多头政治、讨价还价和价格体系实现外部控制是可能的，科层制的

---

① 这是一个添加在需要被控制的、从属于科层制之上的控制科层制。

② William Z. Ripley, *Main Street and Wall Street*, Little, Brown and Co., Boston, 1927; Adolf A. Berle and Gardiner C. Means, *The Modern Corporation and Private Property*, The Macmillan Company, New York, 1934.

③ James Burnham, *The Managerial Revolution*, The John Day Co., New York, 1941.

④ 那时，伯纳姆好像误解了多头政治；后来，在 *The Machiavellians*, *Defenders of Freedom*, The John Day Co., New York, 1943 一书中，他好像修改了先前的观点。

⑤ Gaetano Mosca, *The Ruling Class*, McGraw-Hill Book Co., New York, 1939.

259 内在属性也会设定重要的限制。前面章节已经讨论过，三种基本的控制条件是：(1) 充分的奖励和剥夺能力；(2) 适当的认同；(3) 控制者和受控制者间的充分沟通[1]。在上述关系中（如果不算股东和企业科层制间的关系），这三种基本控制条件减弱了。我们下面会依次进行讨论。

不充分的奖励和剥夺。由于科层制给予领导者更强的控制能力、地位、收入和机会以实现其目标，非领导者很难像是在多头政治和价格体系中那样，通过集体行动来设立充分的奖惩结构。与之相反，领导者通过他们的科层制操纵了许多最为重要的奖励和剥夺，不仅仅在科层制内维持控制，也阻止外来者的有效控制。金钱、宣教、技术撤出的威胁、雇用和解聘、地位和控制上的晋升和降职——所有这些都会削弱非领导者通过多头政治和市场决策而实现的控制。

因而，对科层制有效的外部控制通常要求一个同等强大的对抗性科层制，后者可以动员充足的奖酬和剥夺来与内部科层制讨价还价，就像工会所做的那样；这也是大量对科层制的名义上的单向控制——就像总统、内阁官员与官僚体系中首长间的关系那样——最终转向讨价还价的原因所在。

当然，超级科层制可能积累充足的奖酬和剥夺能力以对所有子科层制施加有效的控制。美国公共行政的理论确立的惯性理想之一就是有理想的首席执行官（总统、州长、市长或者市政经理），他独自一人处于超级科层制的顶峰，拥有充足的奖励和惩罚权对行政机构实行单向控制。然而遗憾的是，如果首席执行人员能够积累如此强大的奖酬和剥夺，这些也可能用来反对多头控制[2]。因而，由超级科层制
260 对现代社会的主要科层制进行排他性控制，如果可能，也仅存在于极权体制中；而事实上，即使在那样的体制中，讨价还价的元素也并非不重要。

尽管如此，像伯纳姆那样认为由非领导者掌控的奖酬和剥夺在西方社会中并不重要的看法，也是不明智的。多头政治、讨价还价、市场选择，以及这些的各种联合，事实上确实在相当程度上对领导者进行了制衡，后面的章节将会对此展开进一步讨论。

错误的认同。认同经常给外部控制增加障碍，这在政府政治领导者和政府官僚制的关系中最为常见；但政府官僚体系问题的特性表明，此种困难确实更为普遍。

公务员的认同以两种方式限制了其回应性[3]。首先，他是一名专业人员，是受过良好教育的管理者和专家团体的一部分，后者有着相当程度的群体精神和一致认同。由于公务员面临着相似的问题，认同有助于发展出相互间的同情和理解。他们共同分担的一个问题，是来自行政和立法机构政治上级对他们地位、权力和保障的持续威胁。其次，公务员也是一个特殊组织的一部分，他借此实现对自己的强烈认同。于是，强有力的组织忠诚蓬勃发展起来。缩减组织的经费、精简其人员、削减规定的权力、使其更易受到攻击——这些攻击主要针对公务员对地位、权力和保障

---

① 参见第 4 章。

② 参见第 12 章。

③ 参见：Herbert A. Simon，Donald W. Smithburg，and Victor A. Thompson，*Public Administration*，Alfred A. Knopf，New York，1950，pp. 532-535.

的**拥有**意识。结果是使他对于政治上级的权力削减而不是扩张组织的努力的回应更加迟钝①。

沟通的失败。不充分的沟通也是有效控制的经常性障碍。由于科层制创造大量名义上上级要求的信息以使行动更加明智，而上级在任何特定主题上通常不如一些他们名义上的下属更为专业，因此，科层制也可能通过操纵沟通来控制他们的名义上级。这就是对世界各国外交部门的常见指责，毫无疑问，它们在某种程度上来说 261
并不错。但这种指责也可以同样适用于许多其他关系之中。股东依靠他们的企业科层制获得信息，在美国，此种关系中的信息操纵在《证券交易法案》（Security Exchange Act）通过前是臭名昭著的。然而，即使是这部法律，在确保股东能够揭发企业管理中的失误和不足方面，帮助也不大。工人和工会领导者反过来需要公司成本和营利的信息以决定罢工和工资政策；然而他们发现，除了企业领导人希望他们知道的信息外，很难有其他收获。即使是投票人也在一定程度上依靠政治家，以了解政治家和他们的政策已经做了什么、正在做什么，以及将会做什么。

在这些情况下，补救措施是存在几个相互竞争和冲突的科层制，为那些需要做决策的人提供替代性的信息来源。即使是独裁体制也必须提供替代性的沟通体系，以免名义上的领导为他们的员工所俘获。当强烈需要对一些科层制进行外部控制时，同样的原则在多头政治中也得到遵从；然而，在多头政治中，具体的安排必须同独裁体制中有某种显著的差异，因为需要的是非领导者对领导者的控制。但原则是相同的。

9.3　科层制理性使用的前提条件

科层制产生了巨大的利益和成本。尽管它对于现代文明不可或缺，但如果使用不当，就会扼杀西方价值的核心元素。那么，如何使科层制（尤其是在官僚制这一特定的组织背景中）关照经济生活中的理性计算和控制，以最大化第 2 章中提出的那些价值？本章的剩余部分，仅仅是对这个问题的某些一般回答的初步概要。的确，这个问题是本书一以贯之的中心问题。剩余的大多数章节都会涉及这个问题，有些比较宽泛，有些相当具体。随着本书的持续展开，回答路径的轮廓将会逐渐清晰，这正是我们所希望的。

对科层制的接纳

理性使用科层制的第一个必要条件，就是对科层制的接纳。因为，在大型工业 262
社会的内部，不可能逃离科层制及其问题。现代工业社会要接近第 2 章所列的那些价值，就离不开四种类型的组织，其中科层制的组成部分注定要强大：大型企业、

① 参见：Chester Barnard，"Functions of Status Systems，" in William F. Whyte（ed.），*Industry and Society*，McGraw-Hill Book Co.，New York，1946，pp. 159－160.

具体的政府机构、军队，以及作为中心科层制的政府自身。大多数人也会同意，需要第五种基本的科层制：工会。

英国或者美国都不能逃离科层制的这些前提条件，当然，苏联也不能例外。如果与苏联相比，英国和美国的多头政治、讨价还价和价格体系淡化了科层制的严格的组织要求，但英国和美国对科层制的依赖程度与苏联相比，并没有什么两样。

朝向工业社会的重要替代方案，都不能从科层制中逃离。在像英国、新西兰和瑞典这样的国家中，社会福利政策已经大大减少了主要因收入差距而产生的地位、控制和自由等方面的差异，但不包括由于控制科层制中所处位置而产生的差异。不仅如此，工业的社会化没有也不可能缩减科层制的范围。因为，促使其产生的那些动态因素——协调大规模人类活动的需要、复杂性和劳动分工——仍然存在；如果有什么区别的话，就是通过减少价格体系作为协调、解决复杂决策以及保障劳动分工的方法和作用范围，工业社会在追求国有化的过程中已经增加了所需科层制的数量。

一些错误的前提条件

最小化科层制某项成本的努力通常会增加另一项成本。许多解决科层制问题的方案都治标不治本，只不过是在用一个不同的结果替代成本较大的结果。通过强调某一项成本和忽视其他，这样的"解决方案"也具有一定的说服力。一个常见的例子是，企业科层制的代言人习惯性地攻击政府官僚制，他们用心强调政府官僚制的成本而忽视了企业科层制自己的成本。

263 如果逐个审视上面讨论的主要成本，很容易就能够理解，为什么将科层制某项成本最小化的努力常常可能会增加另一项成本。例如，应对内部节俭问题的一个办法，可能是用竞争性的企业官僚制取代政府官僚制；但是任何此种解决方案都忽视了竞争性企业官僚制创造的或者未能考虑的外部社会成本，而这正是政府官僚制最初建立的原因所在。或者，可能坚持更为严格的规则；许多政治家和公务活动家看来相信，小心起草的规则和规章可以减少政府内部的浪费。然而，他们努力的一个常见结果是总体上增加了政府运行中繁文缛节的数量，这同任何可能带来的节省完全不成比例。如果政府比企业遭遇更多的繁文缛节，很大原因是公众舆论要求政府对"公共"支出施加比商人对"私有"支出细致得多的控制①。

可供选择的是，解决外部成本问题的一个方法是用政府官僚制替代企业科层制，但此种情况很可能会导致内部成本的上升。或者可以对企业科层制进行监管，但这需要额外的政府科层制。或者，可以为某些受到影响的人提供能够借此讨价还

---

① 例如，在通用电气副总裁与国会议员的一次交流中，公司的执行官坦白承认，通用电气并不努力计算非常细致的成本项目分类，而这是国会议员所要求的预算听证会的惯例部分。参见温纳副总裁的证词与欣肖（Hinshaw）议员的质询：Joint Committee on Atomic Energy，*Investigation into the United States Atomic Energy Project*，*Hearings*，(81st Congress，1st Session)，1949，5. 26－7. 11 (22 vols.)，pp. 521－523.

价的组织，就像工人的例子那样。但讨价还价的各方可能简单地将外部成本转嫁给其他没有得到代表的群体，如消费者；进一步来看，协调的问题会变得更为严重，就像雇主和工会的案例已经显示的那样。

确保科层制外部控制的问题伴有一个同样令人苦恼的替代物。大多数民主社会主义者和当代的自由主义者认为，政府科层制比企业科层制更容易控制；因此，听起来有点怪，实现经济民主的有效路径是通过政府科层制。但即使在多少健康的多头政治中，国有化会对科层制组织的外部控制最大化这一观点也并不成立。在大不 264
列颠，煤矿工人、煤炭消费者和普通民众相对于煤矿“老板”的权力看起来也没有随着国有化而发生太大变化，许多像科尔（G. D. H. Cole）这样的民主社会主义者首先指出了这个问题。此种境况中经常发生的是，一个有着某种不同的技术、领导者和目标的相当不同的控制体系取代了旧的控制体系。因为两者间严格来讲并不具有可比性，通常很难判断新的是否比旧的更为科层化。但迄今为止关于国有化和其他官僚制形式的经验足以得出这样的结论：政府官僚制对企业科层制的替代，就其自身来讲，并没有显著地减少科层制的成分。

应对外部控制问题的另一个途径是增加讨价还价的机会。例如，罗斯福新政中的大部分内容都是采取措施，以增强那些不能对强大的科层制施加有力控制的各类群体讨价还价的能力。但就像我们看到的那样，即使此种办法也要求新科层制——政府和非政府——大量扩张，对它们的控制非常不易。

最后，对美国政府政策的许多批评相当确切地指出，由于不同政府的层级、政治和行政部门的协调很差，因而需要更多的协调。但协调的增加可能需要更多的而不是更少的科层制——尤其是在行政部门和政治党派中。的确，那些批评政府缺少协调的人常常不遗余力地反对，为了确保更好的协调，以牺牲讨价还价能力为代价增加科层制的或多头政治的成分。在后面的章节中我们会对其进一步说明①。

相反地，自马克思以来，就有很多人批评资本主义中的“生产无序”状态。他们的主要前提是——通常含蓄地而不是明晰地认为——将控制转向政府科层制必然会增加协调，减少“生产无序”状况；然而，随着本书内容的展开越来越清楚的是，这个简单的前提充斥着错误的假设。我们不能假设，更多的政府层级总能医治好非政府科层制间协调的失败。

我们可以继续探讨科层制的其他问题以表明，在许多情况下，对科层制某项成本的攻击会产生其他成本。所有这些讨论的目的并不是去证明科层制的成本不可能 265
削减；因为从我们讨论的内容中并不能得出“药方比疾病更糟糕”的结论。毋宁说，目的在于，应当对科层制问题的简易药方保持警觉，因为讨论出来的建议很可能会一方面将科层制推向一个地方，而它又会在另一个地方出现。

边际收益

但是，边际收益是可能的。渐进主义的许诺意味着，当边际收益可能时，就应

① 第12、13章。

当将其抓在手中。降低某项成本的努力通常会导致其他成本的增加，这并不意味着不需要采取行动以降低科层制的成本。只有当成本的减少量总是被增加量所平衡或超过增加量时，行动才是非理性的。但并没有证据表明事实如此。目前为止我们所讨论的归结为一点就是，应当对应对科层制的任何建议的收益保持相对适度的预期。适度的预期可能并不足以令理想的和整全性的规划者满意。但对于认同渐进主义视角的人来说，这已经足够了。

的确，如果我们上述的起点正确，那么，只有以某种相当具体的方式去掉工业社会的建议，才有可能许诺对科层制进行广泛的、综合的、革命性的削减。并没有太多人真正打算废除工业化，除此事实外，任何此类建议都内在地包含如此之多的不可预料因素，以至于没有人能够确定结果是什么。基于渐进主义者的视角或者可计算的风险，此种替代方案必定会遭到拒绝，除非科技和社会的进一步变化使结果更易预测。

但是基于同样的理由，所有潜在的收益都应当抓住，无论其有多小。例如，在大型企业中，增加的咨询以及领导者和非领导者间互惠的其他形式（我们在第17章加以讨论），可能并不会产生全面改革所需的那种控制关系的革命性变革。但渐进主义者并不会对可能取得的任何小收益不屑一顾。我们将会在后面章节提出其他可能性。

需要大量的策略以适用于不同的情形。不存在能够适用所有情况的单一的、简
266 单的公式。致力于简单公式的社会与拥有多种工具的社会相比，其科层制必定会存在更多的麻烦。举一个例子，美国原子能运营创造性地将两种优势结合起来，一是政府对设施的所有权及对政策的最终控制，二是将运营交给有经验的私人企业。国有化（英国意义上的）、监管以及自由企业在赞同合同方法上都遭到了拒绝。合同方法也存在问题并招致了批评[1]。然而这标志着政治-经济技术发展的重要一步，避免了谨守原则的政府运营和纯粹自由企业的一些缺陷，而同时又没有导向监管委员会那烦冗的准司法程序。

价格体系的运用

如果科层制注定要在工业社会可观的限制内运行，某种形式的价格体系就不可或缺。价格机制，包括科层制价格机制在内，就像我们在第6、7章探讨的那样，是令人惊奇的分权力量。没有它们，中央政府的负担会变得不断增多以至于仅有日益弱化的公民和立法机构控制。就像战争时期发生的那样，使得执行人员有可能卸下难以置信的协调重任。一些观察家基于对过去几十年历经萧条、战争、战后突发事件的英国政府的考察，认真地提出了一个问题：在集中化决策的张力下，中央政府能否无限维持下去。英国商务部的一位常任秘书写道："我对政府的'中心机器'

---

① 对其中一些问题的讨论，见前文引用：Robert A. Dahl and Ralph S. Brown，Jr. 对此种办法最为广泛的批评，参见：James R. Newman，"The Atomic Energy Industry：An Experiment in Hybridization，" 60 *Yale Law Journal* 1263 (December，1951).

怀有深深的恐惧。在当前压力下，政府是否能够长久维持，对此我深表怀疑。我非常严肃地认为，人们现在就应该开始思考各种非常根本的手段以减轻政府的负担。”① 与科层制经济相比，价格体系是这样一个简化和减轻政策制定者日程的“根本性”办法。

统一的政治控制

267 至少在美国，对政府的和一些非政府的科层制的政治控制需要被统一起来。这个论断乍看起来充满矛盾，因为这相当于是说，只有更多的科层制才能将科层制维持在可忍受的范围内。然而，这正是我们想要表达的意思。政治领导并未充分统一起来以确保“大多数”的代言人能够有效地控制像政府机构、公司和工会这样强大的科层制的政策。先前我们说过，多头控制有助于限制科层制。但美国的多头控制正在弱化，因为政府领导者不能针对美国人生活中的许多强大科层制采取统一、协调和有凝聚力的行动。因此，对科层制的实际控制远小于我们主观上认为可能的控制②。

放权至小群体

将决策权分至小群体，看来还存在某些大体上未开发的、减小对科层制需要的可能性。诚然，许多热衷于小群体的人都是乌托邦主义者。但我们不应当因为其是乌托邦主义而忽视争论中的真理精髓：在某些情况下，科层制的一个替代方案是通过自发领域系统和互惠性达成小群体决策③。

小群体的生活围绕大量的人们之间的相互接触的重要节点展开：在生活的地方，如家庭、学校、邻里、城镇；或在更大的范围内，如城市、州和地方；或在人们订立工作标准和工作要求的专业群体、工会、行业协会等；或在人们交换货物、提供服务和金钱的聚集区、各种市场群体，包括零售商店、消费者、合作者等；还有由各自的民族和种族认同的群体；或者依靠友谊联系起来的小组。最后这一项，与前面其他各个场所都有关系，是小群体最重要的功能之一，大群体是无法替代的。

268 公共政策能够以两种重要的方式禁止或者鼓励这个或那个小群体的生活。首先，小群体的自治权可能为公共政策所禁止或鼓励。其次，从某种程度上来讲，接触或者“互动”的频次也会受到公共政策的影响。接触的频次为什么重要？因为以下两个命题大体上是正确的：(1) 在他们的目标包容的范围内，人们之间的互动越频繁，相互间的喜爱之情就越强烈④。(2) 如果经常互动的人们相互喜欢，他们就

---

① 参见：*Public Administration*, vol. 26, 1948, p. 91. 引自：D. N. Chester, *Central and Local Government, Financial and Administrative Relations*, Macmillan and Co., London, 1951, p. 326. 切斯特自己的观点，见 pp. 327ff.

② 参见本书第 12、13 章。

③ 参见本书第 18 章。

④ 提炼自：George C. Homans, *The Human Group*, Harcourt, Brace and Co., New York, 1950, pp. 111–113, 115–118, 242–243, 244–247. 从中也许可以找到必要的资格条件。

会发起更多的互动，进一步增强相互间的喜爱①。如此，凝聚力也就会生长起来。

在过去，重要公共政策的制定并没有过多考虑由喜欢和不喜欢这样单纯的人类气质所引起的遥远但重要的影响。或许，没有太多人明确地想要摧毁像希尔敦小镇(Hilltown)这样的新英格兰小社区的功能。然而，工业化和巨人症严重地限制了希尔敦小镇的自治权并几乎将其从人类互动焦点的名单中彻底清除。希尔敦小镇的政府和会议保留了下来，但小镇的力量却（逐渐）衰减。民兵训练和教堂事务管理消失了。小镇对高速公路、学校、救济等事务的控制极大削弱。希尔敦小镇甚至不再向州立法机构派驻自己的代表，因其已成为一个更大选区的一部分，自治权的内容也就这么多了。同时，希尔敦小镇居民共同参与的活动数量也减少了。人们在早晨各自向外分散，晚上回来；即使在晚上也看不到大多数其他居民，因为大都外出看电影、吃饭或者参加舞会。农场耕种让位于车间工作，农场上的忙人们不见了，杂货店也由于人们去别处购物而赚不到钱。社会生活陷入贫困，非正式的拜访减少了，聚会减少了，一些人在工作之外见不到什么人。希尔敦小镇不再是了不起的社会组织，它是地图上的一个点，是一块建上了房子的土地，人们在其中遮风挡雨、吃饭、休息、排便、同房；在希尔敦小镇内仅仅是实现这些基本的生理需求，而并不是像友谊、团结和尊重这样的主要目标，在小镇，其他方面也并不重要，如社会教化、社会控制、回应性、理性解决居民问题等。小镇甚至不能以大量的同意或不
269 同意来显示自身，小镇居民间的情绪是相互间的漠不关心，那里没有团结。居民在他们的生活中保留一丝情感内容这样的事实，不会在希尔敦小镇出现②。

在过去的一个世纪，大量复杂的社会决策已经在美国消灭了数以千计的像希尔敦小镇这样的城镇。然而，作为一个民族国家，我们无法承担将所有这些群体消灭的代价，而这仅仅是由于冷漠或忽视造成的。在许多方面，地理上的群体保持着所有小群体的最大希望，但却被现代工业化和都市化破坏殆尽。1～5 000 人聚居的“邻里”是现今被我们忽视的大量愉悦和主要目标满足的潜在来源；中世纪以来，由作为功能单位的地理群体的破坏带来的贫困人口不计其数；鉴于此，很难讲工业化的大量收益是否能够抵消像尊重、情感、友谊、团结这样主要目标满足方面的巨大损失，而这正是由于对具有相当自治权的小型的、具有凝聚力的地理群体的破坏造成的。莱维斯·芒福德（Levis Mumford）基于令人印象深刻的分析认为，我们已经是失败者；无须浪漫化或者赞同中世纪生活的其他特征就可以得出这样的推断，在我们的城镇和城市组织中，现代工业主义的所有伟大努力最终创造出了一个缺乏富饶、美丽和人类温情的不毛之地③。对城市生活的最好检验是，生活在大城市中的人们不愿意生孩子，不仅在美国，其他地方也是如此④。现代城市可以说是死亡陷阱。

---

① 提炼自：George C. Homans，*The Human Group*，Harcourt，Brace and Co.，New York，1950，p. 118. 从中也许可以找到必要的资格条件。

② 同上，pp. 359-361，365-366.

③ Lewis Mumford，*The Culture of Cities*，Harcourt，Brace and Co.，New York，1938.

④ 例如，参见：Baker Brownell，*The Human Community*，*Its Philosophy and Practice for a Time of Crisis*，Harper & Brothers，New York，1950，p. 11.

这也不仅仅是主要目标的问题。邻里是孩子成长的地方，是直接包含孩子和成人双方在内——的确，整个家庭——的唯一小群体。在邻里同辈群体中，年轻人的性格得以形成——或好或坏。就像多克（Doc）——一个街角男孩的头儿——告诉怀特（W. F. Whyte）的那样："除了在半径 300 码的范围内行动，这里的伙伴们不知道还能去做什么。比尔（Bill），这是事实。他们工作后回家，在街角晃荡，去吃饭，背靠墙角，去看演出，回来后继续在街角晃荡。如果他们不在街角，那里的男孩儿很有可能知道你能在哪里找到他们。他们中的大多数靠一个墙角。唯一稀罕的 270 是，小伙伴会改变自己的墙角。"①

由于这些原因，人们对同现代社会相关的群体自治权的衰落倍感沮丧，像福利特（Mary Parker Follette）和贝克·布劳内尔（Barker Brownell），都强调了邻里或者小城镇的重要性②。即使在城市中，也能发展出具有高度自治权，有意识规划、整合和社会控制的邻里社区③。庞大的政府单位——城市、州和联邦政府——可以提供一些援助。例如，1951 年 11 月，联邦住房和家庭金融局（Federal Housing and Home Finance Agency）已经向社区贷款 2 500 万美元以规划地方公共工程④。然而，主要的解决方案并不存在于政府的援助中，后者应当是结果而不能成为原因。这种情况表明，变革需要来自"草根"阶层的诉求——不论用这个隐喻来描述现代城市这一不毛之地有多么不适当。邻里不能强加给人们，只能由他们自己发展起来。这种发展需要像学习小组这样的技术；在一项由蒙大拿州州政府主持、布劳内尔监督下而开展的试验中，此种方法在该州大量的小城镇中似乎取得了非常可观的成绩。从大范围来看，人们可能会将史蒂文时代英格兰某个新城镇中"自上而下规划"的致命结果同德拉姆（Durham）地区彼得里（Peterlee）新城镇"自下而上规划"的结果相比较，在后者那里，例如，矿工们的妻子在社会学家的指导下进行了一项针对当地居民的调查。一个是官僚的和科层制的，另一个却基于高度的互惠性⑤。这个案例和其他的相同，即寻找一种如罗莎·卢森堡（Rosa Luxem- 271 bourg）和许多其他革命者加以浪漫化的那种自发群众运动是无济于事的，将城市转化为整合的邻里社区的革命需要领导者和组织。但问题在于，领导者必须生活和工作在美国城市数以千计的潜在邻里街区中。

具体的政策和项目只能是更为详尽的分析的产物，这超出了本书的范围。因为，小群体的自治权、团结和健康的发展需要无数个政策和项目。最重要的事情要优先考虑。最有优先性的事情是逆转当前时代的偏好，弱化求大思维的影响，着手

---

① William Foote Whyte, *Street Corner Society*, University of Chicago Press, Chicago, 1943, p. 256.

② Mary Parker Follett, *The New State*, *Group Organization the Solution of Popular Government*, Longmans, Green and Co., New York, 1918, and Baker Brownell, *op. cit.*

③ The Netherlands, institute for Social Research of the Netherlands' People, Commission on the Distribution of Population, *The Distribution of Population in the Netherlands*, First Report, Part IA, the Hague, 1948, English summary, pp. 87—95.

④ *The New York Times*, November 4, 1951, Section I, p. 49.

⑤ 摘自：Robert Bruce Black, "Brave New Britain: The British Town and Country Planning System," unpublished Ph. D. dissertation, Harvard University, Department of Political Economy and Government, 1950; Harold Orlans, Utopia, Ltd., *The Story of the English New Town of Stevenage*, Yale University Press, New Haven, 1953.

寻求通往有活力小群体的实际可行之道。

战争和科层制

以上内容，是对后面章节要探讨的问题的大致的概括。为公平起见，需要指出的是，有一个因素可能会使美国和其他西方国家缩减科层制的重要努力无效。战争肯定会——半动员也可能会——缩小价格体系的范围，因为高度动员的特性在一定程度上使以集中方式替代价格体系配置成为必要。进一步来说，为了国家安全和胜利的压倒性目标，战争要求国家活动的高度协调，以至于认为将决策下放到小型和自治的群体会变得非常有害。在这些条件下，政治领导者手中更加统一的控制权的发展——由于动员和指挥战争的需要——可能会对领导者进行多元控制所需的条件的弱化趋势一致。长时期动员的最佳预测是科层制的加强，而不是减少。

第 *10* 章

多头政治：对领导者的控制

10.1 引言

多头政治和政治的第一个难题

从美国革命到第一次世界大战开始的这段时间，对民主的无限自信和盲目的崇拜情绪空前高涨。从思想上来说，寡头政治的“铁律”已经被废除，政治平等为人们所尊崇。对人们来说，民主必将战胜暴政，而政治平等必将普存于世。与林肯和格雷斯通一样，马克思和恩格斯也深受这一传统思想的影响。 272

这一观点饱受批评，虽然这些批评的影响并不是很大。但是，自第一次世界大战尤其是第二次世界大战以来，西方学者态度上的巨大转变反映了学者们对不平等趋势的影响有了新的认识。对比一下 1953 年左右和半个世纪以前——比如说 1906 年后的英国伟大的自由改革时期——的学术氛围。可以确定的是，有些人，如戴西曾公开宣称福利国家——或他所称的民主社会主义国家——的提前到来，将会是自由真正的威胁。但是，毫不夸张地说，费边主义者的观点更贴切地反映了当时知识分子的心态。肖、韦伯夫妇、韦尔斯（H. G. Wells）都是进步思想的忠实守卫，就连伟大的自由主义政治家和管理者，如鲍尔佛（Balfour）、乔治（Lloyd George）、年轻的丘吉尔（the young Churchill）以及霍尔丹（Haldane）也紧随其后。自由-劳工教义（Liberal-Labor creed）的主要信条有两个。更大程度上的福利、保障和平等应该并且必须通过政府权力的手段扩展到社会大众——这一扩展将会强化而不是弱化民主的进步。只有反动派和极少数
273 无政府主义者对这一信条的有效性表示怀疑。在美国，这种知识分子的思潮和政治力量支撑着它不会成为其他时代的主导思想；在法国，人民阵线的知识力量和政治力量几乎与美国的罗斯福新政同时发生。

但是，也许现在会有人指责说，这些知识分子贬低了甚至忽视了所谓的“政治的第一个难题”。这是一个古老而又反复出现的难题，即公民如何才能防止他们的统治者变成一个暴君。当我们翻阅了费边主义者和美国、法国相关作者的著作后，我们会发现，几乎没有人关注这一问题。也许，这些作者认为这一问题已经被解决了。

认为“政治的第一个难题”还没有解决的信念，以及那些认为其他方面从根本上就是错误的早期乐观主义者，就这样将我们刚刚过去的时代一分为二。从现在来说，我们可能会相信《1984》——如果这是一个讽刺漫画的话——可能就是我们不久的将来，并且，实际上，广袤的大地上可能已经存在这样的现实。我们不得不对现在描述的乌托邦和过去的乌托邦进行比较，只有这样，我们才能发现，我们描述的和祖先所描述的并无差异。我们可以用奥威尔的《1984》，或者《动物庄园》（*Animal Farm*），或凯斯特勒（Koestler）的《欲望时代》（*The Age of Longing*）与贝拉米（Bellamy）的《回溯过去》（*Looking Backward*）进行比较。

几年前，德宾（E. F. M. Durbin）还可以写：“国家经济力量的增长不应该危害我们的政治自由，因为我们的政治自由仍然掌握在民主选举出的国会手中，并且我们自由的保障仍然还在于政治宪法和我们社会中的实践……，认识到这一点很重要。”① 德宾的这一说法并没有什么错，现在打击我们的是推论（syllogism）的不足。

是什么带来了这一情绪的变化？当然，人们不会低估少数无政府主义者的相关评论，如奥威尔的力量，又如凯斯特勒一样的共产主义者。《1984》和《正午的黑暗》（*Darkness at Noon*）这两本书对政治产生了深刻的影响。乔威奈尔（Bertrand
274 de Jouvenal）的《权力》（*On Power*）② 一书有力地论证了整个人类的历史就是政府控制的持续增强的历史。那么，发生了什么事情才会产生并且让这样的观点颇有说服力呢？主要有五件事情。

第一，在很多知识分子看来，苏联是在向社会公正、平等和新民主迈进，但它最终却走向了层级不公和难以置信的控制、地位、安全和收入上的不平等。

第二，专制蔓延到德国、意大利、西班牙、葡萄牙、阿根廷，并且在这些国

---

① E. F. M. Durbin, *Problems of Economic Planning*, Routledge and Kegan Paul, Ltd., London, 1949, p. 60. 公平地说，德宾在他的 *Politics of Democratic Socialism*（Routledge and Sons, Ltd., London, 1940）一书中对政治问题的考察更为全面。

② Bertrand de Jouvenal, *On Power*, New York, The Viking Press, 1949.

家，独裁击败了多头政治，这让我们不再相信民主应该是人类的常态和必然的状态，不再相信暴政才是反常。即使像克罗斯曼（R. H. S. Crossman）这样的左翼民主社会主义者，现在都发现有必要这样总结：

> 对无情的少数人来说，对沉默的大多数人的奴役是人类遗传的本性。堕落的并不是权力本身，而是将人们对权力的贪婪合法化。因此，自由社会的统治者不得不被一套复杂的社会教化系统所限制，只有这样他才能不放纵他的天性。在西方的传统中，政治上无权的人和国会人员成为一种潮流，他们的目标不再是摧毁他们的对手，而是要在辩论中打败他们；不再是奴役大众，而是要为大众负责任地服务。这种民主就像精心打理的花园一样颇不自然：一旦人们因为任何原因离开或稍有疏忽，极权主义就会像自然疯长的杂草一样将无人看管的民主花园推翻。①

从来没有反民主的知识分子像克罗斯曼——这一英国民主社会主义的代表——一样，将这一情况解释得更为有力了！帕累托、莫斯卡、米歇尔斯都没有做到。

第三，在现代社会中，控制的诱惑不计其数。奈特（Frank Knight）曾经写道，被控制的人有可能是那些讨厌拥有和实施控制的人，他们对控制的讨厌程度可能会使一个心地非常柔软的人拿起鞭子，在奴隶的种植园中鞭打主人。在人和社会中，都存在潜在的暴君，而提供控制的职位则可能吸引这些潜在的暴君。

第四，在世界的大多数地方，秘密警察、虐待和集中营作为一般统治工具的兴起，要求人们注意社会手段的巨大变化。在发掘多数决定原则的社会学基础的尝试中，一位社会学家曾经写道：“最后，多数人所行使的权力的最终基础是什么？这一答案非常有迷惑性，可能会打击人们已经接受的观点。它存在于这样的现实中……多数人比少数人要强大得多，或者，用齐美尔（Simmel）的话说，多数要比少数更强大（‘das die Vielen machtiger sind als die Wenigen’）……在同一个组织中，多数人总是可以控制少数人，可以命令组织内的服务，保证组织内部的顺从。”② 但是这一说法可能不再是正确的了。在美国独立战争和第一次世界大战时期，简单的轻武器就可以让步兵居于主导地位，在这一短暂的历史时期可能多数还是可以击败少数的。并且，即使这一事实无法单独解释多数决定原则，我们也可以找到证据证明多数决定原则最终可以通过武力和严重的惩罚来强制执行③。但是，多数人可以通过武力和惩罚的威胁令少数人服从这一说法可能不再是正确的了。相反，过去一个世代的历史已经生动地解释了，现在，少数人有可能征服多数人，也可能将多数人置于无尽的服从之中④。 275

---

① R. H. S. Crossman, “Know Thine Enemy,” *The New Statesman and Nation*, April 21, 1951, p. 453.

② Arnold Bierstadt, “The Sociology of Minorities,” *American Sociological Review*, December, 1948, pp. 709–710.

③ S. B. Mckinley, *Democracy and Military Power*, Vanguard Press, New York, 1934.

④ Karl Mannheim, *Diagnosis of Our Time*, Kegan Paul, Trench, Trubner and Co., Ltd., London, 1943, pp. 2–3; Karl Mannheim, *Man and Society in an Age of Reconstruction*, Kegan Paul, Trench, Trubner and Co., Ltd., London, 1940, p. 48.

第五，至少在我们的生命中，我们可以看到，战争已经从稀有的、反常的甚至绝迹的事件发展成了反复发生的事情，战争只能通过人力和资源的持续流动加以避免，但这种情况，在最近的过去只发生在战争时期（只有战争才能避免战争）。

总之，我们已经非常清楚地认识到现在社会已经严重偏离了对平等的控制。然而，除了这种驱动力之外，在一些社会中，民主的目标在某种意义上来说，仍然非常接近非领导者对领导者有高度的控制这一粗略的含义。能实现这一目标的社会过程的集群（constellation of social processes），我们常常称为多头政治（polyarchy）[1]。
276 多头政治而不是民主，恰恰是解决“政治的第一个难题”的方法。就像很多难题的实际解决方法一样，多头政治也有不适当和非常不完美的地方。

民主、多头政治和独裁

通过组织所具有的某个重要元素，我们可以说一个组织是多元治理的组织、多元治理的政府，或者是社会中具备能够促进多元政府运作的状态，或者是一个多元治理的社会。由于“最后决策权”的重要性和政府对“最后决策权”的重要性，政府中的多元治理就成了无限接近民主目标的前提条件。本章关注的重点就是多元治理的政府。但是，从广义上来说，所有通常被称为“民主的”政府，事实上都掺杂了科层制（尤其是在行政管理上）、讨价还价（尤其是在立法上）和多元治理（尤其是在当选的领导者和普通市民的关系上）。因此，本章我们实际上是要描述这些政府中的占大多数部分的**多元组件**（polyarchal component）。因为我们通常通过政府的多元组件来区别不同的政府，这种区别方法也十分有效，因此，我们将这样的政府称为多元政府（polyarchal government）会非常方便。

现在，如果我们把政府置于一个一端实现了完全民主、另一端为独裁专政的连续体上，我们会发现，现实世界里的政府没有一个会同时位于连续体的两端。多头政治和现代的独裁制都会缺少一定的极端性，并且，它们会比忠诚的民主党人发现的已经令人满意的关系更为紧密。

然而，它们在连续体的位置上的区别也极为重要。各种各样的具体结果都解释了这一差别。

多头政治和效率化

但是，多头政治是如何处理效率化问题的呢？第一，多头政治本身就是一个效率化的过程。比如，美国的联邦预算就对美国甚至全世界的收入、投资和创新的稳定性、规模和分配有决定性的影响。第二，多头政治是塑造和改变社会效率

① 多头政治也常常译为“多元民主”“多头政府”。在本书中，如果“polyarchy”指代国家，则译作“多头政治”；如果“polyarchical”作为形容词描述组织，则译为“多元民主的组织”，侧重指一种多元治理的手段。——译者注

化方法的主要过程之一，因此，从自由放任到福利国家的转变很大部分是通过多元治理完成的。第三，多头政治是控制科层制的一种手段，而科层制是一种重要的效率化过程。因此，在西方多元社会里，用科层制代替价格体系的得失问题，实际上就是一个用多头政治和科层制来做效率化决策，从而代替通过价格体系做效率化决策的问题。 277

现在，我们的读者会认识到，“计划和民主是相容的吗”这一问题实际上没有意义。但是，在这一并不严谨的问题背后隐藏着一个合理的关注，即效率化的各种手段对多头政治的必要条件可能产生影响。明显地，本书的一个很重要任务就是要理解这些影响。

为了完成这一任务，我们必须尽可能小心翼翼地分析出多头政治的必要条件。如果这些条件能够分析出来，我们就可以对前面和后面章节分析的政治-经济技术的影响进行更精确的预测。因此，本章的主要目的就是分离出这些条件，并且在这一过程中，将它们与民主中有关“经济计划”的一般论证联系起来。

10.2　多头政治的特点和条件

特点

目前为止，我们还没有给“多头政治”这一术语做太多可操作的定义。我们会很容易地说，苏联不是多头政治，而美国、英国、加拿大、新西兰、澳大利亚、法国、挪威、瑞典、丹麦、墨西哥和以色列则是多头政治。因为这些国家的非领导者可以对领导者施加高度的控制，而前者则不能。但是，为了使“高度的控制”有意义，我们有必要设立一些标准。最重要的标准如下：

(1) 组织内的大多数成年人在选举时具有投票权，并且他们的投票行为、对候选人的选择并不和直接的奖励或惩罚有关系。

(2) 在选举中，每个成员的投票具有同样的权重。 278

(3) 在制定组织政策时，未当选的官员服从于当选的官员。也就是说，如果他们希望的话，当选的官员在和未当选的官员商讨政策时，前者具有最后决策权。

(4) 当选的领导者反过来服从于非领导者，从这个意义上来说，只要大多数投票者将他们的选票投给了那些可替代的领导者而非当政的领导者，那些当政者可能会被其他可替代的领导者以一种和平的和提供晋升的方式取而代之。

(5) 组织中的成年人有几种可得的可替代的信息来源，包括那些明显不在政府领导者单边控制下的信息来源。“可得的”在这种语境下指的是，如果组织内的成员想要获得信息，他们就可以使用这些信息来源而不必担心受到政府领导者或他们下属的惩罚。

(6) 那些接受组织规则的成员有机会——不论是直接的还是通过授权——提出竞争性政策，并且（提出竞争性政策的）候选人不会因此而受到严重惩罚。

这些标准中的每一条都可以引发广泛的讨论。尤其是政治理论者更是会一直这样做①。多少人才算是“多数”？什么是“严重”的惩罚？投票应该怎样去衡量才会有“相同的分量”？比如，美国联邦体系会允许国家完全具备多头政治的资格吗？“相对晋升”需要有多快？未当选的官员该如何服从？毫无疑问，这些符号（上述6条标准），每一个都可以再进一步制定一些可操作的标准，对这些标准如何运用的争论主要是源于事实，而不是源于对问题的定义。如果作者对这一事实的观点——大多数非共产主义的反法西斯者共有的观点——是正确的话，那么，很明显，苏联和西班牙缺乏多头政治的所有特点，大多数美国的公司也不具备这些特点，而许多商会和一些受老板纠缠的市政当局（boss-ridden municipalities）也缺乏这些重要的特点。

因此，这些标准中的每一个都可以用一个连续体来表达。比如，因为内华达的
279 投票者选举出了和纽约州的投票者数量一样多的参议员，那么，美国的联邦政府就没有像英国那样更符合多头政治的第二条标准。此外，多头政治的过程只和特定的成员有关。在法国允许女性投票之前，法国的中央政府是只包容男性的多头政治。在美国，对黑人或者甚至一些穷苦的白人来说，整个南方从来都不是多头政治。但是，对于南方注册的民主党人来说，党内初选基本上就是一个多元民主的过程。

小群体中的多头政治

对于具有上述特点的组织来说，什么样的过程是它们的必备条件？

两种冲突的趋势。检验小群体有助于回答这一问题②。在小群体中，所有的决定一般通过面对面的方式做出，我们很容易看到工作中存在两种不同的并且部分相互抗衡的趋势。首先，由于若干原因，存在一种偏离平等控制、走向不平等控制的趋势。罗伯托（Roberto）从相对更大的群体，即从欧洲社会党中概括出来了这一趋势，并给这一趋势贴上了“寡头铁律”（iron law of oligarchy）的标签。事实上，这种趋势如此明显，像米歇尔斯这样的观察者都没有多加注意颇具对抗性的第二种趋势，我们将这种偏离了单纯的单边控制的趋势称为“互惠抵消定律”（counteracting law of reciprocity）。

---

① 内斯（Arne Naess）和罗坎（Stein Rokkan）基于100位学者对联合国教科文组织关于民主的含义调查问卷的回复——“Analytical Survey of Agreements and Disagreements”，生动地解释了使用和民主、多头政治有关的术语的困难。参见：Richard Mckeon（ed.），*Democracy in a World of Tensions*：*A Symposium Prepared by UNESCO*，University of Chicago Press，Chicago，1951，pp. 447 ff.

② 比如：William Foote Whyte，*Street Corner Society*，University of Chicago Press，Chicago，1943；George C. Homans，*The Human Group*，Harcourt，Brace and Co.，New York，1950；Gunnar Landtman，*The Origin of the Inequality of the Social Classes*，University of Chicago Press，Chicago，1938；Alexander H. Leighton，*The Governing of Men*，Princeton University Press，Princeton，1946；Richard Thurnwald，*Die Menschiche Gesellschaft*，Vierter Band，*Werden*，*Wandel*，*und Gestaltung Von Staat und Kultur im Lichte Der Völkerforschung*，Walter de Gruyter and Co.，Berlin and Leipzig，1935，pp. 14 ff.，86 ff. Cf. also the insightful hypotheses of Alexander Rüstow. *Ortsbestimmung der Gegenwart*，*Eine universalges chichtliche Kulturkritik*，Erster Band，*Ursprung der Herrscaft*，Eugen Rentch Verlag，Erlenbach-Zurich，1950，Parts I and II. 在文明发展的过程中，小群体的生活转变成更大的、阶级结构的社会生活。

我们在关于控制的那一章已经检验了这第二种趋势的基本原因，在那一章，我们解释了为什么没有组织会只通过单边使用命令、操纵等方法来进行运作，却总是会创造一些互惠的关系。在此我们不会再重复这种讨论了，但是我们有必要再次强调：米歇尔斯以及其他的观察者，如确立了统治阶级理论的莫斯卡，他们都是选择 280
了一套趋势就忽略了其他的趋势。

然而，人们可能会承认，在小群体和大群体中，一种趋势或其他的趋势流行的程度有巨大的差异。如果只有第一种趋势广泛流行，那么每一个组织都可能是一个纯粹的单边独裁组织；如果只有第二种趋势流行，那就变成了纯粹的民主。多头政治是这两种趋势的一个特殊组合，在多头政治中，互惠的趋势足以和单边控制的趋势相互抗衡，因此，前面引用的特点在这一部分也存在。

因此，这就出现了两个问题。第一，在小群体中，创造出远离平等控制趋势的主要条件是什么？第二，在小群体中，哪些条件能够强化组织充分互惠以使组织具有多元民主的特点？

不平等趋势的条件。至于第一个问题，在任何给定的条件下，除非每个人在知识、技能、机会和行动方面平等，或者除非这四个方面的不平等偶然地相互抵消了，否则，每个人都无法实施平等的控制。当然，人们极少在这四个方面是平等的，并且不平等相互抵消的情况也非常偶然。即使是在非常简单而又原始的、有高度的社会和政治平等的社会里，人们也会发现知识、技能、机会和行动方面的差异都会导致控制上的差异。如果是更为复杂的社会，这些区别将非常巨大。即使在最简单的社会，在体型、能力和性格上还是会存在差异。有强壮的战士，也有软弱的战士；有些人能言善辩，有些人却并非如此。有男人，也有女人。“身心残疾者饱受折磨，游手好闲者无所事事，鳏夫终老者无以为助，狂妄吹嘘者不堪其扰，等等——所有这些人都是卑贱的底层人。”[①] 但除此之外，有些人的社会地位和控制能力可能不断提升，通常这些人组成了长老议会。一个人如果因为他的英勇、善变、成功或果断而获得了社会地位和控制能力，通常他会被自动纳入长老议会，就 281
像巴布亚的基瓦人（Kiwai Papuans）或阿善提人（the Ashantis）所做的一样，当他的社会地位和控制能力减退时，他就会被长老议会除名[②]。因此，即使是在高度平等主义的社会，很多人类原始的性格、目标和能力的差异也会导致政治知识、技能和能力的不平等，这些不平等将导致控制上的不平等。

在更简单的原始社会，如巴布亚的基瓦人，这些差异所导致的结果很大程度上可以用几个条件来抵消。除了性别差异之外，劳动分工比较少。人们在财产分配上也几乎没有差异。每个人都做着相同的工作，没有人雇用仆人。共同所有权极为常见。富饶土地的供给没有限制。人们通过共享而不是独占狩猎或捕鱼的成果来获取威望。社会地位并不容易继承，因为它不仅取决于出身，还取决于个人的勇气或能力。压迫难以实施，因为反抗者可以脱离群体组建他们自己的新社群[③]。

---

① Landtman，*op. cit.*，pp. 8–9.

② *Ibid.*，pp. 310–311.

③ *Ibid.*，pp. 5–8，319–320.

但是在更为复杂的小社会，性格、目标和能力上的差异会导致政治知识、技能和利益的差异，这些都不可避免地导致政治机会上的差异。随着劳动分工日益精细化，从剥削和不平等中——与更简单的原始社会相比——获得的机会和收益也在增加。比如，在猎人和捕鱼者之间，游牧这种生存方式会使奴隶制非常低效，一个学生调查了 83 个狩猎和捕鱼部落，其中有 65 个部落没有奴隶。另一方面，在农业部落里，奴隶制通常高效、有生产力，因此，在这些部落中，奴隶制得到广泛推行①。劳动分工也引发了社会地位和机会上的差异。那些通常需要特殊的天赋或训练、受人尊重的品质（如勇气）和恬淡寡欲的职业（比如战士等），通常会得到比手艺人更高的地位。其他的工作会被人瞧不起，那些从事这些工作的人通常进入社会底层。说来也奇怪，屠夫、音乐家和鞋匠通常会被文明人或半文明人鄙视。这些差别都会有助于创造出世袭的社会地位和机会。对于那些具有巨大控制
282 权和较高社会地位的人来说，可以用从劳动分工中获得的巨大财富来奖励自己——或者由部落出于对他们的尊敬和感激奖励他们。同样的，有影响力的年长者的儿子也接受了更好的领导方面的锻炼，他们很可能更容易被部落接受。并且随着神职人员的出现和发展，在敬奉当地神灵时，他们也被神秘和权力的光环笼罩②。

我们很难想象，以哪一种方式组织小社会，才能使其避免——因为偶然的出生、一些继承的或获取的财富，或社会地位、教育、经验，甚至近亲关系，又或是偶然获得的控制手段等——而导致的在政治机会方面的差异。另外，性格、目标和能力上的天然差异也会导致政治知识、技能和利益的差异。这样看的话，完全平等的控制在任何情况下都不可能在人类社会发生。

毫无疑问，我们在这一点上说的太多了。人们会毫无争议地接受这一点。但是如果这一观点有助于人们记住，即使保持多头政治的条件也是一场持久战——那么我们的辛苦就是值得的。平等控制是一种不稳定均衡。知识、技能、机会和行动上的差异制造了不平等控制，这些不平等反过来又会生出更多的差异，进而制造更多的不平等。因此，想要保持一个多元民主的组织从来不会成功，实际上，这种多元民主的组织正处于消失的边缘。

互惠趋势的两个关键条件。但是，如果这一战役从来没有获胜的话，那它也不曾失去过（But if the battle is never won, neither is it always lost）。多头政治确实在小群体和大群体中存活下来。那么，在小群体中，对抗不平等控制趋势并强化互惠的条件是什么呢？

其中一种方法（条件）是保持一个极度简单的社会，在这样的社会中，为了达到想要的统一，（当权者）可以运用非常强大的社会教化压抑人们普遍的欲望，可以运用无情的禁忌来对抗控制中的差异。在本内迪克特（Ruth Benedict）的广为人知的描述中，美国西南部的祖尼（Zunñi）印第安部落就是这样的一个小社会③。

---

① H. J. Nieboer, *Slavery as an Industrial System*, M. Nijhoff, The Hague, 1900. pp. 267, 295; quoted in Landtman, *op. cit.*, pp. 230-231.

② Landtman, *op. cit.*, *passim*.

③ Ruth Benedict, *Patterns of Culture*, Honghton Mifflin Co., Boston, 1934.

然而，这并不是西方社会最为核心的解决方法。此外，这种方法显然不在现代民族-国家的范围，因此以后的讨论中我们将忽略这一方法。祖尼部落和西方人的 283 方法显然也不是互相排斥的，因为，某些对抗现在不平等控制的教条恰是多头政治的前提条件，我们马上就会论证这一点。但是整体的思路还是非常不同的。

其他可行的方法是保持两种主要条件。第一，领导者能够通过和其他人竞争非领导者的支持来赢得控制权。政治竞争可能采取直接的形式，也可能采取复杂的形式。但是，在每一个多元民主的组织中，一个人都不要指望政治运动会全副武装采取非常复杂的形式。第二，非领导者必须具有这样的机会，即能将他们的支持从无能的领导者转向他们的对手。

在这两种情况下，领导者会对非领导者的偏好具有高度的回应性，否则他们可能会失去控制权。换一种说法，这两种条件有助于建立互惠的控制，同时削弱单边控制①。

此外，这些条件的出现意味着，两个及以上的科层制组织实际上有助于一个多元民主组织的运行。如米歇尔斯所观察的，政党可倾向于寡头制，或者是我们所说的科层制。但是，有两个及以上的政党相互竞争以获取公民的选票支持，这就可以成为一个多头政治。

这两种条件的出现也迫使“寡头铁律”和“互惠抵消定律”之间形成一种平衡。以怀特研究的街头帮派（street-corner gangs）为例，街头帮派存在强烈的科层制结构，如果我们将它们称为多头政体（polyarchies）的话，只是延伸了这一术语的含义。然而，因为这两种重要的条件在某种程度上出现了，我们能在帮派领导者和他的跟随者的关系中发现互惠的一个显著的元素。领导者能做什么有严格的限制，如果领导者不能满足帮派成员的偏好，他就会失去对他们的控制权。比如，一群街头少年的小头目可能会因为他的小弟们发现他私吞政治家给俱乐部的钱失去他的地位②，又比如，小头目自己参与政治，并且在将他的朋友动员起来后，他突然 284 退出竞赛以支持其他的政治家，“他的追随者会感到他‘出卖了’帮派，这样他就很难再继续做一个杰出的政治人物了。如果帮派领导者可以为他的小弟做一些事情的话，他也许可以保持拥有一些追随者，但是他再也没有机会赢得选举了”③。帮派小弟将选票卖给政治家的意愿也暗示了领导者的局限——然后按政治家的意愿进行投票。作为菲乌马拉（Fiumara）这个候选人的一个支持者，他会对街头帮派说：“不要像笨蛋一样。你应该拿着他们的钱，花了这些钱，然后去参加支持菲乌马拉

---

① 对政治竞争（以及大群体）的角色的不同讨论，参见：Joseph A. Schumpeter, *Capitalism, Socialism and Democracy* (2nd ed.), Harper & Brothers, New York, 1947, and James Burnham, *The Machiavellians*, The John Day Co., New York, 1943. 熊彼特认为政治竞争只保证了领导者之间的选择，而不是政策之间的选择。因此，从他的观点来看，政治选举在将公民的偏好转变为公共政策中的重要性可以忽略不计。除非你能够证明竞争的领导者之间的选择与政策偏好是完全分离的，你不能说这一认识是错误的。熊彼特并没有证明这一点，我们的观点也认为他没有这样说。

② William Foote Whyte, *op. cit.*, pp. 217–218.

③ *Ibid.*, p. 209.

的投票。”[①] 帮派领导者必须仍然还是群体中的议员，如果他在层级中获得晋升，他对群体的直接影响会下降，然后其他的领导者会接替他。如果原来的领导者想继续保持对群体的间接影响的话，他就必须和新的领导者保持亲密的关系[②]。

在这些条件下，领导者必须回应他的追随者。他不能将追随者的支持突然“转向”任何一个他偶然喜欢的目标。他的权力被无形却又有效的条件约束着。

但是“寡头铁律”并没有被废除，只不过是被削弱罢了。这是多头政治的另外一面。因为，如果多头政治区别于科层制的地方在于非领导者对领导者的高度控制，那么，多头政治区别于民主的地方就在于领导者与非领导者在政策上没有平等的控制权。甚至小规模、内部关系紧密的组织都不能保证是平均主义的。在这些限制范围内，科尔内耶（Corneille）的领导者多克（Doc）就可以指使他的帮派做任何他想做的事情：去打保龄球，或者去社会服务所（settlement house）开会，或者去建设营地，或者在政治上支持他。然而，他非常擅长于——在他的时代是非常聪明的——计算他能够多大程度上改变他们最初的偏好，以及多大程度上他必须在这些偏好上做让步。

现在，我们能够更清楚地看到自愿性组织对自由的影响。对于领导者来说，如果组织内的成员可以退出组织并加入其他能给他们同样好处的组织的话，他就很难
285 对他们组织的成员施以暴政。在这种情况下，残暴的领导者只会成为无人追随的领导者。因此，自由主义者偏好自愿性组织，相反，法团主义者偏好强制性组织，这一很有说服力的尝试也有其核心。对于强制性组织来说，如何限制其成员摆脱不受欢迎的领导者的控制，这一点非常重要。

多元民主政府

现在世界中的一些民族-国家成功地“解决”了“政治的第一个难题”，这是如何发生的呢？多元民主的政府是如何维持的呢？

我们在小群体中对多头政治的条件的检验或许提供了一个线索。因为同样的这两个条件也会对抗多元民主政府社会中存在的不平等。第一，尽管其他地方的独裁统治可能有所抬头，但是在这些多元民主国家，政治家争取公民支持的竞争看起来并没有显著减少。相反，比如在美国，政治领导者争取公民支持的经常可能还和以前一样激烈。第二，公民仍然还有机会将他们的支持从在任领导者转向他们的竞争对手。因此，如果政治领导者不能高效回应非领导者的偏好，他们就会失去他们的控制权。

我们很快看到，多头政治中领导者的回应性要比仅仅获得下一届的大选复杂得多。但是，考虑到我们随后需要检验的前提条件，毫无疑问，希望赢得下次选举的期望使领导者保持了这种高度回应，有时候这种关系令人震惊：害怕如果不给投票者一点他们想要的好处的话，他们就会在下次选举时支持对手；想要垄断所有的批

① William Foote Whyte, *op. cit.*, p. 244.

② *Ibid.*, p. 214.

评；如果一个领导人选择一种政策而不是另一种政策，那么立法联盟可能会崩溃；要听从压力集团的意愿；因为某个群体的控制，原先模糊处理的事件突然享有最优先的政策；对控告的敏感以及反击的计划——所有的这些都证明是多头政治领导者的行为，并且，所有这些证据都让领导者感到需要回应普通公民和下一任的领导者，就像一个英国作家所写的：

> 这个国家的人民不是通过他们“上一次”的投票来控制他们的政府的，而是通过他们“下一次”的投票来控制的。此外，选民才是最敏锐的裁判。大量 286
> 的投票者通常都是确定的共和党或保守党的支持者，两党支持者的人数差不多相同。而“浮动投票人”会将他们的选票从一个候选人转向他的竞争对手。现在，这些人占全部选民的3%或4%，大约是全部选民中的2 000个投票者。另外，没有一个政府知道这些“浮动投票人”是谁！他们可能是“家庭主妇”、自行车手或者摩托车手。每一个小群体的抱怨都必须得到悉心关照。结果，内阁的每一个决策都是一个计算的风险。[①]

很多反民主的批评者正是因为这个特点而不喜欢多头政治，并且，很多坚信民主目标的人也非常不高兴，因为“政治”（意指竞争性政治）在政府的决策中扮演着显著的角色。但是一个政治体制不可能兼得这两种方式。竞争性政治可能会让那些挑剔它的人不喜欢，但是多头政治的生存则离不开它。

只要这两个重要的条件可以存在，多头政治就可以存在。但是这些关键的条件为什么要存在？显然，多头政治的两个重要条件并不存在于真空中，它们也不是偶然的。相反的，它们还依赖于其他的条件。这些条件就是我们马上要讨论的。

① S. E. Finer, *A Primer of Public Administration*, Frederick Muller, Ltd., London, 1950, p. 32.

第 11 章 多头政治：对领导者的控制(续)

287 那么，多头政治的前提条件是什么？这些条件又是怎样影响经济活动中理性社会行动的重要问题呢？这是本章讨论的主要问题。

11.1 多头政治的前提条件

社会教化

在发展多头政治的过程中，在实现民主的渴望里，多头政治要求社会教化和习惯化（social indoctrination and habituation）。 在写给哈耶克（F. A. Hayek）的一封信中，凯恩斯评价说哈耶克最近新出的《通往奴役之路》（*Road to Serfdom*）一书，可能会让人在"道德和物质方面的问题"上有点迷惑。凯恩斯写道："在一个社群体里，如果社群里的成员觉得正确的话，他们可能会小心翼翼地进行那些危险的行为，但是如果有人感觉到错误的话，他们执行这些行为的方式可能会导致罪恶。"① 凯恩斯以这种方式低估了维持多头政治所需要的社会教化。

如果人们检验一下多头政治的运行，富有想象力地观察一下言论自由的出现，观察一下媒体、政党、选举的运作，以及败选的政府如何自愿辞职，人们最终会发现多头政治的整个结构都依

① Roy F. Harrod, *Life of John Maynard Keynes*, Harcourt, Brace and Co., New York, 1951, p. 437.

赖于一个潜在的元素。这个元素就是社会中人们的道德心、规范和习惯，领导者和非领导者都是这样。因为正是这些元素，定义了哪些控制的使用是合法的、哪些是非法的，哪些行为是能接受的、哪些不是。如果这些被人们的规范、习惯和道德心所规定的定义、命令、许可和认可对多头政治来说都不合适的话，那么任何书面的体制、任何保证、任何规范和法律都不能实现多头政治。可以确定的是，宪政符号 288
或象征（constitutional symbol）以及指令（prescription）是非常有帮助的。但是如果政治领导者和非领导者都没有被灌输这一想法——比如，被打败的政府尽力继续留任是非常不道德的行为——的话，那么，任何反对他们继续留任的宪法禁止条款可能都是无效的。实际上，为了在危机时期坚持下去，这些规范和习惯应该世世代代植入人们的无意识深处，只有这样，想要避免这些基础的要求就很难发展成一个问题。一个国家如果开始严肃地讨论是否会进行另外的选举（推翻现有的当选政府），这个选举通常就不会发生。

然而，有关适当的道德心、规范和习惯是如何在一个社会中发展形成的这一复杂问题，历史上很少有人理解。然而，过去有人提出了三种观察。第一，适当的道德心、规范和习惯可能在有些国家已经广泛形成，但是在其他国家却并非如此。第二，过去这些道德心、规范和习惯的发展都是无意识的、非故意的和未经计划的。第三，过去无意识的、非故意的和未经计划的，现在可以通过有意识、故意和经过计划来实现，并且在某种程度上现在已经做到了。最后一点我们会在下一章讨论。

不论什么原因，在某些社会里，那些有利于相互控制的行为都可能会受到奖励，至少，某些有利于单边控制的行为可能会受到惩罚。很可能年轻人的道德心和行为，经过千千万万种方式——残酷的、复杂的、故意的、无意识的等等——被塑造成一种备受谴责的行为模式，这种模式整体上来说违背了政府的多元控制类型。人们可能会被灌输一些神话和信仰体系——梅里亚姆（Merriam）称为权力的信条——以及某些控制结构的崇拜和认可。

一个社会可能会使用很多手段：英雄崇拜（一个国家常常崇敬像林肯、杰斐逊、格雷斯通、伯克这样的人，而不是像俾斯麦或腓特烈大帝这样的人，这一事实导致了巨大的政治后果）、历史、故事、仪式、游行、演讲、音乐等等。现代的公立学校系统，特别是美国公立学校体系，已经成为多头政治社会教化的有力工具。剧院、电影、书籍、杂志、报纸纷纷涌向个人，它们承载的无尽的信息警告都在教 289
导人们如何区别可接受的政治行为和不可接受的政治行为。在无所不在的自愿性俱乐部里，典型的美国青年和成年人认识到了哪些政治行为是禁忌的、哪些是允许的和受奖励的。通过这些方式，美国人毫无理由地被灌输了对多头政治体系的正确性和适当性的内在认同，也即合法性①。

---

① 现在，无可辩驳的是，多头政治——或者实际上是任何稳定的控制结构——都必须依靠成功的社会教化。参见：Charles E. Merriam, *Systematic Politics*, University of Chicago Press, Chicago, 1945, p. 195; Charles E. Merriam, *Political Power, Its Composition and Incidence*, McGraw-Hill Book Co., New York, 1934; R. M. MacIver, The Web of Government, The Macmillan Company, New York, 1947, pp. 4－5. Bertrand de Jouvenal, *On Power*, The Viking Press, New York, 1949, pp. 194－195; Alexander Leightgon, *The Governing of Men*, Princeton University Press, Princeton, 1946, pp. 288－290.

领导者的教化。这一过程产生了政治领导者。这一过程可能有时候并不是足够的，但是，通过三种方法，这一教化过程很可能会将领导者从单边控制带向相互控制（互惠）。第一种方法在于，**它抑制某些行为类型**，甚至是某些“罪恶的思想”。美国总统即使是在和国会苦苦纠缠时也没有有意识地想过用武力镇压国会。英格兰的教授拉斯基（Laski）设想过工党的胜利可能会要求镇压托利党，但是任何党派的领导者其良心上可能都不会安宁地去这样做。这种情况使得镇压成为不必要的手段。

可以确定的是，这种受挫的和被抑制的冲动并不是常常被消灭得精光的。理性在决定如何使用可接受的控制手段方面起决定作用。因为教化的过程也可能通过第二种方法起作用：**它允许某种被认可的替代行为**。总统如果不受限制，他的下意识或许就是通过话筒或操纵支持者把国会议员全部干掉。

第三种方法是，社会教化让政治领导者认识到，如果他们严重违反了多头政治的规则，他们必将受到**惩罚**。这种惩罚的形式可能是当总统想“滥用”控制时受
290 挫，或者，如果成功地“滥用”控制，他们会被憎恨、鄙视或嫌弃。美国一般的教化肯定不会喜欢这样的结果，即“这是一位摧毁了美国民主的总统”。

领导者的教化还不够。然而，因为某些原因，如果仅仅依靠在任高层领导者的训练、习惯和期望是非常愚蠢的。首先，社会教化可能会教授不一致的目标，它难以建立一个整体统一、自洽、毫无保留地支持多头政治的信仰体系①。在美国，“林肯神话”告诉我们崇敬林肯不仅因为他拒绝了权力的诱惑，还因为他愿意用几乎独裁式的控制去维持一个被叫作“联邦”的实体。总体上来说，美国政治的神话允许强有力的领导者以“人民”的名义来轻视国会。

但是，社会教导的更重要的规则不是要如何维持多头政治，而是要如何维持“资本主义”。这两种规则体系有时候是不一致的，当前的一些国家事务可以解释，为什么公民对把政治当作挣钱机器的商业公司的老板（政治领导者）表现被动、没有什么兴趣。多头政治的信仰有必要强调某些宪法手段的好处，但是有些资本主义的信仰则强调某些结果的好处，而不考虑手段。“当代美国文化”，据观察，“看起来已经接近一种极端类型，这种类型强调某些成功的目标的发生，而没有同样强调宪法手段的使用”②。因此，有些政治领导者可能被灌输美国资本主义信仰的这一方面，即强调成功可以不惜任何代价，而更少关注美国的民主信仰。

此外，尽管这些神话并不是内在不一致的，但是，并不是每个人被教导的规范和习惯都一样。也许每个社会都有某些离经叛道者。在原始部落中，离经叛道者可能比较少，成员可能更容易辨识，通过社会顺从、特殊的角色、排斥或死亡可更好
291 地控制这些叛道者。可能在这些社群中存在卡尔迪纳（Kardiner）所说的“基本的”性格，尽管在基本的类型中可能存在某些偏移，但是那些表现大为不同的性格类型的人少之又少。但是不论在原始部落中，单一的基本性格多么真实，在美国这

---

① Sebastain de Grazia, *The Political Community*, University of Chicago Press, Chicago, 1948.

② Robert K. Merton, *Social Theory and Social Structure*, Free Press, Glencoe, Ill. 1949, p. 129.

样巨大而又多元的社会里，一种基本的或普遍的性格类型几乎不可能占据主导地位①。因此，离经叛道者并不容易被识别和控制。有些观察者提出，政治候选人应该实施心理测试来控制这件事情，但是在不久的将来，这一方法看起来并不会被采用。

此外，在某些情况下，我们中的大多数可能是离经叛道者，每个人都存在这种可能。通过权力这一点金术来转化领导者的目标和偏好已经司空见惯，尽管权力为什么以及怎样走向腐败还是一个谜，但是人们极少去争辩这一事实，即对于有些人来说，权力会走向腐败。可能在这些例子中发生的是，领导者认识到了新的行为、新的习惯、新的欲望和新的奖励。

因此，罗伯斯庇尔（Robespierre）最先在国民大会（National Assembly）上将卢梭的人性假设作为他的准则，即一个具有强烈道德心和民主信仰的人，会坚定地反对国民大会走向独裁。但是在法国大革命开始和热月政变之间这个时期，乡村律师的正直和自律因自己和其他人的认可而备受激励，但是单边控制的回报更多，并且减少控制的威胁制造了越来越多的内在紧张和焦虑，这种新情况的出现使乡村律师发生了变化。因此，他们最初的反对到后来变成了忍受，最后竟然开始支持恐怖行动②。

最后，多头政治必须时时面对这样的威胁，即它要求某些接近独裁的东西。那些危机时期发生的事情才能更好地检验多头政治的生存能力。比如，英国、挪威和美国都在这些危机中完整地生存下来，但是魏玛德国没有。危机需求强势 *292*
的领导者，独裁类型的领导者获得控制权的机会也大为增加，单边控制的回报也增加了，甚至最好的民主党人也被增加和维持他的单边控制权这样的诱惑所包围。

非领导者教化的必需。因为所有这些原因，仅仅依靠高层领导者的习惯和正直的自我约束，没有一个多头政治能够存活下去。非领导者和次级的领导者也必须受到教化。因为如果一个潜在的暴君身边的人拒绝合作，暴政就极有可能发生。

总之，在一个巨大和复杂的社会里，如果不需要社会教化和习惯化的过程的话，很可能这个社会无法阻止每一个潜在的暴君获得控制权。这种情况下，需要做的就是，教化足够多的政治领导者、军队、行政者、警察和普通公民③，这样，潜在的施暴者就无法保证他所需要的合作。打击那些不是潜在施暴者的雄心的是足够多的教化、替代和失败的预期之间的相互控制；而打击那些可能是潜在施暴者的雄心的，是规范和习惯。

---

① 在此，我们留下这一问题以做讨论，即是否有一种具体的“民主的性格”，就像曼海姆和其他的人所讨论的，参见：Karl Mannheim，*Freedom，Power and Democratic Planning*，Oxford University Press，New York，1950. 对于现在已经建立的反对民主化的观点和活动来说，这样的性格是存在的。尤其参见：T. W. Adorno，Else Frenkel-Brunswik，Daniel J. Levinson，and Sanford R. Nevitt，*The Authoritarian Personality*，Harper & Brothers，New York，1950；Leo Lowenthal and Norbert Guterman，*Prophets of Deceit*，Harper & Brothers，New York，1949.

② Hilaire Belloc，*Robespierre*，Charles Scribner's Sons，New York，1902.

③ 这里以及书中的其他的地方，我们所使用的“普通公民”一词没有任何嘲讽含义，作者本人也是和他们知道的多数人一样，是普通公民。

教化和经济中科层制的增长。很多对价格体系、集体选择和政府行动的经典争论都假设，民主规范中的社会教化和社会中所使用的效率化工具之间存在一种紧密的联系。实际上，这种关系看起来是不确定的，很多从中得到的结论都显得操之过急。

293 其中一种常见的观点是，政府科层制在效率化过程中的扩张会损害多头政治所需的习惯、规范和道德心。因此，奈特曾经写道："对我来说，看起来比较确定的是：(a) 在有一定民主社会主义特点的国家里，管理人员所处的位置让他们认为自己是掌握权力的，如果他们想这样做的话；(b) 作为管理现代国家的经济生活的条件之一，他们可能会被强制永久任职，并且有免于频繁连任的自由，尽管他们可能不想这样做；(c) 或者他们愿意——我们不能合理地想象，这类相关的政治权利会落入那些意想不到的人手中。"①

然而，这些一般化看起来几乎都是从先验的推理中和相对不重要的国家经验中得出的，而这些并没有深深植入民主信仰中。大多数证据表明，在西方多元民主社会中，并不是政府科层制的扩张限制了政治过程，而是政治过程限制了政府科层制的扩张。

也就是说，不论何时，一开始看起来像压迫了很多人的科层制规划，在具有很强多元民主传统的社会里，公民可以通过政治过程叫停，甚至把在任的政治家请出办公室。在 1946 年的美国大选中，有证据表明很多人对战争时期和战后的控制打断了连续 16 年的民主大选的胜利深感沮丧。在新西兰，1949 年的大选驱逐了连续执政 14 年的工党政府；1951 年，投票者重新支持了非工党政府。在澳大利亚，1949 年的大选解散了当政 10 年的工党政府；在 1951 年，大选拒绝工党政府的再任。1950 年，英国大选将工党在下院的席位由多数减至几乎没有，一年后工党失去了它在上院的多数席位。

镇压或者多头政治崩溃的迹象是很难找到的。在挪威、瑞典、丹麦和荷兰，政府的科层制削弱了镇压和批评了吗？在所有这些国家，政府选举中的多数票通常是非常少的。因此，这些政府的行为看起来并不会镇压大多数选民，使得他们
294 投向反对党并打败在任的政党。1952 年，美国大选中共和党的压倒性优势极少支持这一提议，即福利国家的科层制控制不可避免地会摧毁公民置换领导者的能力。

我们是否能说在美国和其他国家，政治活跃者已被科层制诱导到某一点，即主要政党必须保证在经济生活中进一步扩张政府科层制吗？如果是这种情况，那么很明显，只通过投票令一个政党下台并不代表限制了科层制，并且这一过程可能会持续下去，直到多头政治被破坏殆尽。显然，这是现代工业社会难以否认的可能性。但是，目前，只要这一说法是正确的，我们就有必要重述我们的观点，即各种伟大的可替代的"主义"并不包含一种解决方法。人们只能在复杂的工业社会的安排之外来寻找解决方法——然而，正如我们所说，没有一个人能预测剧烈地转向一个与现在完全不同的新社会的结果。

---

① Frank H. Knight, *Freedom and Reform*, Harper & Brothers, New York, 1947, p. 139 n.

然而，在任何情况下，建立一个命题就和推翻一个命题一样难。科层制的扩张诱导人们接受与多头政治不一致的规范和习惯的证据是什么？有两点并非不言自明：第一，为了表现对科层制的偏好，公民会采取非理性的行动，甚至这些行动涉及了民主的目标；第二，政治上积极的大多数人不再想组织科层制的扩张，即使它的扩张会阻碍多头政治。就像我们已经说过的，科层制是社会行动的一个高度理性的过程，在某些条件下可以对其加以控制。因此，随着多头政治在艰难中渐进发展，一个新的和相对更理性的多头政治内的科层制平衡也会发展起来。没有人能够满怀信心地说是否会这样，但是本书的大部分会致力于展示两条主线，即多头政治内的科层制的发展及其需要的前提条件。

基本的共识

多头政治需要在能够促进和平竞争和让非领导者有机会改变他们的支持立场的基本问题和方法方面达成共识。如果公民不再认为多头政治是他们想要的，多头政治就不能再**继续**运行。如果一个国家的公民不希望要多头政治，科层制也不能逼迫他们这样做。可以确定的是，土耳其的案例提示我们，公民有 295
时候会被科层制诱导**赞成**多头政治，只有得到公民支持，多头政治才能运行。如果美国压倒性的多数的积极投票者对独裁制的偏好胜过多头政治，那么，任何途径都无法维持多头政治，并防止占压倒性多数的人将独裁的领导选入国会和白宫。

在什么方面达成共识？在基本过程和基本政策方面都需要达成共识。在这两个方面，社会教化有非常关键的作用。

在基本过程方面，共识的达成必须达到莫斯卡所说的选举竞争方面的“高水平司法辩护”。这方面的共识必须产生广泛、熟悉的规范，并且通过法律规范加强共识。共识还必须覆盖以下四点，否则，选举竞争就可能变成一场闹剧：

第一，只有通过竞选活动后赢得多数人的支持，政治领导者才可以合法地获得任职，一旦他失去大选，就必须和平地下台。这一点必须达成共识。这一规范已经深深地植入多元民主社会成员的心中，以至于人们很容易忽视将普通公民的选票放入箱子里，再加总，进而自动地赋予投票行为合法性这一常规体系的重要性。现代独裁制在努力建立惯例这一合法性过程方面有敏锐的知觉，但是这一过程并不会带来多头政治的操作性后果。

第二，多数成年人必须有法定的权利可以参与选举，而不会因为投票行为或选择候选人而受到惩罚或奖励，在这一点上也要求达成共识。在美国，立宪会议后的一个时代，对选举权的限制使得政府更像是一个被道具掩盖的寡头政府，而不是多数“成年人”的政府。然而，此后的传统变得异常复杂，尽管最初的联邦党人以及后来的辉格党人都对此严词谴责，直到杰克逊离开了白宫才有所改变。但是，至少这一共识并未受到严重的挑战。当然，在南部地区，白人寡头统治虽有所衰败，但依然十分流行，即便在北方，贿赂、小额赞助以及投票欺诈在选举中都是司空见惯的事情，这些都表明如果说成年人普选投票权的规范并没有遭到根本挑战，但保证

296 投票人参与选举而又不会因投票行为受到奖励或惩罚的机制还没有完全建立。但是，如果任何**国家**公务员想要违反规则的话，现有的规则已足以给他们带来丑闻或者引起公愤。

第三，作为竞争对手的政治家也应该有法定的机会能够紧密组织自己的力量以赢得选举，也就是说，要有机会组织政党。在英国和美国，政党的合法性看起来已经几乎同时（在 1800 年到 1832 年）得到公众的认可。从那以后，政党都成为合法化和制度化的了，强迫任何一个政党接受我们先前讨论的规则都等同于革命。

第四，公民必须具有可实施法定的批评政府的机会，在这一点上必须达成共识。这一保证很重要，不仅仅是因为它允许大量民众直接批评政府，更是因为它允许小部分精英群体①，即被观察者称为细心的精英的群体能够将他们或多或少的结构性和聪慧的批评施加给政府。在现代生活的其他方面，甚至公共评论也成了一种专门职业，揭露和批评政府所作所为的责任落在了报告者、主编、专栏作家、压力集团的官僚、国会委员、总统委员会、政党组织、公民专业群体等的身上。甚至细心的精英也经常是高度专业化的，减少毛织品进口阻碍的法案并不比减少移民阻碍的法案一样引起细心精英们的更少的注意。

有人认为这些用来定义多头政治基本手段的规则的共识已经足够了。这种假设可能是有效的，但是它隐藏了更深的前提条件——对基本政策达成的共识。遗憾的是，我们很难说清楚"基本政策的共识"应该包括什么。但是，越有人强烈反对基本政策，这些人就越不可能继续支持多头政治的基本手段（或方法）。如果少数人开始相信多数人的政策会彻底摧毁他们实现自己最重要的目标的机会，那么他们就会在多头政治的手段上达成共识。

"同样的，所有人都必须记住这一神圣的原则"，杰斐逊在他的第一次总统就职
297 演说中说道，"**在任何情况下，盛行的多数人的意志**都会是正确的，也必须是理性的。"但是，如果对于相对较多的少数派来说，多数人的意志并"不是理性的"，"那么多数人的意志"就不会获胜。因为肯定会存在这样的情况，即最愿意去相信的民主党人也可能难以忍受多头政治领导者制定的政策，即使他也承认领导者是站在多数人的立场考虑问题的。

在内战之前，当南方的政治活跃分子开始相信北方的多数派如果按其所愿一定会摧毁奴隶制时，卡尔霍恩提出一种同时多数决策的原则，即如果没有所有重要的少数派的同时认可，重要的中央政府决策就不能被采纳。这是一种非常复杂的构想，如果多数派的政策激起了大规模少数派的强烈反对，少数派可能会采取暴力反抗而不是和平默许，这样的话，多头政治就无法存活下去。当这一原则被否决后，内战就不可避免地发生了。人们无须接受宪政理论或卡尔霍恩提出的原则也会同意，作为社会现实的一种表达和预测，卡尔霍恩的观点在本质上是正确的。

一个人对多头政治的偏好程度越高，他就越有可能接受他并不喜欢的政策。

① Gabriel A. Almond, *The American People and Foreign Policy*, Harcourt, Brace and Co., New York, 1950.

当然，这是在他没有比多头政治更高目标的情况下，他希望多头政治能成功而不是被摧毁。这样的人可能非常少，这些人不会在任何国家成为压倒性多数，认为多头政治的手段能够在观点迥异的情况下长久持续。

谁必须认同？谁必须在基本过程和基本政策上达成足够的共识，使得领导者之间的政治竞争和公民选择是政治决策可以承受的？是所有的领导者吗？是所有的政府领导者吗？是某些非领导者吗？还是所有的公民？

很明显，答案是，在任何给定的时间里，只有那些政治积极者需要有认同。在任何给定的时间，政治消极者的共识都是不必要的。当然，这并不是无谓的反复。为了强化、支持或破坏多头政治，一个人必须采取某些政治行动。如果他对他不喜欢的政策或步骤的回应方式经常是无视或吹毛求疵，他的反对对多头政治的手段就 298
不会有任何影响。

和很多简单的回答一样，上述回答也隐藏了一些重要的条件，即“高水平”的政治活动本身就是多头政治的一个前提条件，并且那些政治表现比较消极的人很可能随后变得比较积极。但现在，我们先推迟这些观点的讨论，并声明我们相对形式主义而又不那么具有启发性的观点：多头政治的前提条件之一就是政治积极者和可能的积极者之间达成的共识。

有多少共识？政治积极分子和潜在的积极分子之间需要达成多少共识才能保持政治竞争和公民参与，以及在竞选的领导人之中做选择呢？遗憾的是，并没有令人满意的方法来回答这一问题。这至少涉及两个变量——持有反对观点的人数和他们持有反对观点的强度。衡量观点的难度以及缺少有用的历史数据意味着任何回答都必定是间接的或者建立在不充分的证据基础上的。

从定义看，美国的内战表明其并不存在足够的共识。法国内战、革命和政变的历史都表明，即使是最低程度的共识常常也是缺乏的，而第四共和国的出现更是没有任何共识。魏玛共和国的建立就是缺少共识的结果，1917 年俄罗斯民主革命的爆发也是一样。英国的稳定性恰恰表明了相对较多的共识，新西兰（至少是到最近）和平的社会改革常被引作高度共识的例证。自内战以来，美国的共识对多头政治来说已经足够，但是有些观察者认为，这些共识和其他讲英语的多头政治相比要低得多。

决定在政治积极者和可能的积极者之间，对政策和手段是否存在足够的共识的检测标准是什么？以下指标可能有用：

（1）在正式的宪政理论方面观点的同质性。因此，在英国，对宪政理论的共识——基本的政治制度是怎样运动的以及它们该如何运作——至少在很多美国人看 299
来，比美国的水平要高。这两个国家都比法国的共识程度要高，从允许通过君主政体来选择独裁制到需要总统制系统，再到强化内阁的力量，最后到渴望立法至上，这些都是法国的政治图谱涵盖的内容。

（2）政治犯占全部人口的比例、政治事务中的暴力数量、用命令来强制实施政府政策的范围。然而，文化差异使得这一指标多少有点不可靠。

（3）倡议上的差异以及主要政党不明确的目标。

（4）政府政策在应对变化的行政管理方面的稳定性和不连续性。

但是我们所能进行的检验常常是印象化的或者常识性的。这些方法在美国内战之前的应用看起来可能是有效的。在正式的宪政理论中它们有巨大的差异，政治暴力看起来增加了（堪萨斯流血事件、萨姆纳的野蛮反击、约翰 ·布朗事件），西部土地上的奴隶制问题的分歧也大量增加，政府的政策也迅速转变（德里德·斯科特的决议、1850 年妥协案、1854 年妥协案、林肯在西部领土上的政策）。相反，适用于英国的经验，不排除战争动员和联合政府 6 年之后的 1945 年的大选，这一检验证明了高度同质性的一般印象——但是，可能仅仅因为这些指标是大多数观察者用来达成第一印象的。

这很大程度上还是一个未经探索的领域，在探索的过程中还会遇到很多困难。然而，在讨论理性社会行动的某些问题时，我们有必要对共识的状态以及共识对多头政治的影响做出一些假设。在这些情况下，我们能做的最好就是尽量解释清楚我们的假设。

理性的社会行动和“最高目的”。在这一点上，有些人可能会希望放下与“计划”有关的老命题的幽灵。经常会有人说，政府或者社会不应该进行“计划”，除
300 非它有某些“最高的目的”，其他所有的目的都必须从属于它。因此，有人说，民主社会在战争时期可以“计划”，但是在和平时期则不可以。因为只有在战争时期，才会有足够多的人在一个“最高的目的”上达成共识。因此，和平时期的计划可能必须通过独裁才能强制性地达成共识。现在，我们还不需要提醒我们的读者，和许多其他的以计划为主题的论断一样，这一论断几乎也没什么意义。理性的社会行动不需要一个最高目的，相反，它通常需要慎重地修正可能的或潜在的有各种各样目标相互冲突的行动。需要一个最高的目标才能用政府科层结构来提高效率也可能是不正确的。在任何情况下，通过各种各样的价格体系并不需要一个最高的目的；和通过政府科层制“追求效率”一样，通过价格体系“追求效率”也是理性社会行动的一部分。

理性社会行动和稳定的政策。有一个需要认真考虑的观点是，多头政治中的政府政策会不稳定，以致难以实现理性的社会行动，至少政府做出的政策和经济事务方面的政策是这样的。政治竞争及其导致的多头政治内部政党的更替意味着政策将会是不稳定的。因此，未来的政策经常是不确定的，而政府的计划通常也只会是无用的。

这个观点取决于两个错误的想法。第一，认为要成为一个有效率的政府，经济计划需要经常着眼长远而不仅仅是任期内，这一种说法并不正确。尽管提出不同政策的主政政党经常四五年一换，很多经济计划可以在任期内完成，这一点毋庸置疑。但是，实际上，在很多主题方面，对计划的估计经常高度不可靠。除了选举以外，还有很多额外的因素难以确定，以至于在很多重要问题上的长期计算可能并不理性，比如收支平衡、国际贸易、失业人数、储蓄、投资、基础设施建设的数量等等。

第二，认为多头政治内政党的变换可能会导致政策的极大不稳定性，这一点也是错误的。相反，一旦政策出台，很多基本的政策都非常稳定。认为政党的变换会导致基本政策的不稳定的观点很可能是基于对多头政治结构的虚构、想象，并非基

于对多头政治在现实中的观察。在英国，保守党上台时接受了绝大多数曾由工党进行的改革。在新西兰和澳大利亚，工党政府被打败后并没有发生突然的政策转移。在美国，罗斯福新政和像威尔逊的新自由等的公平交易的变革，也已经得到了各个政党的认可。 301

此外，频繁的政党更替也并不是多头政治的必要特点，比如在美国，通常有一个"常见的"多数派政党和一个"常见的"少数派政党，前者通常执政的时间较长，直到公民的投票习惯发生巨大变化。杰斐逊式的民主（Jeffersonian Democracy）、杰克逊式的民主（Jacksonian Democracy）、麦金利共和主义（McKinley Republicanism）以及罗斯福民主（Roosevelt Democracy）都是这种趋势的案例。

在多头政治中，这种一旦颁布就长久持续下去的政策趋势并不是偶然的。这和多头政治本身的过程有关。因为如果在多头政治的过程和政策上达成了足够多的共识，那么，在保持政策的稳定性上也可能达成了足够多的共识。相反，如果政党变更真的采取了广泛的、差异巨大的政策，那么这种共识就会非常微弱，以至于多头政治本身会陷入危险。很久以来，大量的政治活跃者或潜在的活跃公民或多或少已经就基本政策达成共识，因此，政党竞争（在两党制中表现得最为生动）就会使主要政党进入权力中心。如果某政党的主张与其他政党的主张有巨大的分歧，结果很有可能是没有一个政党获胜。这就很容易导致政策高度的连续性。如果政治核心观点突然转变，或者出现两党过去都没能使用的累积的变化之条件，那么，这个持续的循环中可能会出现断点。但这些情况很少出现。

从另一个方面来说，如果大量的政治活跃公民的意见有明显的分歧，那么，政治竞争可能会促使主要政党走向极端而不是权力中心，由此多头政治本身也会处在危险当中。大致上，这样的情况发生在美国内战的前 10 年。在这种情况中，长期规划（例如计划怎样解决西部地区）是无效的；这一届政府制定的基本政策，下一届政府可能作废。但这并不是多头政治的必要结果，事实上，这是灾难的序曲。

然而，制定基本政策的"中心"有时很有可能也被分割成不同的派别，这种分割的状态可能会持续相当长的一段时间，即使在多头政治里，在很多其他的议题 302
上，这一"中心"也可能多多少少会被认同。在这种情况下，基本政策必定是不稳定的，而超过本届选举任期的规划是无效的。英国的钢铁国有化就是一个例子，尽管它也有可能只是一个保守党误算了公民反对钢铁国有化的数量的例子。如果钢铁不再是国有的，而是在任何情况下都可以对其进行全面管制，或许这就不再是一个基本问题了。不管是哪种情况，大多数的政治活跃者都明显有着不同的主张，无论是工党政府还是保守党政府都不能对未来进行实际规划。

社会多元主义

多头政治要求一定程度的社会多元主义——也就是说，需要彼此之间具有很大程度的自治权的多元化的社会组织。这里又立即遇到一个棘手的有关测量的问题。没有人能够确切地感到究竟需要多大程度上的社会多元主义，人均需要多少个社会组织，它们需要多大程度的自治权。但是我们知道涉及的一般原则非常明确。社会多元主义存在于这样一个社会：在某种程度上，这个社会中存在很多不同的组织，并且控制手段通常通过这些组织来实施；没有一个统一的领导集体来控制这些组织。

极高程度的社会多元主义并不必须意味着极低程度的共识，这只是一个可能的结果，并不是必然结果。美国社会多元主义的程度要比法国高，但是共识的程度也比法国高。在美国，一个更加统一的社会教化已被充分地渗入到不同的群体中，因此，它们能够在基本方法和基本政策方面达成高度共识。在法国，冲突的政治规范被灌输给少数不同的群体，其结果是共识的程度比较低。

1820 年至 1850 年的美国，是社会多元主义与相对高的共识并存的一个极端范例。政治联盟代表了领导者对各种社会组织组合的回应：大的南方奴隶主、小奴隶主，没有奴隶的小型南方农场主，西部粮食种植者，俄亥俄山谷的农场主，金融家，债务人，进口商和出口商，东部商人，东海岸制造商，东部城市工匠，公理会教友（Congregationalists），浸礼宗（Baptists），循道卫理会教徒（Methodists），
303 圣公会教徒（Episcopalians）等。这些社会组织非常具有多样性以至于其内部也是多元化的①。促进这些团体联合的政治技能已经足以使它们在选举中获胜，或者足以对抗实现它们目标的任何威胁。高程度的社会多元化不会产生内战，反之，1850 年之后的内战时期，这些群体之间临时而又有限的团结使得它们组成了几个大的联盟，但是这些联盟之间产生了从没有过的严重分歧。

为什么多元主义是必要的。从人们所经历过的非常小的、面对面的组织来推理，许多人都看不到大社会中社会多元化的重要性。早期民主理论家，比如卢梭，对社会多元主义充满了直接的敌意。在思考小型组织时，卢梭将个人看作分析单元；他也看似合理地证明了在保护社群时，隶属小群体的忠诚是不必要的，而作为共识的威胁，隶属群体的忠诚也并不是人们所期望的②。因此，一个由“派系”组成的社会是很多乌托邦主义极力反对的。所以，卢梭和很多乌托邦主义者一样，并没有足够的实践信息来允许自己藐视强大的在很多小型组织中运行的小组的忠诚——比如，在平均主义部落里的“家庭”忠诚③。

为什么某种程度的社会多元化，至少在现代民族国家是多头政治的必要条件？无论是在小型组织，还是在大的领域，某种程度的社会多元化都是多头政治的必要条件，因为至少在以下五个方面，它能限制官员控制普通公民的能力：

第一，社会多元化意味着社会组织、组织忠诚、组织领导者的存在，一旦这些
304 联合起来，力量就会非常巨大。一个单独的只为自己发声的公民往往会受到官员的威胁，但是一个为大量公民发声的发言人则不容易被恐吓。如果官员拥有制裁措施，那么组织领导者也有宣传、投票甚至是反抗的威胁方法。此外，对于组织成员来说，还有一种心理乘数效应。如果一个人知道自己并非孤军作战，他的勇气和决

---

① 参见：Frederick J. Turner，*The United States 1830–1850*，Henry Holt and Co.，New York，1935.

② “Il n'y a guere de dissidents dans les sociétés utopiennes. Pas ou peu d'opposition，de partis qui se combattent.” Raymond Ruyer，*L'Utopie et les utopies*，Presses Universitaires de France，Paris，1950，p. 44.

③ 参见：Richard Thurnwald，*Werden*，*Wandel und Gestaltung von Staat und Kultur*，in *Die Menscblicbe Gesellschaft*，Vierter Band，Walter de Gruyter and Co.，Berlin and Leipzig，1945，pp. 14 et seq.

心都会得到强化。根据极权统治的难民报告，极权社会最令人不安的特征之一就是当个人可能秘密反对该政权时，他所感受到的孤独。那么，组织领导者比普通公民有更大的可能性获得更高的地位，他们在官场的周期中流动得更容易，也更容易命令官员尊重和顺从他们。

第二，社会多元主义通过确保拥有不同效忠者和支持者的竞争对手领导者的存在来促进竞争。因此，执政者变得不可控制的可能性被降低了，因为执政官员只是一组领导者，或者，更有可能是他们自身组成了互相竞争的领导者。为了消灭其他领导者——与他们可能在多元主义社会获胜相比——革命分子必须首先得到更多人的忠诚和支持，但是，多元化的组织忠诚阻止了这种忠诚的产生。

第三，社会多元主义促进了善于通过协商解决社会组织中冲突的政治领导者的崛起。因此，多元主义修改了全体政治精英名单，于是，狂热的、救世主式的、以巩固某些小群体的霸权为目标的领导者往往会因为群体之间不同的忠诚使他们自身受到阻碍。联邦党人在涉及维持东部金融和商业利益时，无法与杰斐逊的联盟竞争，因此，作为一个政党，他们已经消亡了。从杰斐逊、杰克逊，到罗斯福、杜鲁门，美国所有重要的政治家都是优秀的集团联盟的谈判者。英国也别无二致：皮尔（Peel）、迪斯累里（Disraeli）、格雷斯通、阿斯奎思（Asquith）、劳合·乔治、鲍德温、丘吉尔、阿特利（Attlee），所有这些人都显示出了他们对于一个难于管理的政治联盟的控制能力。政治精英的很多精力都消耗在维持联盟团结上。稍不注意某个人的控制权可能会导致其偏离向另一边。

第四，社会多元主义增加了一个人同时是多个社会组织成员的概率，因此，领 305
导者所采取的看似打击敌对组织的行动可能在实际上会打击自己的联盟。在杰克逊时代，这种现象几乎无处不在。一个人也许是俄亥俄山谷的居民，但为了保持密西西比河的开放而逐渐与南部增加联系，又有可能因为铁路和航道加强与东北部的联系。一个人虽然拥有康涅狄格州血统，但是他可能会与父母来自弗吉尼亚州和田纳西州的女孩结婚。作为一名公理会教徒（Congregationalist），他可能不会对南方的圣公会教徒（Episcopalianism）的罗马天主有一点点同情。作为一个粮食种植者，他可能为了使他的产品能够通过铁路和航道运往东部而进行游说。他的孩子们可能已经搬往西部，或者去东部接受教育。因此，从这个时期，直到 1850 年以后，奴隶制在西部地区成为一个分歧巨大的问题，任何一个人多样的成员身份特征都会使政治领导者有必要小心翼翼地保持温和与妥协的精神（in a spirit of moderation and compromise）。纯粹主义者可能会苦恼地发现结果非常凌乱，但是其中一个结果是迫使美国政治领导者完善他们的技能，不仅仅需要在自己联盟成员之间达成协定，还需要与反对派达成协定。克莱（Henry Clay）和道格拉斯（Stephen Douglas）只是在多元主义社会中必须练习政治技能的极端例子罢了。

第五，社会多元主义对信息和沟通有一些重要影响。它增加了公民直接获得信息的可能性。当然，的确有很多公民获得了那些符合自己和群体规范的信息[①]。但

① 有关沟通理论的研究已经证实了这一事实。比如参见：Paul Lazarsfeld, Bernard Berelson, and Hazel Gaudet, *The People's Choice*, Duell, Sloan and Pearce, New York, 1944.

是就像我们之前所说的，对政策或政治领导者的有效批评有一些特殊的功能，那些专门从事批评和沟通的人能够利用其他的信息来源。

在一个大而且异质的多头政治（美国）中，相关政治信息的沟通是一个极其复杂的问题，任何简化的描述都有可能是错的。然而，这一过程中的某一方面，无疑
306 会为多元社会中的组织领导人（作为信息、评论和沟通的焦点）采取行动提供途径：组织领导者与他自己群体内的成员接触、与和他一个水平的其他领导者接触、与更高层的领导者接触的敏感点。不同类型的领导者对他们自己组织中的非领导者的愿望、他们自己控制的界限、同盟组织领导的合作意愿都非常敏感，更强大的领导者的回应将他们的专业影响力以组织目标的名义施加给其他领导者，同时把自己的组织限制在一定范围内，这个范围经过领导者频繁的、更加现实的计算（事件发生的可能性）设立。因此，大量的政治方面的沟通是一种特殊的，需要向上、向下或穿过复杂的领导者链条进行的沟通。

通过这些方式，社会多元主义发展出一种复杂的控制分配方式。它并没有消除科层制组织，但却使多元民主政府成为可能。普通公民可以控制他们的直接领导，同时又为直接领导所控制。这些领导反过来又控制其他领导者，但是又被其他领导者所控制。由此，一个以控制政府政策为目的的互惠关系的社会产生。所以，一个国家政治联盟像是巨大而又有点摇摇欲坠的企业，它不是一个完整的庞然大物，而是一个被劣质胶水黏合在一起的台球。

社会多元主义和大众民主。很多大众民主批评家，如加塞特（Gasset）、罗普克（Wilhelm Röpke）以及乔威奈尔，都认为大众民主自身就带着自我毁灭的种子，因为大众民主的信条不可避免地导致社会多元主义的毁灭，然后通过把无助的个体公民留在有权力的政府面前，为专制铺平道路。这个主张往往伴随着对政府控制经济生活的“倾斜趋势”的批评（至少在“大众民主”中是如此）；因此，这种观点认为，这必然会导致对社会自治的破坏，从而导致那些以人民的名义压迫人民的政府官员获得绝对权力。事实上，乔威奈尔认为专制主义政治领导者会不可
307 避免地利用平等主义目标破坏群体领导者的中间层级，这样专制主义就能获得胜利。

扩大政治平等、领导者对普通公民愿望的敏感性以及对个人主观平等广泛的关心，意味着对社会多元主义的毁灭，如果这一点是真的，那么毫无疑问，“大众民主”可能会毁灭自身。但是社会多元主义真的会在现代福利国家中毁灭吗？几乎没有证据可以证明这一点。也许欧洲尤其恐惧“大众民主”，而在美国，从杰克逊时代起就存在大众民主——政治领导者为争取人民中各个阶层的支持，尽可能满足大众的口味、愿望和偏好。因此，对美国人来说，“大众民主”就是一种他们已经认识了一个半世纪的“民主”。

此外，在多元民主社会里，福利国家的发展并不能印证社会多元主义的衰退。例如，瑞典社会是高度多元化的，重要的社会组织如雇主联合会、工会以及合作社事实上已经成为合法的存在①。美国的新政和公平施政培育和帮助大型劳动和农业组

① Gunnar Heckscher, “Pluralist Democracy, The Swedish Experience,” *Social Research*, December, 1948, pp. 418-461.

织获得合法性，从而明显加强了社会多元主义。从杰克逊时代起，与政治相关的社会组织的数量就已经成倍增长，包括美国农业局（Farm Bureau Federation），农业、畜牧业促进会（Grange），农民联合会（Farmers' Union），美国劳工总会（American Federation of Labor），产业劳工组织（Congress of Industrial Organizations），全国制造商协会（National Association of Manufacturers），商会（Chamber of Commerce），美国医学协会（American Medical Association），美国律师协会（American Bar Association），房地产协会董事会（National Association of Real Estate Boards），美国退伍军人协会（American Legion），海外作战退伍军人协会（Veteran of Foreign Wars），国家河流和港口会议（National Rivers and Harbors Congress），各地区、各州、各城市和乡镇，以及其他成千上万的社会组织。

事实上，我们会在后面的章节中看到，在美国，社会多元主义程度如此之高，加之相关的宪政结构，以至于在制定政府政策过程中，不同社会群体讨价还价的程度成为我们政治体系的一个显著特征。

最后，从某种程度上讲，组织中缺乏现代“大众社会”的观念似乎源于现代 308
城市生活肤浅的外表这一草率的观点。系统性的研究不支持小群体熔化于社会大熔炉中的断言。比如，怀特发现，像科纳维尔（Cornerville）的贫民窟地区，虽然一个偶然从外部进行观察的中产阶级观察家可能会认为它是无组织、无结构、不定型的，但实际上“它有一套自己的复杂和已建立起来的组织……在每一个群体中，都存在一个把任何人联系起来的具有科层制结构的社会关系”①。然而，并没有证据证明，从贫民窟长大的人比小城镇长大的人更加孤独和无组织。当然，街头上的游荡者并不是这样的。如果有什么区别的话，就像霍曼斯（Homans）指出的：“很多犯罪率高发的贫民窟……是过度组织化而不是无组织的。”② 也许像罗普克和加塞特这样的观察者，会把社会冲突误认为社会的无序和混乱。

社会性的和宪法性的分权。社会多元主义是“社会性分权”的一种形式。就像多数美国作家一样，欧洲作家比如罗普克，关心“大众民主”不仅是强调社会多元化，而且赞美“美国宪法之父的智慧”，他们“清楚地预见到多数人的民主会发生暴政的危险”，所以这些作家介绍了美国宪法及其复杂的制衡系统；罗普克把它看作是“一个人怎样能够运用智慧来避免刚跳出油锅又跳进火坑的一个很好的例子”③。但是从我们所说的社会多元主义中可以推论出：（1）如果社会制衡确实不存在，那么规定宪法制衡很难防止独裁政治领导者产生（以多数人还是以少数人的名义并不重要）；（2）如果社会制衡确实存在，那么规定宪法制衡可能不如罗普克所认为的是一个理想的多头政治的手段。自 18 世纪末以来，在没有社会制衡的情况下，英国发展得也很好。并且，我们已知的检验没有一个能够证明多头政治在美国比在英国运转得更好。 309

社会多元主义和讨价还价。从我们之前所讨论可以明显看出，相当程度的讨价

① W. F. Whyte, *Street Corner Society*, University of Chicago Press, Chicago, 1943, p. viii.

② George C. Homans, *The Human Group*, Harcourt, Brace and Co., New York, 1950, pp. 336-337.

③ Wilhelm Röpke. *The Social Crisis of Our Time*, University of Chicago Press, Chicago, 1950, p. 97.

还价是多头政治的一个内在方面。因为团体冲突的解决方案以及对共识的追求大部分是通过讨价还价进行的。由于讨价还价不仅对多头政治来说重要，作为一般的社会过程，讨价还价也很重要，我们会在后面的两章进行讨论。

政治活动

多头政治也需要相对高程度的政治活动。也就是说，足够多的人必须参与到政府过程中，使得政治领导者争取他们中大多数人的支持，或者或多或少地争取他们代理人的支持。

诚然，这是一个不太精确的表达方式，在下面的论述中我们会尝试对其加以改进。但是，没有人能够使它非常精确。美国和新西兰都是多头政治国家。但是在美国，平均约60%的全国选民参与到选举中，而在新西兰，有超过80%甚至有时会有超过90%的选民会参与。此外，在实践中，甚至在同一个国家，参与政治活动的程度也会因为政策制定情形的不同而产生巨大变化——从毫不关心到全面参与。所以，政治活动本身也是一种很难被测量的“活动”。它所涉及的变量很多，包括参与其中的人数、参与者追求自己目标的强烈程度、他们喜欢参与的活动类型、活跃分子的政治地位和位置、他们的状态、他们能够控制其他人的程度，等等。

低程度的政治活动。根据所参与的政治活动的程度来给美国的政治决策进行高度简化的分类和列表将十分有用，尽管这样做也并不容易。这样一个高度简化的分类可以显示出对某些问题很“积极”的选民大概的比例，以及他们偏好的大致情
310 况，同时能够对民选领导、非民选领导者及其他领导者进行相似的分类。没有人准备过这样一个分类的表格，这项工作也非常巨大，我们不可能靠自己单独完成。即使没有这项工作，我们仍然可以确信类似的努力可以得出一个结论。在很多个重要的政府决策中，选民中只有很少的少数派能在争论中表达确定的偏好。而且我们可以确定地说，只有少数几个国家的政策是选民中绝对多数的群体明确表达出了对于某一选择偏好的结果。

例如，如果把能够明显影响是否继续进行氢弹试验的人都聚集在一个地方，那这些人很可能还填不满一个会议室①。以近来的其他决策为例，有多少人在政府领导进行以下决策时清楚表明他们相关的政治偏好：决定与大公司就原子能设备签订合同?② 通过立法反对进口欧洲的奶酪和其他农产品?③ 无数次拒绝批准圣劳伦斯航道项目?①通过设定经济顾问委员会的立法?②同意和密苏里河谷有关的 Pick-Sloan 计划?③这些决策中的每一个都是极少数人的决策结果。

在实施一种手段或者其他的手段上，有多少人会对他们在国会的代表施压？由

---

① Robert A. Dahl and Ralph S. Brown, Jr., *Domestic Control of Atomic Energy*, Social Science Research Council Pamphlet 8, New York, 1951.

② *Ibid*.

③ 参见：Hans Landsberg, “The Role of Cheese in Our Foreign Policy,” *The Reporter*, May 27, 1952, pp. 32-34. 又参见：E. E. Schattschneider, *Politics, Pressures, and the Tariff*, Prentice-Hall, New York, 1935.

伍德沃德（Julian Woodward）和罗珀（Elmo Roper）检验的一个全国样本显示，只有13%的人表示在过去一年，他们曾至少有一次写信给国会议员或与其他官员交谈，使议员或公务员知道自己想就某个公共问题得到相应的答复；只有11%的人曾在过去4年服务于某个政治候选人的选举工作；只有7%的人曾在过去的4年捐钱 311 给某个党派或政治候选人[④]。

模糊和自相矛盾的偏好。此外，人类会有多种不同的偏好。比如，沿着以下连续体来定位偏好将非常有用：

受到已有知识结果的影响	**反映对结果的无视**
高度[⑤]	低度
强烈	冷漠
稳定	短暂
广泛（多重目标）	狭窄（单一目标）
受多数人认同的影响（“利他主义者”）	**受少数人认同的影响（“利己主义者”）**

显然，很多组合都是多头政治中可能的、可信的各种影响政策的偏好。但是有一个结论是非常确定的：在规模巨大的多头政治中，多数重要政策决策反映了大多数或所有位于连续体右端的偏好，这一点是无法避免的。当然，毫无疑问的是，反映某一个人偏好集合的政策可能与其他人的偏好集合冲突。个人也许赞同偏好排序低、强度低、短暂的政策，但是这可能与他自身的一些排序高的偏好相冲突，只不过高等级的偏好虽然稳定却恰好没有被激活，于是在这一刻，他的偏好是冷漠的。

所以，在实践中，政府决策的民主目标需要与社会中大多数成年人的偏好相一致，这一点非常难做到，甚至不曾做到过。对于大多数人来说，他们并不会就某个 312 问题表达明确偏好；或者即使有明确的偏好，也不会根据这些偏好采取行动；又或数人的偏好相冲突，由于某些原因，这些偏好也不会起作用。

---

① The legislative history and background have been discussed by Jack B. Schmetterer, “St. Lawrence Seaway Project: A Study of Pressure Groups,” senior essay submitted to the Political Science Department of Yale University, 1952.

② Stephen Bailey, *Congress Makes a Law*, Columbia University Press, New York, 1950.

③ 参见：U. S. Commission on Organization of the Executive Branch of the Government. Task Force Report on *Natural Resources* (Appendix L), U. S. Government Printing Office, Washington, January, 1949, pp. 107-148.

④ Julian L. Woodward and Elmo Roper, “Political Activity of American Citizens,” *American Political Science Review*, December, 1950, Table Il, p. 874. 一项更早的由盖洛普发起的民意调查显示以下内容（参见：American Institute of Public opinion Poll, September 24, 1949）：针对问题：“你曾经写信或电联过华盛顿国会议员或参议员吗？”有以下答复：

所属行业	是（%）	否（%）	所受教育	是（%）	否（%）
专家或商人	33	67	大学	39	61
白领	20	80	高中	21	79
农民	17	83	语法学校	11	89
手工业劳动者	12	88			

⑤ 这些并不必然是相同的组合。一个人可能会认为多头政治比从销售乳酪中获得利润重要多了。并且在冲突的情况下，一个人可能会选择多头政治而不是利润。但是，只要在政治层面不冲突的话，这个人可能会非常关注乳酪行业的利润，并对多头政治漠不关心。

活动需要的水平。多头政治和民主政治之间的矛盾常常令那些希望更加接近民主的人倍感焦虑。记住这一点，我们便可以对政治活动的程度——作为多头政治的先决条件——这个问题提出一些通用的方法。

缺乏一定程度的政治活跃性**本身**并不是多头政治不能接近民主目标的标志。例如，如果在引入市政经理（city-manager）系统后，选票开始下降，那么原因**可能**是市政经理对他正在解决的大量未解决的问题做出的回应激起了政治活动（但是，相反地，也可能是很多公民现在感到政治领导已经脱离了他们的控制轨道，因此，尽管感到沮丧，他们也只是放弃了控制他们领导者的努力而已）。

那么，关键的问题并不是有多少活跃的公民，而是当公民想采取政治活动时，他们是否拥有通过政治活动对领导者施加控制的机会。以纯粹抽象和并不真实的情况为例，如果每一个公民能够在每一次选举中为领导者的竞争对手（rival leader）投票，并且能够在现任领导者不能满足他们需要时这样做，并且如果现任领导者知
313 道他们可以这样做，那么较高程度的政治不活跃状态也许仅仅意味着现任领导实际上已经被公民以各种各样微妙的方式控制了。比如通过价值和技术（手段）达成共识、通过少数派的领导者或者公民代表进行信息的沟通，以及通过领导者对于自己未能选择大多数人偏好的政策失去统治地位的预期。

然而，通过选举和其他政治活动对领导者施加控制的机会并不是平等分配的。选举研究和民意调查表明，与低收入人群相比，高收入人群有更高的政治活跃度；教育水平较高的人比教育水平低的人有更高的政治活跃度[①]。此外，因为政治竞选成本高昂，一个人越是富有，他的对政治家施加压力就越具有战略优势。因此，即使在竞选中少数的富人不能总是击败多数的低收入者，但是单单与一个穷人相比，单个富人能够使他的偏好在政府决策中被更多地考虑。

因此，问题并不在于一个人是否能够保证每个公民在每个问题上都表现出政治

① 在伍德沃德和罗珀的研究中，获得“D”或更低成绩的人中只有12%和获得“A”或更高的69%的人一样是“政治活跃”的，获得“A”成绩的人中36%是政治活跃的，而获得“D”成绩的人这一数据仅为3%；34%的执行官和31%的职业人员都是“非常活跃”的，而农民群体中只有6%的人是活跃的，体力劳动者这一数据仅为6%，黑人中这一数据为5%，24%的大学生是“非常活跃”的，只有高中学历的人，6%是活跃的。参见：Table IV，p. 877. 下面的表基于沃纳和伦特对扬基城（Yankee City）的研究（参见：William Lloyd Warner and Paul S. Lunt，*The Social Life of a Modern Community* [Yankee City Series，vol. 1]，Yale University Press，New Haven，1941，pp. 88，369-372)，也很明显说明了这一问题。

（%）

	上		中		下	
	上-上	下-上	上-中	下-中	上-下	下-下
占总人口的百分比	1.44	1.56	10.22	28.12	32.00	25.22
占总投票者的百分比	1.25	1.61	14.11	34.34	34.19	14.19
市政府的办公室	2.30	3.70	19.10	34.50	35.30	5.10
（1）高度控制	6.10	8.20	34.70	36.70	14.30	0
（2）中度控制	0	3.20	25.00	46.80	25.00	0
（3）从属者	0	0	1.80	25.50	61.80	10.90

积极性，而是在于能够保证所有公民都有平等的机会去这样做，能够在现实中而不仅仅是在法律意义上拥有这样的“机会”。如果所有公民都拥有平等的机会这样做，那么利用机会行动的人数也大致代表了行动的人数。在这种情况下，多头政治实际上将拥有两个间接性的代表阶段：通过规则选举公共官员，以及潜在地通过操作官 314
方的“选举”来找出那些政治活跃的人。或许有时在多头政治中，这种程序并不存在。

然而，同等的行动机会并不仅仅是法律权利的产物。它是各种不同因素的产物，这些因素对于我们理解政治过程中的关键点、接近这些关键点、利用接近关键点的途径以及采取行动的意愿等等，都会有很大的影响[①]。在现有的知识和技术条件下，部分因素也许不受理性的影响。能够对其产生一定程度影响的因素是收入、财富和教育。第四个与知识同等重要的因素是性格。本书将在不同章节对它们一一进行讨论，我们现在仅讨论一下和收入、政治活动有关的东西。

然而，很多政治决策并不能真实地反映多数群体的任何一个具体偏好。有关多头政治，我们最多只能说，政治活动机会是否只对成年人群体中的少数代表开放。和各次大选之间出台的政策相比，具体、长远的政策极少违背排序较高的、强烈的、稳定的而又相对广泛的偏好。也就是说，很多政府政策都一定会反映少数群体而非多数群体的偏好。但是，只要政治活动的机会持续对更多人开放，这样的政策就会在模糊而又广泛的限制中得以确定，这些限制是由政策制定者广泛认可的规范和期望所设定的。当政策制定者想安抚少数人，或者他们超出了多数人重视的、强烈的和稳定的偏好所设定的边界时，政策制定者会遭到多数人的反对。

这样就使事情变得消极。可以肯定地说，政治家会为了竞争执政而搜寻议题，利用当前的挫折激起广泛的批评、辩论、立法和行政行动，这些都是政治家想让公民看到的东西。政治家会建立一个敏锐的情报中心，他的支持选民中发出的微小声音，都会在他办公室引起巨大的骚动。但是，沟通并不容易，而选民的某些偏好可能会比其他偏好更容易激活。但是政治领袖的优点就在于他能发现并支持他的选民 315
的需求，并通过政府行动实现这些需求。除了政治家以外，没有其他的个人群体能如此致力于这一任务。

政治活动与收入平等。就像先前提到的，政治活动和控制、收入、教育及地位有非常密切的关系[②]。它们还可能依赖其他鲜为人知的变量——性格以及智力因素[③]。这些鲜为人知的因素反过来会对收入和教育产生影响，并通过收入和教育对地位产生影响。当然我们没有理由假设收入平等能够产生平等的政治活动和控制。

然而，就像在前一章中所阐述的那样，收入很大程度上影响了教育和地位（尤其

---

① David Truman, *The Governmental Process*, Alfred A. Knopf, New York, 1951. 在此书中，他使“渠道”（access）成为他解释政府政策制定时不同控制的中心。

② 参见：Woodward and Roper, *op. cit.*, Table IV, p. 877；参见脚注：45, *supra.*

③ 参见：David Riesman and Nathan Glazer, “Criteria for Public Apathy,” in Alvin W. Gouldner (ed.), *Studies in Leadership: Leadership and Democratic Action*, Harper & Brothers. New York, 1950, pp. 505-559.

是在美国），并通过它们以及它自身的力量对控制产生影响。如果我们能够记得竞选国会席位会很容易地花去15 000～25 000 美元，而参议员竞选能够花掉 500 000 美元或者更多，就不难看出是“金钱在说话”[1]。因此，高程度的收入平等是高程度的政治平等的先决条件。

循环

多头政治要求，对已有领导职位的人进行限制，让他无力独自赢得选举。也就是说，补充新生力量必须不能被现任政治领导者的单边控制所限制。当今，帕累托和莫斯卡强调了“精英循环”的重要性——尽管他们都声称他们描述的不仅仅是多头政治内的政治精英，而是所有的稳定的统治阶级。循环意味着政治精英
316 通过不断从以前没有被包含在内的个人或组织中吸纳新成员来实现自我更新。前述的四个条件以及后面附加的一个条件——作为附带产生的结果，确实促进了这个循环。

虽然相对简单的进入政治精英的循环可能是多头政治的必要条件，但是它距离充分条件还差得很远。独裁统治在德国也非常倚重循环；所以我们不能说这样的循环是多头政治特别需要的条件。但是，这种精英循环实现了三个对多头政治来说非常重要的目的：(1) 它抑制了那些在领导团体之外的人通过革命手段寻求控制政府的意愿。(2) 它确保了无代表的偏好被代表。(3) 它帮助政治领导者进行社会教化。

看一下英国和美国的历史就可以解释这些观点。当然，也许会有一两个例外，比如清教徒革命（Puritan Revolution）。从这两个国家罢工的一个方面来说，实际上表明了循环经常非常容易，所以政治领导者通常包括了所有其他的重要领导群体；而从另一方面来说，循环总是渐进的，它不会很突然。第一点意味着在政府之外有控制权（政府内部没有控制权）的人们之间不允许出现巨大差异，因此就没有发生革命的理由。第二点意味着政治领导永远不会被新来者所击败，因此，旧的领导者可以用适合他们工作的教条逐渐地对新的领导者进行教化。

研究英国政治传统的学生通常都会注意到：几个世纪以来，英国贵族一直对自身进行更新[2]。美国虽然也经历着同样的历程，但很少被提及，美国向多头政治的转变更为突然一些——但是跟法国比起来，还差一点。在法国，雅各宾派试图在 3 年内完成原本需要大概 2 个世纪才能完成的事情，而同样的事情在英国需要 3 个世纪才能完成。当然，他们失败了。美国独立战争前的一个半世纪，一个相对小的群体、

---

① 1949 年，“据《纽约时报》估计，如果以前的是前车之鉴的话，两个纽约州的议员候选人和他们的支持者可能会在他们的选举上花费超过 100 万美元。我们无法精确地估计 1950 年莱曼（Herbert Lehman）重新当选美国议员时花了多少钱。他自己的组织……花了 170 805 美元”。参见：Stephen K. Bailey and Howard D. Samuel，*Congress at Work*，Henry Holt and Co.，New York，1952，p. 23. 有关美国国会议员大选的花费，参见：*Ibid.*，pp. 42－59；V. O. Key，Jr.，*Southern Politics in State and Nation*，Alfred A. Knopf，New York，1949，pp. 467－468.

② Eg.，Roy Lewis and Angus Maude，*The English Middle Classes*，Alfred A. Knopf，New York，1950；K. B. Smellie，*A Hundred Years of English Government*，Duckworth，London，1937.

一个贵族社会，他们尽了所有努力从每一个殖民地的皇家总督手中争取了更多的控制权——比如，在罗得岛和康涅狄格州，这一战役最终因颁布允许选举地方长官的宪章而获得胜利。但是，这种管辖权非常狭窄，只有那些财产拥有者才有资格。但 317 是它使政治精英学会自治的艺术：学会组织集会、与强力的执行官和官僚政治做斗争；学习在需要时，将组织分割成不同的派系而又不破坏妥协的精神；学会通过讨论和协商来运作政府。到 1776 年，一个半世纪以来的殖民斗争将皇家总督变成了备受挫折的无权者，而地方立法机构已经和下院一样学会了使用金钱的影响力。

1787 年，在地方立法机构得到训练的政治领导者开始主导制宪会议。随后，控制权仅限于小的少数派，这些组织的领导人控制了会议；在新宪法下兴起的第一代领导者都是从原来的有经验的领导者中选出来的。到杰克逊时代，各个州中的大部分已经清除了白人男子普选的壁垒，虽然像在弗吉尼亚州一样的地方，扩大选举权的斗争仍在继续，然而，即使这种斗争中断也并不突然。新的领导者只是逐渐取代旧的领导者。向全民普选的过渡，从总体上来说也是无痛的。

因此，循环的所有功能都实现了：尽管有些人说革命有些并不必要——比如弗吉尼亚州和肯塔基州革命、外国势力煽动叛乱法案、联邦党人的阴谋、哈特福特集会都证明了这一点——因为所有的重要领导者都可以在政治领导中找到他们的代表，那些无代表的也有他们的发言人，比如杰克逊和本顿；旧的领导者可以教导新的领导者自治（self-government）方面的艺术。

没有人能够将这一事物转化为可以量化的命题，但是普遍原则是清晰的：循环必须足够迅速以防止任何拥有政府外控制的人被排除在外；循环又必须是渐进的，以保证现任领导不会被不能传递多头政治控制的习惯所淹没。

在当今时代，普选意味着财富和出身已经不比从前那般重要了，而政治技巧则变得更加重要。有足够技巧获得选票的人，不会因为缺乏财务和家庭支持而被排除在领导阶层之外。事实上，即使通过行政、管理或沟通进入政治领导层，财富和出 318 身的优势也会让位于这些技能。因此，在一个主要依靠技能进入政治领导层的社会，广泛的公共教育自动加速了循环，并使得这种循环的停滞在事实上不可能。或许，美国的问题并不是循环是否足够，而是这样的循环是否太多了，即新领导者不能从循环中得到足够的多元控制的习惯方面的教化。

多头政治的其他前提条件

多头政治的一个先决条件是：存在一个有相当程度的心理安全感、在财富和收入方面的差距有限、拥有广泛教育的社会。很多民主理论家——如卢梭和杰斐逊——或直接或含蓄地强调了这一民主政治的条件。当然，多头政治同样需要这一条件。

然而，没有一个条件能够很容易地转化为令人满意的可操作标准，我们也无须多说。但是，可以清楚地看到，心理不安全感可能会产生破坏先前所设定条件的回应——可能会增加对竞选活动的怨恨和敌意，一个极端可能是激发暴力，另一个极端则是导致冷漠，可能导致对竞争对手和他们的领导人产生非理性的不满与仇恨，使人们渴望不受互惠制约的毫无束缚的独裁领导人，或者破坏在基本政策和方法上达成的共识，并且总体来说，会破坏人们对竞争的领导者之间的政治竞争的接受程度，而这一点对于多头政治来说是至关重要的。

财富程度不同造成了对政府外部控制的不同，政府内部控制也产生了同样的情形。财富上的优势可以产生教育、地位、知识、信息、宣传及组织上的优势，因此也就产生了控制上的优势。政府外部控制的优势不仅阻碍了平等享有政府控制这一民主目标的实现，甚至可能会阻止多头政治过程的运行。现在，几乎没有人会否认这个事实，即使是美国的保守派共和党人。真正可操作的问题是贫富差异与多头政治的兼容程度。在这一点上，没有人能够给出真正的答案。过去，在美国，这样的差距非常巨大，但是，多头政治却保存了下来。

319 一直以来，人们都假设文化素质的普及是多头政治运行的前提，因为让文盲理解多头政治过程，或者控制能操纵宣传机器的领导，或者理解别的领导或政策的意义是困难的。但印度实施的普选实验对这一观点提出了质疑，至少该实验的证明是如此。从另一点来看，也许很多非常小的群体在处理小而熟悉的问题时能够运用多头政治，即使这个群体的大多数成员都是文盲。但是毫无疑问，我们的读者几乎不会为这样的提议发生争吵：广泛存在的文盲和愚昧大大增加了多头政治在任何现代的、复杂的、工业化社会难以存活下去的可能性。

前提条件的相互依赖性

总而言之，这六个条件看起来是多头政治所必需的。通过共同运转，它们形成了一个**有机整体**，如果我们使用这个短语，我们没有暗示任何形而上学或神秘的“有机体”；我们的意思仅仅是说这六个条件是互相依存的，就像身体的各个部分一样。它们彼此之间互相作用。为了更好地进行分析，我们就像医学学生通过解剖学习人体结构一样来看待这六个条件。社会教化促进了政治循环、社会多元主义的宽容，也促进了共识的达成和政治活动，共识能够促进社会教化和对社会多元主义的宽容，政治活动促进了循环，也促进了社会多元主义、共识和社会教化；如此形成循环。要想知道哪个条件先出现，或者哪个是其他条件的先决条件，这是一个浪费精力的形而上学的努力。它们是互相依存的，每一个对于多头政治过程都至关重要。

11.2 一个特殊的问题：立法机构的崩溃

现在可以看出，为什么我们难以满怀信心地分辨任何经济政策或政策趋势对多头政治的影响。大多数的多头政治的先决条件都很难以衡量，随着时间的流逝，没
320 有人衡量过它们，现在也还是这样。因此我们只能冒险去猜测这些效率化技术或政策给这些先决条件带来的后果。有时，人们可能知道其中的一些后果，但并不是全

部。此外，一种特定的技术或者甚至是整个政府政策的集合都可能会强化某一个先决条件，从而削弱其他的先决条件——例如增加了政治活动，但是减少了基本共识。因此，在这一领域的讨论中，那些用严谨的口吻、保险而又不确定的判断做出可信预测的，可能就是那些最明智的科学家了。

然而，我们应该说明，大部分把多头政治作为效率化工具使用的困难是多头政治自身所固有的困难。通过多头政治过程所做出的效率化决定既不是不理性、不民主、受政治活动影响的，也不会比其他的多元决策——比如战争、外交和公民自由——更有可能破坏多头政治的条件。

但有一个需要重视的问题，它的兴起是因为政治领导者必须做出大量复杂的决定，作为取代价格体系的集体选择和科层制控制。其中的危险点在于对大众立法机关制定的政策进行控制时可能遭遇崩溃。可以肯定的是，立法只是多头政治中必须的控制工具之一。但是就像“伏尔泰的神”（Voltaire's Deity）一样，如果多头政治不包括立法，那么它们就可能会创造一个出来。很难想象如果没有一些民选政治家群体执行对立法机关来说比较普遍的监督、批评、反对以及参与政策制定的功能，公民该怎样控制政治家和政府官僚机构。

但是几乎每个地方立法机关的政治家似乎都已经越过他们权力的顶峰，在每个地方他们都正在被执行政治家们（executive politicians）取代。政府行动的增强要求做出的决定须包含大量的细节、先决条件、知识，并且立法机关不能取消这些政策。因此，大量的自由裁量权被传递给执行政治家。即使是继续由立法机关做出的决定也对立法机关施加了不寻常的负担，就像给围垦大坝的电力定价这一问题一样，通常都会假设需要立法机关付出大量的时间、知识和能力。

立法机关政治家的行动是通过讨价还价实现卓越的协调的标准范例。然而，在
很多国家，政治家为了履行工作职责，完成当选时所承诺的项目，处理许多突发事 321
件，立法机关的政治家们受到了很多由规则、时间和组织所施加的科层制控制，而这些手段却加强了政党的领导者的力量。这种情况在英国和新西兰尤为明显。在这两个国家，没有一个普通成员可以只通过发言就使政府项目根本性地改变。普通成员影响政党领导者的真正机会很大程度上局限于党内干部会议①。立法机构起到了体现选举的长久好处的作用，它保证执行政治家都能大致坚持他们的竞选计划，或者，在处理突发事件和新要求时，不会过分偏离立法政治家所反映的基本公共态度。立法政治家会故意去塑造大部分由执行政治家做出的决策，但是，他们的这一角色正在衰减。他们是裁判，有时会裁定界外球；但是他们并不自己打球，除非强制实施基本规则并决定战略。

在美国，立法政治家尤其在参议院，可能比世界其他任何地方保持更多的个人控制。参议院可能是巨大民族国家中唯一的主要按照互惠原则运转的立法机关。然而，国会的政治家们一直未能防止总统政治家开辟更大的控制领域。国会现在的组织发展远远超过它的功能设计，如果“国会”的控制能够反映两院多数人的偏好，

① 例如，参见：Leslie Lipson，*The Politics of Equality*，University of Chicago Press，Chicago，1948，p. 319.

那么政府科层制继续扩张可能只会意味着国会对经济联盟的控制能力将继续减弱。另一方面，因为国会的政治家负担太重，他们不能对政府的政策实施严密的监察，并且，国会的组织结构也不适合与执行政治家进行协调。因此，单个的国会政治家可能更适合扮演某个群体的成员或者在经济联盟中发挥重要角色。这种机会本来就
322 是很多委员会主席所拥有的，他们能够在群体中分享控制权，并对铁路、电力、防洪、造船、通信、燃料、原子能联盟中的其他“情形”施加影响。

可能的改革

美国国会重组以满足其现代任务的主要限制之一就是美国政治系统内讨价还价的嵌入程度——在下一章我们会重点讨论。然而，某些改革的重要性和可能性都非常有限。第一，一个统一政党的发展可能会有助于减小个人的作用，并且经常使单个国会议员的影响力难以具有回应性，同时还会增大国会中多数派的影响力；如此，国会多数派就会有机会开展一些统一的计划。但是我们有必要指出，统一政党可能会扩张科层制，同时减少政党体系内的讨价还价，这一点从国会现在的运行中就能看出来。第二，可以采取一些措施来减少国会政治家在细节问题上消耗的时间、精力和能力，这些消耗阻碍了他们在大问题上取用更多的时间、精力和能力。据一位观察家统计，在登记表和选票上，采用电子记录机器可以为第 78 届国会的举办省两个月的时间①。很多小的立法由事务行政官就可以妥善解决了，如果这是一个是失去对小型法律事务的控制还是失去对主要政策的控制的问题的话，毫无疑问我们知道该如何选择。基于英国的经验和我们自己有限的经验，允许执行政治家和他们的下属制定决策，并且给他们评价或对国会的行动进行投票的机会，这样的程度应该得到适当的扩展。

但是，当我们所说的这些有限的好处都实现后，就像下院和法国国民大会一样，国会的负担仍然很重。如果说立法的问题能通过将他们的负担转移给行政来解决，那么这种争论就好像在说，公众已经不再能控制政府决策了，并且在这些情况下，专业化的官僚做出的决策比政治家做出的决策更令人满意。也许，现在立法的问题并不能得到解决，但是，通过改变和简化立法者的议程，我们能够缓和这一问
323 题。我们已经看到，价格体系就是简化经济决策议程的一种重要方法。从狭义的民主价值来说，价格体系的现实优点就是，作为现代工业社会中经济秩序的一个重要组件，我们有充分的理由将它保留下来。

① George B. Galloway, *Congress at the Crossroads*, Thomas Y. Crowell Co., New York, 1946, p. 80.

第 12 章

讨价还价：领导者之间的相互控制

讨价还价是领导者之间相互控制的一种形式。当满足某些条件时，领导者之间会发生讨价还价行为，我们在后面会讨论这些条件。所有社会都会存在讨价还价行为。一般来讲，讨价还价发生的程度，与科层制的数量和初始共识的程度呈反向相关。然而，即使是在现代极权主义社会中，也存在某些讨价还价。例如，在二战期间，纳粹德国对苏政策主要受制于四个群体间的拉锯战（tug of war）：第一方包括希姆莱（Himmler，内政部长、党卫队首领）、博尔曼（Bormann，纳粹党务中心领导人）以及希特勒（纳粹党魁、元首）自己，第二方以罗森堡（Alfred Rosenberg，纳粹党思想领袖）为中心的群体，第三方围绕戈贝尔（Goebbels，纳粹国民教育与宣传部长），第四方是职业化的士兵和外交人员①。 324

在具有高度共识的多元民主社会中，一些讨价还价发生的原因会在下一章进行检验，但是社会多元主义使讨价还价成为必需，使基本共识成为可能。因而，在像英国、新西兰、瑞典这样的国家，基本共识看起来涵盖了相当宽泛的价值和理解领域，然而讨价还价还是发生了。美国的社会多元主义可能较上述三个国

① George Fischer, "Der Fall Wlassow," *Der Monat*, June, 1951, pp. 263 ff.; esp. pp. 265-267. 莫内罗（Jules Monnerot）令人信服地争论道，政治局的统驭能力取决于其在三种主要科层制——政党、秘密警察和非党派“技术专家”——间维持讨价还价关系的水平。他认为，政治局通过支持其中的任何两个科层制控制第三者。Jules Monnerot, "Méchanisme politique de l'absolutisme," *Preuves* (Cahiers Mensuels du Congrès pour la Liberté de la Culture), July, pp. I ff.

家更甚，基本共识的范围更狭窄。结果，作为所有多头政治重要特征的讨价还价在美国的多头政治中占据了主导地位。

12.1 讨价还价和效率化

某些类型的讨价还价习惯上被认为是“经济”生活的一部分，比如集体讨价还
325 价就是一个例子。后面的章节我们将以相当具体的政治-经济技术的形式考察讨价还价的条件和后果①。但在本章和接下来的章节中，我们直接关注的讨价还价类型是政府的或“政治的”讨价还价，不仅因为此类的讨价还价对于多头政治不可或缺，也因为“政治的”讨价还价本身就常常是达成稀缺资源决策的政治-经济过程。最后，也是最重要的一点，讨价还价在政府中的程度和表现特性影响了所有其他政治-经济决策方法（devices）的选择。的确，正如我们在接下来的章节中将要看到的，对美国经济事务中的理性社会行动能力的重大限制，或许就是讨价还价能够塑造我们所有的政府决策的最大程度。

12.2 多头政治中的政治讨价还价

也许有人想了解大量关于所有多头政治中讨价还价功能的情况。但不同国家的政治讨价还价的过程存在显著差异，因此，在能够做出可靠的概括之前，我们须开展大量的研究。本书对此过程的描述主要来自美国的经验。

讨价还价者

在美国，全国性政府政策讨价还价的过程中的主要参与者可以归为以下几类：

（1）国家、州和地方政党组织的领导人，包括行政部门和国会中的政治家。

（2）国会各委员会的主席。

（3）政府官僚制的领导人，包括局长、部门首脑、总统和其他政治家。

（4）不以同政府讨价还价为主要目的而组织起来的非政府、非党派组织的领导人，包括工会领导人、商业企业、宗教组织、职业协会等。

326 （5）以同政府领导者讨价还价为主要目的而组织起来的非政治组织的领导人，例如具有特定目的的压力集团，包括像美国房地产管理局协会（National Association Of Real Estate Boards）、退伍军人组织（Veteran's organization）、农场管理局联合会（Farm Bureau Federation）这样的组织。

（6）在传媒界，特别是大众传媒界任职的意见领袖，包括时政评论员、报纸编

① 第17章。

辑、记者、专栏作家、电台播音员。

(7) 特别具有声望、地位和控制权的个人，包括像巴鲁克（Bernard Baruch）、胡佛（Herbert Hoover）、麦克阿瑟将军（General MacArthur）这样的人。

这些群体并不是相互排斥的，也不是严格界定的，上述分类也没有穷尽所有。但可以有把握地讲，大多数政府政策都受到其中一种或多种类别的个体之间的讨价还价的深刻影响。想要估计所有类别中到底包括多少人，几乎是不可能的。但很清楚的是，其总数相对美国人口而言只占很小的比例。

当做出政策选择时，上述分类中的个体之间会发生大量的讨价还价。在命名、起草党纲，参加竞选、立法、行政、党团会议、大会时，在国会委员会听证会，国会的办公室和走廊，白宫会议，还有部门间委员会、内阁办公室、部门和独立监管机构的正式和非正式会议以及法院，几乎在政府的所有地方，在政策选择制定和实施前，同其他领导人讨价还价是必需的、期望的和可能的。宪法、法律、行政命令、组织章程设定的控制，同盘根错节的讨价还价关系——有些是短暂的，有些处于变化中，有些则相对稳定——交织在一起。

讨价还价为什么会发生

社会多元主义。如果领导者间能就所有问题达成一致意见，就无须讨价还价；如果根本不能达成共识，讨价还价也不可能发生。领导者讨价还价是因为他们（就某些事）没有达成一致意见，而又期待进一步的共识不仅是可能的也是有利可图的——寻求的利益不仅有利于个体自身也有利于群体、群体联盟、区域、国家、子孙后代等“公共利益”。因此，讨价还价之所以会发生，因为其是必要的、可能的、被认为是有利可图的。

如前所述，社会多元主义使得讨价还价在所有的多头政治中必不可少。因为通 327
过一个共同政府而工作的各个群体，如果彼此之间保留某种程度的自治权——这就是社会多元主义的内涵——他们只有通过讨价还价才能够达成一项政府的决策。不仅如此，参与全国性讨价还价——政治党派、政府官僚制、压力集团、立法两院——它们自身就由群体构成，这些群体反过来会进一步细分。因而，讨价还价存在于多头政治的各个层级，不仅在高层领导人之间，也在高层领导人和下属之间这种上下相互控制的长链条中。

在这个次要的问题上停留片刻是值得的。上述这些类别中的大多数领导者都是默许的领导者。尽管科层制是政党、政府机构、非政府科层制、压力集团以及通信组织的主要构件，这些组织也明显存在不同程度的内部讨价还价，甚至在某些情况下存在明显的多元民主。这些组织中大多数都是志愿性的或部分志愿性的，这一事实意味着领导者不能过多地施加单向控制，否则将会失去其追随者。因而，政府过程并不仅仅是使高层领导者达成共识的问题，他们也必须反过来同次级领导者讨价还价，次级领导者再同他们的下级进行讨价还价，如此以至活动的最后层级。

夸大此种特征和将其最小化一样容易，我们一定不要忘了组织之间存在很大差异。但一个简化的概念，很可能和描绘从公民到高层领导者的政府过程的其他概念一样，即将其视为一个领导者链条（chain of leaders），在其中，每个人都依赖于下面追随者和上面领导者的支持和默许。

在对科纳维尔帮派的描述中，怀特指出了一个尤其适用于意裔美国人占多数的工薪阶级地区中的都市政治的模型。由于这些人接近社会的最底层，相比中产阶级地区来讲，科层制影响的时间更为长久，效果也更为显著。但是，如果将它的框架软化并扩展到一个更大的领域的话，这一描述就暗示了一种国家政治的典型模式。

对生活在科纳维尔的人来说，社会由大人物和小人物组成——中间人是大人物
328 和小人物之间的桥梁。科纳维尔中的大多数人都是小人物。他们不能直接接触大人物而必须有个中间人为他们调解。他们通过与中间人建立联系而获得此种调解，或者为其提供服务，因而使中间人对他们负有调解的义务。中间人为大人物履行同样的功能。大人物、中间人、小人物之间的互动建立了一个基于互惠义务体系（system of reciprocal obligations）的个人关系科层制。

像“诺顿家族”（Nortons）这样的街角帮派以及科纳维尔社交和运动俱乐部（Cornerville Social and Athletic Club）这样的派系可以和科层制的底层相融合，尽管它们之间存在着某种程度的社会差异。像多克、罗马诺（Don Romano）、泰代斯科（Carlo Tedesco）这样的街角青年头目成了中间人，向更高的上级提出他们追随者的利益。奇克（Chick）和他的同伴比街角青年更高一级，但处于另一个科层制的最底层，后者受街区之外的力量控制。当然，大人物之间也存在着很大的不同。就谢尔比（Shelby）街道的街角帮派来看，卡特兰多（Tony Catalado）是一位大人物，街角青年追随者同他的关系受到他们领导人的规制。与此同时，卡特兰多又是一个中间人，为街角青年处理其同大人物间的关系并努力为大人物控制街角青年。作为棒球店老板的 T. S.，以及州参议员的拉韦洛（George Ravello）是科纳维尔最大的人物。T. S. 通过中间人操纵其下属。而拉韦洛拒绝在他自己和那些街角青年之间有任何正式的区分，处于底层的人通过有关系的中间人接触政治家之时，会比他自己直接对付沟通的鸿沟好得多①。

因而，社会多元主义对解释讨价还价的存在大有帮助。但是，只凭借社会多元主义自身还不能解释美国讨价还价的范围。因为，如果自治群体间并不是相互依赖的，或者如果在一开始时它们已经达成了完全共识，那么，它们不需要进行讨价还价。

社会多元主义加上相互依赖。一个群体被认为能够反向或者正向影响其他群体的行动越多，后者就越可能试图通过控制第一个群体来保护自己。在美国，和在其他多头政治中一样，社会多元主义同日益增长的相互依赖相伴而生。因此，相互依赖的群体之间必须讨价还价，以保护自身和获取优势。

329 **社会多元主义加上相互依赖，再加上初始的不同意和潜在的同意**。但是，具有充分的实施讨价还价的自主权、足够的相互依赖以从中获益的群体，仍不会被鼓励去讨价还价，**除非**他们起初具有不同意见，而预期增加的共识又是可能的。社会多

① William Foote Whyte, *Street Corner Society*, University of Chicago Press, Chicago, 1943, pp. 271-272. 需要记住的是，那些“青年”实际上是20多岁的年轻人。

元主义并非必然会促进最初的不一致，但很显然倾向于此。因为群体生活有助于创造某些认同、规则以及现实观点，每个群体（并非全部）可能都会共享某些观点，但是这些观点很容易陷入冲突。众所周知，在美国，不同的个人可能会认同各种各样具有不同规范和标识的群体，当然，这也是讨价还价扩散开来的原因之一。

群体忠诚的存在创造了也增加了讨价还价的副作用。例如，一个组织中的领导者并不一定能够对其他组织中的非领导者施加很多控制。这是不言自明的，但是常常被那些认为社群中的领导者主要存在于中间和上层阶级的人所忽略[1]。在怀特考察的低收入人群中，一个人可能会以共和党的身份或者是民主党的身份取得成功。但如果他真正成为共和党员，就会在科纳维尔失去影响力；如果他是民主党员，就仍可以保持在科纳维尔的影响力，但他无法获得作为共和党员所能得到的地位和控制的机会。

许多人属于多个群体，当不同的群体存在冲突之时，他们就会感受到冲突的群体忠诚的“交叉压力”(cross pressures)。逃离这些交叉压力的方法之一是政治冷漠——从冲突中逃离[2]。然而，另一个办法是通过讨价还价达成的允诺来减少冲突[3]。此外，我们谈论的作为多头政治先决条件的社会教化也有助于建立广泛被认可的规则，这些规则在很多群体都得到了贯彻。因此，讨价还价既是可行的也是有 330
利可图的。我们假设，关于认同和忠诚之间的裂痕，美国比英国更尖锐，比法国更多，但没有法国尖锐。但验证此种对比有些困难，我们也满足于仅以假说的形式提出这个命题。无论如何，相当多样化的认同和忠诚形塑了美国人对政府政策的态度[4]。

冲突的认同

某些主要群体能够产生对美国政治选择来说非常重要的忠诚和认同，列举出这些群体类型本身就能够说明对讨价还价的需求是存在的。

(1) 家庭或亲属群体。将亲属群体进行加总通常就产生了机器投票（machine vote）的中坚力量。不仅如此，孩子也受到父母信条的深刻影响。詹姆斯·韦斯特这

① 很显然，外交事务组织存在经常性的失败，表面上是将教育的努力针对“美国人民”，但实质上集中关注中上层阶级，后者在其组织中可能还不是领导者，更别说在全体人民中。参见尚未出版的：Bernard Cohen，“Private Organizations and Public Education in World Affairs，” Ph. D dissertation in the Yale University library.

② Paul Lazarsfeld，Barnard Berelson，and Hazel Gaudet，*The People's Choice*，Duell，Sloan and Pearce，New York，1944.

③ 人们认为，美国存在程度相对较深的政治冷漠，这是相当可能的——例如，通过选举投票率来测量——这同相对较高程度的讨价还价的发生是直接相关的。他们对于同样的条件可能有两种反应，被称为社会多元主义－相互依赖群体的冲突。

④ 政治的群体基础在 20 世纪的一本书中首先得到了强调，令人奇怪的是，这本书长期为人们所忽略，直到最近才发现其价值，它是：Arthur F. Bentley，*The Process of Government*，University of Chicago Press，Chicago，1908. 新近的最为系统的阐述参见：David B. Truman，*The Governmental Process*，Alfred A. Knopf，new York，1951. 也可参见：Earl Latham，*The Group Basis of Politics*：*A study in Basing-Point Legislation*，Cornell University Press，Ithaca，1952.

样描写平原村(Plainville)：“一个人加入某个政治党派，就像他未来也有可能加入他父母加入的教堂一样”[1]。

(2) 以相似方式维持生计的人们。这是麦迪逊在《联邦党人文集》第 10 篇(*Federalists paper No. 10*) 中坚持的经济利益构成了所有政治的根基的观点。美国政治历史中，奴隶主、谷物种植者、工匠、商业利益集团、土地投机者、铁路企业家、金融家和无数其他群体的作用是最简单的，即使我们无法以此为根据进行彻底的解释[2]。

331 (3) 总财富或者收入相近的人们。民意调查和选举研究证实了这个明显的结论：政治态度的差异直接反映了财富和收入的差异[3]。

(4) 具有相近社会地位的人们。瓦尔纳和他的助手在一个东部社区和五个西部社区，发现了对地位群体的六种分类。相似社会地位的群体倾向于在政治上达成一致[4]。

(5) 认为他们属于同一阶级的人们。尽管阶级与基于社会地位、总财富或收入、生活方式而产生的群体并没有巨大的差异，森特斯 (Richard Centers) 在一项基于全国抽样的研究中发现，人们会认同自己属于某个“阶级”，而阶级认同的差异同政治态度的差异呈相关关系。51%的受访者认为自己属于工薪阶级，43%的人将自己归为中产阶级。职业有助于人们识别自己的阶级，例如，将近 3/4 的商人、专业人员和白领工人认为自己属于中产或者上层阶级，而 79%的体力劳动者认为自己是工人和低收入阶层[5]。但除了职业外，几乎半数的受访者相信，从阶级身份的角度了解一个人所需的最重要的事情就是他**“相信和感知某些事情”**的方式[6]。人们也不能说，树立阶级意识只是通过职业或财富实现认同的一种迂回办法。因为同种职业群体中的人可能认同自己属于不同的“阶级”——也就是说，给自己贴上不同的阶级标签；当他们这样做时，也倾向于具有不同的政治态度。例如，那些将自
332 己视为工人阶级的人比那些属于同种职业群体却将自己视为中产阶级的人要多少更加“激进”些[7]。

---

① James West, *Plainville U. S. A.*, Columbia University Press, New York, 1945, p. 85.

② Frederick Jackson Turner, *The United States 1830—1850*, Henry Holt and Co., New York, 1935; Arthur M. Schlesinger, Jr., *The Age of Jackson*, Little, Brown and Co., Boston, 1945; Comer Vann Woodward,, *Reunion and Reaction, the Compromise of 1877 and the End of Reconstruction*, Little, Brown and Co., Boston, 1951; E. E. Schattschneider, *Politics, Pressures and the Tariff*, Prentice-Hall, New York, 1935; Richard Centers, *The Psychology of the Social Classes*, Princeton University Press, Princeton, 1949.

③ 例如，Sam Lubell, *The Future of American Politics*, Harper & Brothers, New York, 1952, p. 51. Lazarsfeld, Berelson, and Gaudet, *op. cit.* 对以下调查问题的回答：在你看来，雇主和雇员的关系就其本质而言，是对立的还是基本相同的？(见 *Forture*, “The Forture Survey XXVII,” 1940. 2) 在你看来，政府应当救助那些不能靠自己维持生计的人吗？(见 *Forture*, “The Forture Survey XXVIII”, 1940. 3) 总统削减了 28% (约 1/4) 的联邦救济补助金，你是支持还是反对？(见美国民意调查研究所，1940－02－18) 此项名单可以无限制地扩展。

④ 参见：W. Lloyd Warner, Marchia Meeker, and Kenneth Eells, *Social Class in America*, Science Research Associates, Inc., Chicago, 1949.

⑤ 参见：Richard Centers, *op. cit.*, p. 85.

⑥ *Ibid.*, pp. 90-91.

⑦ *Ibid.*, pp. 126-127. 遗憾的是，森特斯关于职业群体的数据缺少一些值得期望的东西。

(6) 宗教信仰相同的人们①。

(7) 属于相近种族或民族群体的人们②。

(8) 居住在或者曾经居住在同一个地区的人们。“地区主义”（regionalism）作为一种现象在美国政治中已经被广泛夸大。在这个国家，没有也不曾有过同质性的地区。经常被认为同质性程度最高的美国南部地区，事实上自殖民地时代以来就深受互相残杀的冲突的困扰③。运用地区主义政治忠诚这一术语时，最好用经济阶层、社会地位、财富或职业等词语加以解释。从另一方面来讲，若一个人同其地域的联系看起来相当牢靠，这种联系很可能会对政治态度施加某些影响。韦斯特写道：“普兰维尔人属于由四五个县组成的‘地区’，因属于‘州的这个部分’而属于‘这个州’，因属于‘美国的这个部分’而属于‘美国’。然而，他们对所有这些更大的区域仅有微弱的感情，除了州和国家……所有这些感情的强度和复杂性都无法和对伍德兰县和普兰维尔的感情相提并论。人们将居住和情感联系起来构建的一个更小些的地理单元就是居民区（neighborhood）。”④

(9) 最后，共同的历史经历也可以解释产生的某些认同，这些历史经过神话、民间故事和传统而保留下来。南部的山区的共和党人大部分集中在弗吉尼亚州、北卡罗来纳州和田纳西州等呈扇形分布的山区，这些地区至今仍是共和党的天下，大部分归因于长期的历史经历，包括同更加富有的平原地区地主长达一个半世纪的冲
突，内战时期同邦联的对抗，以及重建时期（1865—1877 年）的经历。相对于统 333
治共和党的那些人而言，这些山区的共和党人的政治和社会目标同罗斯福新政时期和公平施政时期的更为接近。但他们并不将自身视为民主党人⑤。

总而言之，由于不同个体所认同的群体不同，通过讨价还价达成妥协对于成功的选举联盟是**必需的**。由于不同群体中的个体可能也是其他群体中的成员，通过讨价还价达成妥协就**受到鼓励**。由于不同群体中的个人享有某些共同的价值，讨价还价就是**可能的**。由于不同的事项会产生不同的群体联合，通过讨价还价达成妥协就**得以持续**。

12.3 作为重要讨价还价者的政治家

尽管美国人就尊重政治家而言表现出令人好奇的不乐意——毫无疑问，此种不情愿部分地源于强加给他的那种角色——政治家是美国人生活中的重要人物，他在所有多头政治中必定如此。因为，最重要的是，政治家的职业生涯依赖于成功的讨价还价谈判。为赢得职位，他必须商定选举联盟。为满足其选举联盟的需要，他必

---

① 参见：Lazarsfeld，Berelson，and Gaudet，*op. cit.*，and Lubell，*op. cit.*.

② 参见：William F. Whyte，*op. cit.*，p. 230；Sam Lubell，*op. cit.*；V. O. Key，Jr.，*Southern Politics in State and Nation*，Alfred A. Knopf，New York，1949.

③ V. O. Key，Jr.，*op. cit.*，*passim*.

④ James West，*op. cit.*，p. 56.

⑤ V. O. Key，Jr.，*op. cit.*，p. 285.

须同其他立法者和行政官员商谈联盟事宜，因为他的控制权就取决于谈判，他的大部分时间消耗在讨价还价上。这是他发展出的技能，而这种技能使得优秀的政治人物和失败的政治人物区别开来。政治家会为了维持、修复和增强其联盟关系而常常忽视政策中的实质性问题，这也是一个讨价还价的社会为了维持些许社会和平所必须付出的一部分代价。

政治家是讨价还价社会的人类载体，这和任何单独的角色扮演者可能的情况一样。此种角色从政府扩散至企业、工会、大学和其他发生讨价还价的组织。“政治家”这个词最初用于描述那些集中主要时间和精力以进入政府部门的个人，现在一般用于任何组织中的任何人，他的主要技能是通过同联盟谈判实现控制的能力。这是一项政治技能，或者更为准确地说，是政治家的技能。

由于它是讨价还价者、商谈者，因此，政治家并不经常下命令。他很少使用单向控制。即使作为行政首脑或者内阁官员，他也会很快发现其控制（的能力）取决
334 于讨价还价的技能。因此，或许政治家的角色倾向于为一系列的性格类型所补充，这同在单向控制更为显著的职位中发现的性格类型相当不同。我们对这个主题知道的并不多，然而，在我们的印象中，作为美国政治家，其控制权取决于成功的讨价还价。对控制过程而言，美国政治家倾向于和企业、行政官员这样的领导人保持本质上不同的态度，后者的控制取决于对科层制的成功运用。或许，正是这样的角色吸引并形塑了政治家。

在任何情况下，此种角色要求采取类似于妥协、放弃、保全颜面这样的行动，其在道德上是模棱两可的，甚至对严格遵照道德标准的人来说也明显是不道德的。然而，如果没有政治家的工作，社会将会在讨价还价中分裂为无数个独立而又相互斗争的部分——毫无疑问，强大的科层制领导者可以将这些碎片整合在一起，他会通过破坏社会组织的自治权而减少对政治家的需求。由于某些讨价还价在多头政治中是固有的，也因为政治家担当了讨价还价的角色，因而，作为联盟谈判者的政治家是多头政治的内在组成部分。

在另一个时代的另一个国家，肖（George Bernard Shaw）回忆了他自己的政治生涯，并且富有洞察力地观察到政治家角色的必然性，他被一个名为约瑟夫·伯吉斯（Joseph Burgess）的工党候选人拒绝就某些问题妥协时激怒——拒绝了政治家的角色——因而丢掉了他在议会中的席位：

> 我想起自己的不幸角色，充满肮脏妥协的机会主义的腐朽，发霉的权宜之计……在区议会和巴特西（Battersea）选区的泥潭中艰难挪动，身心扭曲地在幕后操纵中越陷越深，25 年来一步一步身心疲惫地行至此，有时进一小步，有时又退一步，为了那些不能承担任何角色的穷鬼，我的确认为，乔（Joe）或许为了千百万在议会里没有朋友的穷鬼而忍受了人们在他的白礼服上这儿那儿的一些小污点。啊！这些道德的花花公子，这些精神的阔少，这些高人一等的人。乔是谁呀？他就不能像我们其他人那样偶然地承担一些灵魂上的风险吗？①

① Hesketh Pearson, *G. B. S.*, Harper & Brothers, New York, 1942, p. 156. quoted in Stephen K. Bailey and Howard D. Samuel, *Congress at Work*, Henry Holt and Co., New York, 1952, p. 5.

美国讨价还价中额外的宪法因素

某些讨价还价——请允许我们再次强调——是必要的、可能的，在多头政治 335
中，连参与者自己也认为讨价还价是有利可图的。在达成基本共识的背景下，社会多元主义-相互依赖-不一致使得讨价还价成为必要的、可能的和有利可图的行为。社会多元主义和其导向不一致的趋向以及基本共识，对于多头政治来说都是必要的。但如果这些都存在，那么，在这套社会制衡体系之上强加一套复杂的政府制衡网络，又会使我们得到和失去什么呢？这是美国宪政的核心问题，其在通过美国政府机器达成理性社会行动的各种问题中处于核心位置。

大体来讲，多元民主社会有两种备选方案。第一种备选方案是依赖社会多元主义，可能是在宪政安排中规定最小化的制衡体系，当然，这并不意味着运行中的制衡将不复存在。相反，领导者会发现，在许多方面，其控制权受制于在选举和立法机构中赢得多数票的需求；因而，他们需要形成联盟，需要同其他领导者讨价还价。此外，尽管在不同政府部门，政府领导者受到的宪政制衡可能会有所减轻，但是组织的需要仍然促进了无数的内部控制，这些内部控制能够进一步产生讨价还价。就最低限度而言，政策制定需要在官僚机构、行政部门和立法机构中实现专业化，甚至这些机构必须发展额外的内部检查（internal check），例如立法委员会、行政与管理部门（executive and administrative department）中专业化的人事办公室等。

第二种主要的备选方案是美国式的解决办法，即在任何情况下，在多头政治中，必定会在已经存在的、与生俱来的社会、组织和多元民主检查之上，再添加一套额外的制衡体系。

在美国，宪法、法院裁决和司法传统规定了美国的政府架构，这一架构大大增加了在决策制定以前必须进行讨价还价的数量。联邦主义，参议院的构成和程序，两院制的立法机构，总统和国会的分离及其相互制衡，选民的差异，众议员、参议
员和总统的固定和交叉任期，宪法对立法权威的限制，司法审查，（宪法）修正程 336
序，分权的政党体系，权力自动下放给因资历获得职位的国会委员会主席——所有这些都提供了一条条狭窄的通道，经由这些通道，有技能和有进取心的群体最终会在那些有威胁的领导者旁挖开一条条道路①。因此，长期讨价还价的必要性就嵌入了美国政府的结构中。

根本性的后果

此种安排的战略性后果是，正如制宪会议明显规划的那样，**美国并不存在统一**

---

① 史密斯（J. Allen Smith）在其开创性的著作中强调了美国宪法的这个特点及其导致的对少数群体的控制，参见：*The Spirit of American Government*，The Macmillan Company，New York，1907. 或者参见：David Truman，*op. cit.*，pp. 322–325，353–354. 对美国政府培育和限制多数规则此一特征的抽丝剥茧般的分析，参见：Arthur Holcombe，*Our More Perfect Union*，Harvard University Press，Cambridge，1950.

的、有凝聚力的、公认的国内多数人”的具有合法性的代表性领导（representiative-leaders）。通常，总统宣称代表一个国家的多数派，而国会或两院则代表另一个多数派。制宪会议如此好地完成了自己的使命，以至于即使当国会多数在名义上和总统属于同一政党之时，他们通常不会用同一种声音说话。在先前的章节里，就大量政策问题而言，我们说过“更多人的偏好”或“大多数”都只是幻影而已。但即使美国的确存在全国性的多数，它们也不能获得统治地位，除非他们是占绝对优势的多数派，并且其范围包含多元化的“多数派”，而官僚制、总统和国会所有这些都需要为这些多元化的“多数派”说话。

结果的阐释

此种根本性的后果具有很多方面。而其最为重要的一面值得进一步阐释。

受阻的领导力。统一的领导者提出的一套政策建议很有可能会被其他的领导者所抵制。诚然，正如我们在前面章节中指出的，每个多头政治中都会存在战略性的少数，他们因财富、教育、地位、途径或者选举重要性的差异而有不同寻常的控制
337 权。但是在美国，他们的机会可能还伴随着很多审查行动。例如，尽管南方参议员是少数派中的少数派，在全国更是显而易见的，但他们却成功地抵制了其对手领导人制定公平就业立法的努力——即使是在 1948 年大选中民主党明确提出立法要求之后也是这样。当时，反对此项立法的南部各州的民主党党员（Dixiecrats）仅获得了 100 万张选票，而杜鲁门总统获得了 2 400 万张选票，杜威州长获得了 2 200 万张选票！一个领导者的一套政策受到另外领导者的另一套政策的有效阻碍，在这一点上其他突出的例子就是阻止总统、众议院多数党、参议院冗长的辩论立法中搭便车者的立法行动①。对于有些立法，总统自己也不敢否决，或总统也很难控制，如总统控制陆军工程兵团（Corps of Engineers），或国会对围垦局（Reclamation Bureau）的控制②。

少数派的控制。第一点带来了一个不可避免的后果，**就是将那些代表少数派的领导者策略性地放在关键的位置上来保证他们讨价还价的能力**。通常，这些地位稳固的领导者不可能被操纵多元力量的人所驱逐；的确，鉴于美国政府机制和传统，他们的地位正是通过多头政治过程而获得的。任何其他领导者都不能对他们施加科层制控制。因而，讨价还价就是接受他们的否决票的唯一替代方案。如果任何一班

---

① 参见众议员恩格尔所写的文章：Irving M. Engel，“The Seven Conservatives Who Bottleneck Our Laws，” *The Reporter*，August 5，1952，pp. 17–18. 莱瑟姆（Earl Latham，*op. cit.*），批评了国家中的少数事实上可以否决国家立法的观点。参见他对费舍尔（John Fischer）的批评：“Unwritten Rules of American Politics，” *Harper's Magazine*，November，1948，p. 35，footnote37. 莱瑟姆争论道：“认为存在少数否决的假设必须证明少数群体总是可以行使此种权力……没有它就不存在所谓的少数。”他说，没有一个是真实的。然而，如果小心陈述，这个命题并非朝向莱瑟姆的反对；也就是说，就政府政策的许多事项而言，少量人数的代表能够阻止或者削弱那些被认为对他们或者他们的客户构成伤害的政策，尽管这些政策正是更多人数的代表所寻求和希望的。正是在这种现实的意义上，我们在此使用否决权一词。

② 参见：“The King's River Project in the Basin of the Great Central Valley，” in Harold Stein（ed.），*Public Administration and Policy Development*，A Case Book，Harcourt，Brace and Co.，New York，1952，pp. 533–572.

领导人希望制定积极的政策（当然，不行动本身就是一项政策），他们就必须与那些对他们的提议给出否决票的人妥协。

广泛的接受。相反地，政府政策要求政治积极分子们的广泛接受。在前文我们 338
看到，政治积极分子间对政策的某种程度的同意是多头政治的前提条件。不可否认，前提条件的数量很难精确测量。但看起来很有可能的是，就所要求的政治积极分子对某项议题的接受（如果不是同意的话）程度而言，美国明显高于英国。这种情况之所以会发生，是因为我们的政治制度中有很多地方，是少数派能够投反对票的。因此必须通过讨价还价来获得他们的默许。

许多美国人认为此种情况是非常令人满意的。约翰·卡尔霍恩寻求将其转换为更加明晰的宪政理论和实践。此后，内战的经历显然增强了此种信念，即人们不该将较大的少数派推得过远。然而，在自由放任时期，人们可以提出看似合理的主张，即提出积极的政府行动是一种危害。因而，广泛的共识反映的不仅仅是多数选民或是政治积极者的偏好，人们更希望这些共识能够对压迫性的政府政策形成约束、限制。

逻辑上来讲，此种观点总是有些缺乏说服力的，因为要证明少数派有反对票是合理的，就相当于承认多数派不能也不应该控制政府政策。这两个论断都是在否认政治平等的目标。然而，鉴于美国的政治环境，理论家和思想家都没有成功地将少数群体否决权的教义同政治平等的目标结合起来。

在自由放任时代可能颇有说服力的（观点）在当今世界变得不再如此。因为政府**不作为**和政府作为一样，都是一种政策选择。我们很难证明，身居要职的少数群体阻止政府赞助低成本住房、提供医疗护理或进行收入再分配的权力，会比大多数获得这些东西的权力在某种程度上具有更小的压迫性。

少数否决权还有其他优势。人们有时候认为，政治积极分子间广泛接受的需求将立法过程变为公共教育的强有力工具。如果一项政策提议经历两次委员会听证、两院辩论、总统或一两个内阁官员不止一次的正式陈述、白宫新闻发布会议，以及 339
数不清的攻击、支持性演说、来自意见领袖和压力集团的辩驳，那么有些人可能会认为，这一立法过程可以让那些有心的公众受到这些法案的彻底教育。

也有人可能会争论说，要求广泛同意的主要优势是，当政府政策颁布后，这种共识就会赋予政府政策某种稳定性。我们在前文指出，在健康的多头政治中，共识的前提条件本身就有助于产生相当稳定的政策。在美国，稳定性进一步得到增强，因为大量少数群体行使否决权的机会促使政策制定者会事先确保他们的默许。

这些争论都有许多好处。但是，产生这些结果的条件也以几种重要的方式使我们的论断变得合理，我们现在将对其进行考察。

非理性的共识。在政治活跃分子间达成一致性，常常会产生通过互投赞成票（投票交易）而达成的非理性的决策。互投赞成票（投票交易）是同那些有充足的控制力以阻止或削弱自己政策建议的所有领导人混熟的一种办法，以自己对其他领导人政策提议的同意来换取他人对自己政策建议的同意。在这种情况下，每个人都相当有可能使自己的政策提议为他人所接受；然而这些具体政策的总和对多数人可能并不适合。

互投赞成票（投票交易）的过程遮蔽了最终交易对多数人的一般后果。各方都如此专注于他自己的具体提议，以至于最终交易的分析只会涉及对他自己的具体提议有影响的地方。的确，通常甚至并不存在用以分析一般后果的机制（machinery）。情况就是这样，例如，在给军队的“民用功能”拨款时，河流和港口的年度政治拨款水平得到了提高。在对项目的一般结果进行分析时，没有一个听证会会对项目的经济稳定性、政府支出和税收感兴趣或者进行分析。

数代以来，关税政策都只是通过互投赞成票（投票交易）的方式达成的。问题从未被这样提出过，即是否大多数政治积极分子真的偏好不断上涨而不是削减的关
340 税；问题在于，是否特定的积极的少数群体相信关税增加一定会带来某种收益或者损失。因为关税削减的收益是广泛且具有一般性的，但是任何关税的轻微增加带来的收益对某些规模小但又积极的群体的影响却是非常显著的，只要在国会中以特定讨价还价的形式提出这个问题，关税就会不可避免地上升。因为，对讨价还价的任何一方来说，能够获得的收益看起来一定会多于可能的损失。

尽管有人认为改变问题提出的方式能够解释为什么美国关税政策的整体改变可能过于简化或者是错误的，但挫败或更新《互惠贸易协定法案》（Reciprocal Trade Agreement Act，代表了对行政部门的**具体的**调整）的决策逼迫国会考虑美国关税政策的一般后果却是事实。当然，对关税政策中的一些具体的讨价还价并没有被完全排除；讨价还价是美国政策制定中导致如此激进的决策结果的一个重要因素。互投赞成票（投票交易）依然出现在贸易协定法案的修正条款中，或者更常见的是作为其他重要立法修正案的补充条款。特定的讨价还价不再像往常那样，是制定关税政策的整个过程。

我们不能就这么偶然地推断出只要将政策制定的一部分权力从国会转移到行政部门和官僚制中，我们就能够消除或者甚至减少讨价还价。这可能只是改变了讨价还价过程发生的地点。

有组织的控制。讨价还价的盛行导致公共政策被形塑以适应那些高度组织起来的人群的需要。政策过程倾向于反映高度组织的人群的目标，因为组织为领导人提供了可协商的奖酬和剥夺，这使得对其他领导人的控制成为可能。反过来，那些高度组织起来的是那些相互之间很容易实现认同的个体，那些不认同的人可能不会组织起来。

看起来自相矛盾的是，对效率化过程的政治支持预先假定了一个身份：消费者，但实践证明这是我们社会中最为脆弱的（认同）之一。古典和新古典主义经济学家发展出了一套将理性消费者的目标投射到整个经济中的理论体系。理性经济行为的概念，不论其通过价格体系或者政府行动，都回答了这一问题：如果假定消费
341 是经济活动的主要目标，那么，使用资源的最理性（经济）方法是什么？然而，消费商品和服务的行动很明显并不能轻易导致社会中的相互认同。因为消费者的认同很弱，他们的组织也很弱或者并不存在。即使在英格兰和瑞典这样拥有强大的消费者合作运动的国家，消费者组织对公共政策的影响较生产者组织要小得多。

众所周知，这在大体上是正确的：同一个群体中的人倾向于将他们作为生产者的目标推向前进，但是却对他们作为消费者的目标放任不顾。因为政治反映的是有

组织的目标，人们作为生产者的目标在公共政策中得到了体现，但他们作为理性消费者时可能有的或应当有的目标却不是如此。因而，如果假设了效率化过程中的价值的话，那么大量的公共政策都是非理性的，而不论这些政策是以麦金利资本主义、自由企业（free enterprise）、公平交易（Fair Deal）、经济计划的名义，还是以中间道路（Middle Way）的名义。

在很大程度上，任何多头政治可能都是如此。英国、法国和瑞典的经验同美国并没有显著区别。对这三个国家来说，“生产者”比消费者的组织程度更高，尽管在消费者合作社运动的影响下，瑞典生产者组织的影响力多少有所缓和。

控制官僚制的失败。接下来讲，民选领导人对政府官僚体系的统一控制非常小。有位英国作家写道：“责任政府可能要求行政中的任何细节都必须经由政治辩论而做出，然而民主的稳定性依赖于政治睿智（sagacity）的发展，只有这种政治睿识才不会让行政成为砧板上的咸鱼，任由政党宰割。”[①] 政治上级对政府官僚体系的控制要求一个很好的平衡：政治家过于细致地指导会破坏自主判断的领域，而后者是面临复杂技术问题时做出理性决策必不可少的；然而太少的指导意味着多头政治的弱化。遗憾的是，美国的政治过程在令人钦佩的同时实现了这两种结果。

认为没有占主导地位的、足够统一的政治家群体能协调好政府政策，就等于说 342
没有一个占主导地位的、足够统一的政治家群体能控制所有的官僚机构。即使是对政府官僚体系和他们指定的政治上级间关系的最散漫的研究，也能够说明这的确是事实。每个官僚机构都是特殊的控制网络关系的一部分，主要包括：它的客户，当官僚机构的控制、地位和安全受到威胁时，它的客户常常能够被鼓励为了机构的利益而进行游说；它在官僚体系中的盟友；它在官僚体系中的竞争对手；它同国会政治家的联系，通常是对其活动具有裁决权的立法委员会或者掌握其预算的拨款分委员会；与总统政治家及其下属——内阁官员、白宫副官、预算管理局（Budget Bureau）官员等的联系。

有些像预算管理局这样的机构是为总统服务的官僚机构（“总统机构”），有些为国会服务，有些部分为政府之外的个体或者组织所俘获，还有一些能够利用一两种方式对所有的外在控制保留相当的自治权。极少有行政机构必须面对一组很团结一致的民选政治领导人群体，愿意为实现共同的目标下定决心并有能力对这些行政机构成功施加控制。

政府官僚体系更像是对国际政治领域而不是一群训练有素的下属对一般上级的控制做出回应。的确，政治家对官僚机构的控制也和联合国安理会（United Nations Security Council）对世界民族国家的控制有相同之处，且其结果也有相似之处。首先，这种控制是微弱的，因为官僚体系有无数的机会去分化和征服它们指定的上级。其次，政治家之间关于谁将控制官僚体系的冲突很激烈和严峻，并常常具有破坏性。因而，我们前文提到的“良好的平衡”很少能够实现。如果第一个结果意味着多头政治正在衰弱，第二个结果就意味着，官僚机构的能力常常被相互竞争的政治家群体间的冲突所削弱。

---

① K. B. Smellie, *A Hundred Years of English Government*, Duckworth, London, 1950, p. 57.

官僚体系的领导者是讨价还价过程中的参与者。如果他们的地位、权力和安全
343 受到总统政治家的威胁，他们就会同国会政治家形成联盟。相反，如果受到国会政治家的恐吓，他们就会寻求同总统政治家的联盟。每种情况之下，他们又可能会诱导其政治支持者使用自身的影响力将该机构从一群政治家或其他的威胁中“拯救”出来。当然，结盟不可能无所求，官僚体系领导人用一些回报来讨价还价，如忠诚、信息、豁免罚金、工程或一系列其他备选方案。结果是，官僚体系的领导者与一群政治家的联系如此紧密以至于其他群体中指定的上级不能对其施加有效的控制。

因而，陆军工程兵团在1940—1944年断然拒绝遵守总统关于加利福尼亚州的国王河（King's River）工程项目由围垦局执行的明确命令；自信有众议院洪水控制委员会（House Committee on Flood Control）的支持，陆军工程兵团故意违背了总统的指令，并明目张胆通过游说获得对此项工程的裁决权①。相反，预算管理局对总统的忠诚众所周知，以至于大多数国会政治家将此种联盟视为当然，他们假定自己对预算政策的控制束手无策②。有时候，如果政治上级威胁要达成一项危及某个机构的控制、地位和保障的计划，这个机构可能会联合这位政治上级最坏的敌人挫败这种攻击。1944年，当总统主张密苏里河谷管理局统一执行由多个不同联邦机构承担的工作时，陆军工程兵团和围垦局立即制订了选择斯隆计划，分配在密苏里河谷地带的势力范围并确保两个机构在那里的持续支配地位。

通常来讲，尽管也不总是如此，争夺控制权的冲突发生在总统政治家群体和国会政治家群体之间，各方也都总是试图从别处吸纳联盟成员，如在其他国会和总统政治家之间、在各种官僚机构之间、在可能活跃起来的压力集团间。在这种冲突中，一个机构的能力可能会受到损害。例如，一个追求总统政治家支持但遭到国会
344 政治家反对的政策机构可能会发现，它的计划在拨款委员会被无情地严厉斥责，或者立法会具体规定其必须和不能做什么，或者遭到无数打击士气、破坏招录、耗费大量宝贵时间的调查。一次又一次地，华盛顿的官僚机构深深陷入总统和国会政治家的政策争执之中；“政党宰割行政”的情况并不鲜见，正如从国务院（State Department）了解到的那样。

这些后果对理性社会行动的意义

接前文所述，政府政策的协调将会根据政府中讨价还价的范围而有很大不同。**在美国政府中，讨价还价既是对理性社会行动因而又是对理性政治-经济行动的战略性限制，其程度比在英国、加拿大、新西兰、斯堪的纳维亚国家以及一些其他西方国家的政府中要大得多。**

即使在最好的情况下，在任何幅员辽阔、情况复杂的国家中，政府政策都注定会包含许多不一致的地方。首先，理性计算的限制很多；第3章中讨论的那些辅助

① 参见："The King's River Project in the Basin of the Great Central Valley," in Harold Stein (ed.), *op. cit.*

② Herbert A. Simon, Donald W. Smithburg, and Victor A. Thompson, *Public Administration*, Alfred A. Knopf, New York, 1950, p. 447.

手段确实有用，但也并非万能。其次，在任何存在某些讨价还价的社会政治体系中，讨价还价为不一致的妥协政策的出现创造了机会。德国在二战时期对苏联的政策，如我们指出的那样，就是讨价还价的例证，也确实导致了一定程度的不一致。因此，对计算和控制的根本性限制使得任何政府的所有政策聚合起来，导致政策实施对象的目标实现效率化基本上是不可能的。

然而，被视为高度的讨价还价的美国政府过程，进一步增加了出台一套政策以抵消另一套政策这种情况出现的可能性①。

例如，马歇尔计划援助欧洲的一个主要目标是增加欧洲国家的产量和美元收入。因而，一班官员鼓励欧洲发展对美国的出口贸易。这个国家帮助形成了国际贸易组织（International Trade Organization）并鼓动西欧国家接受该政府签署的《关税及贸易总协定》(General Agreement on Tariff and Trade)。结果，导致了某些关税的削减。然而……

> 在行政部门做出承诺 5 年后，国会仍然没有通过任何有关关税简化的法律，美国也没有加入国际贸易组织。在违反《关税及贸易总协定》的情况下，美国还单边行动，对奶酪等奶制品和酪蛋白等强加了进口配额限制，因而一下子严重削弱了意大利、丹麦、荷兰、挪威、新西兰等国的主要创汇行业。20 世纪 50 年代中期以来，这把“斧头”又落到了绒毛毡帽、杏仁和奶酪行业。在美国《互惠贸易协定法案》中所谓“例外条款”之下举行的听证会上……这把斧头正高悬在摩托车、自行车、红酒、陶器、蓝纹奶酪、烟草、管道、木螺丝等制造行业上。② *345*

我们没必要去确定哪一套政策更可取，以总结它们是不一致的。

比较美国和英国的政策过程是有益的。相较于英国的内阁和下院，是否国会和总统更能真实地“代表”这个国家中的大多数？或者是否还有其他的道路？这些问题不能为任何操作实验所证实。说到此，与美国不同，英国确实存在多少是统一的、有凝聚力的、公认的、合法的一组“国民多数”的代表领导人③。“国民多数”很可能只是个虚构；但是就更为实际的目的而言，内阁被认为**好像是**“国民多数”的合法代表。因此，政府政策被很好地组织起来，以至于内阁自身可以实现协调，少数派领导人在反对统一内阁的情况下很少有机会去妨碍内阁政策并行使反对权，也无法强迫进行同重要内阁政策严重冲突的讨价还价。

在英国，在具有广泛共识的背景下，大多数对政策的讨价还价发生在单个党派内本质上统一的领导人群体之间；而在美国，在共识相对狭隘的背景下，讨价还价发生在无数党派联盟中各种各样和相互冲突的领导人之间。

我们很少会夸大这一点的重要性。这意味着，在其他事情上，英国或者瑞典的经验同美国的情景的相关性是有限的。这也意味着，这个国家的政府经济政策必定

---

① Herbert A. Simon, Donald W. Smithburg, and Victor A. Thompson, *Public Administration*, Alfred A. Knopf, New York, 1950, pp. 435-436; and David Truman, *op. cit.*, pp. 275, 437-438.

② New York *Times*, Sunday, April 27, 1952, Section 4, p. 8.

③ 应当指出，不能仅仅用政府特性来解释此种差异，社会结构因素也同样重要。

346 会比英国或瑞典更加无序、不连贯以及自相矛盾。这也意味着，不论英国或瑞典的政府计划中协调的困难有多大，同样的计划在美国遇到的协调困难将会比其他国家大数倍。

在英国，一个内阁通常会带着执行协调计划所要求的所有宪政自由裁量权走马上任——或者，至少其成员考虑的是一个协调的计划。内阁知道自己能够获得所需要的所有立法以执行其政策建议；如果内阁坚持的话，对它所需立法的修正和改变将会很小；如果内阁不能够获得在它看来对计划成功来说最为基础的东西，那么它很有可能会解散。然而，最后一步在 20 世纪已经很少出现。除了少数几个试图在没有党派多数支持的情况下维持统治的内阁（像 1924 年和 1929 年的工党政府）之外，半个多世纪以来，没有一届政府在任期届满或者自主决定召集大选前放弃执政。自《1991 年议会法案》(Parliament Act of 1911) 通过后，在下院占据多数的政府再也无须过于担心上院的权力；由于工党改革，甚至连上院将普通立法搁置一个会期以上的权力也被取消了。

内阁背后站着的，是被指望能够支持获选政党项目的政党多数派，也可以解释为内阁中的多数部分。

处于顶端的是首相及规模不一的小型内阁。这个群体之下是其他大臣，服从内阁秘书长、常务委员会和后来创设的“分组部长”(grouped ministries) 的领导和协调①。接下来的一层，在行政部门中，是由财务大臣通过各种途径加以协调的训练有素的文官队伍，在议会方面，拥有党鞭和党团的议会党派秩序井然。因此，尽管这一体系需要某些讨价还价，但却明显存在对下属有很多控制的控制者科层制的标记。

断言这套制度在协调上没有困难是荒谬的。官僚体系的重要部分倾向于逃离那
347 些相互冲突的任务。因此，尽管严重的煤荒持续了数年，国有化的电力行业直到 1951 年才被说服终止一项广告活动，后者旨在增加面向消费者的电力设备的销售量，因而也就增加了发电所需用煤的消费量。再者来看，尽管存在煤荒的问题，城镇和乡村规划部 (Ministry of Town and Country Planning) 仍继续批准依靠非常低效的壁炉取暖 (open grate for heat) 的新住房发展计划。的确，这个部门提供了一个具有典型美国特征的不协调的政策案例。它的政策常常是分叉的并同许多部门的政策相矛盾，如：和贸易工业布局委员会 (Board of Trade's Location of Industry) 的计划矛盾，和卫生部 (Ministry of Health) 对地方政府的控制矛盾，和财政部门的相关政策矛盾，其最后的结果是陷入沮丧和冲突的丛林之中，这一点看起来可能同任何美国公务员都非常相似②。

一些前内阁大臣，如埃默里 (Leopold Amery) 曾说：“几乎从来没有讨论过的一件事就是总体政策……永远只有部门政策……整个体系充斥着相互之间的摩擦和耽搁，最好的情况也不过是不相关政策间部分程度地相互调整。这同作为整体的

---

① S. E. Finer, *A Primer of Public Administration*, Frederick Muller, Ltd., London, 1950, p. 37. 对此制度的进一步论述，也可见本书 pp. 46-49.

② Robert Bruce Black, "Brave New Britain: The British Town and Country Planning System," unpublished Ph. D. dissertation, Harvard University, 1950, pp. 137-138.

政策的任何一致性规划以及此类政策的有效执行并不相容。”①

尽管存在这些符合要求的条件，但是两种制度间的差异仍是非常显著的。例如，1951 年的一次内阁改组将城镇和乡村规划、地方政府监管和贸易工业布局等工作联合起来——这是一次通过科层制安排来克服前述困难的尝试。或者再来看，当保守党于 1951 年再次执政时，首相任命了三位“巨头”，每位负责帮助协调几个部门；还任命了一名额外的“巨头”以作为丘吉尔“额外的眼睛、耳朵和大脑”。因而，科层制成分有意识地进一步增强②。后来出现了一些对这种安排的批评③。但意图很清楚。内阁本身就是相对统一的政策制定者团体，在强大的多元控制体系内，内阁对所有其他政策制定者拥有数量相当可观的科层制控制。讨价还价虽然可 348
以在某些程度上冲淡科层制的影响力，但是却不会使科层制无效。

在人类能力和党派团结的限制以内，存在大量的协调机会。工党于 1945 年执政时就知道他们可以实施自己的计划；下院不会对计划做出实质性的改变，也不会引入本不存在的矛盾和不一致；他们有 5 年的时间可以开展工作；他们可以策划一个 5 年期限内涵盖所有必要立法主要部分的立法时间表；如果感到必要，他们可以创设、改变、调整或者废除任何行政机构；他们的大臣将会忠于这一计划——或者滚出内阁；行政官员不会与下院建立特殊的渠道以分流、挫败或者逃避内阁；反对党只要有机会对计划进行政治辩论，让内阁难堪就会乐意——他们不会挫败政策；5 年后会再次举行选举，选民能够再次选择工党或者将反对党送进政府，让他们有所有前述的自由裁量权和同等的机会来做好管理国家的工作。

然而，让人疑惑的是，美国人怎么能够运行一个对经济实行集权政府控制的体系，并取得像英国在近些年那样的成功？因为政策是不一致甚至自相矛盾的。美国人容忍一个大得多的错误缓冲区，到目前为止，经历过两次世界大战、两个恢复时期、一次大萧条、一次冷战，我们的资源很显然足以抵消因协调失败而导致的损失，并且我们已经躲过了彻底的灾难。但如果这个国家的生存真到了需要靠极大挤榨我们的资源，因而将政策间的冲突降至最低的地步，它的这些粗陋的替代方案就会失败，或者决策程序需要被大大改变。而将政策的冲突降至最小，那简单粗陋的替代方案也会失败，或极大地改变政策的程序。

---

① Leopold Amery, *Thoughts on the Constitution*, Oxford University Press, New York, 1947, p. 87. 引自 S. E. Finer, *op. cit.*, p. 51.

② *The Economist*, December 1, 1951, p. 1307.

③ *Ibid.*, May 3, 1952, pp. 277–278, and May 10, 1952, pp. 353ff.

第 13 章

讨价还价：领导者之间的相互控制（续）

美国理性社会行动的前提条件

349 鉴于讨价还价的上述后果，通过全国性政府增加美国人理性社会行动能力的前提条件是什么？或者，只要美国仍然是个多头政治，讨价还价在国内政治中的主导角色就是与生俱来的吗？没有人能给出这些问题的确切答案（部分由于这个原因，有影响力的美国人很少倾向于在政策过程中做出实质性改变）。可以肯定的是，采用英国那样的议会体制（或者其变种）可能会被排除在外，不仅因为没有人能够预测其在美国会怎样运转，而且这种观点的支持者几乎不存在。尽管与英国体制作为替代选择那样的全面性改变相比，渐进变化为理性计算提供了更好的机会，但我们几乎找不到人们渴望渐进改革的证据，至少在它能够增加理性计算的机会并保持或强化多元民主控制方面，证据极少。

不论如何，某些替代方案值得进一步考察。

官僚体系进行的协调

应对讨价还价带来的不良协调的一个常见提议是，将大部分政策协调工作转交给政府官僚体系。特别地，在公共行政专业学生中间通常能够发现一种将政府官僚体系的理性和回应性理想化的倾向；与这种官僚制理想的图景相伴的，却是现实政治生活中令人遗憾的景象。由于没有统一的领导人群体可以合法地宣称自己是国民多数的代表领导者，以至于曾经有人认为政府 350
官僚体系才是大多数人的偏好或者难懂、抽象的“公共利益”的真实代表者。

当然，当民选的政治领导人就政策或多或少达成一致后，对于政策的决策可能通常就会转给官僚体系，这一点是非常正确的。当民选政治领导人未能达成一致时，政府官僚体系有时候就会抓住机会做出决策。但如果政治领导人没有达成一致，将主要政策的决策权转交给官僚体系通常仅仅是改变了讨价还价的地点而已。如果情况不是这样，则可能意味着，要么官僚人员不受政治领导者的控制，要么就已经被基本（除了少部分）隔离起来了。主张前者的就是认为自主的科层制比多头政治更受人欢迎；主张后者的就是在追问两个重要问题：将领导者的大多数与人民隔离起来是否是可能的？又或者是否是人们所愿意看到的？

因此，再创设像国家资源规划委员会（National Resources Planning Board，NRPB）这样的机构将给这个国家带来协调统一的规划的观点是错误的。事实上，这本是应该预料到的，国家资源规划委员会本来就不能实现协调规划。的确，这个机构只有少量的权威，但是对这一失败的解释从来没有触及它所遭遇的困难的根源。这些难题源于这样一个事实，它没有神奇的物质可以消解美国政治过程并创造一个全新的更适合协调的（过程）。它确实做了大量的前期规划工作：调查研究、撰写报告、召开会议等。但它唯一完成的一点实际规划却取决于其确保协调华盛顿和其他地方各种冲突团体的能力；反过来，这种能力取决于它从政治家那里获得的支持。国家资源规划委员会因此能够做的不会比总统让其做的更多；因为缺少国会和其他行政部门中重要政治家的支持，它实际上能够完成的比总统自己能做的要少得多。国会在 1943 年对国家资源规划委员会的撤立行动并不意味着美国协调计划的终结，因为协调的计划从未存在过。讽刺的是，其后的几年时间里出现了更多的协调一致的计划，因为战争的紧急状态使得战时生产委员会和拜尔纳斯（Byrness）办公室能够做国家资源规划委员会从来没有做到的事情。

预算局（The Bureau of the Budget）和经济顾问委员会（Council of Economic 351
Advisors）也同样遭遇了内在的障碍，就像已经反复提到的全国性的经济委员会可能会遭遇的那样。在边际贡献方面，他们毫无疑问是有用的。但我们不应就此推断他们有可能通过行政命令克服源于美国政治过程的根本性的协调缺陷；对任何相信多头政治是令人满意的人来讲，此种方案即使是可能的，也可会是令人反感的。

总统的协调

如果民选政治家的控制是多头政治的前提条件，并且如果民选政治家不能就政策达成一致，一个可行的解决方案是，加强一个或多或少一致性强的群体对其他领导人进行科层制控制。就像在英国的那样，通过此种方式，科层制控制会显著地限制必要的讨价还价的数量。

从本质上来看，这正是那些主张“加强制总统能力”的人提出的解决方案。总统比政府中任何其他单个人都拥有更多的科层制控制能力。的确，他通常被多少有些浪漫但含糊不清地描述为“世界上最有权力的民主行政首脑”。然而就像美国政策过程中其他所有人那样，总统必须一直同各种人物讨价还价，如国会领导人、单个的国会议员、他的部门首脑、官僚体系的首领，以及非政府组织的领导人。通常的提议是以一种或两种方式增加总统的科层制控制。

作为总经理的总统。第一个变种是给予总统对政府官僚体系更多的科层制控制。这是 1937 年总统行政管理委员会（President's Committee on Administrative Management）和 1948 年胡佛委员会（Hoover Commission）的中心议题。但此种理论有两个致命的缺陷。首先，这只不过是在说，问题能够在解决问题的过程中得到解决（the problem could be solved by solving the problem）。**如果**总统能够被给予“足够”的控制官僚体系的权力，官僚体系就能够对总统做出回应——这是一个简洁的同义反复。问题在于“如果”是否能够实现。事实是，规定的和人们接受的宪政结构创造出的基本政策过程，其本身就使得这个“如果”成为一种空
352 想。因为，只要国会政治家和总统政治家之间仍存在冲突，每一方都注定会把运用对官僚制的控制作为自己的一个武器。鉴于美国政治的现实，没有谁能逃出这一结论。

“总统作为总经理”理论的支持者们显然在无意中假定了行政部门政治家和国会政治家之间的一种只会普遍存在于像英国这样的两党议会体制中的关系。在那里，行政和立法政治家之间并不会长期存在严重的冲突；因为冲突会自动产生一连串事件，这些事件迟早会在一套行政部门政治家那里终结，他们对训练有素的立法政治家中的多数有充足的信心。结果是，官僚体系在冲突中从不简单扮演马前卒（pawn）的角色，发生的政策冲突取代了反对党和下院中训练有素的多数的内阁之间的冲突。

简单点来说，只要内阁对保留训练有素的多数有充分信心，多数中的成员就没有必要通过控制行政“细节”来向内阁的权力发起攻击。他们允许内阁对政府官僚体系进行充分控制，因为他们相信内阁的基本政策目标在本质上同他们自己的是一致的。然而，这与美国国内政策的典型情况正好相反。总统政治家极少（如果曾经有过的话）对国会两院中训练有素的多数有充足的信心。不可避免的是，某些国会政治家会使用所有可能的控制确保**他们的**目标。

尽管总统以某种方式广泛增加政府官僚体系规定的科层制控制并使其超出当前的水平，但问题在于，总统对科层制控制的操纵是否可以达到此种解决方案的支持者们所假设的水平。总统自己有时间、精力和知识去对其规定的官僚下属施加控制，此种观点只是个神话，如果这么多严肃的提议没有做出这样的假设，我们也不用对它进行严肃的检验。使用“总统制”或者“总统制的制度化”这样的神秘词汇也并不能使我们前进一步，因为这不过是用一个含糊不清的习语替代了问题。最后，“制度化”包括总统政治家和他的下属，他们之间的忠诚度和目标差异很大——只是他们其中最令人厌烦的一个凑巧获选了而已。鲜有证据能够证明，这位当选的官员能够有效地控制总统政治家和以其名义行事的“日常管理单

元”(overhead units)①。因而（这是此种理论的第二个缺陷）这种解决方案只不过是意味着，对官僚体系的控制将从民选政治家——目前为止他们掌握着控制——转向官僚体系自身以及非政府组织中的非民选领导者。 353

作为政党领导人的总统。第二个变种围绕着相同的浅滩打转。在此种提议中，总统作为“政党领导人”的科层制控制将会得到增强，此种变化产生的方式因政策倡议的不同而变化。然而，通过某种方式，总统自己的计划将会成为国会和他属于同一个党派的所有成员的计划，当然行政分支中的成员也会联合起来。至少执政的政党能够以这样的方式联合起来，也有可能反对党也会被强制配合这种统一，只有这样他们才能够实现效率。通过此种方式，讨价还价将会减少，上一章第三部分提到的政府过程的许多特征也可能消失了。此种提议必须同“政党政府”的观点加以区分，我们接下来会讨论后者，因为在政党政府外部形式之下，政党政府并没有总统统治得多。

此种提议的困难在于，总统党派的国会议员并没有很强的动机去应对总统和官僚体系的讨价还价控制，以交换对自己所提建议的完全默许。其次，即使国会议员接受了此种奇怪的交换，这将在事实上意味着操纵控制权不仅转向了总统，且由于上述原因，也转向了非民选的官员。最后，这只是简单地改变了当前讨价还价发生的地点，即从国会转向了行政部门。

政党政府

第三种提议是“政党政府”。这确实至少触及了问题的核心。大体上来讲，此种解决方案旨在将接近英国的政党制度嫁接在美国政府体系之上。它有很多版本。例如，海尼曼（Charles Hyneman）建议成立一个总统和国会政治家的政党委员会。 354
总统能够将国会和行政部门中与自己同党派的任何重要成员的讨价还价控制能力变得足够强，以使委员会的任何提议若没有他们的同意将难以通过或者执行——吸纳到委员会之中。“政党”的计划并不简单的是总统的**绝对命令**。就像前述提议所说的那样，这将是**委员会内**讨价还价和相互妥协的产物。当然，委员会也会发现在选择国会委员会成员和主席时，有必要消除资历制度；反而，那些积极贯彻“政党”计划的人才会这样做。政党党团这个工具将会得到增强，以促进沟通、维持政党团结并确保委员会可以充分代表政党内部的不同部分②。

因而，或许可以认为，一套统一的、有凝聚力的、公认的以及具有根本合法性的“国民多数”的代表-领导人将会得以形成。这套领导人提出的政策提议将不会

① Herbert A. Simon, Donald W. Smithburg, and Victor A. Thompson, *Public Administration*, Alfred A. Knopf, New York, 1950, pp. 536–540. 这本书中的观点卓有成效地破坏了此种神话。也可参见：Charles Hyneman, *Bureaucracy in a Democracy*, Harper & Brothers, New York, 1950.

② Charles Hyneman, *op. cit.*；也可参见：E. E. Schattschneider, *Party Government*, Farrar and Rinehart, New York, 1942; *Struggle for Party Government*, University of Maryland Department of Government and Politics, College Park, 1948；以及较少强调了政党的著作：E. S. Corwin, *The President: Office and Powers*, 3rd ed., New York University Press, New York, 1948.

轻易受阻，因为一旦在政党委员会内部达成讨价还价，政党领导人将会对所有反对者施加相当强度（的控制）。战略性安排的少数派的讨价还价的能力将会削弱。“国民多数”无须动员支持他们的多数党政治积极分子以外的力量，就可以贯彻其计划。互投赞成票（投票交易）也将会大大减少。协调一致的政策也会成为可能，至少是会像在任何多头政治政府政体一样的可能。政党领导人能够对官僚领导人施加统一的控制。在某种程度上，高度组织的要求也会得到缓和，因为除非不愿被组织起来，全国性政治党派就是一个可以获得的重要的巨大组织。

政党政府可能吗？起初必须承认，政治学家远未就此种提议的实用性达成一致意见。除了对美国政党政府的渴望与复杂的价值存在的冲突以外，甚至没有人能够信心十足地说它是可能的。简单来讲，政党政府或许是不可能的，因为政治领导人
355 并不会从中获益，美国社会组织和目标的多元化不可能形成一个统一的计划（政党委员会可能要将国会中所有的政党成员囊括其中），或者制衡的宪政结构使其很难运行。最后，海尼曼指出，参议院的地域基础是一个明显的障碍，或许需要将它清除。分开选举但任期重叠的参议员、众议员、总统在从“多数派”中获得一个单一的“命令”时，可能也会遭遇很多困难。

对这些问题尤其是宪政问题逐个进行考察将会偏离我们的主题①。显而易见的问题是，如果这些提议实现了所有打算去做的事情，为什么它们还没有被采纳？我们可以用这样的方式给出答案。我们考察过的所有提议都在这样一个事实上搁浅，政治积极分子看起来想要在本来就存在多头政治的社会多元主义-相互依赖-不一致-一致施加的制衡之外，再强加额外的美国式的政府制衡体系。在社会多元主义和不一致与基本共识的数量极大相关的国家，几乎每个社会群体都可以做出理性计算，它的优势在于保持阻碍行动的机会是开放的，并坚持讨价还价，这也是我们先前概括出的路线。因此，只有当足够多的群体在足够多的事项上的基本共识增加时，政治积极分子间才会出现对由政党政府施加的一些最重要的当前政府制衡的支持。

在美国，基本共识正在增加或者可能增加吗？寻求一个全面的答案将会使我们偏离主题，但显然我们能够给出一个可能的答案的一方面：各种社会群体中越来越
356 多的人看起来都认同这一点，即缺乏协调的经济体其成本巨大，并且全国性政府必须在协调（至少某些类型的）经济活动中扮演中心角色。如果政治积极分子间有足够的人就这个目的达成一致，他们也就必须最终同意将政党政府视为一种手段。

---

① 一些代表性的观点和数据，参见：American Political Science Association, Committee on Political Parties, *Toward a More Responsible Two-Party System*, Rinehart and Co., New York, 1950; Julius Turner, “Responsible Parties: A Dissent from the Floor,” *American Political Science Review*, March, 1951, pp. 143–152; Austin Ranney, “Toward a More Responsible Two-Party System: A Commentary,” *American Political Science Review*, June 1951, pp. 488–499; Pendleton Herring, *The Politics of Democracy*, W. W. Norton and Co., New York, 1940; George L. Grassmuck, *Sectional Biases in Congress on Foreign Policy*, John Hopkins Press, Baltimore, 1951; Thomas K. Finletter, *Can Representative Government Do the Job?* Harcourt, Brace and Co., New York, 1945; Alexander Heard, *A two-party south?* University of North Carolina Press, Chapel Hill, 1952; Julius Turner, *Party and Constituency: Pressures on Congress*, Johns Hopkins Press, Baltimore, 1951.

缓和通货膨胀和对失业无能为力的境况对任何名义上执政的政党都是一项严峻的责任，因为这种名义上的控制和实际上的无效会导致严重的选举反弹。名义上，共和党对国会的可怜的短暂控制于 1948 年戛然而止，至少部分地是因为国会中的共和党多数既不愿也没有能力停止战后的通货膨胀。因而，不能协调经济的政党很可能会失去选举，而一个缺乏统一却又异质性的政党则不可能协调经济。在此种情形中，对许多政治家来说，在一个共同的计划中联合起来是普遍有利的。

分层的后果。即便如此，确保任何连贯和协调的配套政策仍面临巨大的困难，如果选区之间公民的态度各异，以至于名义上的“多数”想要阻止通胀的努力仍然在该如何去阻止方面存在广泛不同的意见。这里最为重要的发展，是工业化、城市化生活，以及社会组织的官僚化带来的美国社会的分层化[1]。因为职业和地位群体的认同以及活动、习惯和沟通媒介的相似性强有力地塑造了人们的政治倾向。

例如，就经济生活中政府的适当角色而言，“9/10 的大型企业主、经理人员和超过 3/4 的专业人员、小企业主更重视传统的信条——政府的角色应当限制在为个人追求自己的经济命运提供良好的机会和保障的范围内，但是，仅有 3/10 的半熟练和不熟练的工人赞成这一想法”[2]。从一连串的问题中——必须承认的是，这些并不都是令人满意的——森特斯构建了一个涵盖“极端保守主义”、“保守主义”、 357
“不确定的（森特斯将他们定为‘自由主义者’）”、“激进主义”和“极端激进主义”的模型。正如我们预料的，在森特斯所做的全国范围的抽样调查中，受访者的回答明显地随其职业、经济或控制地位而变化。例如，“接近 9/10（87%）的大型企业主和经理人员具有保守的或极端保守的政治经济倾向，仅大约 1/5（21%）的半熟练手工劳动者呈现此种倾向”[3]。当然，这些差别会反映在其投票行为中；在森特斯的样本中，1944 年总统大选中共和党 75%的选票来自保守主义和极端保守主义者[4]。

这一点是可能的，即新政和公平施政联盟的基本核心——城市工人、白领工人中的新中产阶级、城市政治机器、农场主和农场工人中的很重要一部分——将会变得足够同质，以允许更加统一的政党的发展——可以肯定的是，此种解决方案取决于南部和中西部地区的工业化对真正的稳定联盟的影响。

地方认同。有人常说，如果不瓦解地方认同，统一的政党政府就不可能实现。然而，破坏地方认同，以使个人除了利维坦式的民族国家外没有其他的忠诚对象，并不是任何人——除了极权主义者——都希望的解决方案。难道失去地方认同就是产生能够协调经济的统一政党所必不可少的前提条件吗？这个问题很难回答。我们认为这个困境（dilemma）是假的，但证据绝不是确凿的。

乍看起来，英国过去几十年的经验似乎证实了该问题造成的困境的真实性。统

---

① Sam Lubell, *The Future of American Politics*, Harper & Brothers, New York, 1952.

② Richard Centers, *The Psychology of the Social Classes*, Princeton University Press, Princeton, 1949, pp. 60-64.

③ *Ibid.*, p. 56. 另参见：pp. 59, 109-114.

④ *Ibid.*, p. 48. 另参见：Table 5, p. 46.

一的政党、一部统一而不是联邦制的宪法、宪政理论中议会的至上性及现实中内阁的至上性：所有这些都允许英国能够对国内政策施行比美国更高程度的协调。然而
358 这看起来是事实，即增加的协调经济政策的努力同地方政府精力、自治权、能动性和热情等的减少比肩共进①。其他中小型群体的自治权看起来遭遇了同等的衰减，战争及和平时期的科层制计划已经显著地限制了群体自主权的机会。

尽管如此，认为错误以某种方式存在于统一的政党和促进国内政策协调的政治过程之中，仍是言之过早。因为这将会忽视一个重要的事实：在过去的几个时期，没有一届英国政府对小群体的自治权足够感兴趣以运用其毫无疑问的协调国内政策的能力鼓励所有小群体的自治生活。当我们寻找对英国地方政府活力的所谓“衰减”的解释时，我们必须关注政党计划和 1914 年以来发生的一系列塑造英国及其他地方公共政策的危机事件，而不是政党组织；因为公开宣称的政党目标和反复发生的紧急事件已经将小群体自治的目标降至次要位置。失业、救济金、军备重整、战争动员、国民健康、社会保障、国有化、收入再分配、稳定、国际贸易、美元短缺，这些都是英国和其他各地政府关注的焦点。如此，小群体自治权的衰减也就不足为奇了。

因而，英国的经验仍然还不是决定性的。如果政党计划和英国形势的机遇让一个真正希望增强小群体自治权的政府上台，没有人可以预料现在的形势会是怎样的。比如，城镇和乡村规划还会像今天一样集中吗？

进一步来看，此种论断还建立在另一个错误观念之上：实际上，美国的政治过程促进了小群体自治权，尤其是在地方社区。不可否认，美国的政治过程确实允许小群体在其目标受到威胁之时进行有效的抗议。所谓的“地方利益”在国家决策中
359 通常影响巨大。然而，（仅仅）由于“地方利益”在国家决策中有很大影响，并不能断言美国政治在实际上培育了地方自治权。鲜有证据表明，例如，美国地方政府比英国地方政府更有活力、更加繁荣；在不少观察家看来，情况却刚好相反，与地方单位有关的国家政策并不比任何其他类型的国家政策协调得更好。因此，地方政府单位受到的临时的和冲突的政策并不必然会对强大的地方自治权有利。即使走马上任的行政官员急切地鼓励地方自治权，我们也发现很难想象在实际中如何将任何连贯的计划推行到底。此外，我们马上就会看到，美国政治过程鼓励集权化的应急协调；正如国家的“协调者”可能接管国家政策中的其他部门，因为若不如此，就无法达成协调一致的政策。他可能接管许多地方职能，因为国家无法制定出通过政治过程实现协调的制度。以工代赈的历史便提供了一个有益的例子②。从 1933 年到 1935 年，在联邦紧急救济署（Federal Emergency Relief Administration，FERA）的名义下，以工代赈由州和地方在补助金的基础上加以实施，这时

① Samuel Edward Finer, *A Primer of Public Administration*, Frederick Muller, Ltd., London, 1950. “到二战结束之时，地方当局更多地被视为政策工具，而不是他们自身权利的委员会”（p. 103）。以及在《经济学人》（*The Economist*, July 21, 1951, p. 141）中认为，二战以来地方政府的活力正在真实地衰减。

② Edward Ainsworth Williams, *Federal Aid for Relief*, Columbia University Press, New York, 1939. Arthur W. MacMahon, John D. Millet, and Gladys Ogden, *The Administration of Federal Work Relief*, Public Administration Service, Chicago, 1941.

存在程度非常可观的地方自治权。然而，1935 年，在美国政治过程中，没有什么能阻止更加集中的工程振兴局（Works Progress Administration，WPA）取代此种制度。

无论如何，政治家们回应的这些“地方利益”到底是什么？在某些地区，存在着一种将众议员想象为“地方多数”的真实“代表”的倾向，但并没有这回事。地方人群中只有很少的人才有同众议员直接联系的渠道，甚至只有为数不多的人知道众议员的姓名[1]。选举间隔时期，基于大多数目的，众议院政治家的地方选区存在少量但影响力很大的拥有财富、地位和权力的少数群体。对大多数人来说，他们曾经完成的参与国家政策决定的唯一行为是每 2 年或 4 年一次的投票。但是，借助于
战略政治行动——从同地方大佬谈话到拜访华盛顿，再到竞选捐献和良好资助的宣 360
传——大量小型但组织良好的压力集团在选举间歇期产生巨大影响。这些少数群体的领导人构成了众议员的大部分“领域”；他和他们是一个具有小群体许多常见特性——包括教导、社会控制、地位、友谊、团结、回应性、互惠性——的小群体的组成部分。很显然，更加统一的政党也不能废除“寡头铁律”，但他们能够强化地方社区中多数派的作用，这些多数派在国家决策中的唯一参与就是在选举时在两个不同的政策选择中选一个。在当前的政治过程中，那些设法在选举间歇期施加其影响的少数小群体带来的政治效率，使得此种选举-时间选择（election-time choice）在很大程度上归于无效。

最后，现在的政治过程在运行中惩罚那些发展地方计划的政治家，奖励那些根据自己喜好进行操控的政治家。作为一种工具，城市政治机器使芝加哥、纽约、波士顿和费城这样的巨型城市的政治关系人性化，在这方面有很多东西可以讨论；但是组织起来的政治机器是为了附和个人的喜好，而不是发展社区计划[2]。统一的政党并不会自动变得程序化，但他们将会使程序化的政党成为可能。

一般来说，我们谈论的地方自治权应用于小群体。简单来说，这是因为压力集团在决定美国的国家政策上非常有力，我们不能因此推断说，那些从小群体中得到自治权的多数派，在制定国家政策时只是旁观者。的确，那些消极的、未组织起来的，和无权的人们的自治权通常是积极、高度组织的、强有力的少数群体的牺牲品。“当权者”需要的是拥有财富、权力和地位的地方精英的自治权，以摧毁那些现在未组织起来、没有权力的自治群体行动的机会。

实现更协调国家政策的诱因和增强小群体自治权的渴望并不是不相容的，的
确，我们找不出两者不能同时发生的理由。如果有足够多的人对地方自治权的强偏 361
好投票，那么统一和竞争的政党就会努力发展出增强地方自治权的计划。不这样做的话，无异于自毁政治前程。因此，在英国，中央政府援助城镇和乡村规划的渴望得到了广泛认可，以至于这一问题从未成为一个政党问题，两个党派的成员在这一

① 1946 年，一个纽约选区中仅有 8%的人知道他们众议员是谁；凭借日常广播和异常艰苦的工作，众议员贾维茨（Jacob Javits）花了两年的时间将这一比例提高到了非同寻常的 33%。New York *Herald Tribune*, September 22, 1948, p. 16.

② 怀特指出这是科纳维尔的特征之一。William Foote Whyte, *Street Corner Society*, University of Chicago Press, Chicago, 1943, p. 252.

问题上达成了共识[①]。说到底，如果政治积极分子想要小群体自治权，这个目标就会由统一的政党加以培育；如果政治积极分子并不想要它，就不会有政党体系加以维护。

考虑到我们已经讨论的地方认同的内容以及前文讨论过的各种考虑，政党政府的解决方案看起来同第 2 章设定的那些目标最为一致；并且或许也是更可能实现的。在它实现之前，经济政策将不得不在我们描述过的讨价还价的环境中制定，或者我们不得不对讨价还价的环境进一步进行分离。官僚制的协调和"强势的"总统制的倡议实质上属于后一种类型。而在现实中，作为讨价还价的替代物，两者都没有获得足够的认可。还有一个备选方案，是一个反复出现的事实而不是一个提出的建议。这就是暂时性的行政"强人"的方法。

紧急情况下的协调[②]

在危机时期，当对所有主要群体都非常重要的目标受到威胁并且需要采取快速行动时——如在大萧条时期 、战争动员时期或者战争爆发之际，讨价还价过程将会发生什么？——讨价还价过程会耗费过多的时间和资源。实际上，因为基本的共识被激活，讨价还价的需要大大减少；战略少数也会部分地放弃他们阻碍者的角色，以团结起来支持一个能实现广泛共有的目标的计划。

362 此种情形推动了政府过程的"临时性"变化。科层制控制会显著增加。那些坚持讨价还价的喧闹的少数派领导人"会纷纷聚首"并尽快找到解决方法。

在我们的政治体系中，总统是统一行动的主要工具，因此，在危机时期，他所拥有的规定的科层制控制被扩大了。但总统是一个人，他必须向下进行授权。权力一经授出，他就没有时间、精力或者知识以对其所有名义上的下属施加大量监督。例如，在二战期间，罗斯福总统将控制战争经济的权力越来越多地委托给其他人，这样他就能将精力集中在军事和外交事务上。此外，1951 年为应对战争动员而做出了一个决定：将战争经济建立在我们的民用经济之上，而不是将现存的经济转为战时生产。"建立两套经济而不是将现有的加以转化，这个重大决定主要由在国防动员委员会就任的威尔逊（Charles E. Wilson）做出……这项重大决策从未在国会中进行辩论或者提交给美国人民讨论。"[③]

因此，在危机时期，高层政策制定者不可避免地拥有很大的自治权。正如一位英国作家写的那样，在一战时期，议会通过的宪法也不得不进入"冷冻室"度过艰难时期[④]。或者像林肯说的那样："失去国家但是保存了宪法，这一点是可能的吗？"尽管如此，问题不在于是否应当有广泛的自治权，而是应该有多少以及定位

① Robert Bruce Black, "Brave New Britain: the British Town and Country Planning System," unpublished Ph. D. dissertation, Harvard University, Department of Political Economy and Government, 1950, pp. 51-52.

② 对紧急协调的政治问题的研究、对某些替代方案的考察，以及具体的提议，参见：Herman Miles Somers, *Presidential Agency*, Harvard University Press, Cambridge, 1950. 尤其是引言和第 7 章。

③ Robert Dean, "Our Permanent War Economy," *The New Leader*, January 7, 1952, p. 2. 当然，这是真实的，那个决策可能已经预料到了后续的政治回应将确证这项决定。

④ K. B. Smellie, *A Hundred Years of English Government*, Duckworth, London, 1950, p. 178.

于哪些个人？

大量技术人员的紧急协调。有三种一般性的备选方案。首先，很高程度的科层制控制可以被授予那些成功的经理人员或技术专家，他们并不是政府讨价还价过程中的积极参与者，也不是政治家，他们被断绝了（目前看来是可能的）同正常讨价还价过程的联系。我们可以联想到的有：一战中的巴鲁克、约翰逊将军和美国步枪协会（NRA），国家价格控制委员会（OPA）中的克努森（William Knudsen ）和纳尔逊（Donald Nelson），战时生产委员会（朝鲜战争爆发后改名为经济动员委员会）中的威尔逊，战争部的埃伯施塔特（Ferdinand Eberstadt），国家价格控制委 363
员会中的亨德森（Leon Henderson），国防部的福里斯特尔（James Forrestal），国务院的马歇尔将军。他们一开始的声誉、危机感、总统的支持，都有助于从正常的讨价还价过程中得到部分解脱。

但讨价还价并没有完全消除。它的地点转到了超级经理人和超级技术专家之下的紧急机构。科层制控制的变化同危机的情绪、总统的支持以及他们自己的声誉直接正相关，讨价还价的范围变化则反向相关①。有时候，他们的科层制控制会急剧衰减，而讨价还价的需要则不断扩展，直到讨价还价政治的典型模式开始再次出现。此时此刻，如果的确不是更早的话，超级技术专家很可能会发现他们不能胜任那项现在变得最重要的技能，即政治家的技能②。

政治家的紧急协调。因而第二个备选方案是，总统任命一些政治家，这些政治家有一张空头支票可以使用，他们可以像使用科层制控制一样使用这张空头支票，并以为他们自己在危机时期打了一场胜仗。因而在二战期间，特别是在 1943 年，人们见证了技术专家如何让位于政治家。伯恩斯离开了最高法院，成了在调和争端以及协调政策上有非同寻常影响力的“总统助理”。前参议员布朗（Prentiss Brown）成了价格管理官员，前众议员琼斯（Marvin Jones）被任命为食品管理官员，已经被罗斯福总统任命为联邦上诉法庭法官的前众议员文森（Fred Vinson）成了经济稳定委员会主任③。与此同时，参议院中的杜鲁门委员会变成制定政策和削弱行政官员的主要力量。

作为相对常态时期的政府解决办法，此种备选方案的困境在于，它没有改变讨价还价过程——这代表着没有收益——正如伯恩斯所说的那样，讨价还价显然被科层制控制所取代，这给总统和多头政治带来了一些严重问题。就总统来说，如果任何其他政治领导人能够显著地以科层制控制取代讨价还价，那么他就必须拥有能够 364
威胁总统自身最高权威的技术、地位、奖酬和惩罚能力。对于多头政治来讲，有什么可以保证这些官员的政策能够在大体上多数人的偏好范围内运行呢？

说这些官员会对总统、国会、压力集团和未来选举做出回应，是在回避问题的实质。因为，如果——就像我们认为的那样——战略少数能够强迫进行讨价还价，有什么理由可以假定这些官员的政策不会反映战略少数（例如，国会中地位很高的

① H. M. Somers *op. cit.*，chap. 1。

② 例如，参见萨默斯（Somers）对纳尔逊的性格和技能的赞扬：*Ibid.*，note 61，pp. 38-39.

③ Sam Lubell，*op. cit.*，p. 18.

委员会主席）的要求？并且，如果战略少数的控制权被消除了，这种意义重大的变化如何才能发生？这里再次指出，“强化总统”或“行政协调”存在一种危险：循环的逻辑可能会回避中心问题，也就是说，讨价还价所需要的需求、渴望和机会实现的过程都减少了。

统一的政治领导进行的紧急协调。因此，让我们回到之前的命题。行政安排并不是统一政治领导的替代物。确实，只有当紧急状况激活了潜在的共识并增加了政治领导人间的基本团结时，先前的“解决方案”才是可行的。如果持有多样和相互冲突目标的政治领导人坚持讨价还价，那么在多头政治中就没有行政安排能够独自显著地减小讨价还价的强度及其对政策的影响。在此种情形中，政策制定者只有通过避免民选领导人的控制才能规避讨价还价；但如果他们能够成功规避此种控制，多头政治也就被削弱了。

于是，协调的最适当的前提条件就是政党委员会。置于那种背景之下并根据情况修正，刚提到的应急备选方案对多头政治的危害并不比危机本身和授权委托更危险。因为在那种情形中，基本政策将受到统一化领导人群体的监督，他们为“国民多数”选举产生、关心通过未来的选举来维持“多数派”的信心、对反对党的批评非常敏感，因而对协调政策占有充分的控制、而无须不停地同战略少数讨价还价和妥协。

然而，为避免让别人指责是在循环论证，我们须马上指出，像其他的情况一样，
365 此种解决方案预先假定讨价还价的减少——大体上沿着先前我们在讨论政党政府的相关部分中指出的思路。正如我们当时说的，考虑到第 2 章中的那些目标，尽管这是一个人们期望的甚至是可能的解决方案，在实现之前，政策制定有必要在讨价还价的环境中进行——或许，除了在重大危机时，由于需要取代或者放弃某些常态时期的主张，讨价还价的需求暂时性减少了。

第5篇

政治–经济技术

第 14 章

价格体系、科层制和多头政治：选择与配置

14.1 引言

所有的工业经济虽然常以不同的方式组合，但主要的社会政治过程有四个，即价格体系、科层制、多头政治和讨价还价。这些过程都已在不同程度上经受检验，并在经济适用性方面得出了一些结论。前述章节已经分析了这些过程的一般优点和缺点，本章将具有更低层次的一般性，更加倾向于关注科层制的、多元民主的和讨价还价的政治-经济技术。在本章中，对价格体系的讨论将通过与其他三种技术的比较来进一步展开（下文中的图总结了这一分析的主要框架）。 369

几种选择

因为科层制和多头政治是指导经济生活集中化的主要方法，而价格体系则是极端分权的主要方法。因此，本章和接下来的两章将会：一方面对科层制和多元政治技术进行评价，另一方面评价价格体系。本章和接下来的第 15 章主要讨论选择与配置过程，第 16 章将会从效率化的其他方面来讨论价格体系、科层制和多头政治。然后，我们将评价讨价还价的很多种方法，如集体讨价还价、劳工控制方案以及企业领导者、劳工和农业之间的非正式讨价还价等。 370

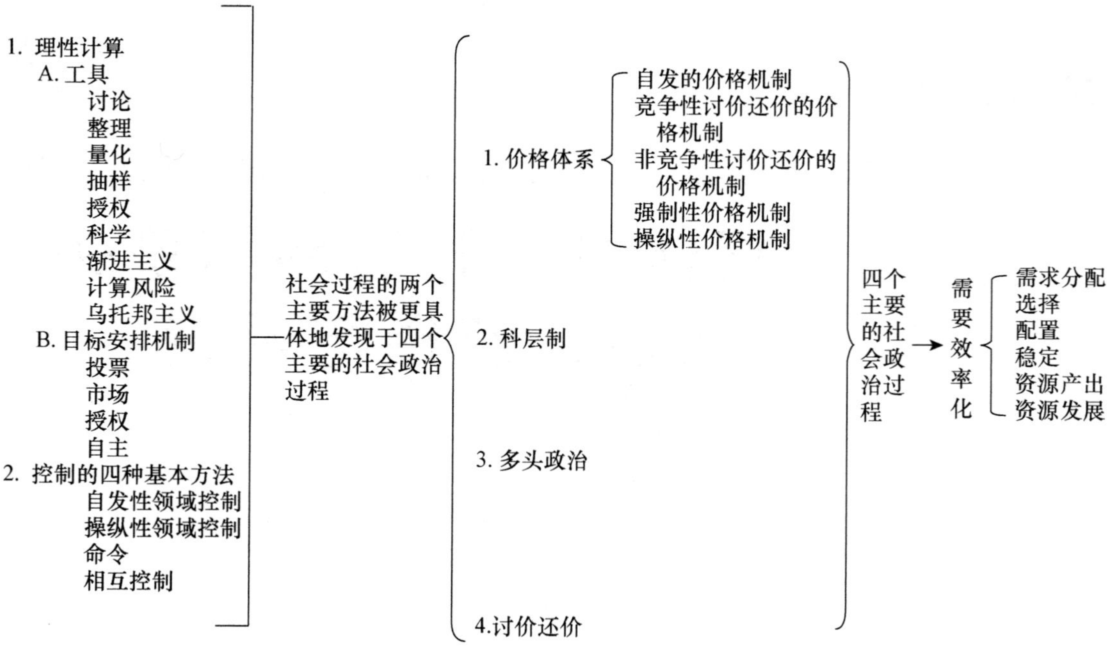

共同元素

371 但是，不论哪一种政治-经济技术对实现我们的目标最合适，所有实现这些目标的经济效率化策略可能都取决于一些特定的共同技巧和制度。效率化原则大部分通过企业来执行。不论企业公有还是私有，主要通过科层制控制或依从市场规则，企业的持续运行或多或少还是能够识别的，且在某种程度上可以把企业看作自治单位。除非大规模的战争时期，企业通常通过价格体系雇用劳动力，但是自由的职业选择并不会遭到严重削减。大型企业中的管理阶层通常是工薪阶层，并且科层制控制在每个大型企业内部都占据主导地位。不管企业是公有还是私有，为政府提供产品的企业也在日趋增多，但大多数企业主要依据市场原则将产品销售给顾客。科层制命令虽然也是指导生产的一种方法，但是它严重损害了消费者的自由选择，因此，决定产品和服务分配的主要原则仍然是消费者的自由选择。

政治-经济组织的这些相对稳定的特征在宣扬其他政治-经济技术的优点方面至关重要。首先，这意味着其他的技术也许在绩效方面并没有很大区别，这一点也可以在本章对这些技术的区别的强调中看出。其次，因为这些（绩效方面的）相似性，不同技术对绩效的关键影响可能十分模糊。

当今世界不争的事实是，几乎所有的大公司，不论是通过科层制进行协调还是通过讨价还价的价格机制进行协调，它们的内部组织都是科层制的。相对于企业在外部控制上的差别而言，科层制在企业内部的运行方式对企业的管理效果和创新能力更为重要。这一说法并不是说外部控制已经不值得再争论下去，事实上，外部控制很可能是企业能够控制的唯一变量。但是，这也意味着任何人都不要指望在外部控制上发生很大变化。

另一方面，不同控制方式的区别，即自发的价格机制和讨价还价的价格机制之
间的区别，很可能对理解管理或理解员工的角色和激励方面的差别毫无益处，反而 372
将这一问题更加复杂化。每个企业所采用的经济组织常用的技术核心很有可能是重叠的，这种情况下，确定（组织绩效的）自变量和因变量并不容易。相似的，科层制、多头政治和价格体系也提供了不同的方案，但面对这些方案，企业家可能只会部分地采用，因为他所面临的情况具有特殊性，且他也会受到其他一些方面的控制。目前而言，影响他选择行为的最关键的变量仍然未知。

因此，对中央控制和价格体系的分析仍未完成，这些方面的议题也变得更为复杂。我们将通过本章和第 15 章来加以分析。

14.2　政治–经济技术中的科层制和多头政治的缺陷

首先，通过对政治–经济技术缺点的简单研究可以帮助我们更好地理解价格体系和中央控制应该有的功能。前面的章节已经解释了科层制和多头政治的缺陷，如，科层制常有繁文缛节、推诿扯皮、缺乏弹性、非人格化、过度集中等缺点。虽然某些时候，这些特点也有好处，但我们现在更希望能对科层制和多头政治的技术性缺陷加以分析，这对组织的效率化非常重要。

在选择与配置方面，多头政治和科层制的缺点并不因为缺少不同的机会、成本和配置结构，正如我们将要分析的关于价格体系的案例一样，这一缺点是因为缺乏实现这些目的的不同结构。

在那些不太了解庞大的科层制如何运行的人眼里，科层制的运行可能看起来是井然有序的。对这些人来说，即使是对最复杂的社会活动的控制，也看起来是被合
理地安排在责任金字塔的顶端以及下游的控制链上的。但是，事实上，控制幅度的 373
局限以及适当的专业化机制的缺乏都使组织的运行陷入永无止境地寻找新的合适组织模式之中[①]。大型科层制组织是如此复杂，甚至想简单地描述这些组织也是异常困难的。随之而来的科层制的不稳定可以通过战时管制时期美国政府的频繁重组看出，直到战争结束，这一持续了 9 个月的科层制控制的基本模式才终止。可以看到，主要的改组在 1940 年发生了 2 次，在 1941 年发生了 4 次，在 1942 年发生了 5 次，在 1943 年发生了 4 次，在 1944 年发生了 2 次[②]。

计算的难题

成本信息不足。事实上，很多机会和分配决策是基于并不充分的成本信息做出

① 若要了解战时科层制控制的复杂模式，可以参见：David Novick，Melven Anshen and W. C. Truppner，*Wartime Production Controls*，Columbia University Press，New York，1949.

② Luther Gulick，*Administrative Reflections from World War II*，University of Alabama，University，Alabama，1948，p. 28.

的，这就直接引发很多中央控制的难题。不管是科层制还是多头政治都无法将边际成本量化。当然，这也就不可避免地使决策者在决定机会和分配时只能通过某种或其他的方式对不同的选择加以衡量。因此，当决策者认为没有一个好的选择能够值得其支付成本时，也就是说，在决策者的脑中，这一选择并不比其他的可替代选择更好时，决策者通常不会做出决定。这个时候必须做的是尽可能精确地预估提出的选择的期望并与可能放弃的选择的期望值做比较。但是，这正是科层制和多头政治所缺乏的。

决策者需要考虑的是为不同的产品提供不同的产品方案，他不仅仅需要知道每个产品线所消耗的资源的具体数量，更因为某些资源具有稀缺性，需要分散分配在不同的产品线上，还需要知道每种资源消耗量所占的比重。只有当他知道消耗资源的数量所占的比重之后，他才能知道生产某种产品时放弃的其他产品方案是什么。此外，当中央控制试图在第 2 章所介绍的不同价值的基础上组织经济生活时，他们
374 必须在不同的价值中进行选择，此时不仅仅要考虑作为消费者的人们的偏好，还要考虑他们对某一种产品或工作的偏好。因此，正确的计算必须将这些偏好的成本计算在内。但是，这一过程也超越了科层制和多头政治的能力范围。

当决策者只想考虑他们自己的偏好时，如何将他们的偏好系统地展现，以确定成本计算问题仍然是个难题：任何情况下都会存在取舍的问题，哪个该算进成本、哪个不该，事实上很难决定。在比较不同商品和服务的投入要求时，企业往往希望能够得到一个共同要素，以兼顾各方生产要求。

解决这一难题的方法是使用数字系统（numbers system），将数字分配给每一种资源或生产要素，并根据偏好和稀缺性赋予这些数字相应的权重。市场行为能够检验出消费者的偏好和商品的稀缺程度。通过价格体系的建立，这一提议也能够解决中央控制的难题。但需要重申的是，科层制和多头政治并没有计算成本的专门机制。

科层制的这一缺陷使许多国家的经济深陷泥沼。以纳粹时期的德国经济为例：1936 年，德国实施了价格冻结机制，此后很长时间，不论是对于科层制的规划者，还是对个体商业企业，成本的变化——事实上的稀缺性——都不能在价格中得到体现。“大量军工产品的生产和投资使中央计划的需求和早期的需求曲线之间出现了巨大的差距……任何成本计算方法上的改进都无法回避这一事实。企业在它们书中所称的价格并不能反映稀缺性，事实上也就已经失去了价格的控制功能。”① 但毋庸置疑的是，生产还在继续；只不过，中央权威决定产品的选择与配置。但是，中央权威并不能像价格体系一样，能够对消费者的选择进行指导。二战时期，西方国家的战时生产计划也存在同样的问题。某种程度上来说，是战争强迫国家放弃了价格体系；但是一旦这样做，中央权威就丧失了对充分成本信息的掌控。

科层制在成本计算上的不足可以通过具体的商品加以解释。在德国，铜山毛榉
375 （copper beechwood）长久以来都仅被当作燃料和木炭使用，但渐渐地，它越来越

① Walter Eucken, “on the Theory of the Centrally Administered Economy; An Analysis of the German Experiment,” *Economica*, May, 1948, p. 91.

多的重要用途被发掘。在柏油中浸泡后，铜山毛榉是很好的铁路枕木。人工干燥和烘蒸技术的发展又打开了它在家具市场发展的大门。作为有价值的胶合板材料，铜山毛榉被最终发现是制作纤维素化合物产品的基本原材料。但对于 20 世纪 30 年代的中央权威来说，如何分配铜山毛榉并不容易。作为理性分配的前提条件，中央权威需要知道放弃使用铜山毛榉的成本，但是他们没能获得这一信息。因此，虽然铜山毛榉有价格，但这一价格从 1932 年起就冻结了，它并不能有效地衡量成本①。

对美国而言，战时生产规划很好地解释了科层制的成本计算信息的不足。但是这一表现却又有个中曲折，原因有二：第一，美国进入战时状态时，投入了大量的未使用的资源给战时生产。结果，战争并没有使决策者过多地考虑成本问题——关注替代选择的成本问题——而这往往又是必须考虑的。第二，并没有可靠的方法来衡量准确的成本预期和实际上战时控制时的成本之间的差距。这进而导致了有关战时经济的研究也没有调查战时成本信息的充分性。一些研究可能提及了战时成本，但是它们对战时成本的衡量总体上是很不准确的；在另外一些研究中，对政治和行政问题的强调则冲淡了科层制效率化（hierarchical economizing）这一关键要素②。

然而，成本计算的错误却无法掩藏。甚至是对生产不同产品所须投入资源的统 376
计预期的计算上都存在严重的不足。“当对实际绩效的统计报告不是根据可信的个体行为报表得出时，对绩效的统计预期事实上是百分之百区别于最终根据报表所采取行动的预期的。”③ 根据官方的战时生产委员会的历史记载，委员会在估计战备需求以及与其相关的资源时遇到的困难，恰恰反映了计算成本的困难。因为当人们无法估计战备所需的资源数量时，成本就不可知。据悉，“索取方常常夸大他们的需求以提高他们在讨价还价中的地位，但是，当他们认识到资源供给不可避免的局限性时，他们往往又会少提他们的需求。结果，这就导致很难去确定他们的真实需求——这一明显区别于他们所陈述的需求——是否真正得到了满足”。此外，“战时政府也缺少基本的、能够裁定战时军备资源攻击的机器”④。

---

① Walter Eucken，“on the Theory of the Centrally Administered Economy；An Analysis of the German Experiment，” *Economica*，May，1948，pp. 91－92.

② 在政治和行政难题本就迫切的情况下，在战争时期，许多行政官对成本问题更不敏感。不仅是成本计算问题，这些行政官也极少考虑资源分配问题。当军队对可流动物资的需求变得更为迫切时，有些行政官根本不知道资源分配问题会对战争格局产生多大的影响。萨默斯对人力资源的重视印证了这一结论：“人力资源才是整个经济中最为限制性的资源。而我们的国家刚好在这一资源上非常富足。在战争的早期防卫阶段，人力资源扩大了几百万……；不可预期的人口迁移提供了人力资源……，而职业简单化和培训项目则有助于满足生产和武装部队对人力资源的大量需求……直到 1943 年夏，人力资源的问题也大部分表现出在某些具体问题上可能会有的不足，呈现出‘点’的特征。然而，这些特定的点却成了严重的‘瓶颈’……遗憾的是，总体有利的战争形势冲淡了这一问题的紧迫性……结果，在某些‘点’（具体问题）上的临时准备以及间接措施成为主要的补救方式。直到 1944 年，人力资源问题发展成战时生产的主要‘瓶颈’。但是，此时，对于危机感和对战争结果的恐惧已经消退……”（H. M. Somers，*Presidential Agency*，Harvard University Press，Cambridge，1950，pp. 138－139.）

③ David Novick，Melven Anshen and W. C. Truppner，*op. cit.*，p. 368. 我们使用二战期间的这个以及其他的科层制控制缺陷的例子并不是要证明战争期间的科层制控制是错误的。在第 2 章已经明确论述的情况下，即使价格体系有很多缺陷，但也经常找不到除价格体系之外的替代选择。在这里我们所希望做的是认识到科层制的局限性（就像我们将要在下一章检验的价格体系的局限性一样）。

④ U. S. Civilian Production Administration，*Industrial Mobilization for War*，U. S. Government Printing Office，Washington，1947，Vol. 1，pp. 982－983.

二战时期的人力资源控制很好地解释了成本计算不足的难题[1]——是应该为工人找工作，还是应该为工作配备工人？一方面，劳动力能够被诱导并流动的程度非常有限；另一方面，为了控制采购而对劳动力富余领域实施合约制是非常困难的。因此，不管管理者面临的问题看起来多么扑朔迷离，事实上都是成本的问题。在不同选择中，是根据工作配备机器更贵，还是根据设备配置劳动力更贵？在价格体系
377 中，做这个决定非常简单，因为两种选择的成本都可以用价格量化。但是，在战时科层制控制中，价格预期是高度主观和极为粗糙的。

消费者偏好的信息不足。假设中央政府能够选择与配置商品，这样公民就能够得到所有他们需要的商品，还不需要考虑资源的稀缺性。在这种情况下，公民偏好的信息是缺乏的。每个人都想要食物、住所和衣物，但是西方国家生产的这些东西的种类是超过中央决策者能够获取的信息能力范围的。在价格体系中，消费者每购买一次商品，就是标明了一次他的偏好，但是在中央政府中却没有这样的简单办法。毫无疑问，如果像西尔斯（Sears）、罗巴克（Roebuck）这样的公司已经对商品做好了分类，谁会愿意再对商品进行投票？事实上，在任何情况下，消费者只有在选举期间才会知道他们真正的需求是什么样的。通常，当中央控制的领导做选择决策成为唯一可行的途径时，通过发放问卷和展开访谈对消费者的偏好进行抽样调查就成了必备辅助条件。只有这样，领导者做出的选择才能比较接近消费者的偏好。

然而，领导者选择这种方法有两个难点。第一，消费者自身一开始可能并不知道他们对许多商品的偏好，直到这一需求日渐明显，且在价格体系中他们可以购买到这些商品。第二，当消费者不知道商品的成本时，他们无法表达他们的偏好，领导者也无法为他们做选择。因此，当成本信息存在不足时，消费者偏好的信息往往也是有缺陷的。当然，随意地告诉消费者大概的成本预期可能会帮助消费者完成调查问卷。比如，问卷可能告诉消费者，一个冰箱的价格是汽车的 1/3。消费者可能会做出选择，但是他的各个选择可能事实上并不存在。因为对于中央权威来说，它并不能保证一辆汽车等于 3 个冰箱这样的选择是真实的。这两个选项所需要的资源数量是非常不同的。正如我们先前所示，没有边际成本的量化，中央权威就不知道一辆汽车是等于 3 个、4 个、5 个，还是 6 个冰箱。

全局失败。传统上，人们认为科层制和多头政治的一大优点就是能够兼顾全
378 局、协调各部分，事实却并非如此。即使是在一个经济部门内部——粗放的边际主义的运行方式常常成为无奈之举——这也与全方位着眼的规划完全相反。

二战期间，伊利·德文斯（Ely Devons）在做英国飞机生产协调商时的经历很好地解释了这一困难。这些控制英国飞机生产计划的公司逐渐放弃了让中央权威理解它们的生产过程倾向于边际调整的努力。

第一，在资源的集中分配方面：让负责资源分配的中央权威重新思考资源在 M. A. P（飞机生产委员会）、服务和其他用途间分配的难题几乎是不可能的。中央权威顶多能应对一些与现有或可能情形相比比较微小的变化所带来的影响。即使是

① H. M. Somers, *op. cit.*, p. 142.

应对这样微小的变化，中央分配权威也不能考虑如何一次性地使用所有资源，尽管这些资源是彼此相关的。通常，负责人力资源、原材料、工厂建设等的是不同的委员会，从来没有一个委员会考虑过一次性将所有的资源分配给一种用途是否正确。它们只是按部就班地执行各个部门现有的计划，然后试图在由哪个部门承担供应不足的时期资源短缺责任上达成一致[1]。

第二，服务部门并不能根据中央计划计算出它们的需求，它们只能根据指导思想提出生产的边际调整。

第三，只有现有的生产水平发生极小的变化时，飞机生产委员会才能“比较精确地计算出生产飞机的资源需求数量，在应对较大的变化时做出的计算通常存在较大的误差”[2]。

美国二战时期的科层制同样存在类似的全局失败。在后续的章节里，我们会展
示忽略中央规划而任命一个像沙皇那样强有力的生产大王加速关键生产，并在控制 379
性原材料计划中集中计算铝、铜、钢的生产，显示的是用一个不完整但可行的方案来替代一个完整方案的过程。这标示着可行的选择-配置（choice-allocation）过程的局部观点将取代全局观点[3]。

控制的难题

假设在中央控制中，已知成本和消费者偏好，全局观点是可能的，并且职业偏好能加权进成本中。还有一个实际的难题是将特定的投入分配到特定的企业以生产特定的产品。尽管偏好和成本的信息足够用来匹配投入和产出，但是信息本身并不构成一种控制的方法，在后续的过程中还需要获取。

现在，我们并不是说在层级代表制和分权中并不能实现一定程度的投入会带来正确的产出。但是，科层制的一般缺陷也是有证可循的，因为分配问题给中央政府机关带来了很大的负担。

相反，价格体系在这一点上提供了高度专业化的控制技术，并且能自发地通过补救、奖励或惩罚等措施驱使资源所有者向需要他们的地方流动。

集权与分权。尽管在前文已经讨论过[4]，但是当科层制用来分配资源之时，集权和分权之间不可避免的争论就成为主要的难题。

德文斯在讲述他在飞机规划中的经验时写道：

> 规划中的每一种尝试都面临两个问题：第一，需要将需求领域划分成一个个单位，从而每个行政单位都能够有效地处理这些内部的问题；第二，需要保
> 证每个单位内的行动都符合整体规划的要求。但是，执行这样的原则常常导致 380
> 一些冲突。

---

① Ely Devons, *Planning in Practice*, The University Press, Cambridge, England, 1950, pp. 19–20.

② *Ibid*, p. 19.

③ 参见《战时生产委员会历史：美国民用生产管理》中一个员工对各种难题的总结。*op. cit.*, pp. 982–986.

④ 第 8 章和第 9 章。

因为第一个需要代表制和权力下放，从而保证规划的可管理和可行性；但第二个问题需要通过集权，才能使这样的规划得到协调。

放权和集权之间的这一冲突在行政科层制的每一个阶段都会出现。每一层级的协调者都认为独立部门的规划是无用和浪费的，因为这些计划并没有考虑其他地方发生的事情；而每个独立部门的管理者又都认为协调者的规划是理论化、学术化的，并不能反映实际情况。①

并且，这一问题自上而下贯穿规划过程的每一个层级。

在最高层级，内阁和生产部门的协调者和独立部门的规划者之间存在冲突。高级协调者希望更多的集权，而每个部门的规划者希望能够获得更多自由裁量权。但是在每个部门内部，当部门代表与中央部门打交道时，又希望能为他们自己部门争取更多集中决策的权力。但是反过来，他们又与每一部门（department）内部负责生产的单位（division）存在冲突，因为他们认为中央规划者（central planner）在他们部门的工作是不切实际的。在考虑单个生产部门（individual production division）和企业的关系时，这一情况又有反转。对于企业来说，即使在 M. A. P 生产层面的官员，虽然是协调者，但是却并不知道工厂内部到底发生了什么。因此，企业内部和工厂组织在不同层面重复发生这样的冲突，并不意外。②

这只是关于科层制控制重要特点的一个直接而又透彻的陈述，但并不是那些试图证明层级规划的人笔下的论战。事实上，德文斯并不认为科层制以外的其他体制能够被用来管制战时飞机的生产，也不认为那时任何基本的机关结构式程序上的改
381 进可以有效提高部门的业绩。但是，即使是在科层制非常重要的地方，同样也饱受集权和分权之间的冲突带来的烦扰③。

那么价格体系是如果避免这一冲突的呢？最简单的答案是，价格体系中并不存在中央决策，因此，中央政府和商业企业、消费者、工厂所有者和工人的分权决策之间并不存在冲突。当然，理解了价格体系是如何免去中央协调决策必要性的，就是理解了所有复杂的、通过价格进行组织的类型；但如果留意了边际的重要性，人们能够更接近这一事情的核心。

在价格体系中的给定时间点，需要生产的不同商品和服务总量的决策是既定的。因此，在任何时间点上，在某一领域结构的相关决策是与边际调整有关的。但是，决定某一产品是边际增加还是边际减少并不需要中央决策，甚至不需要对资源的分配做任何全面的调查。所有需要做的就是给生产者一些提示或线索，即消费者对某一商品有或多或少的需求，并给生产者一些激励以使他们回应消费者的这些需

① Ely Devons, *op. cit.*, p. 14.

② *Ibid*, p. 14.

③ 波兰尼指出："为实现一个具有 n 种生产单位的经济体系的运转，计算单位时间内需要调整的关系的数量比将这些单位归给一个中央权威所需耗费的时间要多 n 倍。"（Michael Polanyi, *The Logic of Liberty*, University of Chicago Press, Chicago, 1951, chap. 8）但是，因为临时控制和科层制控制远比他书中所讲的复杂，波兰尼对现实世界的推论是不成立的。

求。价格、存货、利润和损失这些都可以转变为线索或激励。

可以确定的是，在不寻常的情况下，比如战争爆发时，商品生产的巨大数量需要再三考虑。这一时期，价格体系做出的调整之巨大已经不能简单地称为边际了。但是，战时的价格体系并不能良好运行，通常是中央控制取而代之。科层制组织在这一方面的不足显而易见，因为它需要在集权和分权冲突的限制下运行。通常，在战争之外的很多情况下，自发领域结构的边际调整机制的运行并不存在这种冲突。

除了战争和其他需要突然做出巨大改变的紧急情况外，价格体系提供了一种很 382
好的避免冲突强加给经济组织的种种缺陷的方法。并且，从另一方面来说，科层制协调是不能够被调整的，正如德国的历史说明的：边际的计算并不需要总体的决策，因为在缺乏价格体系的情况下，想要客观而又相对准确地衡量边际价值几乎是不可能的。

事实与目标的混淆。英国的飞机生产还说明了中央控制的另一典型难题。如果分配给飞机制造厂的配额数字被用来计算总体协调的产出和需求，这些配额必须是精确的。但同时，这些配额除了设立了工厂必须完成的目标外并无其他用处。这种将统计数据既作为事实又作为目标的混合，带来了很多难以解决的问题。

将统计数据用作目标，相较于只是一个企业能够生产的预期配额具有明显的优势：它能够激励企业超额完成目标，也能扩大企业预期生产的飞机的数量，从而便于“评判”企业生产需要投入的扩大预期——这使内阁认为非常有必要将资源供给纳入中央权威，从而更好地满足资源需求。

这一“实际的”统计数字案例显然是对目标规划的一种浪费。很快，每个生产主管会发现事实上很难完成目标任务，然后他不得不自主决定在他的管辖权范围内，符合生产项目要求的实际生产量应该是多少。因为他并不了解项目的其他要求，他只能根据猜测和流言来决定。“最糟糕的情况下，每个生产主管都会将官方的飞机项目当作一纸空文”①，他自己则成了自己的中央规划者。

1942 年夏天的斯特灵（Stirling）和兰卡斯特（Lancaster）项目很好地说明了这一点。有一段时间，公司的斯特灵项目建立在允许非常多的鼓励成分的基础上，对所有相关部门来说，它们清楚地知道这个公司在很大程度上完成不了这一项目。 383
这就使负责斯特灵零部件生产的主管陷入了两难困境。因为他们不知道是该按照既定的飞机生产计划进行（他们也一直被要求这样做），还是根据他们认为的正确的斯特灵项目来自主决策。一部分主管选择了前者，结果导致生产的大量斯特灵零部件剩余，其他飞机急需的零部件却供应不足。另一部分主管猜测了斯特灵可能的产出，但不是过高就是过低。结果是，有多少个计划零部件生产主管就有多少种斯特灵飞机生产项目（不同主管有不同的猜测和认知）。不久，项目迅速流产，因为一旦“飞机项目可以不单单是生产一种飞机”的想法流行起来，就没有人会再为这一项目继续工作下去②。

另一方面，一个反对实际规划的论断认为“项目本身是扩大飞机产出的瓶颈”。

---

① Ely Devons，*op. cit.*，p. 30.

② *Ibid*，p. 31.

如果规划是实际的，并且数字是基于企业产量的合理预期，就会低估一个高效企业能够实现的产量，并且忽略了企业可以不定期地改进技术的可能性。此外，许多企业的产量也会低于这一配额；并且，如果配额是根据企业过去的绩效拟定的，企业新的绩效仍可能会低于这一配额，至少因为这一配额很低所以很容易达到。但这种情况下企业的产量毕竟很低。

两条原则之间的冲突既不能通过建立两套数据来解决（不能保密也就不具有可行性），也没有其他的策略可以实施。这仍然是科层制生产规划不可避免的难题。但是，在价格体系中却不存在这样的问题，因为价格体系并没有一个生产目标。配额中的粗糙线索或目标都是不必要的。

一个例证。价格体系和中央控制之间的区别可以通过二战时期船运控制的一个事件加以解释。1944 年，根据詹姆斯·伯恩斯（James F. Byrnes）作为战时转移和
384 重建负责人时的备忘录记载，总统对船舶建造的速度表达了关切。但后续的调查发现，运输船只的大量缺乏是因为船运主要靠现有的船只进行，在了解到大量负载船只因为对卸载关注不够已在港口停留数周后，伯恩斯向总统报告道："太多船都被当作货仓使用。"①

如果现在不点明在这些特殊的案例中可以使用价格控制的话，这一案例将清晰地说明价格体系和科层制控制之间的区别。在价格体系中，空置船只的成本可以和快速卸载船只的成本做比较；反过来，这些都可以和建造新船的成本进行比较。此外，空置船只的成本会诱使船主通过快速卸载来逃避成本，除非快速卸载的成本仍然高于空置船只的成本。并且，当建新船成本比满负荷使用现有运载能力的成本更经济时，成本会诱使船运公司建造更多的新船。在科层制中，需要实施特殊调查和做出具体的指示。在这一案例中，萨默维尔将军（General Somervell）会通知总指挥（Commanding General）和欧洲战区（European Theater of Operations）："当你不卸船而只是要求建造新船时，对方别无选择，只能拒绝这一要求，直到这些空置船部分地有了新的用途。"②

需要注意的是，能给出的指导可能会像下面的例子这样：军队要求"部分"恢复空置船只的有效服务。那么应该是多少？一个时间点空置多少个船只才是合理的？答案是快速卸载应该接近这一个点：在这一点，船运加上快速卸载的边际成本等于船运加上新建船只的边际成本。价格控制体系就是根据这一点决定赏罚，而科层制的"药方"只能指出政策中恰当选择的大方向。有时甚至并非如此，因为毕竟建造更多船只比增加海军军官的负担要好。在缺乏价格控制的情况下，谁也说不好。

14.3 价格体系在选择与配置方面的缺陷

385 在特定的情况下，价格体系在处理选择与配置问题时可能是无效的，这时候是

① H. M. Somers, *op. cit.*, pp. 134-135.

② *Ibid.*, p. 135.

选择中央控制还是价格体系不言自明。确定价格体系在这些选择与配置中无效的情形，需要理解价格体系和中央控制应有的功能。多数人对这些情形已经非常熟悉，他们能够清楚地认识到在哪些情况下未加修正的价格体系是不能成功运行的。但是，当价格体系经常与“集体需求”“社会成本”联系起来时，我们需要更加事无巨细地列出这些（价格体系无效）情形。因为价格体系是一个非常特殊的机制，它的缺点更须详细列出。事实上也的确如此。

市场中的个人共享一件商品的高成本

对于个人市场选择来说，如果某个商品或服务可以被共享，那么提供这种商品或服务的成本之高常常使个人市场被取代。事实上，高成本确实是国防作为集体选择的一个原因，因为仅靠个人资源可能并不能够使很多人甚至个体自身脱离他国敌视的威胁。不论个人期望的国防是为自己还是为其他人服务，从全国的范围来看，因为人们控制了一个共同政府，享有共同的文化，这个时候个人选择在价格体系中的高成本是完全没有效率的。

另一个例子是，有钱人可能想在市场上为他们的孩子购买优质的教育，但是为整个人群购买教育的高成本常常使个人不得不放弃选择。相似地，卫生和疾病，建设高速路或设立警察机关、司法机关的高昂成本，都使个人无力承担。另一个案例是在斯堪的纳维亚国家使用农业补贴，保证战争时期粮食的最低产量，以消除饥荒 386
之虞[①]。

当可共享的商品或服务的成本已经超过一个人在市场上的行动能力或者是需要其他商品或服务付出的巨大牺牲时，可以有其他的选择。有时，他可以和其他人合买此种商品。但是，出于种种原因，自愿性的联合购买的相关安排可能并不足够。除非这个联合体包含了整个社会或国家，否则成本可能仍然使其不得不放弃。或者，因为存在“搭便车”的问题，联合体可能并买不起这种商品或服务，除非强制要求所有的成员都付费。然后，同样的，在行政便利性方面，当消费者达成一致意见时，他们更希望选出一个能够将他们的选择传递给政府机关的代表，而不是每个群体都要费力地维持自身。因此，当成本因为补贴或者直接选择而特别高时，中央政府的供给就非常必要。

当选择是集体性的时候，价格体系仍能够被用来计算成本和分配资源，从而回应中央政府做出的集体选择。但是价格体系并不会向每个个体消费者提供一个价格，即比较不同选择的边际成本。尽管消费者可能在建设高速路、学校，或航空母舰上投了票，但他并不能像在市场上一样平衡边际成本。当立法机关或官僚代表这种选择时，理性计算的过程甚至都可能从时间上消失。当然，这也并不意味着集体选择是不够理性的[②]，这些命题只不过是在描述市场体系是如何被取代的罢了。

---

① Henning Friis (ed.), *Scandinavia Between East and West*, Cornell University Press, Ithaca, 1950, pp. 93–94.

② 集体选择的理性会在下一章进行评估。

价格体系回报的不足

价格体系的回报或好处可能并不足以获得想要的回应或者不能很快地获得回应。二战期间，英国和美国的军事服务就不该通过价格体系来招募军事人员。为了通过价格体系的技术招募，数百万军事人员参战，英美两国为这些人员开具的薪资远远超出两国的经济收入。

回报对需求分配的影响

387 很多时候，价格体系的潜在回报虽然充足却不能加以利用，因为它们可能会影响收入分配。使用价格体系的回报和实现期望的收入分配之间的冲突是巨大的。尽管一个老住户可能对他的房产存有很深的感情，但是当政府许诺给它世界上一半的财富时，他很有可能还是会为建高速路而搬走；但是他不可能得到这样的承诺，最后很可能是政府给一个还算合适的价格，然后他就搬走了。美国很有可能利用丰厚的工资来招募一支德国职业军队，但是，这在可能会导致士兵的工资升高的同时，减少公民的收入——至少对于政策制定来说，公民的收入肯定比使用募兵制时低多了。当然，也有可能是，充分用来做风险投资的资金回报与期望的收入分配相冲突。

需求分配对选择与配置的不利影响

价格体系中的选择与配置回应了需求分配的一种类型。低收入人群要求的一些对特殊的商品和服务（如教育、医疗等）的分配可能并不令人满意。正因为此，很多人要求要么重新分配收入，要么这些商品由中央来分配。中央分配可以通过两种方式进行：一是补贴，可以将集体选择和市场选择结合起来；二是直接的集体分配，比如通过直接的救济项目和公共教育进行分配。

事实上，即使存在收入的理想分配，对低收入人群来说，很多商品，如教育、医疗、住房、职业培训和再培训、娱乐、交通、消防、食物、衣物等的分配仍然是不令人满意的。西方社会采取了很多方法将这些商品进行集中分配。市场选择和现有收入分配通常是令人不满意的，因此补救措施不能仅仅要求收入再分配，在这一点上，很多人已经达成了共识。此外，所有的收入再分配方案都需要考虑一些突发
388 需求（如慢性病的医疗等）的集体分配。尽管医疗保险已经十分普遍，但是家庭收入并不能时时应对生活中的意外事件。

收入分配也可能会制造出功能和地位的不平等，这时只有中央分配才能纠正这些问题。在美国南北战争时期，征兵制允许雇用别人替代自己服兵役。从此之后，公共政策开始格外注意，以免使得所有服兵役的难题都推给低收入群体。在很多国家，战争中的人力资源需求来自不同的层级已经成为一个原则。西方社会甚至认为，尽管贫困缠身，但没有人可以让自己重回奴隶制中。在上述征兵制的案例中，

这一原则的提出有几个原因，但是其中之一是希望建立相对“自由”的市场选择，但在紧迫的现实情况下，有时低收入人群的选择看似也是理性的。西方社会里，很多人不仅希望能保证某些商品的最低分配，还希望能有法案保证最低的权利、义务和某些特权。

特定交易中对第三方的损害

市场选择长期以来的一大局限在于私人交易的过程中对非买卖方的第三方可能带来的不利影响。买方和卖方自己能够保护他们的利益。传统的例子有森林退化、土壤流失、烟雾和其他空气污染、工厂废水排放对河道的污染，荒废的后院，以及其他居住区域的麻烦，等等。这些负面事件促使中央控制的手段被创造出来，如控烟法令、分区法、区域土地使用共识、卫生管制和重新造林等。

当在某个交易中大多数人的利益被牵涉进来时，对选择与配置的控制不能只由买家和卖家决定，这一点已经达成共识。但是在很多情况下，当交易中只有一两个人的利益受到损害时，市场选择很有可能也会被错置。比如，用以禁止商业建设的城市分区法，可能仅仅是为了保护一座民宅。

任何交易中对第三方的损害影响都能够被识别，但是这种损害影响在多大程度 389
上限制了市场选择是很难确定的。任何一个简单的公式都不能告诉我们什么时候第三方的损害需要通过科层制加以修正，到最后，这就变成了某个人的价值观念的事情（是继续牺牲第三方的利益还是加以修正，可能全由一个人决定）。但是在市场选择和保护第三方利益的冲突中，很多干预措施被引入，它们可以不同程度地由中央选择与配置来代替市场选择与配置。我们可以通过了解第三方的成本来获知交易的负面影响①。

个人市场成本。免除工厂的废气排放费用可能会将清扫房屋和清洁衣物的成本强加于在工厂工作或生活的人身上，或者它可能会降低这一地区不动产的价格。这是对第三方损害的常见案例。

共同市场成本。森林采伐可能会降低集体所有的娱乐区域的价值。此外，当社区采取措施来控制第三方损害时，如在抽烟、消防、交通或水污染管制的案例中，个人市场的价值可能会得到保护，但是这些个体也在集体地承担着支持这些控制措施带来的税收损失。

个体和共同非市场成本。即使没有市场价值受到影响，也没有需要被保护或维修的市场成本，第三方也可能损失巨大。比如，生活的舒适度可能会受到噪声、邻居和交通拥堵的严重影响。尽管没有具体的资产，但对于那些不喜欢噪声、恶邻和拥堵的人来说，他们的个体和集体（居住区）资产的市场价值已经严重减损。这些损失和上述提到的其他损失一样，只不过它们没有以切实的市场成本形式表现出来。这些损失的严重程度可以通过它们的维修成本表现出来。但事实上，很多损坏

① 如果要评估这些损失的程度，请参见：K. William Kapp，*The Social Costs of Private Enterprise*，Harvard University Press，Cambridge，1950. 然而，这本书里还论述了包括了除第三方损失之外的其他社会成本。

不会被修缮意味着损失并不如维修成本那么多。这种第三方损害的特别的重要性来
390 自那些个人储蓄决策，因为个人储蓄决策不仅影响经济的稳定性，还影响经济增长的速度①。

选择类型本身的非市场成本。第三方效应的一个极少讨论的共同点是：一些人的购买、销售或消费行为会给其他人带来损失。不喝酒的人可能会因为他们从未见过的人消费酒精而感到损失，而穷人的消费习惯可能会冒犯富人。几乎所有人都会觉得别人的消费行为如果不能按照他们的意愿消费的话，会给他们带来严重的损失。如果一个人不能像他的朋友那样消费，他也会觉得受到损失。

尽管这种损失可能会像第三方损失那样严重，但是还不足以错置市场选择；相反，通过操纵性领域控制和自发性领域控制，个体可能会试图控制其他人的市场选择。这种第三方效应的实际影响是，它表明当市场选择不充分时，其导致的明确的第三方损失并不是有限可知的，相反，第三方效应是普遍存在的。因此，在考虑市场选择案例时必须小心求证。

无回应控制的非市场成本。所有这些特定交易中对第三方的损害有时被描述成
391 社会成本。但是“社会成本”一词是模糊的，它通常表示价格体系中所有不足之处。比如，失业常被当作社会成本，仅仅因为它被社会认为是恶的，尽管失业并不必然由特定交易引起。同样，有时，第三方效应也被包含在消费的外部收益和损失中。但是这里讨论的损失还包括那些在消费和商业开支之外产生的损失。第三方损害也可能与职业选择有关，比如，雇佣劳动者仅仅根据市场控制来选择他们的职业和工作环境。

对价格体系议程的反对

在某些情况下，即使价格体系的缺陷没有出现，人们仍然可能不同意面向价格体系的议程。尽管他们可以根据市场成功地做出选择，但这并不代表他们愿意处于一个必须实施市场选择的位置。因为一些原因，市场选择机制本身是颇具争议的。

消费者对市场选择的偏好可能有几种解释。第一，很多人并不想对他们的家人、朋友采取经济的行为。很多人喜欢在不计算交换行为的价值情况下服务彼此。第二，很多人也希望将他们的选择移交给更有能力的人。比如，很多父母希望政府能够决定孩子在何时应该上什么样的学校。有时，消费者因为担心自己会疏忽而希望政府能够对于药品和其他的一些商品实施科层制控制。

第三，有时，个体会希望摆脱市场选择仅仅是因为他们觉得这是在浪费时间，而且认为政府做的选择可能更好。此时，公共教育又成了一个很好的说明。最后，个体有时希望将选择与配置移交给中央政府，这样他们就不用面临各种选择诱惑。因为有时，市场会给个人一些暂时的好处以使他们不能做出更好的判断。因此，消

---

① 当然，个人市场选择在储蓄上的缺点还有其他的原因。参见：Abram Bergson, “Socialist Economics,” in Howard S. Ellis (ed.), *A Survey of Contemporary Economics*, Published for the American Economic Association by The Blackiston Co., Philadelphia, 1949, pp. 414-415.

费者希望在房屋建设时能够有一些可信的最低标准，而不是贪图市场体系提供的一些克扣或减少成本的小便宜。

个体市场选择与配置的无效

但是，一个人是倾向于移交选择权（给政府或他人）还是倾向于自己在市场中选择，就像河流水位不可能高于其源头一样，市场选择与配置的理性程度不会高于市场中个人所拥有的智识的程度。当然，多头政治和科层制也存在同样的缺陷。但是，认识到价格体系也无法摆脱这一缺陷非常重要。价格体系的选择与配置很有可能在理性程度非常低的情况下运行。如果这一点已经不言自明，那么至少经济学家认识到了每个选择者在市场选择与配置中平衡利润会利大于弊，这也意味着市场选择还是比科层制选择更理性。我们会在下一章继续讨论这一点。 392

控制企业家的缺点

即使在一个“理想的”价格体系中，价格体系在选择和配置方面的上述确定性仍然存在。但是，现实世界中的价格体系并不是“理想的”。现实世界中的价格体系还有一个缺点就是它对企业家的控制往往是不完美的。当然，即使价格体系在四个控制核心过程中都是不完美的，我们也不要试图最小化这种不完美。在特定的情况下，这种不完美在技术选择中可能会起到决定性作用。

不稳定性

在以后章节中，我们会继续讨论价格体系的不稳定性缺点。但值得注意的是，不稳定性大大降低了价格体系在选择与配置时的效率。在大萧条时期，价格体系对成本的计算是无效的，但是他们仍然在使资源脱离市场控制方面起到了提供线索和激励的作用。1933 年，美国失业人口多达 1 400 万，但是政府并不能负担得起让失业人群重返工作岗位的成本。在通胀时期，价格体系在资源分配方面也存在若干不足。价格体系在通胀时期的缺点是它在二战时期的国际贸易方面被限制使用的原因。

价格体系的其他缺点

价格体系还有其他的缺点。但是需要注意的是，本章只讨论价格体系在选择与配置方面的缺点。此外，即使确定了价格体系的固有缺陷也并不能避免难题的发生。价格体系在某些方面很像是一个高度专业化的工具或机器。在哪里使用，哪里就会有高效、准确的工作。但是，就像高度专业化的工具有其特定的使用领域一样，在使用专业化工具时，产品本身有时候是需要适应工具而改变的。 393

14.4 将价格体系和中央控制结合起来

变量范围

到目前为止，我们对选择与配置方面的价格体系与中央控制技术的讨论，就像是在探讨一个连续体的两端。但是任何一种技术都不是以单一的形式使用的。为了更好地理解价格体系和中央控制技术的合适功能，我们要做的第三步就是探索这些技术可能的使用形式。事实上，这些技术的应用范围远超我们的想象。所有的人都认识到，在连续体的价格体系一端，实施改良的政府补贴、行政许可、免费服务和价格控制是符合人们期望的；但是，对于在改良的多头政治和科层制一端实施价格体系的可能性，是多数人不熟悉的。

当然，我们并不是试图在这一点上做到无所不知。我们的主要目的是揭开那些在最小化价格体系（多头政治、科层制）中效率化的可能性有多少。这一特定的目的可能与我们熟悉的价值观不同，但是非常有助于我们理解中央控制和价格体系结合起来的可能性。只有这样，我们才能更好地评价不同情况下价格体系和中央控制的适当性。

在价格体系中，价格可以被当作线索、测量工具或者奖惩。具体来说，价格可
394 以被用来：为选择者提供成本信息；表达或记录消费者、企业家、生产者的选择；为资源所有者提供信息和激励；分配收益；以多种方式促进储蓄-投资过程；配给稀缺资源；分配剩余；像记录税前工资和利润一样，记录收入或衡量某些成果；提供衡量技术有效性的方法；在部门和企业间进行成本比较。然而，在连续体的科层制一端，价格可能只有上面的一两种用途。

虚拟经济

在理解价格体系和中央控制的第三步中，我们可以使用虚拟经济中的一个类型加以解释。在忽视消费者偏好、强调生产力而非商品或服务的多样性，因而经济功能被简化的情况下，通过检验经济是否被合理组织，我们能够看出价格的最低功能。苏联就是这样的一种经济，但如果真是这样的话，我们并不知道它在多大程度上证实了我们所描述的可能性，只是它们之间确实具有明显的相似性①。如果我们对虚拟经济的讨论接近了在价格体系与中央控制之间指向模糊的核心议题，也许仅

---

① 由于信息是有限的，因此，根据苏联计算的成本所体现的理性程度的不同，对于成本的认识也会有所不同。比如：Naum Jasny, *Soviet Prices of Producers' Goods*, Stanford University Press, Stanford, 1952; Abram Bergson, *Structure of Soviet Wages*, Harvard University Press, Cambridge, 1944; Harry Schwartz, *Russia's Soviet Economy*, Prentrice-Hall, New York, 1950; M. C. Kaser, "Soviet Planning and the Price Mechanism," *Economic Journal*, March, 1950, pp. 81-91; "Some Recent Developments in Soviet Economic Thought: Economic Choice Between Technological Alternatives," *Soviet Studies*, October, 1949, pp. 119-127. 这些书中都可以看出这一关系。

仅是因为这些议题的复杂性需要我们采用渐进主义的路径。

选择。我们最先假设经济的发展不是为了满足市民的需求，而是为了遵照领导层的意志，除非领导层决定经济发展要满足市民需求；进一步假设，如果领导层对工业化或军备比对满足消费者的需求更感兴趣，那么，领导层是不会理性地允许消 395 费者自由选择控制生产的。在这种情况下，价格体系立马就失去了它的重要功能之一。

当然，如果领导层希望的话，消费者的自由选择仍然能够发挥作用。如果领导层希望根据消费者的偏好来决定生产力应该分配给哪种商品，领导层可能会根据市场的价格体系来分配商品。然后，领导者可以根据存货和销售量观察出消费者的偏好类型，然后他们会小心地把这一信息当作原始数据以制定他们自己的生产目标，而不是像在价格体系中那样，让消费者的选择直接回应生产。除了使用消费者价格信息制订生产计划外，领导者还会遵从他们自己的目的，根据市场中的价格来配给商品，当然也会限制某种商品的总消费量。根据价格进行分配当然允许了消费者品位的差异，这也会影响商品在消费者中的分配。

在上述假设中，消费者自由选择而导致的消费者主权的非理性显而易见。但是对于中央控制的一些批评很快就指出，在缺乏通过自由选择而产生的消费者偏好记录的情况下，生产目标可能是不确定或是非常武断的。这也就是说，我们并不能检验决策者的选择是否是正确的。

这一批评中也有一个明显的错误——即使价格体系中的消费者偏好是不确定或可能随意的，我们也无法验证其正确与否。当然，关于消费者选择的正确的方面是，如果消费者觉得他们自己错了，那么他们可以自由地改变他们的选择（领导者也是如此）。在评估他们选择的正确性时，他们可能是无知的，也有可能被误传，从而不加批判地陷入情感的非理性。一旦市场的价格体系反映了消费者的选择，我们就可以根据生产目标是否回应价格来判断目标达成与否。当然，这些价格很有可 396 能也是无知、愚昧、荒唐的产物，这样就会影响领导者制定生产目标。

我们讨论的科层制类型并没有消除明显的随意性或主观性，它也不是在任何情况下都是客观的。相反，与价格体系一样，它也有可能是随意主观的选择，这些选择可能是明智的，也可能是愚蠢的。但是，科层制与价格体系的区别在于，它不需要根据消费者的偏好制定一系列价格从而回应消费者的需求。

具体来说，它可以越过这一步骤（根据消费者偏好制定价格）的原因是，领导者对根据大量消费者的偏好来决定生产并不感兴趣，他只想在领导内部沟通。另外一个原因是，在缺乏其他领导者的竞争情况下，领导者所须做的就是直接从生产者那里获取他们想要的回应（在价格体系中由价格决定），他们没有必要通过价格来与生产者沟通。在价格信息可得的基础上，领导者可以简单、直接地下订单。

如果仍有人认为中央控制比消费者自由选择更不理性，这可能意味着领导者没有能力制定出一个国家的生产目标。对这一问题，我们能说的是，如果领导者的偏好被满足，其他群体就可能并不会比领导者更理性，当然也包括消费者。跟一个有数百万人、数百万个目标和偏好的高度活跃的经济社会相比，苏联制定生产目标并不那么复杂，对它而言，做出一个高度理性化的选择并非完全不可能（假设信息完备的情况下)。

劳动成本计算。假设在虚拟经济中，领导者发现可以使用差异化工资和命令来控制工人的生产力以及将劳动力从一个领域或职业分配到其他领域或职业。但是，这并不意味着这些差异化工资代表这些工人在价格体系中的不同行业和领域的劳动
397 成本。在计算劳动成本时，领导者可以假设劳动力的供给是同质性的，也可以根据不同职业计算不同的劳动成本。

后一种选择对西方社会来说尤为重要，它的优点是在计算时考虑了不同劳动力的稀缺性。因此，劳动力成本即表明了使用这种劳动力而不用另一种劳动力与使用的劳动力的特点有关。但不用其他薪酬成本的劳动力的原因，是薪酬成本在于满足工人个人对工作场所或职业选择的需求。个人偏好与领导者在特定地点以特定方式使用劳动力所放弃的价值的评估并不相关，这些工资差异对领导者来说并不能如实反映成本。

也许有人会问，是否领导者并不需要通过支付这些差异化工资来控制劳动力的分配？如果真是这样的话，这些支付就不是领导者需要考虑的成本了。答案是，这些差异化工资可能是需要与产品产量匹配的开支，也可能通过税收来抵除。但是，不论在哪种情况下，它们都无须领导者分配更多的资源或者牺牲其他的选择，它们并不构成成本。

因此，有时不把实际支付的工资当作成本而是给劳动力定价的做法可能更为理性，这样就可以衡量劳动力的稀缺性，而不仅仅是劳动力的偏好。然而，这时候需要对成本有主观的预期，这是因为市场并不能区分哪些稀缺性是由缺乏训练有素的工人引发的，哪些稀缺性是由工人对工作地的偏好引发的。因此，这时候一个比较好的方法是：通过补贴、强制流动，以及教育、培训和再培训等手段，将劳动力之间的差异性减少到某一点——在这一点上，所有工人的标准工资成本只代表工资成本，而不可以根据主观意愿随意改变工资，后者很容易错误估计资源的稀缺性。

在一个缺少个人自由的经济体中是很容易做到这一点的。这并不是说让所有的人都具有某项技能，所需做的只不过是让掌握某项稀有技能的人数尽量庞大以满足
398 劳动市场需求。这样，在技能和工作地点上，劳动力的差异性无论有多大，差异的种类都会与对劳动力需求的差异性相匹配。相比较而言，这种匹配在经济落后的国家要容易实现得多。因为它的工业化和机械化发展程度还没有创造出像西方经济体对熟练、半熟练、行政化、专业化等各种技能的需求。

可以肯定的是，固定工资成本这一计划并不能很好地回应劳动力的短期稀缺性。那些在稀缺劳动力大量供应之前放弃使用（稀缺劳动力）的可替代选择则可以引入或者加以训练。但是当领导主要关心长期目标，并且成本信息有利于计算数年之后的生产目标时，这一缺陷也就不那么重要了 。当某一选项的成本信息与选择有关并且能够在较长一个时期保持稳定时，短期选项相较于长期选项更有可能被放弃。

自然资源成本的计算。资源成本的计算直接取决于劳动力成本。以任何一种劳动力标准价格为成本计算的基础，我们就可以看到在这一虚拟经济体中，任何自然资源的成本计算都建立在取用它的劳动力成本上。但是理性使用一种资源时通常需

要的资源价格不仅仅包括提取（萃取）资源的成本，资源的稀缺性也需要在价格中得到反映。如果资源稀缺，它并不能处处使用。如果资源根据它最有价值的用途、最高的价格加以配置的话，领导者通常不会将它的用途扩大到几乎不可能的巨大数量。

怎样的用途才是多到不可能的用途？它取决于人们的主观判断，即人们希望的或者说能够承受的取用自然资源的程度。因为没有人可以满怀信心地预测未来，多个任意价格中的任何一个都可能因为看似比其他价格合理一点点而得到维护。然后出现的价格问题可能稍比我们预想的要简单一些。在经济理论中，当一种资源的价格能够实现买卖双方市场的出清，就说明这个价格是正确的。但是这个正确也仅是一种正式意义上的。但是当买卖双方对能够承受的剥离程度的预期不准确时，价格 399
就是不准确的。因此，虚拟经济中资源定价错误的可能性并不比价格竞争出错的可能性低。

中间商品的成本计算。计算某种需要由劳动力和自然资源制造而出，但又在生产过程中使用的商品的成本并不困难。领导者只需将劳动力成本和自然资源的成本加总就可以了。同样的，中间商品的成本并不能反映它的短期稀缺性，但是在一个注重发展的长期性的经济体中这个反对的力量就减弱了。

商品总体成本的计算。领导者的理性选择需要计算商品的总成本，需要做的就是把劳动力成本、自然资源成本和生产过程中消费的中间商品的成本加总。对于很多商品来说，充分的成本计算并不是难事，因为除去人力成本外，自然资源的成本是无关紧要的。此外，在计算商品需要的人力成本时，有时一定程度的错误在所难免。因此，对很多商品来说，自然资源稀缺性的成本变动幅度远比人力成本因为错误而导致的变动幅度要小。所以，很多时候，许多商品的自然资源稀缺性成本常忽略不计。总成本常常是采掘的劳动力成本（extractive labor cost）、中间商品成本、直接劳动力成本之和。

但是如果有些中间商品的自然资源稀缺性成本并不重要，对其合理的成本计算只需要计算直接和间接劳动力成本即可。最后，因为劳动力成本并不会因为劳动属性的不同而有所区别，因此总成本的计算可以根据劳动力的工作时间来判定。因此，对于生产的规划和配置完全不需要考虑货币成本。在选择与配置时货币和价格无须考虑。

资本成本。但是，目前为止我们都忽略了资本金的使用成本。资本的需求量并不需要涉及成本计算。只要生产目标的数字不超出人类理解的范围，领导者选择的生产目标可能只是基于两点考虑：一是每一种选择所需要的我们上述描述中的成 400
本；二是每种选择需要的资本金。当然，对于消费者来说，他们不可能在计算了货币成本和共同体中的资本金供给后再在价格体系中独自采取行动。消费者被要求各自行动，是为了避免消费者在使用资本时对资本的总需求超过了资本的供给。此时可以对资本进行定价。但是领导者常常只会通过扩大资本需求来欺骗自己，不管资本价格高低，他都有动力去限制这种资本需求。

可能有人会反对说，很有可能，个体企业的管理并未把资本成本加入其成本计算，这样就会导致资本的浪费。每个参与成本计算或选择过程的人都理解，总成本计算须有两个标准，即成本和可用资产的流失。当企业试图扩张时，其管理层必须保证不仅成本能够降级，而且对资本金的需求非常低。

另一种反对的可能是，由于在价格体系中资本需求量常常表现为成本，因此，很难客观地说明减少成本和减少资本供给的流失哪个更重要。这种异议不无道理，因为双重限制比单一限制更不理性。但是，在中央控制的科层制中，将这两个标准合二为一并不会获益。首先，领导者对减少成本或效率化资本哪个更重要的想法可以以相对微妙的方式直接与企业沟通。其次，快速发展中的经济体的资金可得性可能并不稳定，这就很有可能导致领导者只考虑成本而做出选择。最后，这些选择也会根据资本需求加以修正，或者，很重要的是，资本的供应会为适应最初选择而做出调整。

双重标准的选择过程在很多西方经济体的私人企业中比较常见。企业家扩张多
401 个生产线的决定不仅仅是根据他们对成本（包括利息费用）的估计，还包括资本的可得性。企业家必须对生产进行规划，因为西方经济体的利率水平事实上还没有达到让市场出清的地步，这样他们就不得不考虑上述第二条标准。借贷政府机关也会根据风险水平配给资本供应量，当然他们也会参考利率水平[①]。

生产的控制。当领导者根据成本和资本需求做出决策后，就可以通过科层制而非价格体系直接指导生产活动。尽管领导者可能想通过市场体系来进行指导，但是对企业接到的订单，却不能依靠利益或奖金来刺激管理者给予回应。

对于领导者来说，对企业管理层提出要求——回应层级指令的要求，而不是价格-成本关系的要求——是非常理性的。例如，一个钢铁企业根据其预期成本来做生产决策。由于企业有新订单，其生产还在进行中，所以很有可能低估成本。如果我们重新思考一下企业最初的钢铁产量配额，那么，多数情况下，如果不考虑成本，企业按照现有的配额进行生产比偏离企业配额水平进行生产要理性得多。尤其是当中央计划预计到对于成本的计算可能会有误差并且允许一些自有资源以备不时之需时，根据中央配额进行生产而不考虑价格-成本因素会更好。

消费品的价格。消费品的价格可能是随意定的，也许并没有考虑做生产决定时使用的成本计算得出的价格。此时，可以把领导者看作所有商品的购买者。一旦拥有了所有的商品，领导者可以将商品以任何价格卖给个体消费者，唯一的要求就是商品的价格要与消费者的工资和其他收入分配保持一致，只有这样，商品才能真正被购买。对消费品价格和收入分配一致的要求并不是说这些价格要与成本计算的价格相关，因为收入分配无须与成本有关。

限制对价格体系的需求

402 让我们总结一下从虚拟经济中可以得到的几点推论。我们已经知道，虚拟经济已经通过两种方法将对价格体系的需求降至最低：一是使用领导者的目标替代消费

---

① Henry C. Wallich, "Changing Significance of the Interest Rate," *American Economic Review*, December, 1946, p. 765.

者的目标，二是通过发展长期生产能力来取代商品生产的多样性。令人意外的是，这种简化的经济过程并不需要牺牲对职业的自由选择。假设不同职业技能和领域的分布使得满足领导者的劳动力分配偏好变得不再必要，进一步假设领导者并不关心全国的收入分配，由此，为了促使工人从一份工作流动到另一份工作，领导者会愿意支付工人要求的任何水平的工资。如此，职业的自由选择得以维持下去。

但是，如前所述，我们需要清楚地知道，在某些情况下，选择与配置的过程在多大程度上不取决于价格体系。我们在多大程度上肯定价格体系的实用价值，就需要在此种程度上承认大多数时候价格体系靠不住。诚然，价格体系不起作用的情况，多数是因为消费者对商品生产的控制做出了让步，这是一种较高的价值。这一证明不仅有利于认识价格体系的运用在多大程度上取决于特定的目标，还能够防止价格体系的过度使用。但是，对价格体系的过高或过低的评价总是在所难免。

14.5　动员和战争时期的价格体系和中央控制

一般来说，我们上述讨论的虚拟经济中的一些技巧很难实现第 2 章中假设的数值 (values)，但是这一数值或许可以在动员或战争时期达到。探索战争时期的选择与配置过程，可以让我们更好地理解价格体系和中央控制应有的功能。从对战争时期中央控制的缺点的诸多阐释中，我们能探究更多的知识。如果中央控制表现出这么多缺 403
陷，为什么战争动员时期（mobilization）和战争时期还这么高度地倚重这种方式？

战争时期价格体系的第一个错置在于，考虑全国的收入水平，集体选择替代了个人市场选择。战争使消费者的自由选择变得不可能。这一错置立马引发了两个问题：一个与军事采购有关，另一个与民用经济有关。问题一是在军事采购中，为什么领导者这么倚重分配、优先权而不是市场？仅仅是为了赚更多的钱满足需求吗？问题二是在民用经济上，领导者为什么使用了科层制的手段（如价格控制），而不是通过限制消费者的支出来使价格维持在较低的水平，从而保证价格体系正常运行？这两个问题的答案不胜枚举。

需要注意的是，科层制和层级控制并不能取代价格体系控制，反而能起到很好的补充作用。二战时期的美国对军事采购实施了五套层级控制：征用私人财产、制定生产订单、定价、审核记录并强制提交信息、确定分配和优先权①。前四个只是偶尔使用，如截止到 1945 年 3 月，生产订单只用过 25 次②。即使是广泛使用的分配和优先权也并没有全部取代价格体系对配置的暗示和激励。

战争时期的分配问题

我们已经注意到，收入差异不应该决定由谁来承担军事服务的艰难，因此，政

① John P. Miller, *Pricing of Military Procurements*, Yale University Press, New Haven, 1949, p. 103.

② *Ibid.*, p. 104.

府在组建军队时，并没有采取在市场上招标的方式，而还是采取了征兵制。也许有人会认为，领导者如果通过市场体系招纳军人的话，那些参军的低收入群体应该为拿到领导者给的高工资而感到高兴。但是大多数人不会试图利用低收入来诱使人们承担战争可能带来的伤亡风险。同样地，人们认为不根据收入来分配许多
404 其他不那么严重的战争成本或许更为公平。例如，战争时期，肉类和衣物供应不足，如果根据收入来分配本就稀缺的资源，低收入群体很有可能根本得不到这些稀缺物品，和平时期的需求分配政策可能并不适用于战争时期或动员时期。原因已经讲过①，减少收入的不公平并不能全部满足分配的要求，此时，配给制成为必要之举。

战争时期的价格体系既不是一个能在贫富之间平等分配负担的工具，也不能满足资源在私用和公用之间的分配需求。很有可能政府不是取用得多了，就是取用得少了。以医疗服务为例，政府很有可能占用了太多的医生、护士和专业人员，这就威胁到公共医疗，更不用说紧迫的军事需求对其所依赖的民用经济的削弱了。当然，对于某些商品或服务，也许仅仅有少数人愿意出比政府更高的价格购买，在这种情况下，商品价格可能会高到离谱。资源、需求的中央控制以及公用、私用的中央行政配置可能会避免两个部门对资源的竞争。

也许有人会问：为什么和平时期不是这样？这是因为一方面和平时期的政府可能竞价不过个人消费者，因为预算限制，政府可能并没有那么多钱。另一方面，战时动员或战争时期，花费、武装、对抗的压力使政府花费超越了平时的限制。现代战争更是对经济有无尽的需求。截至 1944 年末，美国制造业 60%的产出都是军需，其中 1/3 的产出是军需用品。同时，超过 55%的从事制造业、煤矿业和建筑业的工人在为军事生产服务。当然，供给也会参照和平时期的需求进行调整②。只有在战争爆发或其他紧急情况下，对某一种特定产品的需求会迅速增大
405 进而剥夺某一个经济部门的需求，从而对其构成巨大威胁。历史上，美国参谋长联席会议和战时动员局之间的竞争可以说明在军用和民用生产分配上达成一致意见有多么困难③。

生产者和消费者偏好

战争时期价格体系的缺陷恰恰是它在和平时期的优点。价格体系提供了一种调解以下两种需求的方法：一是作为消费者，希望能够有某种生产的产品类型；二是作为工人和生产者，希望能够选择自己的职业。比如，在一个经济体中，消费者对钢铁的需求需要全国 2%的人力资源从事有关钢的生产工作，但是根据工人的偏好，可能只有 1%的工人愿意从事这种工作。此时，对行业价格、成本和工资水平的调整能够最终实现价格水平的提高，从而抑制消费者的需求，而钢铁行业工资水平的

---

① 详见第 5 章对收入分配的讨论。

② U. S. War Production Board, *American Industry in War and Transition, 1940—1950*, Part II (WPB Document No. 27), U. S. Government Printing Office, Washington, 1945.

③ H. M. Somers, *op. cit.*, chap. 4.

提高能够增加此项工作的吸引力。这种调整来自两个方面，我们不能说工人必须顺从消费者需求，反之亦然。

当然这是和平时期的情况。战争时期，可能很多人会主张政府使用作为消费者的强大购买力迫使生产者屈从；去哪里工作、工作多少个小时、怎样使用工厂设备——战争时期这些选择可能变得“有点奢侈”。因此，战争时期，即使政策还没有远到要征用平民劳动力的地步，但是它也通常从价格体系走向了科层制。例如，二战时期的美国，劳动力的分配是通过一些手段进行科层制控制的，如提供交通补贴，禁止雇用某些类型的劳动力，除非符合美国就业服务部门的要求，否则限制劳动力的流动等①。

通胀问题

战争时期价格体系的其他缺陷与通胀的可能和后果有关。抛却上述所有异议，假设政府决定从市场上招标以使资源流动，这一决定带来的通胀后果不久就会出 406
现，而且通胀会影响实际收入的分配。

结果，价格可能会急剧上升——在某些情况下，价格高到非理性的程度——这一价格的商品和服务只能由政府购买，这就导致：第一，销售者从中获取大笔收入。在最“壮观”的情况下，战争会催生大批奸商。二战时期的英国使很多人对发战争财的人充满反感，而在 1914—1920 年的这段痛苦的回忆中，战争滋生出的投机行为之多更是不胜枚举②。其他国家的情况也是如此。

第二，对于一些人来说，如果他在生活中依赖的商品价格上涨，他会觉得他的可支配性收入大大下降，但是对于那些主要消费其他商品的人来说，他们的收入可能并没有受很大影响。第三，此前一直存在的收入不平等实际上可能会更加严重。假设政府提高了肉类价格，对于高收入人群来说，他们还有能力购买少量肉类产品，但是低收入人群会发现肉类已经超出了他们的预算。而通胀则抵消了很多人的高收入，这就给那些家庭规模大且只靠工资养活家人、依靠社保和固定收入生活的人带来了很大的负担③。

也许有人会问是否这种通胀无法预先阻止，如通过税收或借贷、通过减少个人的可支配收入以抵消政府增长的开支等。即使私人花费可以减少，政府的支出仍有可能提高某些特定商品和服务的价格，从而影响收入分配。因为军事需求区别于其他的民用需求，新的稀缺性可能以前从未出现过，以至价格大幅度改变。

事实上，减少私人支出，以抵消政府支出增加的数量是不可能的，通胀的压力可能会比最初更为严重。能使高收入家庭的花费大幅减少的收入税率很可能已经剥

---

① Seymour E. Harris, *Price and Related Controls in the United States*, McGraw-Hill Book Co., New York, 1945, pp. 288–289.

② W. K. Hancock and M. M. Gowing, *British War Economy*, His Majesty's Stationery Office, London, 1949, p. 157.

③ *Ibid.*, p. 169.

407 去了高收入人群100%的收入，因为他们可以花费他们以前的储蓄。但是税收的激励效应虽然可能不到100%，但是也有可能严重影响生产。此外，对于那些家庭经济建立在认为税收不会有大的变化的家庭来说高税收可能是致命的，它可以重塑家庭支出。

收入税的严重后果可以通过使用消费者或营业税来避免，或者通过减税、延期偿付来照顾不同情况的家庭和个人。当然，税收越重，税收对某些情况的调整缺陷可能就会越严重。最后，重税可能会侵蚀工人的道德底线，并威胁行业的稳定性，因而是政府不应冒的风险。

比如，二战时期的英国："间接税不能增加到构成惩罚，但又不至于使人们严重依赖半必需品，从社会的角度来看，这并不是权宜之计。如果直接税超过了某个点，那些需要承担房租、保险、教育费，或对文化事业做贡献等沉重生活负担的人，就会通过出售自己的资产来补充收入的损失。此外，即使在战争时期，这样的税收也会降低人们的工作意愿。成功的战时预算并不必然需要将税收水平提高到超过1941年的水平。"①

在限定范围内，政府的借款可能有助于税收，但是它并不能像现在国家制定的战时工资一样阻止通胀。当然，通过战争债券，政府的强制借款可以增加私人的储蓄，但是当政府借款变成强制的时候，它的缺点就和增税无异。

通胀在所难免，但是科层制控制采取的价格高限、配给制、分配和优先权会弥补价格体系在某些经济部门或某些功能上的缺陷。战时通胀对收入分配的负面影响本身足以要求中央控制，通胀的其他影响，如它对资源分配的影响，也同样使中央控制成为必要之举。

需要调整的规模

408 在大规模的战争中，价格体系组织核心的其他缺陷的重点在于需要调整的规模和特点。价格体系是一种边际调整的机制。价格体系的暗示、奖惩足以引发劳动力或资源的重新分配，从而实现劳动力、边际资源按照需求流动。然而，这些章节并没有证明或者充分讨论价格体系的暗示和奖惩是否会刺激超过边际数量的大量资源的流动。

如果重税削弱了价格体系的信号或回报，战争就会要求做出巨大的改变②。此外，战争时期所需要的巨大变化通常是临时的且风险巨大。通常，根据价格体系内的利润预期，除非一个企业认为几年后会有充足的能力，否则企业不会同意建立新厂。当然，它也不会同意在可能会遭受炸弹袭击的地方建厂。在某些情况下，科层协调能控制的信号和惩戒对市场有辅助作用。

战争时期，当投资量和扩建工厂的风险都增大时，价格体系的线索和激励不足

---

① W. K. Hancock and M. M. Gowing, *British War Economy*, His Majesty's Stationery Office, London, 1949, p. 328；参见：Tibor Scitovsky, Edward Shaw, and Lorie Tarshis, *Mobilizing Resources for War*, MaGraw-Hill Book Co., 1951. chap. 1.

② 并且在没有科层制控制的情况下，如果税负足以限制通胀，价格体系的线索和回报可能会进一步削弱。

的程度可以通过二战时期政府在工厂、设备上的投资数量显现出来。美国政府在工厂设备上投入了 150 亿美元。考虑到这些设备的特性和建设所需的巨额成本，这一投资几乎占据了战后制造业生产能力的 15%。二战末，美国 99%的武器制造、军需装备、炮弹装备，90%的飞机和船运，大部分的化学、橡胶、石油、煤炭、金属产品，机床、机器、电子设备等相关企业都为政府所有①。

削减价格的重要性

价格控制和科层制配置的一个严重缺陷是，当价格不能根据市场体系自由制定或者反映资源的相对稀缺性时，价格并不能用来衡量成本。战争时期，价格的这一缺陷并没有看起来的那么严重。当价格上涨取代价格控制、配额和资源配置时，基于对价格上涨的预期，资源供给者有很大的动机去囤积资源，使其不在市场上流动。因此，某种程度上，政府可以选择根据错误的成本估计来错置资源，或者是鼓励大量囤积资源。相比较而言，可能错置资源的恶果没有囤积资源严重。 *409*

此外，即使成本仍通过价格来衡量，但在战争时期或动员时期，价格可能并不是很好的选择指标。第一，价格包括了可能放弃的价值选择，还有个体劳动力的职业偏好和其他偏好。我们知道这些偏好可能会影响工资水平和货币成本，但是，战争时期领导者同意的价值并不是放弃的替代选择的价值，因此也不能反映（工人、职业和消费者的）偏好。战争时期的社会并不如和平时期重视这些偏好，因此将它们包含在成本计算里是具有误导性的。第二，战争时期的采购时限非常重要，因此，一般的成本计算方法可能也是误导性的②。相较于采购到达的时间，成本对选择的影响可能是次要的。换句话说，唯一相关的成本是在特定时间里获得所需商品的成本，但是价格无须常常考虑这些。

第三，战争时期的选择不能仅仅根据通常的成本或价格预期做出，因为地点成了关键变量。当然，因为战略原因，地点变得非常重要。除此之外，因为战争时期产品需求的急迫性，此时应该直接根据劳动力现有供给情况来安排生产任务，而不是在工厂之间挑挑拣拣，在找到劳动力供给充足的低成本工厂之后再安排生产。

战争时期根据不完美的市场价格来估计成本的后果是，在某些情况下，即便市场价格可能仍像和平时期一样为成本估算提供服务，但是那些控制战争中产品的人很难依赖这样的成本估计方法。他们都需要单独做出自己的成本估计。他们会认为 *410*
市场价格有相关性但不足以用来正确地评估产品价格。按实际花费来评估成本难以避免。此时，也许“瓶颈原则”是成本计算关注的核心点。

许多国家在战争时期的经历似乎印证了“瓶颈原则”的重要性。“所有规划的

---

① A. D. H. Kaplan, *The Liquidation of War Production*, McGraw-Hill Book Co., New York, 1944, chap. 4.

② 要了解更多二战时期英国在这方面的评论，请参见：E. A. G. Robinson in D. N. Chester (ed.), *Lessons of the British War Economy*, The University Press, Cambridge, 1951, p. 53.

黄金法则都是使用最少的资源完成生产目标。”① 每个政府机关规划的瓶颈是各不相同的，但不论是在哪种情况下，瓶颈都是规划的关键。尽管瓶颈的出现说明先前的规划有错误，但瓶颈不仅说明了需要改正前期错误，也是提前制定规划的基础。原因在于，总体的规划总难免有失误，后续执行中须采取边际主义，而瓶颈就是每个时点关键的边际（critical margin）②。

美国在“整个二战期间采取了优先权、分配或是各种项目以应对最紧缺物品的供给。只有当关键的需求不能得到满足时，政府才会采取行政计划以应对短缺问题”③。原材料控制计划通过分配铁、铜、铝这三种关键物品取得了成功，部分原因在于采取行政行动应对的这三种物品是瓶颈物品④。指定商业巨头生产某种特定商品，或者指定某人可以无视最高指示以负责实现特定生产目标，就像尼克松指定博尔韦尔（L. R. Boulware）负责护卫舰项目一样，这些都是规划中的“瓶颈原则”的例证⑤。

二战时期，美国相对充足的人力资源供给，使生产部门制订计划以应对在钢铁和其他某些材料中的瓶颈成为可能。对这些材料的配置远比配置劳动力资源要
411 简单得多，而对这些材料的量化生产也比集中多元化的劳动力要简单。另一方面，英国的人力资源短缺要求对劳动力资源进行规划，但这些劳动力资源有些是不可流动的或者异质性的。此外，英国的规划还需要考虑特定领域的稀缺性——有时可能是航运空间不够，有时可能是关键的原材料缺乏，有时候也有可能是没有专业技能。英国的瓶颈问题可能更难解决，但是所有国家的分配都是一样的。

双重价格

战争时期的价格体系还有一个难题。假设通过科层制控制能够完成政府采购，进一步假设税收足以限制民用经济部门的通胀，那么为什么不能在民用经济部门实施价格体系呢？

价格一部分由科层制控制，一部分由市场体系的线索和激励控制，这种双重价格体系会带来很多难题。重税可能足以控制一般水平的价格，但是却不能使那些供给量锐减的商品或服务的价格保持低水平。如果这些商品或服务的价格上涨，销售商可能会赚得盆满钵满，但是购买者却承受了巨额损失。尤其是当这些商品或服务的主要购买者是低收入群体时，真实收入分配的后果可能非常严重。

双重价格的另一个难题是收入的不平等：一方面是拿工资的人或资源所有者的

---

① 要了解更多二战时期英国在这方面的评论，请参见：E. A. G. Robinson in D. N. Chester（ed.），*Lessons of the British War Economy*，The University Press，Cambridge，1951，p. 57.

② 参见：Ely Devons，*op. cit.*；也可参见这场对全局失败的讨论。

③ David Novick，Melven Anshen，and W. C. Truppner，*op. cit.*，pp. 386−387.

④ 若要了解规划如何运行，参见：*Ibid.*，chap. 8.

⑤ 参见：Luther Gulick，*op. cit.*，pp. 100−101. 我们认识到对于独裁者，在这一工具的产生以及材料控制计划的成功方面存在很大分歧。比如，请参见：H. M. Somers，*op. cit.*，pp. 27−28；David Novick，Melven Anshen，and W. C. Truppner，*op. cit.*，chap. 8.

收入不平等；另一方面，在政府部门工作的人也没有得到同价格的工资。这种收入不平等还导致了其他的冲突，即如果某种资源在民用经济部门获得高回报，那么强制的科层制控制可能很难实行。因此，对于某些资源来说，民用经济部门可能扮演了黑市的角色以阻碍科层制控制。

战争时期与和平时期的效率化政策

我们所讨论的战争时期的选择与配置证明了我们在这章所说的价格体系的缺陷。战争时期的效率化是我们讨论价格体系不足的一个案例，尤其是通过分析价格 412
体系对收入分配的影响，更加强调了使用价格体系的缺陷。讨论战争时期的效率化对理解和平时期的效率化也大有裨益，因为战争时期出现的价格体系错置的情况很有可能在和平时期的某个特定经济部门出现，这一点我们在前面讨论价格体系缺点时已经说过。

然而，战争时期价格体系虽有缺陷，但不能仅仅因为此就简单地概括和平时期不使用价格体系的可能性。再次说明一下，战争时期价格体系的缺陷主要是因为所有消费者的主权都要从属于领导者的控制权。这种从属关系在和平时期非常有限。

另一方面，如果和平时期的价格体系给中央控制让路，此时中央控制的水平可能远远高于战争时期的水平。中央控制在和平时期的让步仅仅是边际的而非全面的。当然，和平时期的中央控制运行速度并不需要与战争时期一样，因为和平时期的中央控制不需要应对资源短缺或资产损坏带来的需求的突然改变。下一章我们会着重讨论和平时期将价格体系与中央控制结合起来进行选择与配置所带来的问题。

第 15 章

价格体系、科层制和多头政治：选择与配置（续）

413 上一章主要探讨了价格体系和中央控制在选择与配置方面的局限性。首先，我们将价格体系和中央控制看作一个连续体的两端。其次，对应用价格体系和中央控制技术的变量范围进行了审视，并审视了使用这些技术和特定的社会目标之间的功能性关系。最后，通过研究战争时期的选择与配置过程来分析价格体系的缺点。

现在我们需要转向两组议题：一组与西方国家集体经济和市场经济的相对理性有关；一组与政府调控和市场操纵的相对有效性有关。

这些议题都很重要，因为很多时候，政府政策不是在价格体系和中央控制之间做选择，而是在价格体系和中央控制的不同组合中进行选择。在西方经济体中，集体选择的可能性很大程度上是因为价格体系引发了非常实际的政策问题。当然，通过价格体系控制的分配和通过科层制的“药方”进行分配的某些情况一样。

15.1 集体选择和市场选择的相对理性

在效率化的过程中，选择并不仅仅是一个个体选择他们想要的商品的过程。因为不同人的选择也不尽相同，当每个人都希望采取他们相互冲突的选择时，社会的稳定性可能会被削弱。因

414 此，选择的社会过程常常需要调适这些不一致的选择。在“理

性”那一章我们概括了协调不一致选择的几种方法，即投票、个体市场选择、委托和自治。这些都是基本的目标设定方法。现在，作为评估价格体系和中央控制的第五步，我们希望检验相较于多头政治工具的选举和科层制工具的委托，市场体系有哪些优点。

在效率化过程中，如果完全脱离价格体系，选举和将选择权委托给领导者将异常困难。但是它们很难完全分离，因为不论采取哪种选择机制，成本常常体现在价格中。在西方经济体，未曾集体化的市场选择能够实现成本量化，这一量化过程促进了集体选择。因此，相较于那些没有中央控制价格体系的国家，集体选择在西方经济体的运行更为理性。

但是在很多情况下，并不是只能在市场选择或选举、委托中二选一。我们不能通过个体市场选择来决定国防和警察保护。当然，对于某些商品和服务来说，选择不仅仅是开放的，同时也颇具争议。对于医疗、住房和教育，以及某种程度上对于吃穿，很多人在集体选择和个体市场选择的适当性上并没有达成一致。当然，不可避免的是，重新分配收入的一些项目更是引发了这一问题，因为不论是货币直接从一个人转移给另一个人，还是通过对住房、教育、医疗和吃穿的集体决策，收入分配都可以发生改变。集体选择的范围反映了这一问题的重要程度。在英国，全国收入的 40%是由国家和地方政府所做的集体选择花费的①。

市场选择和投票

我们首先比较投票与市场选择。

广告行为。一些坚定的市场体系支持者对是否在捍卫消费者市场选择理性时应
该反对销售商通过广告腐败行为要的虚高价格这一立场踌躇不定。广告行为违反了 *415*
一个基本条件，即消费者的选择是自发的，这也是为什么经济理论认为价格体系接近最优的资源配置。在此，我们试图解析消费者理性这一错综复杂的概念。

广告常常有虚假宣传，以迷惑我们的判断，降低我们的品位，总之，广告不利于我们的理性选择。但即使是这样，只要广告出现，我们也很难马上发现它有何不妥。广告是领导者控制非领导者的一种方式，什么时候这些领导者会对他们的广告罪行（sin）感到内疚呢？作为一种运行的组织，价格体系和多头政治或科层制一样，都不能没有领导。自由主义经济理论如同自由主义政治理论一样试图掩盖这一事实，他们认为竞争体系（如政府）中的领导者可能是相对被动的消费者或公民。当然，这一点肯定是错误的。领导者有他们自己的目标。领导权力给了他们获得额外地位、财富、安全、权力的机会，而这些就像马克思所说的，有助于他们影响沟通、教育、政治、信仰——整个社会教化的过程。因此，他们也就影响了需求、偏好、规则的出现。广告行为的负面影响是非常大的，但因为对市场选择而言广告并非罕见，因此，它并不是一个可以决定市场选择和选举谁更理性的

① Barbara Lewis and R. H. B. Condie, “The British Social Security Program,” *The Journal of Politics*, May, 1950, p. 342.

有效标准。

将广告行为与党派政治的竞选活动做比较也并不离题。尽管我们无法确定这两者谁对理性选择的阻碍更小，但是对这两者的详细比较研究非常值得进行。没有什么比广告带来的费用更无效，这一点通常也被用来批评竞选活动。广告商通常利用人们的偏见和对社会接纳的恐惧心理来赢取消费者。这对于那些政治选举候选人是一样的道理。广告商并不是想提供信息，而是不管对错地将他们的理念植入人心。广告商想吸引最小共同要素，政治家也是如此。广告成本巨大，政治竞选活动也不例外。如果广告商能操控歌唱商业宣传，政治家也能如此影响“乡村乐队”。

416 如前所述，广告行为和政治竞选一样都代表领导者对非领导者的操控。可以理解的是，广告和政治竞选通常是有特定目的的。领导权力是信息的主要来源，竞争领导权力则是批评的主要来源。如果消费者和投票者所获得的信息仅仅只是广告商或领导者所给的信息，他们只能陷入绝望的困境。但是，这也并不是说销售商和政治家的正面贡献就可以忽略不计。

在选举活动中，政治竞选的优点是不言而喻的，几乎所有人都相信政治理念的竞争对于公民投票时的理性选择非常重要。通常，人们认为的理想的竞争形势是没有管制、不被监察委员会控制的竞选。而人们通常也希望，投票者也能自己担当起分辨好坏政治理念、认清真假现实、区分负责的政治家和煽动性的政治家的责任。在承担这种责任时，投票者事实上承担了很大的风险，因为投票者经常并不能区分事实和假象。是的，投票者不能缺少他们从政治领导中所学到的知识。在市场中，不同想法的自由竞争的好处并不容易理解。虽然所有的销售商都贪婪异常并备受指责，但如果没有销售商提供的信息，消费者的选择可能更为盲目。

这也难怪价格体系中的不同观点的市场竞争，即广告，会采取各种方法告知消费者土豆的优缺点。随着生活水平的不断提高，消费者希望能获得更多的信息以了解如冰箱、汽车、收音机、割草机、自行车、房子、房租、度假、卷发器、帽子、香烟、电影和酒等方面不同的信息。他们所获得的信息中可能夹杂着大量的误导信息，就像他们的政治领导者告诉他们说“如果反对派当政的话，街道会长草”一样。当然，消费者仍依赖销售商给出的信息以判断不同的选择，同时也可能会加重他们的偏见。

调查和研究消费者行为以及管制广告行为很可能有助于提高消费者理性选择的水平，当然，提供研究和管制政治竞选活动也有利于提高投票者的理性水平。当
417 然，这也许不是最理想的情况。我们的观点只是认为，消费者理性的不足可以与投票时相似的非理性做对比，它们都源于领导者对于非领导者的控制。

那么，广告行为和政治竞选活动之间就没有区别了吗？显然不是。比如，最明显的批评就是直指反对派已经发展成政治中的“高雅艺术”，但是政府管制和商业伦理的联合就是为了将广告的这一缺点最小化。其结果之一就是，消费者为了抵制虚假广告，会假设广告商所说的都是假的，除非能单独拿出证据证明。因为多数人不相信广告（尽管很多人会照着去做），不少广告虽然不直接指出其他广告的错误，

却与之相矛盾，所以，广告正面宣传活动并不比指出别人错误更成功。

政治和销售的另一个不同在于引用的区别。这一区别表明广告行为远比它要做的大胆得多。在这一点上，广告行为的范围极端要比政治辩论大多了。我们很少见候选人在进行竞选运动时能像香烟广告那样——持续不断地重复它们毫无意义却又意有所指的标语。另一方面，候选人也很少提供大量信息，这一点，他当然无法与周末版的《纽约时报》上的大量广告相比。如果不对政治竞选活动和广告行为的区别进行全面的研究，就总结说一个比另一个更理性或更令人困惑，这种结论不足为信。

当然，我们还须进一步观察。某些行动所实现的目标可能在每个人的偏好排名上有所不同。实现排名较低的目标的社会过程可能是非常高效的，而实现排名较高的目标的社会过程可能是非常低效的。在这一方面，不论是选举还是互惠，不论是委托制还是科层制，也不论是市场选择还是市场体系等，都没有特别的优势。因为对需求缺乏足够的讨论和展望、沟通不畅、回应性不足、谣言四起或以讹传讹等等原因，这些通常高效管理的方法却只能实现较低层级的目标。在价格体系或多头政治中都存在强制委托的因素。在这两种情况下，精英群体可能会通过满足低层次的目标来将抗议和不满降至一个可管理的水平，他们甚至都没有发现这一行动对专注 418
于高层次的目标是否是必要的或者有利的。广告、标语、对无意识的情色和基本需求的操纵，以及其他形式的宣传等，可能会使人们从试图实现高层次偏好的意识和努力转向关注次要的偏好。

实际上，判定这一情况什么时候发生是非常困难的。如果人们根本表达不出或者甚至都意识不到他们更高层次的偏好是什么时，我们怎么能知道人们是否关注他们的低层次需求呢？那些购买电视机和镀铬汽车的人、那些不将清除贫民窟和不当教育作为目标的贪腐政治家，或者那些敏感的观察者发现的仅仅表达他们高层次目标的人，他们就都是令人讨厌的吗？欧洲的观察者就经常被他们对美国的观察所愚弄，因为他们可能没有认识到这一事实——美国是一个非常巨大的社会，所有的情况在这片土地上都存在巨大的可能性。地大如美国的国家领导对民众偏好的回应比其他地方要好。相反地，欧洲却常常颠倒这一事实，他们认为如果大众表达的偏好不好，是因为他们被他们的领导者，即“资本主义者”所利用和操纵了①。但如果换种说法可能更具有说服力，即美国的消费者能够得到他们想要的，但是这些需求可能不是有文化的欧洲人认为的他们应该想要的，欧洲人会认为在某些情况下，领导者可能会以自由的名义强迫大众去做某些事罢了②。

成本的知识。在消费者对购买者的影响的困难方面，一些经济学家已经建立了非常有影响力的论证，他们认为消费者的市场选择可能比投票更不理性。检验他们的观点逻辑非常有必要，因为并不是所有的经济学家都认同这一点，我们可以围绕

① 参见：Mary McCarthy，“Mlle. Gulliver en Amerique，” *The Reporter*，January 22，1952，pp. 34-37.

② 如何对评估消费者的理性感兴趣，可以将消费者联合会的推荐作为正确选择的工作测验。参见：Alfred R. Oxenfeldt，“Consumer Knowledge：Its Measurement and Extent，” *Review of Economics and Statistics*，November，1950，pp. 300-314.

这一点展开讨论①。

419 我们已经讨论过，市场选择的一大优点就是选择者知道每一项选择的成本。而投票者却经常不知道选择的成本。投票者可能经常忽略他所支持的选择的总成本。在任何情况下，因为投票者可能并不能计算出总体支出反映在他的税单上是多少，他或许仅仅知道他所支持的选择所需的成本在集体成本中占多大比例。结果，消费者只能衡量边际价值——对比收入边际价值和放弃选择的边际价值。

我们在“效率化”的社会过程那一章已经讨论过，成本的量化和衡量边际对理性选择非常有益，我们不能否认这一论断的优点。在这一方面，个体的市场选择确实优先于集体的选择。但是，这一论断很难触及一个非常重要的实际问题，即，在集体选择占多数的西方经济体，这样的情况下，是否会损失选择的理性？集体选择中的国防、高速路建设、医疗、住房、教育和卫生等是否比这些个体选择的理性程度低？

如果以这样的方式提出这一问题，那么答案非常清晰。这些选择之所以由集体做出，是因为价格体系的某些缺点使其作为一种选择与配置的机制并不合适：个体市场选择的第三方成本，收入不平等带来的市场选择的缺点，市场选择对收入分配、社会地位、特权等的影响，以及这些可共享的商品和服务昂贵到超越了个人购买能力。因此，其他的东西变得平等了，在这些情况下，市场选择比投票更不理性，是因为市场选择并不能够为个体购买者提供真实的成本信息，购买者无法比较他们可能得到的收入的边际价值与他们放弃的边际价值。

有时候，市场选择的有限性可能以稍微不同的方式展现。当下争论的观点是，消费者如果在做决策时满足成本就会很快地做出选择。当消费者付款时，他就做出了选择，因此，消费者的选择可以通过具体的选择情况加以检验。相反地，投票者可能表达的是不可靠的选择，因为他可以先选择后付费。但是这一论断仍有诸多缺陷。如果市场不能给出具体商品和服务的准确价值，选择由集体来做，此时的投票
420 更具理性，因为他在免去考虑市场的边际收益价值的同时避免了对这一收益的错误估价。

有时候问题会简单如下：**市场可以量化成本，但是只能是不准确的量化。这时候衡量成本更正确的方法必须是非量化的。**

有时，还有争议的一点就是，个体市场选择的一个优点就是个体市场选择者对于选项应该比投票者知道的更少，但事实往往是，他们比投票者知道得更多。首先，这一观点认为，消费者只需要知道他的选择对他自己和他的家庭会带来什么影响。消费者选择的理性程度能够满足其在这些限制条件下判断他是否应该购买。另一方面，投票要求了解公共事务，特别是要知道如果某一个观点盛行起来，会对社会造成何种广泛的影响。然而，如果这一观点真的正确，它的含义远比其看起来的意涵要深刻。

当然，当我们说消费者的选择对第三方的影响非常重要的时候，再说消费者的需求只须知道他的决定对他自己和他的家庭会带来什么样的后果以便于他做出理性

---

① 此方面的实例可以在经济学文献中找到。参见：Alfred C. Neal, “The ‘Planning Approach’ in Public Economy,” *Quarterly Journal of Economics*, February, 1940, pp. 246-254.

的选择，这样的说法就是不正确的了。他必须知道他的选择会为第 N 方带来什么样的后果。只有当消费者的选择已经限定在几个选项范围中，他才不需要考虑他的选择可能带来的广泛影响。

有时候也有这样的观点，认为消费者的选择只需要处理小范围的选择，而集体选择面对的常常是更广泛的选择。因此，消费者的选择是更理性的。这一观点虽然不错，但是也相当具有误导性。更好的表达方法如下：当存在第三方影响，或对单个消费者来说选择成本太高以至于消费者选择不够理性时，将大量的主要选择拆分为市场上每个消费者需要面临的选择或许能够实现高度理性。但是，当选择不能够被拆分时，我们能通过选举更好地评估变化增加的理性程度。因此，两个大型钢铁生产企业之间的选择就可以成功地转变为消费者在市场上的选择，多数情况下这些都是正常的。但是如果是在一个经济具有高度流动性、钢铁生产能力需要做出快速大调整的时期，投票（或者委托）可能更理性。

除了成本之外的知识。除了相关的成本信息外，有时也有人断言，消费者作为 421
选择者比作为投票者更能获得信息。这一论断相当模糊。消费者在市场上的选择可能非常容易忽视对第三方的损害，即使不是这样，消费者的知识也很少影响他们的选择。但是，也许这一论断意味着信息在市场选择中更容易获得，或者对各种选择的讨论程度更高。但这里只能说的是，就像广告行为一样，系统研究只能揭示那些一般性质的区别，但是具体区别并不明确。

可以确定的是，在两种自行车之间的选择需要非常具体和容易理解的事实，但是在两个总统候选人或者在消除贫民窟和改善街道之间的选择所需要的事实是很难获得的。但是，这种根本性的差异常常将两种不同的选择情形的相对难度和两种不同的安排目标的手段的相对优点弄混了。当缺乏市场选择而只能进行集体选择时，认为只有通过市场选择才能获得高度的理性是非常肤浅的看法。在讨论的层面，讨论实现了市场选择和投票上的信息交换和信息误传。投票当然能使参与者最大程度上考虑各种选择的深远意义，这也就是说，投票不仅具有考虑第三方影响的优点，而且有可能考虑了未知的成本和回报。

有人说市场选择比集体选择更理性，也许这句话的意思是，当明明可以用市场选择时，却采取了集体选择，这就好像是在拿猪的肥胖程度来跟长颈鹿的高来比较一样。当然，这里可能存在另一个问题。当价格体系的缺点使市场选择并不适用时，我们就认为集体选择比市场选择更理性。当价格体系的这些缺点不存在时，我们就认为市场选择更理性。能否进行进一步分析呢？

如果消费者的思考过程仅仅因为他面临的是投票而不是购买而变得有些受挫，
那会有点令人吃惊。投票和购买之间，如果有区别的话，它们只能在对消费者来说 422
比较外在的环境中发现。当然，成本才是主要的问题。集体选择的非理性程度非常容易比较，因为通常是具有较高理性的领导者通过投票做出的这些选择，当然，前提条件是，每个投票者都能够获得政治领导者给他们的合理准确的成本信息。事实上，消费者知道的成本信息和他应该知道的信息之间的差距是非常巨大的，但是在市场选择条件合适的情况下，这种差距并不大。

但如果这也能成为非理性集体选择之源的话，那么在集体选择是自由的情形下，市场选择就总会有缺陷。选择的整个过程可能会对一个人自身的身份有影响，因此不仅影响选择者自身，还会影响他试图效率化的目标。总体来看，市场选择的过程倾向于将个人的身份细化为个人，最多到家庭。另一方面，投票的过程却在它提出的条件和各种互惠工具帮助下，将个人的身份扩大到超越个人和家庭的地步。如果个人在市场选择时比在投票时能更准确地分清他的边际，也许部分原因在于他在市场选择时关注的个人目标比他在投票时关注的目标要窄得多。市场选择没有集体选择的统一、一致性等所有问题，但事实上，大多数经济学家常常忽略这些。当然，即使一个体系（价格体系）能够为分清边际提供更好的机会，能够将个人的身份缩到最小的范围，而不是提供一个有更广泛意义上的社会统一，也并不意味着它必然会产生理性选择。

投票悖论。投票的悖论在于，正如人们所说的那样，投票的一个小难题在于具有数学头脑的人常常倾向于玩弄计算。有作者提出如下悖论：

假设有 A、B、C 三种选择，有 1、2、3 三个人。假设 1 的选择偏好为：$A>B$，$B>C$（因此，$A>C$）。假设 2 的选择偏好为：$B>C$，$C>A$（因此，$B>A$）。假设 3 的选择偏好为：$C>A$，$A>B$（因此，$C>B$）。我们能得出大多数 $A>B$，$B>C$。我们因此说某一群体倾向于选择 $A>B$，$B>C$。如果这一群体的选择行为
423 是理性的话，我们不得不说 $A>C$。但是事实上，多数人的偏好是 $C>A$①。

接下来，这一观点认为，在这样的情况下，选举的多数原则并不足以做出理性选择。

毫无疑问，（第一，）通过选举和多数原则来做理性计算是存在逻辑缺陷的，但是选举的悖论并不是这一事情的核心。如其所述，这一悖论需要有严格的条件限制。首先，我们不能确定地说 $A>C$，除非我们首先提出某一群体的偏好与这一群体的其他人的偏好不同。事实上，我们在说 $A>C$ 时，$C>A$，$B>C$ 这些都是成立的。有两个人的偏好是 $A>B$，另一组的两个人的偏好是 $B>C$，第三组的两个人的偏好是 $C>A$。相反，其中有两个人将 A 作为**最希望**的选择，第二组有两个人将 B 作为**最希望**的选择，而第三组有两个人将 C 作为**最希望**的选择。在这种情况下，我们只能说多数人并没有在哪个是最希望的选择上达成一致，当然也没有一个选择是比其他更理性的。在这里是没有一个群体的偏好的。

第二，这一悖论并不是在多头政治中常见的实际难题。多头政治情况下的难题并不以实际事实的形式存在。事实上，如果我们讨论的不一致是常见的情况的话，多头政治就不存在了。原因在于，当一个悖论所意指的价值并不会对选择造成影响时，它就构不成一个常见的重要难题。这三个人为什么在一开始时要通过多数原则来决定他们的政策呢？这只能是因为多数原则这一过程本身对他们具有价值。但如果真是这样，那就需要加上其他的一组选择，即 1、2、3，他们每个人都希望能达成某种一致（并且保持多数原则的过程）。总之，没有达成一致的结果是什么呢？如果这些人将不一致的结果看作是不利的——如果不这样的话，他们一开始就不应该采用多数原则——那么，妥协对他们来说是相对理性的。比如，所有的人都认为

① Kenneth J. Arrow, *Social Choice and Individual Values*, John Wiley and Sons, New York, 1951, p. 3.

选择 A 比没有达成一致要好得多。

这一悖论也假设对每个人的偏好已经有所了解并完成了严格的选择。如果真的 424
是这样的话，多数原则或者多头政治可能会比平时更有可能引发内战和政治分裂。多数人在决策过程中发现了他们的偏好，而影响他们偏好的一个重要因素就是其他人想要什么。

投票和市场选择中的自由。强制和投票中的自由常常会引发以下两个问题：(1) 直接认为市场选择具有优越性；(2) 认为只有自由选择才是理性的。常常有这样一种观点，即认为市场选择是自由选择——每个人都选择他想要的，并且不存在被多数票击败的少数群体——但是投票常常强迫这些被击败的群体违背他们的意志去消费。对于这一观点我们除了引用前面章节已经讨论过的控制工具的四种选择的自由和相关之外，我们并不能做什么。我们观察到科层制在强制和自由地进行自发控制方面经常不加鉴别地遭到误解。学龄儿童的父母有自由为他们社区建立新学校的问题进行投票，他们也可以不必勉强让他们的孩子穿得和学校的其他孩子一样，也不必因为其他人家都有电视，就要为他们的孩子提供电视。他们虽然有这些自由，但绝不仅仅只限于此。

出于多种目的，一个人能够区分出哪些是政府侵犯了他们的自由、哪些是自发的控制。但是我们不应陷入这样的陷阱——认为其中之一是强制，或者是认为这些控制手段中的一种更危险，其他的没那么好，并将其作为一般原则。除了这些需要一般注意的地方之外，我们还需要审慎地考虑那些披着“自由”的消费者选择外衣的强制措施，主要有三方面。

第一，如前所述，收入份额的不同会对消费、社会地位和控制产生重要的影响；因此，自由有时候是与反映收入不平等的市场选择不一致的。第二，市场选择可能会强制第三方。这一命题可能简单地将我们所说的第三方影响放在了控制相关而非消费和市场选择相关的讨论当中。比如，在第三方遭遇强制的地方，如他们被
强迫承担控烟、搬迁或接受财产削减的成本时，除非他们可以通过投票来表达第三 425
方的利益以代替消费者的选择，否则他们不会感到自由。第三，如果费用奇高以至于排斥了选择，选择者在市场上并不是自由的，此时通过集体选择来共享商品便使选择成为可能。

我们可以这样解释消费者的**自由和理性**计算之间的关系：如果每个消费者都能够自由地选择他想要的，并且如果他知道每一种选择给他带来的边际价值和他放弃的选择的边际价值，他就能使他的福利最大化。因此，自由对于理性来说就是必要的。在数个假设下，这种观点可能形式上是正确的，但是它几乎没有讨论投票和市场选择的相对价值。它通常的含义如下：假设理性行为——定义为选择更有价值的而非少价值的——个体消费者面临各种可自由选择的选择，那么他会选择他喜欢的那一个。因此，这一观点仅简单地用来定义理性。尽管这一意义相同的观点能很好地用在理论分析上，但并不适用于我们现在的语境。

在比较投票和市场选择的自由时，我们必须认识到这两种技术提供给选择者两组不同的选择。在我们说这些选择是自由的之前，我们应该先审视一下，是否还有其他的阻碍，或所需的条件都满足了。在很多情况下，可能因为我们已经讨论过的

原因，展现给消费者的选择都是令人沮丧的，尤其是当他的收入非常低的时候。因此，在某些情况下，说消费者是可以自由选择的根本就是自相矛盾的。但即使没有这一难题，我们也很难说一个可以自由选择的消费者能够通过价格市场来最大化他的福利。他的福利是否能够实现最大化，取决于他的收入水平和他的生活和消费水平，而这可能是由其他的市场选择者设定的，这一点我们在前面的收入分配章节已经讨论过。即使这些难题都不谈，他是否能够最大化他的福利，还取决于他的知识和动机，这些在市场选择中可能并不出众。最后，所有的这些都抛开不谈，我们还需要有观点能进一步表明，即使他的选择能够在短期内实现福利最大化，市场选择
426 也仅仅只是一个目标设定工具。这样的观点必须保证能够消除两点缺陷：市场选择的第三方影响和价格不会高到共享商品的水平（价格过高时谁都出不起，此时只能通过集体选择的方式来共享商品）。

对投票和市场选择的观点。从以上我们对市场选择和投票的讨论中可以看出，市场在很多情况下都具有缺陷，因此，关于市场选择的很多观点并不完全正确（没有探讨出市场选择所需具备的要件）。在评价这些观点时，我们很难分清对错。但更重要的是我们在认识到市场选择在某些情况下的不足的同时，也不要忽略市场选择的优点，比如市场选择中的第三方影响可能是很小的。在第三方影响很小或是没有的时候，市场选择提供了一种精确地设定目标的方法，在市场选择中，个体选择的高度合作在自发领域不断涌现。

委托选择

为了简化讨论，我们将投票作为市场选择的替代选择。但事实上，将选择委托给领导者是比投票更理性的选择；在现实世界中，投票也常常伴随着一些委托。然而，和投票一样，所有对于市场选择的反对都与通过领导者设定目标有关。因此，我们只须进一步扩展这一讨论，来考虑一些与委托有关的特定议题。

对委托最常见的反对是——假设其效度得到保障——委托将选择的权力都交给了一个不是为他们自己做选择的人手中，就像在市场选择和投票时一样，这个人的选择也缺乏为他人利益着想的标准。这些领导者会发现，为非领导者决定相对价值非常困难，领导者很难为非领导者决定，比如：在一个城市建医院、在另一个城市建学校、为低收入群体建造房屋或医疗，或为家庭配备更好的装饰。

那么，为什么这些选择者还要委托他们的选择呢？有时，投票者明智地将选择委托给领导者，可能只是为了节省自己的时间和省去麻烦，或者是因为他们不想承担责任。将选择委托给领导者也有可能是因为领导者希望这样做，或者跟非领导者比起来他们更有能力去做选择。一个比较极端的案例是，将选择的权力委托给军队
427 的领导者可能是出于一些合理的假设，比如，这些领导者知道发动战争需要什么商品和服务。一个人也许会将教育服务方面的选择委托给校委会，将预防医疗服务方面的选择委托给这方面的专家，将住房方面的选择委托为房屋管理者。当然，在任何这些方面，委托选择未必比市场选择不够理性。在消费者选择与领导者选择很不一致的地方，消费者委托他们的选择也许只是希望能够提高他们的品位，就像在教

育和城市的艺术、文化服务方面的管理一样。

假设市场选择的缺陷决定其需要集体选择，假设选择的复杂性一定，假设消费者做出选择需要的时间、精力和能力一定，投票者也会经常倾向于将他们的选择委托给领导者，并发现领导者最后做出的选择更为理性。比如，即使在很简单的土地使用问题上，美国小镇的投票者也不会经常自己处理这些选择，他们经常向领导者求助，将分区的责任转交给领导者。但是在投票者能够直接通过市场进行选择或投票做出更正确的决定之前，领导者做出的选择可能也是非常不理性的。

当然，也许会有人试图思考一头猪要比一个高的长颈鹿肥，并且反问自己，是否领导者的选择偏离了大众的选择，虽然领导者的选择看似能像个人为了自身利益而选择一样的理性。但是这一方法避免了一些有意义的话题。假设市场选择的缺陷一定，并且在多种问题上进行投票是不可能的，此时即使是最愚蠢的领导者的选择也可能经常会比个人在市场上错误计算的选择要理性得多。比如，在大多数的学校支出问题上，是市场选择还是投票已经毫无疑问。在价格体系不是适当的机制的地方，市场选择一定是不理性的；但是委托制既不一定是理性的，也不一定是不理性的。

15.2　科层制和价格体系的配置

通过价格体系还是通过科层制配置，这一选择提出了价格体系和中央控制的功
能的最后一个重要问题，即当集体选择或中央选择与市场选择联系在一起时，我们 428
需要知道哪一种机制更合适。在检验这些选项时，我们需要通过六个步骤来评估价格体系、多头政治和科层制。

配置的两种方法

中央选择。如价格体系一样，中央控制的体系实际上是分权的，尽管程度更低并且以不同的方式进行。分权是通过将权力委托给科层制中的较低的层级完成的。中央控制因此具有较长的控制链条，而官僚制是中央控制的一个专业化工具。

然而，对于下面两种情况进行区分是非常方便的：(1) 具有高度官僚制形式的科层制，通过指示经济生活中的每个公民来实现控制链的功能；(2) 复杂形式的科层制，低层次的官僚不是通过指示而是通过价格体系的控制来操纵经济过程中的公民。

那些被称为“实际的、物质的”规划主要是第一种形式。但对它的用词显然不当。“物质的”规划并不比其他类型的规划更“物质”(在这一联系中，这一名词可能有这种含义)。“物质的”规划是试图使用一组线索代替市场体系中的另一组线索，并且伴随对不遵守者的惩罚预期。

第二种类型使用价格体系控制来进行分配，但是这种控制并不从属于消费者的自由选择或是必然要使用价格来达到精确衡量成本的目的。它区别于第一种类型的

地方在于并没有规定回应性。比如，科层制可以通过指导一个特定的投资者——不论是个体商人还是公务员的投资行为——来实现对分配的控制。在价格体系的控制中，控制者通过操纵投资的成本或回报来决定投资。

这两个情况都需要科层制，但在第二种情况下，官僚制并没有走到直接向投资者下命令、为其解读命令、派人去强制实施惯例、惩罚违法者的地步。市场的得与失取决于是否能够保证（官僚制）想要的回应。如果官僚制想要的回应没有出现，
429 这时可能会需要对价格和成本做进一步操控；但即使到这一步，官僚制也并不需要进入直接指导投资者或与其协商的情境中。因此，价格体系的分配，要求更少的中央决策和并不那么复杂的科层制，以及一个更小的官僚制。

市场选择。与个体市场选择类似，配置可能也会通过科层制控制或市场控制的方式进行。当然，这种情况下，使用科层制控制能够实现价格体系与科层制的结合，但是，对于集体选择来说，使用价格体系配置则实现了（科层制和市场）控制的综合。

但目前科层制配置在美国发挥的作用很小，可能其他的西方经济体更多地依赖于它。比如，在英国，科层制配置通过政府起作用，比如，当市场并不能保证英国工业的原料供给时，政府可以通过权力为工业购买所需的稀缺材料。政府还会通过许可制度控制船舶，通过控制与外国的交换，通过权力来决定一个公司生产的物品在国内和国外市场的配置，通过建筑许可、进口许可和进口配额等等，来决定英国工业的配置。

两种配置方法的相对优点

在发动战争或是在建设高速路上，是应该征召劳动力，还是雇用劳动力？这一
430 问题必然涉及在科层制配置和价格体系配置间进行选择。市场对英国公路和铁路托运服务的需求回应是需要通过中央指挥来协调，还是需要通过市场来协调？进口的纺织品是需要回应市场出价，还是需要通过许可制度来分配？

价格体系配置的主要原因。第一，价格诱发的分配的核心在于它是复杂的价格体系过程的重要部分，在这一过程中，价格体现了成本，成本也考虑了职业和其他生产者的偏好。前面的章节已经解释了这一问题，在这里我们要说的只是如果没有市场对资源的出价，想要以量化的方式衡量各个选择的价值是不可能的。总之，简单地说，价格体系的效果直接取决于市场愿意支付的价格。

科层制配置的优点。但是，科层制配置中的强制的一大优点就是，它比价格体系能更快地实现大量资源的快速流动。这一事实已经在战时经济那一章讲过，但是我们还可以从二战后对投资的控制看出来。二战后，英国政府通过将资本科层制配置到住房和对工业地点的科层制控制，实现了比政府单独依靠市场体系中货币的调节更好更快的回应。英国的国民财富在二战中损耗了1/4，但是战后重建的速度却饱受赞扬①。即使强制控制可能最终会导致价格不能真实地衡量成本，但是相对于

① 这一估计来自：W. K. Hancock and M. M. Gowing, *British War Economy*, His Majesty's Stationery Office, London, 1949, p. 551.

价格体系在分配资源方面的滞后速度，这一资源的错误配置可能并不是特别严重的问题。实际上，这只是在两种资源的不合理分配中进行选择而已。

第二，紧随价格体系的缺点之后的主要异议在于认为——科层制配置的成本计算是错误的——这一说法并不经常正确。因为成本可能由于先前已经讨论过的几种原因早就计算错误了，如果价格反映的成本信息严重不准确，那么通过货币线索和奖励进行的分配将会导致严重的错误配置，而科层制配置可以避免这些 431
问题。

错误的成本可能会误导市场选择和集体选择，这一点已经解释过。这里要表达的观点是，市场作为一种分配的线索和激励方式，应该接受市场成本可能会影响对这些资源的回应，但是科层制配置并不需要这样做。为了引导商人回应市场需求，给他的现金回报必须包括他的现金成本，不管这些成本计算是否正确。科层制配置则可以不考虑现金成本的准确与否，或者通过命令而改变这些成本，或者是通过费用来覆盖这些成本，当然，这些费用支出是不会影响实际的分配的。

第三，就像使选择变得复杂一样，收入分配效应也会将配置变得复杂。当认为不需要让收入差异影响对需求的回应时，科层制配置就行必需之举，我们已经在战时控制章节讨论过这一可能性。

第四，科层制配置可以避免持有大量资源的人获得意外之财，因为他们对需求的回应常常需要由大量现金来激励。将这两点合起来看，它们都使科层制配置在通胀时期发挥重要的作用，因为在通胀时期，对成本的错误估计和价格对收入分配的不良后果可能是最严重的。

第五，当价格体系出现通胀时，强制使用科层制控制的原因之一在于防止价格的进一步上涨，以回应市场对资源的出价。在这一情况下，科层制配置实际发挥着给消费者配给商品的相同作用。二战后，英国和斯堪的纳维亚地区的国家实施的强制进口控制和对国内分配的限额，其目的之一就是控制国外进口资源的价格①。

第六，价格体系的线索和激励可能太弱而不足以激发想要的配置。这一情况最戏剧化的一个案例就是，当生产核能源的风险非常大且要求非常高的投资时，价格体系的配置会失败。几乎所有的生产能力和设备上的重大投资都是通过政府所有的 432
工厂租给私人运营者的科层制配置方式实现的。在前面的章节也提到过二战时期的新投资的配置主要是通过科层制进行的。

科层制配置的缺点。强制实行科层制配置的有效方法非常少。例如，在二战刚爆发之时，英国政府增加农业产出的最好的政策是补贴农民增长的生产成本和提高他们的收入②。在这一案例中，强制式、直接的生产订单和购买方法很难推行。可以确定的是，价格和收入的调节非常无效，因为销售者对价格的预期非常高，或者

---

① Petter Jakob Bjerve, "Government Economic Planning and Control," chap. 3 in Henning Friis, *Scandinavia Between East and West*, Cornell University Press, Ithaca, 1950, pp. 49–112; Sir Henry Clay, "Planning and the Market Economy: Recent British Experience," *American Economic Review*, Papers and Proceedings, May, 1950, pp. 1–10.

② W. K. Hancock and M. M. Gowing, *op. cit.*, p. 15.

只会在有暴利的时候才会有效①。

此外，由于科层制配置强调命令，当在强制惩罚市场体系（即使是通过黑市的价格体系）采取奖励的行为时，科层制配置会遇到很大的困难。虽然没有一个控制体系能摆脱冲突的控制之间的竞争，但市场操控往往能够解决强制带来的难题。比如，政府想提高儿童的入学率的一大捷径就是降低入学的费用，大多数政府都是这么做的。同时，通过加征税来提高成本从而更好地控制进口要比通过禁止其他更具吸引力的商品容易得多。

命令式配置的强制难题经常变为镇压黑市的问题。但是一个比较矛盾的问题是，需要在多大程度上镇压黑市才能使命令式配置最有效率。如在纳粹德国的经
433 济②中，对于命令式配置来说，黑市可能必不可少。或者，换句话说，如果没有黑市做补充的话，命令式配置很难成功。考虑到生产中不断变化的对无数材料的需求，配置常常不是不够具体就是不够弹性，因此，企业要么进入黑市购买所需材料，要么就是不能满足它的配额。

科层制配置和价格体系配置的其他区别。有时候，价格体系配置常常被当作与"物质的"或"直接"控制对立的"结构性的"规划，这一含义不可避免地被认为它们比后者有更多自由在不断蔓延。鉴于我们已经讨论过命令、操纵性领域控制与自由之间的关系，这一结论可免除操之过急。当然，市场操作避免了强化命令带来的对私人领域的侵入和干扰。命令能够强迫人们去做他们不喜欢做的事情，并且命令的非人格化特征也常常是它的烦人之处。对于个人来说，与承受能够确认来源的命令相比，承受不能够确认因由的高价格反而更为痛苦。中央权威可以通过提高成本让一个人破产，也可以通过命令征收等额的罚款让一个人逃避责任，这都是无可置疑的。

当领导者不关心谁来回应，而只希望非领导者能够部分地回应时，价格体系配置是非常适合控制——如对投资支出的总量控制。这里控制的目的也许仅仅是减少支出的20%。简单地提高成本或降低投资支出的回报，领导者就可以免去决定谁应该减少支出的责任。如果回应太少或太多，随后的成本或收益的调整可以将支出增加或减少到想要的数量。这一优点也有其缺陷，我们能够看到，对不同人的控制需要根据其收入、市场位置，或财产的不同而有所差异，这一变动并不总是能够承受的。

434 科层制配置和价格体系配置的另一区别在于后者既不依赖于也不会鼓励个人需求与社会群体需求的高度一致。个人常常会基于他自己的利益做出回应而不是狭隘地臆想。相反，科层制控制常常并不能强制实施，除非个人认为他们有道德上的义务接受社会的规则。而新规则的颁布常常伴随着领导者强化公民的义务。

我们不要夸大这些区别，事实上，这两种配置方式之间也有很多共同点。在官僚制行政科层制控制或操纵市场时，内部控制将上级官僚与下级官僚联系起来，这

① "当英国战争办公室去市场上买麻袋时，它得到的都是令人不满意的回应……1915年3月，战争办公室收到了大量不令人满意的供应者的回应，其中有一个大投机商试图垄断麻袋的供应并赚取百分百的利润……这一无耻行为触怒了战争办公室……不久，办公人员就派人去利物浦征用了麻袋生产商的存货……" W. K. Hancock and M. M. Gowing, *op. cit.*, p. 15.

② Walter Eucken, "On the Theory of the Centrally Administered Economy," *Economica*, May, 1948, pp. 98ff.

种联系不仅高度依赖命令和对领域的操纵，也依赖市场不可或缺的自发控制。相互控制不仅存在于科层制的上下级之间，还存在于被控制的消费者和科层制的成员之间。最后，正如我们在讨价还价那一章所说的，不同群体的领导者会和科层制中的领导者进行讨价还价①。

15.3　选择–配置过程的改进

理性选择与配置的前提条件不仅是简单地将价格体系、科层制或多头政治的技术应用在它们最高效的经济部门，而且应该最大程度上开发提高这些政策效果的可能性。现在，尽管我们并不想描述众多领域中选择–配置过程可以提高的政策有哪些，但是简单地提出有哪些改进的可能还是非常有意义的。这也是评价选择–配置中的价格体系和中央控制的第七步，也是最后一步。

价格体系在选择–配置时可以改进的地方

价格体系的些微调整和改动可能会改进价格体系在选择–配置过程中的一些缺陷。通过系统地对消费者进行教育和研究，可以很大程度上提高他们在市场中选择 *435*
的知识和判断水平，在这一点上还有很大的探索空间。

对于普通消费品的技术质量上的小规模投资可能获得很大的回报。基于这一目的的政府基金支出，能够增强多头政治和科层制为这些项目提供的智慧的意义，这一点可能看起来并不现实。对某些商品采用一些标准科层制——不管是企业组织自愿采纳，还是通过法律强制执行——同样都会增加商品的少量成本。为了应对消费者选择的不理性，限制商业广告常常成为必须。但是商业广告虽然可能具有误导性，但是它也同样可以提供信息，因此，采取管制商业广告的政策可能并不容易找到。当然，能找到的话，非常值得一试。

此外，计算竞争性市场体系内的成本有利于改善选择与配置的结果。在数千个小公司中进行成本核算非常不现实，最好的公司的成本核算不是固定的，而是不断改进的。统一主义为不同市场和技能方面的劳动力成本核算的改进提供了可能，然而这一改进取决于多个我们仍未验证的变量。垄断企业的成本核算源于企业家想从不安全中抽离，对稳定性的苛求会使成本核算和资源配置不断得到改进。失业期间成本特征的离奇误算并不应该被当作不可避免。

对市场结构和价格政策关系的研究认为，市场结构中的少量科层制控制可以用来改进价格政策。当然，这些政策是和减少销售商的自主权绑定在一起的。

即使是在那些竞争性价格体系比较不足以至于需要增加使用集体市场选择而非个体市场选择的领域，仍然存在改进个体选择而不是用集体选择替代个体选择的可

① 若要全面了解有关二战后，在特殊情况下斯堪的纳维亚战后重建工作中的集体和市场选择、价格体系、科层制控制的讨论，可参见：Petter Jakob Bjerve，*op. cit.*

能性。收入的不平等而不是价格体系的不充分常常是导致个体选择有缺陷的根本原
436 因。这一点仍然有颇多争议，比如，美国医疗服务的缺陷是否证明了个体市场选择的不理性或其他缺陷，并需要集体选择取而代之，或者收入的不平等是否能够简单地通过放弃价格市场上的个人选择来解决。（当然，在很大程度上，医疗只是关乎风险和保险的一个难题而已。）

中央选择与配置的改进

如我们在科层制和多头政治那章所讨论的一样，更具理性的集体选择的先决条件需要以改进科层制和多头政治为前提，因为集体选择常常是通过多头政治或将选择委托给科层制中的成员进行的。但是我们并不需要回顾这些章节，然而需要再次重申的是，对理性的集体选择与配置最有帮助的可能是通过统一的政治党派来协调政治领导者。

值得一提的是，政府的预算可以在更大程度上得到改进。因为支出和收入的决策很难得到协调，所以，很多选择都没有考虑成本问题。更糟糕的是，公共支出的过程常常好像是公共服务的需求并不是（公共支出）的成本似的①。为应对这一难题，程序和组织方面的改革并不鲜见②。

将成本信息以各种形式公开化，以比较不同集体支出的成本应该成为一个目标。比如，美国的一些联邦预算选择能够用来促进成本比较。退伍老兵的各种类别的支出应该被分类，一些归入军队开支，一些归入社保支出，当然，其他的一些可能需要归入教育支出。当然，我们也应该将老兵支出占人均支出的比例以及每个纳税人的人均支出信息公开。尽管这些估计值可能非常粗糙，但当我们比较了收入价
437 值和放弃选择的价值之后再提高边际值时，我们在理性判断方面可能大有改进。

第二种可能性是将政府现在免费分配的一些服务售卖出去。美国高速公路利益的复苏反映了一种新的匹配特定支出的得和失的可能性。这些可能性在高生活水平、能重新分配收入的国家或地区中得到进一步提升，因为反对将政府服务建立在收费基础上，传统上一直是征收制的累退特点。

当然还会有其他的可能性，但是这里我们只提出一些能够提高理性程度的可能性。因为新的控制技术一直在被创制，因此，我们不能根据现有的绩效来评判价格体系或是科层制的可能性③。

如前所述，任何高度偏离价格体系而倾向于科层制的资源分配，在具有高度流动性和战争时期，对理性的首要要求就是资源配置规划要考虑瓶颈因素。瓶颈规划其实是渐进主义的一种形式，我们已经强调了很多遍，它是计算和控制的重要支

---

① 参见：Herbert A. Simon, Donald W. Smithburg, and Victor A. Thompson, *Public Administration*, Alfred A. Knopf, New York, 1950, p. 509.

② 参见：Arthur Smithies, "Federal Budgeting and Fiscal Policy," in Howard Ellis (ed.), *Survey of Contemporary Economics*, published for the American Economic Association by The Blakiston Company, 1948, pp. 174-209.

③ 对于近年来联邦预算改进的程度，详见 *Ibid*. pp. 179-182. 若要了解英国过去可能改进的预算实践，参见：Basil Chubb, *The Control of Public Expenditures*, Oxford University Press, New York, 1952.

柱。若要全面回顾主要依赖强制手段进行资源配置的时期，我们需要理解更多的变量，以瓶颈配置的特定形式展现的渐进主义的原则，事实上足以实现某种程度上令人满意的理性控制。

最后，在信息公开化和信息（为了实现特定目的）系统化能够在多大程度上改进集体选择与配置这一点上，还没有取得广泛共识。鲁宾逊在评论英国战时规划时写道："当然，我们起步于一个几乎没有任何完整的统计数据的状态……"[①] 美国和英国的战时规划都极少使用投入-产出系数的精确计算[②]，尽管在战争一开始时， 438
两个国家就采取了一些推进这些数据计算并将它们应用于决策过程的举措[③]。

对于许多西方国家来说，英美现在的状况与 10 年前的相比，并没有好到哪里去。马歇尔计划是影响中央政府收集它们自己的资源和需求数据的重要影响因素，政府工作人员可以将他们的数据系统化以用于决策，而国家收入核算也使之成为可能。然而，需要做的还很多，客观来说，收集和组织统计数据以用于选择-配置的过程才刚刚开始。

① 在切斯特（D. N. Chester）编写的《英国战时经济的教训》一书中，提到美国的部分："1940 年初，华盛顿有大量与行业体系运行有关的数据。但是，这些数据并不能进行协调或组织，从而展现资源的全貌，甚至战争可能的需求的数据也都是为了一些并不存在的所谓实际目的……美国军工生产委员会的经验表明，这些数据并不能走出其先前存在的数据缺陷……这就导致，我们无法创制或使用适当的信息收集工具来发动一场现代化战争……" 参见：David Novick and Geroge A. Steiner，"The War Production Board's Statistical Reporting Experience，" Parts V 和 Part VI，*Journal of the American Statistical Association*，September，1949，pp. 441-442.

② E. A. G. Robinson，in D. N. Chester（ed.），*op. cit.*，p. 46.

③ 参见：T. C. Koopmans，*Activity Analysis of Production and Allocation*（Cowles Commission Monograph 13），John Wiley and Sons，New York，1951.

第 16 章

其他效率化过程中的价格体系、科层制和多头政治

前两章审视了中央控制和价格体系控制在选择与配置过程中的功能。这一章我们将继续讨论不同控制手段在分配、稳定、资源发展和高资源产出过程中的作用。配置过程的问题最少，因为产生的问题大家都已经能够理解了，在此，我们将会非常简略地讲述这一点。

16.1 分配需要的技术

一般技术

第一次货币收入主要是通过市场支付（薪酬）来分配的。但是这一分配后来却被政府转移支付大大改变了。税收减少了个人可支付的货币收入，但是津贴、补助、失业补偿等增加了货币收入。尽管这些变化的净效果还没有被精确地测量出来①，但是，它们的效果是将货币的分配转向了平等。而实际收入的分配取决于几个方面：一是被转移支付修正后的货币收入的分配；二是政府提供的免费的或补贴性质的服务，如教育、住房和医疗；三是选择-配置的过程。同样的，政府服务的效果也是使分配更加

① 参见第 5 章。

平等。

这些分配的技术大多数是通过分配家庭实际收入和需求完成的；我们已经很熟悉分配家庭内部需求和实际收入的方法，在此不赘。最后，家庭之间和家庭内部的实际收入也会通过礼物、债务、盗窃、赌博等实现再分配。

所有的这些都很熟悉，而在我们目前讨论的层面，这些选项过程很少带来政策 440
问题。价格体系配置产生的不平等广泛地被认为不能承受，因此通过科层制来控制分配，如采取转移支付和免费的政府服务，被认为是必然之举。当然，它们都应该实现第 5 章中所讨论的分配目标。同时，因为西方社会非常注重职业选择自由，现在几乎没有人会提议说要消除工资体系了。并且，除了职业自由选择的好处之外，基于本书中提出的其他几点价值，价格体系内的资源配置也要求通过不同的市场支付来计算资源的成本。

主要问题

不同技术可能会带来的主要问题有：通过采用科层制工具，如税收、转移支付、补助性的政府服务手段，或者通过市场分配这两种渐进性实现公平的工具①，哪一个更为理性？并且，如果通过市场分配中的改变来实现公平的话，改变收入能力或者通过科层制的手段改变劳动力和其他资源的价格，是否更为理性？

资源价格和工资率的科层制决定。首先考虑第二个问题，通过科层制的手段来改变其他资源的价格和工资率的主要缺陷在于——这一过程错将资源价格当作了衡量成本的方法。现实世界的情况是，因为其他原因成本可能已经被误算了，以至于这一缺陷没有那么大的影响力。然而，这一缺陷很难消除，并且如果成本不是被误算或者可以改正，它（成本）将直接成为限定工资或价格的有力障碍。而不考虑生产力就直接改变价格的一大缺陷会威胁到稳定性。由此，失业或通胀就接踵而至，而通胀的可能性更大。因由改变价格和工资的这些严重缺陷，我们在考虑重新分配需求的技术时，只有在确定了它的局限性会被更有利的优点抵消后才可以取此而舍 441
弃其他方法。

必须承认有两个这样的优点。第一，作为转移支付和补助性服务的一种选择，在改变利润率非常缓慢或不确定的情况下，它能够避免对税收产生负面的激励效果，而税收是支持政府转移支付和补贴的必要条件。第二，在西方文化广泛公认的几种价值下，工资收入者更偏好于从市场支付中获得收入而非政府支票和服务，而并不考虑是否理性②。

生产力的改变。直接进行科层制的改变并不能与改变生产力相比，但通过改变

---

① 我们更偏向于这种选择。参见第 5 章。

② 通过限定价格来重新分配收入的例子主要在农业领域。价格支持对其他经济中的其他群体具有副作用，除此之外，很明显，价格支持使高收入而非低收入农民成为最大获益者。据估计，在现有的价格项目情况下，如果农业收入增加 100 万美元，不到 25%的农民获益将超过总量的 75%（D. Gale. Johnson，*Trade and Agriculture*，John Wiley and Sons，New York，1950，p. 90）。当然，在现有的选择情况下，价格支持完全不理智这一说法，还不能完全被证实。

生产能力来改变市场薪酬并不会遭遇直接科层制改变带来的缺陷。生产力的改变也不会遭遇税收的抑制效应强加给转移支付和政府服务的局限性。但是，生产力的改变起效甚慢。此外，并不是所有收入不足的个人都可以提高他们的生产能力，想想那些残疾人和老年人就知道了。

向前看一两个时代，总的来说，通过向教育、就业和职业培训、流动性和医疗等所有会影响收入机会的公平性方面提供援助，才是通向更加平等社会的康庄大道。

转移支付和政府服务。这最后一个结论能够引来第二个结论，即短期内实现平等的最有效的方法就是税收改革、转移支付和补贴性政府服务。尽管这些方法对激励可能会有影响①，但它们实现了三件事：第一，它们能快速调节实际收入分配，
442 并且不会阻碍未来实现更理想的分配格局。第二，在精确的指导下，它们中的每个都能实现某个群体，如老年人或残疾人等群体的收入需求。第三，最重要的是，长期来看，这些手段使我们现在可以得到教育、职业培训、医疗和流动性等，并且这些手段在提高生产能力方面的好处可以在以后享受。与分配手段相关的最大问题是税收和转移支付需要变动的程度或范围，这一问题只有在引用第 5 章讨论过的平等的局限性时才可以作答。

财富分配。如果市场分配可以更平等的话，那么，从所有资源中获得收入就必须是平等的，这一点揭示了财富再分配作为市场分配的杠杆的重要性。财产是不平等的来源，不仅因为作为收入的来源被不平等地持有，还因为它对下一代人所拥有的机会的分配有重大影响，这一点在第 5 章已经讨论过。

财富分配在控制收入分配上的重要作用已无须赘言，最有力的证据是关于《新费边主义论文集》(*New Fabian Essays*) 的一个主题，这个论文集收录了一群杰出的英国民主社会主义者对其本身的定位的反思。

其他手段。通过不同的技术可以更好地解决一些收入难题。比如，医疗服务的不足可能不是因为家庭收入真的不足，或是因为服务的缺乏，而是因为家庭想把钱花在其他服务上。在这种情况下，表面上看似是收入的问题可以通过消费教育或是通过向医疗服务接受者提供补贴来成功解决。商业公司的价格政策在某种限制条件
443 下也可以替代再分配。公司的价格政策能生产一系列产品和样式，或许可以通过对商品定不合比例的高价并将其卖给高收入人群实现收入的潜在平等。

对于地位、文化机会、社会机会以及其他主要关注收入不平等和人类发展性格的渴求之间的关系的其他问题，都至少可以通过再分配（改变收益）政策得以适当解决。比如，最小化共同教育背景能够最小化演讲、举止和观点的差异，这些会使他们在以后的生活中将陌生人排除在朋友圈之外，并形成阶级区隔。或者，教育会唤起文化差异上的自豪感。然而，这些目标通常并不在政府的政策范围内。我们可以从地位改变、阶级划分或重新划分中看到实质所得，当然也有所失。然而，一个国家并不能规定阶级分界线，也不能管制某些机关或运动。

在前述的章节中，低收入常被归咎于年老、家庭破裂、种族、教育不足以及缺

---

① 如第 5 章所述，这些也不应该被夸大。

乏职业技能等方面。目前，如果年龄问题是低收入的主要原因，我们就不能通过提高收入能力来改善，只能通过颁发养老金来解决。如果家庭破裂，而寡妇不能进入劳动市场是低收入的主要原因的话，我们就需要提高妇女的就业机会，尤其是提供临时工作，当然我们也需要给幸存者充足的保障，给尚未独立的孩童以福利、日间照料、学校午餐和其他有助于丧偶母亲生存的特殊帮助。如果是因种族而导致低收入，我们的再分配计划就必须考虑政府改革，改变个人的态度，以及其他能消除少数群体改善经济的障碍的行动。如果教育不足和职业技能缺乏是低收入的主要原因，和少数族裔的例子一样，我们需要消除教育和培训的经济障碍，由此才能提高这些人员在社会中的经济地位①。

集体讨价还价。尽管作为分配手段的一种，在以后的章节再讲集体讨价还 444
价比较符合逻辑，在这里我们可以先简单观察它的局限性。尽管在某些时期集体讨价还价受到高度追捧，但实际上，通过集体讨价还价来进行再分配是值得怀疑的技术。首先，那些已经检验了工资变动的数据并不能在工会是否对工资比率有重大影响这一问题上达成一致意见，至少目前是这样②。当然，工会政策确实消除了很多企业内部明显不公平或偶然性的不平等的工资结构。另一方面，它也确实提高了本就工资很高的人的收入。比如，美国的集体讨价还价就起步于“劳动贵族”（aristocracy of labor）并很缓慢地蔓延到职业技能相对缺乏的群体。

任何情况下，因为它们对讨价还价能力的影响，劳动力市场之间的不同和产品市场之间的不同，都与增加一个市场或另一个市场上的收入从而成为收入分配的控制性因素的渴望完全无关。最后，除非工资比率能够与生产力匹配，否则，集体讨价还价将会遭遇用科层制手段改变工资和资源价格的同样缺陷，即误算了工资成本。

16.2　实现稳定的方法

稳定性这一名词经常被使用，它几乎成了组织或协调的同义词。但是，需要记住的是，本书中稳定性的含义是指对资源的需求和可得的资源总量之间的调整。稳定性的过程就是防止需求过多或过少，以及在需求偏离方向时进行周期性调整的过程。

---

① 若要讨论其他帮助这些特殊的低收入人群的方法，请参见：Dewey Anderson，U. S. Congress，Joint Committee on the Economic Report，*Hearings*，Subcommittee on Low-Income Families，December 12–20，1950（81st Congress，1st Session），U. S. Government Printing Office，Washington，1950，pp. 485–511.

② 比如，请参见：Milton Friedman，“Some Comments on the Significance of the Labor Unions for Economic Policy，” in David McCord Wright（ed.），*The Impact of the Union*，Harcourt，Brace and Co.，New York，1951，pp. 204–234；Paul H. Douglas，*Real Wages in the United States*，*1890–1926*，Houghton Mifflin Co.，Boston，1930；Arthur M. Ross，“The Influence of Unionism upon Earnings，” *Quarterly Journal of Economics*，February，1948，pp. 263–286；Harold M. Levinson，*Unionism*，*Wage Trends*，*and Income Distribution*，*1914–1917*（Michigan Business Series），University of Michigan Press，Ann Arbor，1951.

那么，价格体系、多头政治和科层制在实现稳定性方面的功能分别是什么呢？

问题：通货膨胀和通货紧缩

445 **不稳定的后果**。在缺乏价格体系的情况下，中央规划能提供的资源比它对资源的需求要多，资源的浪费就不言而喻了。如果需求多于供给，不好的结果就是对结果无法预期。此时规划变得不可能，实现规划也不可能，也无法知晓规划的哪部分能够被执行，而哪部分不能。在不能实现中央规划的情况下，另一个后果就是经济中的个人和群体会制定他们自己的规划，以符合他们的目标。那些能够很快控制资源的个人会策略性地配置资源以实现自己的目标，而其他人则不会。

在组织的规定和实际操作存在巨大差异的情况下，实际收入的分配可能会显著地转向个人策略性地配置资源，以实现对资源的控制。进一步可能导致的结果是，如果中央规划者想通过重新规划特定的关键商品的分配以使情况达到最优，他们就需要对经济活动实行更为具体的科层制控制。

因为一些原因，不稳定性的问题主要是价格体系的问题或者是经济体制的问题，但在这个经济体中，价格体系即使不占主导地位，也会起到很大作用。因为价格体系中超过或低于标记的趋势要比科层制控制强烈得多。

因为现金支出有效地表达了人们的需求，因此，过多的支出就成了超出标记范围的主要表现形式。不可预测性并不是科层制期望的结果。当消费过度时，购买者会发现供给已经不可预见地被消耗光了。或者，当很多价格都一定程度地上涨时，消费者会发现他们的实际收入不可预测地减少了，因为他们的货币收入的购买力下降了。当对资源的需求超过供给时，一些人可能会发现满足资源需求的期望受挫了，并且，想预测出这种挫败会落在谁的头上是不可能的。

另外，过度行为的第二个后果就是可以通过一些能产生可预见性的不好的结果的机制来进行分配。众所周知，资源可以通过与供给者的私人朋友关系来影响分
446 配，或者通过黑市、威胁等手段，当然也可以通过高价来实现。每一种分配实际收入的方法都与非通货膨胀时期的方法不同。尽管新的分配方法可能较之旧的方法有所改进——在这方面，即使黑市也可能是有效的工具——但是，通常来说，新的方法并不是人们所期望的，因为实际收入被转移到那些能迅速控制资源的人手中，或者落到了那些有权力将实际收入转给高收入人群的人手中。而且，实际收入也会随意地从那些具有固定收入的人转移到那些货币收入会随价格上升而提高的人手中，或是从债权人那里转移到债务人手中。

因为价格体系中的价格具有累积的倾向，因此上述所有的问题都非常容易进一步恶化。此外，如果使用科层制的工具来阻止通胀或是控制通常由实际收入分配、控制、地位等带来的某些恶果，科层制本身又会产生新的问题。价格控制、配给制、中央分配、进出口管制以及类似的情形都是黑市希望看到的。但是这些科层制的举措会使价格错误传递成本信息，经常驱使资源流向那些奢侈品生产商等控制较

低的经济部门，这就降低了企业提高效能的动机[①]。思考科层制的所有缺点，事实上，持续的通胀经常会使替代价格体系的手段足以显现通胀的相反效果。

另一种极端情况——对资源的需求低于供给，价格体系常常会导致资源的浪费，且调动积累趋势会进一步削减支出。但是这些并不经常是通货紧缩的主要害处。失业的问题并不仅仅只是缺少商品和服务这么简单。特别需要指出的是，价格体系内的失业会给很多方面带来灾难。它带走了失业者的收入，使他们陷入不安之中，社会地位进一步降低，还会有其他的坏处。如 20 世纪 30 年代的美国，竟然会有人提议剥夺失业者的权利，甚至还想出其他办法让失业者成为二等公民。当对地 447
位、尊重的需求与收入捆绑在一起，而收入与市场生产力捆绑在一起，生产力又与工作捆绑在一起时，类似的事件就不可避免。

价格体系中的失业导致的一连串后果中比较让人好奇的是，价格是以怎样的方式误算成本的。如果资源没有被使用，那么它们的用途并没有包含在放弃选择的成本里，这些资源的货币成本也不会降到零并将持续是它们投入使用的障碍。当然，只要这些资源的用途决策一旦确定，比如，公共权威决定了某种资源的用途，只要闲置资源投入使用，它们在任何一种用途中的成本都会变成放弃选择的成本。但是即使在这一点，货币成本也并不能正确代表这些选择在失业期间（闲置期）的成本。

价格体系内不稳定的趋势。在中央控制的经济中，需求和可能的供给不匹配可能有多个原因。通过计算每个工人的产量、技术进步率、协调行业或相关行业内工厂的进步所得等来估计供给，可能走向歧路。对需求的估计同样也会走向歧路，比如，仅仅通过天气来简单地估算煤炭的需求量就不可避免会误算。在价格体系中，这些主要的误算是可以避免的，但是不匹配的发生却有其他的原因。

不匹配的原因也已众所周知。第一，人们并不会花光他们所有的收入。第二，尽管通过储蓄，商人可以获得投资的资金，但是商人也并不是都想花费这些储蓄。第三，任何情况下都没有一借一还这种一对一的关系纽带。银行和其他出借人从存款人那里获得的钱可能会比借款人所需要的数量要多或要少。当然，办理银行信用的数量是具有变动性的。

还有其他的原因使得支出与收入之间仅有松散的关系。人们的支出可能会因较高收入预期而增加，也可能因害怕现金损失而减少。所有实现支出的制度性安排，如银行业务、支票流通、储蓄账户和销售者信用记录都会影响支出与消费之间的关系。即使是具体的实践，如工资发放的频率，都会影响人们在固定收入下的支出额 448
度。最后，政府将收入从纳税人手中转移到受益人那里，从而极大地影响个人支出，比如，失业保险、税收政策和政府总支出等等。

简而言之，在控制总的支出方面，价格体系缺少类似于能系统控制选择-配置过程的自发激励。假设每个地方的支出水平都非常低，那么价格体系内的每个人都

① 参见：Sir Henry Clay, "Planning and Market Economy: Recent British Experience," *American Economic Review*, May, 1950, pp. 1-10；也可参见：Erik Lindahl, "Swedish Experiences in Economic Planning," *American Economic Review*, May, 1950, pp. 11-20.

会很有动力地尽量将个人的支出保持最低。

控制的先决条件

对领域的命令与操纵。因为价格体系对稳定性的自发控制存在缺陷，还因为协调总支出与可得的资源的困难，单边控制成为必要之举。其中一种可能就是操纵消费者和商人所在的领域。通过税收和补贴，个人收入的变化能导致支出的变化。政府购买也会刺激企业支出和个人收入增加后消费的支出。信用条款和利率的变化也是通过操纵性领域来控制的。

其他的可能是命令。可以直接禁止特定的几种特定的交易，就像对分期付款的管制一样。应该命令政府部门增加或减少它们的支出，实施新的政府功能，并放弃老的政府功能。当通过指挥来改变支出时，政府支出实际上就是一种命令的技术。而当它对私人部门的支出有重要影响时，政府支出就成了一种操纵性领域的技术。通常，政府支出同时扮演这两种角色①。

通过控制市场来达到控制领域的目的最有利于稳定性，当然我们也并不是说
449 就不能采取命令手段了。稳定性要求某个人的支出增加或减少，但是对于稳定性来说，增加或减少的收入是谁的并不重要。市场操纵想要通过减少政府支出的激励以减少投资支出的话，并不需要指定谁来回应，也不需要强制特定的个体就可以实现其目标。当选择对个体来说是实际选择时，每个人都会决定是否要回应。当所需控制的目标实现时，对被控制的群体的依赖程度其实就很小了。

对高成本通货膨胀的控制。有一种通货膨胀是市场不能通过操纵性领域来控制的。这种通货膨胀中的价格通常是由非常高的成本而非过度支出推高的，它所面临的最大的威胁可能是集体讨价还价。当然，不断提高的价格并不希望产生通货膨胀，但是可能会引发失业。但相较于失业而言，很多西方经济体更偏向于发生通货膨胀，很多政府会通过提高支出来覆盖高昂的成本，以将失业转化为通货膨胀。这种情况是不可反转的，通货膨胀一旦发生，这些政府就不能再使用普通的反通货膨胀的工具来减少支出了。

解决高成本通货膨胀的需求在那些能控制成本的人提高成本之前就对其加以限制，或者是对价格和工资比率施以命令。因为讨价还价（下一章将会清楚论述）的存在，对这些可选择的先决条件我们都不能抱有充足的信心。很多情况下，只有企业家和工会领导人的角色发生复杂变化时才能找到解决方法。事实上，很多问题可能都是因为没有合适角色来控制特定行为而产生的。因为高成本通货膨胀是主要讨价还价群体功能的产物，我们在下一章将重点讨论。

议程、角色和性格。我们讨论了这么多，已经足以说明不稳定性是价格体系议

---

① 尽管经济学家们对哪种中央控制手段最为合适没有达成共识，但是他们都一致认为某种流动性的中央控制还是需要的，除非（为了说明其最小用处）通过相对简单的政策能够保证货币的流动性。参见6位经济学家对价格稳定政策的讨论：*American Economic Review*, Papers and Proceedings, May, 1951, pp. 181-200.

程中一个非常严重的问题了，而稳定性的一个前提条件就是中央权威能对所有的支 450
出者的特定行为加以控制。那么，角色和性格有多重要呢？

20 世纪 30 年代末，不稳定性常常被当作是支出的周期性波动问题。正因如此，稳定性看起来才会需要政府通过市场操纵来控制特定的行为，而非改变自身的角色和特性。据此，政府制定了银行借贷、税收调整、对政府支出变动的管制等措施以引导消费者在特定时期调整支出。然而，截至 1938 年，美国还有少数国外的经济学家对长期失业倾向的关注远远超过了对周期性波动的关注①。

尽管在特定时期和地点通过控制支出来解决新问题是非常合适的，但是这些经济学家认为目前控制支出的方法还远远不够，他们也困惑于企业家角色的改变使高就业水平更为困难，除非长期依赖政府支出才能走出目前的困境。比如，熊彼特在《资本主义、社会主义和民主》② 一书中就清楚地给出了能够解释企业家角色复杂变化的合理假设。

现在，这一观点又发生了变化。自 1945 年以来，一些经济学家认为，有时候不稳定性通常表现为长期的通货膨胀③。

第一，因为目前国防的流动性在未来数十年内有不断扩大的趋势，政府支出的水平非常高。第二，因为军队不会讨价还价或者拒绝购买高价物品，而且军队购买的物品常常主要集中于特殊稀缺商品和资源，因此，军队的采购行为常常比非政府
购买者购买同样数量的民用商品能带来更大的通货膨胀压力④。第三，欧洲和不发 451
达国家的重建、发展支出比例都非常高。第四，很多西方政府都在政治上致力于提高就业水平。因为害怕严格控制通胀会导致经济萧条，很多西方政府会任由价格上涨。第五，如前所述，集体讨价还价可能会导致膨胀的工资成本。第六，每个压力集团通过获取与价格上涨相当的收益来保持它们的地位，这种政治成功实际上构成了一种不断累积的通胀力量，其表现形式之一就是我们都很熟悉的工资-价格螺旋问题（the problem of the wage-price spiral）。

最后，在战后世界，政府福利和安全支出比较高，因为全部人口都已经提高了他们对收入和安全保障的需求。英国新增的这些需求在如下的描述中非常形象：

> 二战结束时，政府提出并发展了一项衡量人口健康和福利的措施，考虑到 20 世纪 30 年代政府的角色，这一措施非常引人注目。很快，人们认为消除穷人和各个社会阶层的苦难是政府应有的功能或义务。由此，新的义务被加在身上，更高的标准也不断设立。比如，早前一项“除非儿童能被证明非常贫穷和

---

① Alvin A. Hansen, "Progress and Declining Population," *American Economic Review*, March, 1939, pp. 1–6.

② Joseph A. Schumpeter, *Capitalism, Socialism and Democracy* (2nd ed.), Harper & Brothers, New York, 1947, Part II.

③ Albert G. Hart, *Money, Debt and Economic Activity*, Prentice-Hall, New York, 1948, chap. 19; Joseph A. Schumpeter, "The March into Socialism," *American Economic Review*, May, 1950, pp. 446–456; John K. Galbraith, *American Capitalism: The Concept of Countervailing Power*, Houghton Mifflin Co., Boston, 1952.

④ Tibor Scitovsky, Edward Shaw, and Lorie Tarshis, *Mobilizing Resources for War*, McGraw-Hill Book Co., New York 1951, pp. 130–131. 若要分析军事采购对价格的影响，请参考：John Perry Miller, *Pricing of Military Procurements*, Yale University Press, New Haven, 1949.

> 营养不良，否则不会为 10 岁儿童提供便宜的学校午餐”的措施被废除。福利服务方面的发展并没有产生规划的结果，也没有达到政府的初衷。一些措施的出现可能是战争机器需要更多男性参战和工作，一些可能是偶然发生的，一些可能是重新认识到原来被社会条件所忽略的需求后才有的，一些可能是因为战争带来的贫弱和残酷……这些都要求国家在经济和社会生活中做出革命性变革。

如果风险被分担的话，那么资源也应该共享。敦刻尔克事件在社会服务的战争历史中非常关键。在敦刻尔克大撤退之后，《时代》杂志发表了如下观点：我们在讨论
452 民主时，并不是说要保持投票的权利，而在讨论失去工作、获得生存的权利。当我们谈论平等时，我们并不是说要拥有政治的平等，而是在讨论取消社会和经济特权①。

不稳定性的表现形式各式各样。如资源流向国防本身就足以解释长期通胀的一种形式，当国防开支大大减少时，通货膨胀也不大可能发生。即使伴随着持续的流动支出，通胀也并非不可避免。如美国自 1951 年以来的价格历程，就没有持续上涨到能证明通胀不可避免的程度。

事实上，问题的严重程度和持续时间已经证明了自 1945 年以来的规划对通胀是有所控制的。二战结束后，中央政府的很多经济措施就在不遗余力地修复资源需求超过资源供给所带来的坏处。比如，我们能够观察到二战后英国政府的计划经济有多么少，且其经济努力地为当时英国发展制定实际的解决方案，我们也能观察到这些经济调查在很大程度上考虑了稳定性的要求②。或者，思考一下二战后法国重建所遭遇的长期通胀难题，我们都能看到政府在控制通胀上的努力③。

尽管可能不是长期性的，但是通胀这一新问题的出现比 20 世纪 30 年代的失业问题更能让我们思考通过角色和性格控制的重要性。对角色和性格的控制要求同一系列的技术来控制支出，就像稳定性所要求的一样。并且，近年来，已经改进的经济数据和国家收入计算的发展事实上为政府提供了有效的工具，以更理性地计算可
453 得资源所适用比例的支出总量。但是，对于某些行为采取什么样的控制措施才能使公民在缴纳重税的同时又不会将国会议员赶出他们的办公室？或者，如何才能促使国会议员冒着被弹劾的风险征收重税？或者，该怎样促使工会领导者和企业家协商出一个不会有通货膨胀风险的工资比率？又或者，该如何限制农民和他们的发言人保护他们收入（但可能会引发通货膨胀）的呼吁？价格体系内的稳定性的前提条件依赖于复杂的人性和角色特点，但是，西方经济政策中最不为人知的一点就是性格、特点是否和可以接受的稳定性程度一致？

或许，结果会表明价格体系内的稳定性取决于新的通货膨胀产生的原因：政府致力于全部就业。如果政治活动达成一致共识要求极高的就业水平，除非采取通货

---

① 引文略有删减，参见：Richard M. Titmuss, *Problems of Social Policy*, His Majesty's Stationery Office, London, 1950, pp. 506–508. 若要了解文中提到的影响长期通胀的其他因素，请参见：“Agenda for the Age of Inflation—I,” *The Economist*, August 18, 1951, pp. 382–384.

② 例见：*Great Britain*, *Economic Survey for* 1951, Cmnd. 8195, His Majesty's Stationery Office, London, 1951. 经济调查的内容和使用参见：Ben W. Lewis, *British Planning and Nationalization*, The Twentieth Century Fund, New York, 1952, chap. 1.

③ R. V. Rosa, “The Problem of French Recovery,” *Economic Journal*, June, 1949, pp. 154–170.

膨胀或者大量使用对价格和工资的科层制控制措施，否则高就业水平的目标不能实现。这种可能性已经成为稳定性规划中的一个重要议题①。它也凸显了稳定性高度依赖于无形资产，尤其取决于社会目标，而这些反过来又取决于角色和性格。

就价格体系中的稳定性要求角色和性格改变的程度来说，我们并不建议政府采用科层制的手段来改变它们。相反，稳定性的前提会持续地遭遇不稳定性的困扰，直到不稳定性带来的后果要求个人改变他们的领域从而使他们的角色和性格发生变化，进而导致他们的行为也发生变化。稳定性对领导者和非领导者的要求是一样的。

16.3　较高的资源产出和开发

在较高的资源产出和开发过程中，价格体系和中央控制的相对优点是什么？

前述对勤劳、创新和投资的激励的讨论，已经清楚地说明关于这两个过程的前 454
提条件方面，我们的知识仍然匮乏。我们都知道，通过储蓄-投资过程，通过对新的工具、机器和方法的创制，以及通过人力资源的开发，都可以增加资源的产量并实现其高度发展。但除此之外，我们还在艰难地探寻其他路径②。

因为价格体系包括了对企业内部效能的客观评估，并且企业的生存取决于绩效，这就导致我们常常理所当然地认为价格体系是较高资源产出和资源高度开发的最优控制机制。事实上，价格体系的优点并不那么容易说明，且其常困于自身严重缺陷之中。

在效率化方面，价格体系的最大贡献就是它可以制定出可以管理的议程。尽管价格体系内的选择与配置议程比较简单，但简单的议程并不必然会产生更多对较高资源产量和资源高度发展的积极追求。如果钢铁需要根据它的最优用途进行配置的话，很明显，类似钢铁将要分配到哪里去的决策就可以简化为买和卖的决策。但是，如果资源的供给扩大了，或者它们的产出在积极寻求培训、创新、制造和好的工作习惯后大大增加了，价格体系议程就可能不会再改变需要做出的决策的类型。

---

① 参见：United Nations，Department of Economic Affairs，*National and International Measures for Full Employment. Report by a Group of Experts Appointed by the Secretary General*，United Nations，Lake Success，N. Y.，December，1949；Jacob Viner，"Full Employment at Whatever Cost，" *Quarterly Journal of Economics*，August，1950，pp. 385－407；Arthur Smithies，"Full Employment at Whatever Cost：Comment，" *Quarterly Journal of Economics*，November，1950，pp. 642－647.

② 如先前所观察到的，现今人们的关注点往往在资源增加可能带来的经济提升上，而提高现有资源的产出这一过程往往在经济理论中被忽视。若要总结现有的经济增长理论，参见：James S. Duesenberry，"Some Aspects of the Theory of Economic Development，" *Explorations in Entrepreneurial History*. December 15，1950，pp. 63－102，and Joseph J. Spengler，"Theories of Socio-Economic Growth，" in Universities-National Bureau Committee on Economic Research，*Problems in the Study of Economic Growth*，National Bureau of Economic Research，New York，1949. 也可参见：Joseph Schumpeter，*The Theory of Economic Development*，Harvard University Press，Cambridge，1936；W. W. Rostow，*The Process of Economic Growth*，W. W. Norton and Co.，New York，1952；and P. N. Rosenstein-Rodan，"Problems of Industrialization of Eastern and South-eastern Europe，" *Economic Journal*，June-September，1943，p. 202ff.

发展依赖分配，价格体系对资源发展做出的最大贡献就是提供了一种分配机制，但是我们期望的远不仅如此。为了提高资源产量和资源的开发程度，我们还需
455 要发展出能不断激励好的工作习惯、试验、创新和在有限条件内最大化机会的角色和性格。每个国家不同的工人劳动生产率、管理实践的效率、创新率和经济生活节奏反映不同的文化差异，而不仅仅是控制手段上的差异[1]。当然，特定的控制手段和机制安排可能会刺激创造性的、具有想象力的性格和角色，但是现存知识并不足以保证它们必然会成功。在这一点上，在任何情况下，价格体系和中央控制之间的选择对于一个高度官僚化的现代社会来说并不一定是关键性的。

要理解这些先决条件很困难，因为资源产出和开发的目标并不容易确定。所有人都认识到了这一过程可能会低于目标，也可能会高于目标。因为，尽管理性的效率化要求资源的高产量和高度发展，但是它并没有要求资源产出的最大化或者生产率的最大化。事实上，没有人希望人们把所有的精力都花在工作上，而完全忽略休息时间。获得一份能赚钱的工作的前提是它并不会危害到就业者作为公民、朋友和邻居的角色。在增长方面，未来的收益往往是以即刻的满足为代价的，而我们也并不能找到一个未来收益等于当下损失的公式，这更多的是一种主观偏好。

政府机关和企业的成本削减

让我们在知识可行的范围内检验这一问题。我们可以将商业企业和中央控制的政府机关当作分析单位来更好地理解这一问题，因为高度的发展水平和激励高产出的措施，都需要激励政府机关或商业企业中的劳动者减少成本（事实上，当企业家
456 安装机器以提高每个工人的产出时，我们很难将这两个过程分开）。然后，我们可以通过研究两种不同组织中的成本削减来更好地理解资源产出和资源发展[2]。

政府机关和企业的区别。两种组织需要区别的地方在于，一种是通过价格体系进行控制，另一种是通过多头政治或科层制来进行控制。为了简便起见，我们将“企业”（enterprise）这一名词限定为由价格体系控制的组织，而“政府机关”（agency）这一名词限定为由中央控制的组织。人们很容易将这些名词简化为商业组织或政府组织。但是这样会导致严重错误，因为政府组织可能是政府的部、局或分支机构，所有这些都是中央控制的，也可能是主要由价格体系控制的商业企业。

当然，很多组织是既具有企业属性，又具有政府机关属性，由此也就导致组织

---

① John E. Sawyer, “Social Structure and Economic Progress: General Propositions and Some French Examples,” *American Economic Review*, Papers and Proceedings, May, 1951, pp. 321-329.

② 成本削减是一个组织中的每个成员的每个决策和行动的速度和精确度的结果。很多与资源产出和开发有关的决策同样也是资源分配的决策。实际上，因此，至少从一个企业中可以看到的分配过程都是实现较高的资源产出和开发的过程的一部分。我们认识到了这种关系，并且我们知道我们的文字无法描述现实世界中的纷繁复杂。我们已经分别讨论了分配的过程，接下来我们要检验成本削减的过程以更好地理解资源产出和开发，而不是简单地重复我们已经讨论过的分配的内容。

的一部分由价格体系控制，一部分由科层制或多头政治控制。英国的国有企业就是一个例证，当然还有田纳西河流域管理局、美国邮局，以及任何受中央控制的“私人”商业企业等。但是，为了简化起见，我们只讨论两种不具有混合属性的组织。

政府机关和企业之间的相似点。在评估政府机关和企业之间的区别时，我们不能忽略它们之间的相似点。第一，除了它们控制的对象和生产的物品不同外，两种组织都在价格体系内纳入劳动力和其他资源。第二，组织中的成本削减都取决于管理者和下属人员的绩效。此外，一个关键的变量就是影响下属人员动机和绩效的管理能力。第三，两种组织的规模都可大可小。可以确定的是，价格体系允许在效率化过程中更大程度的分权而非实行集权或多头政治。然而，商业企业也可以是规模 457
巨大且高度集权的。第四，两种类型的组织其内部架构都是科层制的。更具体地说，两种组织都是通过官僚制运行的。第五，管理的最主要货币激励手段是工资而非利润。

这五点对于理解价格体系控制的组织和通过科层制或多头政治来实现中央控制的组织的相似点至关重要。当然，小企业中受利润和回报激励的企业家与斯密所描述的类型是一样的。然而，在现代企业制度中，企业的股票利润和分红是管理收入的次要来源[①]。当然，这并不是说利润对企业家不再是激励和回报因素，而是说促成他们成就功绩的社会机制比以往要复杂多了。

对于私人小企业主来说，价格体系的线索直接就是其个人线索，因为商业的所得所失几乎与他们个人的所得和所失无异。但是在大型企业中，像我们所说过的，科层制的成员必须在指示或其他手段下才会将公司的收益和损失看作自己的个人收益或损失——也就是说，只有在指示下，科层制的成员才会从中选择一种情况，而避免另一种（要么当作自己的得失，要么只是公司的得失）。或者，在把企业成长和声誉看得比追求利润更重要的企业，科层制企业的成员必须明确如何实现这些目标。因此，大型企业内部复杂的科层制就必须制定一套激励机制以替代个人的收益或损失。

简而言之，在大型企业中，价格体系的线索不能在科层制的内部直接与人沟通，内部科层制必须要提供一种沟通机制将市场线索直接瞄准那些特定成员。相似的，价格体系的回报和惩罚也不能直接落到科层制内部的决策者身上。科层制应该采取一些补充性措施，以将企业的利润和损失、职位所得，或是名誉转移到它成员的个人得失中。

政府机关和企业中的第六个相似点就是组织内部相同的控制手段能够产生一样的成员，在两种组织中都能发现成员的忠诚。因此，在中央控制的政府机关中也能 458
找到企业中那样非常雄心勃勃、忠心耿耿、甘于奉献的员工。或许还需要再进行更为详尽的研究才能知道比目前确认的更多的两种组织的区别。但是根据民间调查，这两个组织并不存在谁更为优先的关系。从这一点来看，美国农业部门的执行管理者与美国电话和电报的执行管理者并没有什么区别。

---

① 参见：Robert A. Gordon, *Business Leadership in the Large Corporation*, The Brookings Institution, Washington, 1945, Part III.

第七个也是最后一个相似点是，竞争是两种组织的动机的主要来源。可以确定的是，有些人可能会说企业是竞争性的，但政府机关并不具有竞争性。但是，此时对竞争的定义仅仅是从经济理论中的较狭窄的技术层面理解罢了。另一方面，作为对抗形式的竞争是普遍存在的，它在政府机关中发挥的作用并不比在企业中要小。两种组织中的声望、升职、加薪，几乎任何一种能够在组织中获得的奖励，都取决于一个人有竞争力的表现。

企业内削减成本的激励更强

政府机关和企业之间的相似点启发我们在概括削减两种组织成本的激励的区别时要尤其小心。然而，因为一些原因，我们可以相信企业削减成本的激励更强一些。

首先，政府机关常常比企业更多地承受第 8 章中讨论的科层制和官僚制的缺陷。繁文缛节、推诿扯皮、缺乏弹性、过度集中都会阻碍政府机关积极削减成本。当然，大型企业也会有上述提到的科层化的缺点，但是两者的区别就在于大型企业的外在控制并不是科层化和科层制的，但是政府机关的外在控制常常是这样的。因此，虽然企业的高层管理处于科层化的顶端，但是企业与政府机关相比却极少表现出科层化的病理特点，后者常常处于上级和下级都是科层的局面。

459 但是除了前述的原因之外，我们在此还给出了企业具有更强的削减成本的激励的原因。

灵活的拨款。让我们来思考一下传统的政府机关。它的功能都已经在法律规章或其他官方上级的说明中描述得清清楚楚。基于对它所需的资源的预期，不同的生产要素被分配给政府机关，或者是给政府机关分配一定的资金来购买劳动力、生产材料和其他的要素。政府机关需要的资源或资金是如何估计的呢？通常的方法是上级组织检查下级组织在一个运营周期结束时的预算。在询问旧的分配是否超额或不足、组织功能的变革是否需要调整、经济目标在现有的劳动力和其他材料基础上是否能够完成等等这些问题之后，上级会做出新的分配。为了保护政府机关的预算，下级政府机关常常会非常用心地用完上一年度的拨款，在给上级的报告中，它会更强调政府机关所承担的各种责任和压力。

此外，上级政府机关一般使用下级政府机关运营的经济信息来削减新的拨款，而不是用来拨付更多的款项，下级政府机关一般对此心知肚明。对于政府机关的成员来说——他们一般十分清楚，如果商品的成本下降的话，其实消费者在这个商品上会花比以往更多的钱——当政府机关承认它们削减了成本时，上级政府机关给它们的拨款不可避免或多多少少会有所削减，这样的情况对下级政府机关来说非常不理性，因为可能会威胁到政府机关的安全。因此，政府机关试图证明它们比较有效率的渴求常常与保护自己的拨款的渴求背道而驰。

再者，德文斯所记录的英国飞机生产部门所遭遇的困境就说明了这一点。当时德文斯作为一名联络官，决定生产哪种产品的责任就落在了他的身上。对他来说，当时为了弄清事实，最大的困难来自如何从他自己的组织成员中获得信息。因为对似的安排大多是集体同意的结果，而不是法律规定的产物。

为了避免工会带来的问题，就只考虑在西方社会消除工会，这种想法可能过于轻率。在西方多头政治的情况下，没有一种令人认可的能够替代有影响力的工会的选择。此外，还存在价值问题。在多头政治情况下，没有一个政治联盟想去破坏工会主义。如果可以的话，自由党和劳动党的政府也不会去破坏工会运动，保守党的政府也不会去破坏工会，这样它们就不会失去选票，也不用破坏共识。在这两种情况下，如果它们都实行了多头政治，它们都会相当珍视。

在现代的民主社会，工会就是权力的一块“飞地”，是社会联盟在缺少飞离的部分的时候不能过分加以限制的一个要素。因此，工会运动可以成功地要求和保证它们和政府讨价还价的机会。非国会中的多数代表可以在涉及工会的重要问题上实行他们的最后否决权，对这些问题的最后否决权在某种程度上是工会会员的权利，而多数人选出的发言人则需要准备与工会讨价还价，或者面对可能的暴力、混乱、抵制。多头政治中聪明的信仰者不会把讨价还价当作明智之举。

主要问题

485 集体讨价还价形式的互惠关系至少引发了三个基本公共政策问题：(1) 高效使用劳动力资源的问题——限制产出、劳动力流动性、招聘、培训等等；(2) 中断生产的罢工事件对于福利的可接受水平来说非常关键；(3) 工会主义对价格体系的影响，即工会须对工资和相关事务提出要求，如缩短工时、退休金、带薪休假等可能会将劳动力的成本提高到某一点，在这一点上，经济的稳定性和通过价格体系进行协调会受到威胁。

第一个问题可能并不会使经济组织产生一些基本问题。在问题能够解决的范围内，和行业垄断的问题一样，这一问题也需要对某种技术进行检查。这种解决方法需要出台一些具体的政策，这不在本书讨论的范围内。当然，这并不是说政策制定者可以对问题熟视无睹，只是这一问题需要具体分析的程度我们在此不便展开。

罢工

第二个问题，即中断重要产品的生产，引发了很多重要问题，因为它本身就是讨价还价过程的核心所在。因为罢工是集体讨价还价中的重要手段，因此，除非消除讨价还价，否则罢工始终存在。讨价还价是西方社会中的工人和他们的领导者通过主动地或者被动地支持主要决策制定者而互相控制的一种形式。讨价还价成为雇主的科层制控制和价格体系自发控制组合的替代选择，尽管他们对这个控制组织难以忍受。工人组织强制实施讨价还价的重要手段就是罢工，而罢工能够使工人组织影响雇主的行为。简而言之，罢工是讨价还价所需要的一种重要控制工具。多头政治中可以通过投票将不受欢迎的官员赶出办公室，这是多头政治互惠机制惯例中的异常或故障之处；而相较于此，集体讨价还价中的罢工行为并不是异常或出错的政府部门的中央权威存有疑心，生产董事会不愿意公布信息。有时因为缺乏预期或需要比生产计划更多的资源以向董事会外面的人证明自己，他们甚至隐藏信息。因此，仅仅是获知事实这一“简单”的问题有多么严重，已经不得而知。460

> 为了获得需要的信息，规划董事会主要使用了两种进攻路线。首先，他们使用了最为复杂的间谍手段……另一条进攻路线就是发掘那些对他们实现飞机产量最大化目标极为重要的官员，不管是在M.A.P.企业还是空军部门，对于他们来说这些人比他们自己的董事会重要多了。之后，规划董事会努力去认识这些官员，甚至发展成朋友，然后再将这些官员作为主要的协调工具……①

在获得拨款时，还存在另一个重要难题。政府部门的困难已经非常清楚了，主要是找不到一个满意的目标体系。对资源产出和分配来说——这两个常常难以分开——“现实”的预算或者“目标”导向的预算都不是令人满意的。实质上，对现实情况的评估，如希望从企业中得到什么等作为拨款的依据，可能会削弱企业提高其投入-产出比例的激励。目标导向的预算不满意之处在于，通常人们会认为目标很难达到，所以协调常常失败。

有些政府机关会尽力使这些困难最小化，我们可以想象在一种更令人满意的安排中，拨款是随产出灵活变动的，如果政府机关产量预期提高，那么给政府机关的拨款也会有计划地调整。我们也可以想象在另外一种安排中，通过可能的最大化成本，在没有咨询上级政府机关的情况下，下级政府机关增加了它的产量，这样就产生了削减成本的有力激励。这些安排可能会消除隐藏信息的问题，也会避免政府机关刻意花光过去的拨款而造成浪费。简单来讲，上级政府机关可能会立马给下级政府机关提供资源，但是也会根据它们服务的绩效进行直接调整。

当然，价格体系直接包含了这样一种拨款机制，因为企业是通过一定的价格售卖服务来获得“拨款”的。这种审时度势的拨款机制是企业削减成本的激励的主要来源。这种机制在不同的价格体系内比比皆是。461

可以确定的是，在某些情况下，企业管理可以通过限制产出而非生产来获得资金。因此，这个时候拨款机制的效果就取决于先前讨论的主要控制和次要控制的效果②。(顺便提一下，这种灵活的拨款机制并不单单取决于市场竞争，因为补充控制的形式有很多种。企业成本的削减并不能简单地归因于市场机制。)

组织目标。因为组织目标的不同，企业和政府机构存在诸多差异，这些差异之间可能会互相转化。一方面，政府机构的管理者并不需要把削减成本当作组织目标，而企业的管理者必须如此。政府机构的目标常常是为了实现一个特定的目的，而企业的目标常常是为了通过最优的投入-产出比取得目标。政府机构可能只是为了提供某项服务，而企业的目标则可能是试图以最低的成本提供某种服务。对于企业管理者来说，以最低的成本进行生产可能会比产品本身更让人振奋。当然，政府机构也会对低成本服务感兴趣，但它们获得的财政拨款与它们是否节约了成本并没

---

① Ely Devons, *Planning in Practice*, The University Press, Cambridge, England, 1950, p. 183.

② 第6章。

有直接关系，而这是企业管理者削减成本的有力动机。因此，对于科层制的成员来说，他们并不会把削减成本当作组织的主要目标。

企业将成本削减当作组织重要目标之一的另一个原因是，具体数量的产品其单位成本是可以计算的。但是，政府机构却并不如此。因为企业只会在有这样的（可以计算单位成本）产品时才会进行生产，因此我们并不需要将其归因于价格体系的优点（其局限性已经讨论过了）。另一个原因是，如果上级组织确定了政府机构可
462 得的资金和产品数量之间的关系，企业管理本身会提高对这一关系的反应程度，并且会试图控制自身的产品和收入。

地位和声望。如果削减成本成为组织的主要目标之一，用不了多久，成本削减者就会获得企业内部或外部的人想要的地位和声望。这种发展更加强化了成本削减的重要性，并且，有时候有助于解释为什么那些原来在企业担任管理角色的人在进入政府机关后会继续扮演成本削减者的角色，而传统上，政府机关的管理者通常并不关心它们的运行成本。有个例子可说明这一趋势：二战一开始，一些商人就进入了美国政府的储备项目，以飞涨的价格大肆购买原材料，这些价格暗示了商人习惯性的反应——在这个案例中，却是一个错误的反应。

目标的多重性和差异性。对企业关注削减成本的另外一种解释是，通常地，企业的目标少而相似，另一方面，任何一个政府机关组织可能都承担了一系列不同的功能。以美国邮局为例，其承担了多种责任，如递送信件、禁止邮寄淫秽信件和其他违法文件、给忠诚党员提供奖金、托管小额储蓄，以及售卖债券等。尽管所有这些功能都非常值得履行，但功能的多重性和多样性并不利于其成本计算，有时甚至会隐藏成本，且在任何情况下，都可能想要减少成本的重要性。

不可协调的收益和支出决策。政府机关削减成本激励的第二大障碍（也是可修复的障碍），就是一个上级领导者可能会给政府机关指定新的功能和支出，然而另一个上级可能会拨付资源或资金。在更糟糕的情况下，如在美国，法律制定者可能会投票要求政府机关满足投票者想要的一些功能，但是在开展这些工作时，法律制定者可能又会不拨付足够的资金从而使工作受挫。知道功能和资源可能非常不相关之后，政府机关的管理者很难像企业的管理者一样对削减成本采取同样的态度，除非所有的企业都解散了，这种差异才会消失。

463 **价格体系的“自发”奖惩机制**。像在选择-配置过程中一样，价格体系的自发奖惩机制会对成本削减施加压力，不管人们是否按照这种方式进行规划。但是，国会委员会是没有那么多精力去对每一个下级政府机关的运行成本是否在合理的最低区间进行核实的。尽管抽样检查可能是必要的辅助手段，但也有不尽完善的地方。事实上，数目巨大的支出完全不受任何限制，即使有也常常为时已晚。比如，汉福德区（Hanford）的预算支出是 620 万美元，但是在这一巨大赤字引起权力部门注意之前，它实际支出多达 1 650 万美元①。

尽管这是一个极端案例，在紧急情况、保密和创新需求之下，这一行动可能也

① 参见：U. S. Congress，Joint Committee on Atomic Energy，*Investigation into the United States Atomic Energy Project*：*Hearings* (81st Congress 1st Session)，May 26-July 11，1949，22 vols.，pp. 329ff.

是可以理解的，比这稍微不那么轰动的案例更是不胜枚举了。当然，这并不意味着科层制的监管经常是不令人满意的，这些案例只不过指出了成本监管可能是科层制某些部门的负担。但是在价格体系内的这种任务（监管）常常成了消费者购买的副产品。

通过产品或程序进行控制。对成本削减态度不同的另一个原因在于，企业中的管理者具有对新过程和新设备进行检验的自由。成功的检验是要检验它们实现了什么，而不是它们怎么做的。另一方面，在政府机关中，因为不能拿产品或服务来进行效率检验，上级部门只能通过检验政府机关履行功能的方法来进行之。因此，上级政府机关需要知道和下级政府机关一样多的管理技术，这通常是不可能的。或者只能保存旧的已知的方法，因为这些检验对那些能自由创新的管理者并不适用。

然而，这一方法虽然对企业有益，但是却不能推行太远。通常来说，当工作质量极端重要时，对方法的监察是效率监察的最优手段。确实，产品和方法有时是极难分开的，医药服务就是一个例子。当生产方法非常重要时，价格体系就显得非常不足。为了有效地监管生产方法，科层制有时必须取代价格体系。

转移成本对减少成本。当完成特定目标的成本非常高时，政府机关给它们的管 464
理提出了一种选择，要么通过更高效的方法减少成本，要么将成本转移到科层制的其他部分。因此，西方国家开垦项目的管理者成功地逃脱了对农业灌溉项目投资的利息成本。然而在价格体系内，人贵自立。有时政府机关和企业之间的区别可能被夸大了。企业有时可以收到政府的补贴，而政府机关一般可以自力更生。然而，对自主的企业来说，将成本转移到其他地方相对比较困难。相反，政府机关的管理往往通过将成本转移给其他部门反而给人一种高效的假象①。

增长点。最后，市场型企业可能在成本削减上具有优先性，因为成本削减点恰恰就是经济增长点。这也就是说，任何企业的成本削减都会立马使企业处于扩大运营的优势位置，同时这也给管理提供了削减成本的激励。在政府机关中，成本的削减可能并不引人注意，即使有人注意到，也并不会诱导上级扩大其服务范围。有些情况下，大量资源流向效率较低的政府机关这种相反的趋势可能会出现，因为完成它们的工作需要大量的拨款。

企业削减成本的缺点

尽管企业在上述所有方面都具有优越性，但是企业成本的削减在其他方面可能是有问题的或存在缺陷的。

劳动生产率的激励。一种可能是企业下级的成本削减激励比较弱。不论是有组
织的还是未组织的，雇佣劳动者之间的产出限制都是一个普遍现象。通常企业对潜 465
在的所得的预期值会非常高②。但是，在这些预期中假设的条件通常并不清楚，而

---

① 当然，正如我们所说的，企业的效率通常很低，因为它们通过第三方损失来转移成本；而政府机构通常对第三方损失更为敏感。

② 参见：R. P. Lynton, *Incentives and Management in British Industry*, Routledge and Kegan Paul, Ltd., London, 1949.

观察者们一致认为25%～50%之间的收益是大有可能的，这个预期足以让所有人大开眼界，因为企业内部削减成本的动机远远超出现实中的理想情况。然而，同样的增加劳动生产率的可能在政府机关中也存在。因此，我们不能立马从企业的缺陷中概括出政府机关的优越性。而且，已经达到的和潜在可能达到的目标之间的巨大差距也提出了一些问题。

价格体系中的不安全之处作为限制工作的一个来源，会比政府机关中的限制性措施对效率带来更多损失吗？企业内员工与雇主、所有者和非所有者、资本家和工人之间产生的紧张关系会比政府机关内上级和下级、员工与雇主之间的紧张关系更不利于成本削减吗？让人吃惊的是，所有有关这些不安全和紧张关系的研究以及它们对产出的影响的研究都表明，这种比较是不可行的。企业和政府机关在这些方面的区别可能并不是那么大，而且价格体系本身——比如，私人企业和国有企业之间，以及不同类型的科层制之间——可能对劳动产出的影响更大。

创新的风险。有些圈子里会不加批判地就接受“企业管理者会冒风险而政府机关管理者不会冒风险”这种看法，前者被称为企业家，后者被称为官僚。然而，就像核能的发展一样，有时候创新的成本和风险非常大，而价格体系的激励不足以做出回应。此时，需要一组不同的激励措施，这组激励需要提供更有保障的奖励和保护措施，而不是非常严重的惩罚。因此，美国政府在农业和核能的研究上比商业企业和大学投入更多的资金，并且在这样具有特点的经济部门，美国政府扮演了主要
466 的创新者的角色。二战后，美国政府成为技术研发支出的主要支持者，即使不算政府在核能研究上的支出①。

转移创新成本。企业和政府机关最后一个重要的区别就是企业可以更容易地通过成本削减来摆脱第三方强加给它的社会成本。众所周知，变化常常是具有破坏性的。那些社会地位或能力本就弱的人、那些家园被破坏的人、那些已经在社区扎根却又惨被撕裂的人不得不另觅他处安身时，变化带给他们的艰难更为严峻。因为政府机关通常是由上级政府机关进行协调的，它们必须对下级政府机关的所作所为负责，因此，对政府机关来说，不考虑那些流离失所的人而进行创新是非常艰难的选择。然而，在价格体系内部，开除员工、摧毁社区，甚至破坏小镇的生活，简直不费吹灰之力，因为管控只关心产品是否成本足够低，而根本不会过问使用的是什么生产方法。因此创新的第三方效应对政府机关决策的影响比对企业决策的影响要大得多，企业内部不需要考虑决策带来的各方损害。这既是价格体系非理性的主要来源，同时也是创新的主要激励因素。

令人好奇的是，这种非理性的创新颇为令人敬佩，但是政府机关内部却经常传出人们对创新会遭遇挫折的忧虑，因为所有人都担心创新可能会取代某些人的工作。一个人可能会后悔价格体系内的非理性变化却又担心政府机关内的创新。因为人们担心少数人指导的非理性政策，相反地，可能会受到那些利用大众对政治的冷漠而从中渔利的人的影响。

---

① President's Scientific Research Board, *Science and Public Policy*, U. S. Government Printing Office, Washington, 1947, vol. 1, p. 12. 在二战前，工业大概占总支出的2/3。

较高的资源产出和开发的前提条件

较高的资源产出和开发的前提条件是什么?

政府还是企业。通常，对资源高产出的关心并不会引发价格体系取代科层制， 467
反之亦然。但是从边际的（也是决定性的）角度考虑资源产出可能会相当理性，因为一种技术相对于另一种技术的优越性还没有通过其他标准明确建立，如分布、选择或配置等。我们很难找到仅仅为了提高资源产出而以政府机关取代企业的例子。另一方面，对美国铁路建设的管制、农产品支持价格、通过政府研究开发核能、进口许可证、提供免费医疗等等这些决策却又并非没有考虑资源产出。在控制项目可能带来的一些局限性方面，资源产出可能具有决定性作用。

资源产出是一个边际考虑，主要有两点原因。第一，在价格体系和中央控制之间的选择很大程度上可能是由市场体系或中央控制在解决选择-配置问题上的缺陷所决定的，如在国防方面，很明显需要科层制控制而不需要考虑资源产出可能带来的一系列后果。第二，管理资源产出的要素知识还没有发展到资源产出能起决定作用的水平。考虑到资源高产出对进一步改善选择-配置的重要性，英国钢铁的国有化是正确的还是错误的，很大程度上要以其对资源产出的影响来看。但是到目前为止，我们的知识还不足以预测可能的后果。

资源产出和开发的专业化中央控制。然而，我们很清楚的是，对成本削减的关注常常需要科层制的或多头政治的工具来提高政府机关和企业内部可得的资源产量、质量或数量。以科层制技术进行重建和发展的想法可能来自一份政府机关名单，在这个名单上，美国或和其他国家希望通过协作鼓励海外开发和重建。这份名单令人印象深刻：公共安全管理局、国家技术援助项目、联合国经济及社会 468
理事会（技术支持和其他协助）、国际货币基金组织、世界卫生组织、联合国粮食农业组织、联合国教科文组织［包括像海地（Haitian）峡谷开发工程等类似的项目］、农业部门、进出口银行、商务部、内政部（仅指美国）、海关税则委员会（市场调查）、国防部（离岸购买）、美国联邦储备委员会和银行（财政的技术支持）。即使名单这么长，还有不完整的地方。

近来的一些发展更加强调增强对中央控制的依赖性。第一，集体选择重要性在增强，因为在住房和城市重建方面，投资决定选择，而企业不能或不愿意在这些项目上进行投资。第二，我们的期望已经超越了价格体系的技术能力。毫无疑问，即使对政府来说，几年前，美国政府对原子弹 20 亿美元的投资就是一个近乎赌博的行动。美国西部回收项目现在就认识到了先前应该被取消的试图利用俄勒冈州的水资源给干旱的西南部灌溉是多么愚蠢且不英勇的一件事①。此外，成本和回报计算的不确定性都要求要有科层制的存在②。第三，国防需求要求资源开发在价格体系

---

① *Time*, July 30, 1951, pp. 48–51.

② 若要了解更多发展项目的第三方效应的案例，参见：H. W. Singer's "vicious circles" in his "Economic Progress in Underdeveloped Countries," *Social Research*, March, 1949, pp. 1–11.

内无利可图①。第四，价格体系克服落后地区发展所涉及的风险和成本回收的过程是很漫长的。第五，人们越发认识到人力资源才是能最大限度开发的资源，但是价格体系内的企业在教育和专业培训上的投入还不够。

企业和政府机关的改进。我们已经讨论了价格体系和科层制在资源产出和增长
469 上的区别，通过以下几种方法二者都可以获得提高。对企业来说，提供产出的先决条件就是减少阻碍风险投资的风险，经济和政治稳定性都有助于实现这一目标，尽管其他的措施可能也会有所助益。提高政府机关的产出的可能方法在此值得讨论。

更强的削减政府机关内的成本的动机，其先决条件之一就是要改变对失败的公共态度。尽管许多人都要承受不成功的新方法和新产品的商业冒险，但总体来说这并不是公众对代价高昂的市场企业失败产生抱怨的原因。相反，对政府机关来说，代价高昂的失败常常是可耻的，因此，每一个创新者都期盼着国会听证会的可能。但如果创新每一次都能成功的话，那就不叫成功了。

因此，创新的先决条件之一就是要接受失败，像科层制也会有科层制的失败一样，价格体系也有失败的概率。比如，美国每年都有 5%～20%的企业会难以为继(有些可能不是不赢利)②。这并不是不可实现的期望，汉福德区超支 1 000 万美元也没有引起任何反对的声音。我们期望在那些实验的迫切性并不弱于原子能的领域，人们能够认识到失败的优点，这并非不合时宜。

职业化、专业化、成本削减也被认为是科层制的先决条件，如美国的预算管理局和会计办公室（General Accounting Office)。当然，其他的技术也可以尝试。AEC 的合同制显然成功地将政府机关的产出责任和合同制企业在高效生产技术上的专业化结合起来。可以确定的是，这两个团体和两种功能并没有完全分离。

另外一个先决条件掺杂了强调功能和方法的行政改革，目的在于根据成本衡量
470 结果并防止成本转移，以及协调收益和支出决策。这些改革中的任何一个都不是遥不可及的期望，事实上，它们都正在进行中③。

最后，当变革是令人满意的但却又会遭遇抵抗时，我们必须采取一些可能的方法去化解。根据这个目标，通过补偿第三方损失或控制变革比率来减少变革阻力的政策还远远不够，可能通过加速变革才能使它的过渡作用不会持续得太长。那些因加固设备取代铁路工人，而使后者获得补偿金的例子，可以解释目前政策执行的程度。因为补偿的成本由铁路运输部门自己承担，它们不是补偿那些受伤的人，而是通过高昂的成本巩固自身并进行成本削减。

我们基于其他理由讨论的党内团结也有利于克服变革的阻力，因为它能削弱以牺牲多数人的利益为代价的特殊压力集团的政治力量。当然对于某些机关来说，它们希望增加自主权以使它们像企业的变革一样，即虽然会带来第三方损害，但是却

---

① 参见：The report of the President's Materials Policy Commission, *Resources for Freedom*, U. S. Government Printing Office, Washington, June, 1952, 5 vols.

② Alfred, R. Oxenfeldt, *Industrial Pricing and Market Practices*, Prentice-Hall, New York, 1951, pp. 10–11.

③ 参见：Clarence E. Ridley and Herbert A. Simon, *Measuring Municipal Activities*, International City Managers' Association, Chicago, 1943.

不必承担某些责任。这实际上是当价格体系不理性时，希望科层制也不理性，它的优点就只能取决于少数群体非理性地限制创新的可能性。

事实上，企业和机关削减成本最有可能的方法就是提高工人或下级政府机关的工作绩效。在我们现在的时代，最大限度地释放工作人员的能量是所有组织最应该做也是最有可能的事情。当年，工业社会化使很多改革者都认为这是可能的，但这种可能当时并没有实现。从本就少见的现存依据来看，这种可能性很难实现，如果可以实现的话，它必然靠的是对社会组织的许许多多的微观调整。为了实现这种可能性而在科层制和市场体系之间进行选择是非常没有必要的。我们现在看到的事实是，讨价还价比这两者有希望的多。

16.4 对价格体系和中央控制的总结性观察

为什么我们不考虑使用多头政治和其他在价格体系内不具有回应性的一般形式 471
来构成一个合理选择，以科层制来补充或替代价格体系呢？对这一点可能很多人疑惑不解。这一问题的答案具有两重含义：第一，我们试图找出控制过程失败的地方，比如，在价格体系内，控制过程是不能保护第三方利益的，控制过程也不能保证一个令人满意的稳定程度，控制过程对资源需求的忽略并不是可支配收入强制的结果。

第二，到目前为止还存在一种回应性的一般剩余问题，因为价格体系对企业家的控制也从来不是完美无缺的，因此，科层制取代价格体系并不是一个明智之举。因为那些在价格体系内竞争的或讨价还价的控制仍不明显地方，科层制的补充控制就成为合适之选。如果这些价格体系内对企业家的控制措施都被证明是有缺陷的话，它们在价格体系之外也很难成为适宜的选择，当然，除非它们能处理我们在这章和下一章要讨论的比较宽泛的问题。在市场控制仅仅因为它们不能够与企业家结合而备受争议的情形下，缺乏市场控制的科层制相较于具有市场控制的科层制会令人更不满意。

也许已经有人注意到，我们还没有对价格体系、中央控制在自由和强制方面进行评估。这些评估和第 2 章中提出的价值一致，因此无须过多讨论。重要的是，价格体系、科层制和多头政治都是控制的形式。极端主义者认为的价格体系是自由的一种形式，只有科层制和多头政治则是控制的形式，这显然是不对的。每一种控制的形式都会有自己的克星[①]。

---

① 参见第 4 章。

第 17 章

政治-经济技术中的讨价还价

472 仅仅只有讨价还价组织的政治-经济系统并不像那些只有价格体系或中央控制组织的系统那样容易想象。作为一个概念，讨价还价系统缺乏清晰性。因为核心角色对讨价还价缺乏信心，讨价还价技术的支持者经常将这一技术作为中央控制和价格体系控制的修正措施。然而，政治-经济组织的一组技术包括集体讨价还价、工人参与管理决策以及企业领导者、工人和农业中的正式的或非正式的全国性讨价还价，这些都反映了政治-经济生活中组织讨价还价可能性的一个常见的核心观念。

讨价还价是领导者们互相控制的一种形式。因此，讨价还价通常意味着科层制中不同代表间的互惠关系。在讨价还价技术的讨论中，我们提到每个科层制下属的数量往往极为庞大。因此，讨价还价有时候并不像人们所想的那样是一种明确的选择，事实上，它并不可能会避免科层制的一些坏处，又有可能恶化了协调问题。但另一方面，对于单一制国家来说，讨价还价还在不断成为它们唯一可能的选择。

因为讨价还价缺乏广泛被认可的理论基础①，它的提出常常是因为它是带来坏处最少的一种选择，而它的优点主要和它的便捷性有关。因此，在一些倡议中，讨价还价被贴上了“现实主义者”、客观冷静和政策技巧的标签。讨价还价好名声的另一个原因是市场中的讨价还价行为看起来和“自由企业”（free enter-
473 prise）系统紧密相连。但事实上，讨价还价很有可能构成了“自

① 除了作为价格体系的一个次要控制手段之外，讨价还价也只出现在双头垄断市场、寡头市场和双边卖主垄断市场中。

由企业”系统激进的修正或可供替代的选择。

可以确定的是，有些讨价还价是在价格体系内强化有竞争力的控制的手段。而其他的手段则不能构成在市场体系中通过双边垄断或互惠垄断而进行控制的有竞争力的工具。这两种可能在前面章节中已经讨论过，但是却可能会掩盖这一事实，即可能还有其他的讨价还价方式可以构成修正消费者自由选择效果和价格体系内的其他重要过程的控制手段。确实，很多讨价还价的议题都需要正视价格体系的不足，甚至那些提议“将商业、劳动力和农业结合起来”的人都不知不觉地将市场功能转移到了白宫。像科层制一样，讨价还价也是可替代价格体系的一种选择，我们在这一章予以评价。

前面的章节已经讨论过讨价还价的特点了。另外，因为讨价还价也是协调科层制的一种手段，它的许多特点也是科层制的特点，这些都已经作为一般过程和“经济效益最大化”的一种技术在前面大量讨论过了。为了进一步加深对讨价还价的理解，我们现在需要讨论一下为实现特定目标讨价还价的几种具体技术。

17.1　行业内的控制

行业内的工人控制是讨价还价的一种常见形式。在美国，工人通过集体讨价还价可以参与工厂、企业和行业的决策①。但是相较于集体讨价还价，目前还有很多已经被提出或已经存在的技术可以强化工人和雇主之间的互惠关系②。

工人控制的建议

自从工业制度产生以来，工人一直就被赋予参与某些要求改革工业结构的决策 474
的形式。

① 参见：Neil W. Chamberlain, *The Union Challenge to Management Control*, Harper & Brothers, New York, 1948.

② 参见：International Labor Office, *Cooperation in Industry*, Geneva, 1951. International Labor Office, *Labor-Management Cooperation in France*, Geneva, 1950. Quentin Lauer, S. J., “Co-Management in Germany,” *Social Order*, January, 1951, pp. 11—22. Leo C. Brown, S. J., “Labor-Management Cooperation, a Progress-Survey of European Developments,” *Social Order*, May, 1951, pp. 211—223. Bruno Broecker, *Wirtschaftliche Mitbestimmung der Betriebsräte? Eine Frage aus dem Bereich der Wirschaftsdemokratie*, C. E. Poeschel Verlag, Stuttgart, 1948; 参见：particularly the collation of Weimar law, Control Council decrees, and constitutional articles of the various *laender*, pp. 65ff.. Harold Rasch, *Grundfragen der Wirtschaftsverfassung*, Helmut Küpper Verlag, Godesberg, 1948. William Heston McPherson, *Works Councils Under the German Republic*, University of Chicago Libraries. Chicago, 1939. Pierre Lassègue, *La Reforme de l'entreprise*, *Librairie du Recueil Sirey*, Paris, 1948. Val R. Lorwin, “The Struggle for Control of the French Trade-Union Movement, 1945—1949,” chap. 12 in E. M. Earle (ed.), *Modern France*, *Problems of the Third and Fourth Republics*, Princeton University Press, Princeton, 1951, Margaret Cole, *Miners and the Board*, Fabian Publications and Victor Gollancz, London, 1948. Action Society Trust, *The Future of the Unions*, *London*, 1941. Action Society Trust, *The Men on the Boards*, London, 1941. Clinton S. Golden and Harold J. Ruttenberg, *The Dynamics of Industrial Democracy*, Harper & Brothers, New York, 1942, Appendix 1.

长达一个世纪以来，民主社会主义者一直在不断地宣传行业内的“经济民主和自主管理”。自教皇利奥十三世在1891年写下《劳工问题》(*Rerum Novarum*，又译《新事通谕》)，尤其是自教皇庇护十一世发表《四十年通谕》(*Quadragesimo Anno*)以来，左翼天主教徒就强烈支持企业内的这种改革。即使是比较保守的美国工会领导者有时也会倡导工人参与决策。在一战期间，铁路同业会资助了“重锤计划”(Plumb Plan)，要求铁路由美国政府所有，且其运行由一个15人组成的委员会管理，其中的5人由铁路工人投票选出。

1940年，首席信息官（chief information officer，CIO）的领导人默里（Philip Murray）向总统提交了一份匿名支持首席信息官的《工业委员会计划》。这份计划建议总统在每一个基本国防工业领域都建立工业委员会，委员会成员由管理者和行业劳动者的同等数量的代表组成，政府代表当委员会主席。具有一定法定权力的工业委员会可以协调行业内的生产设备，分配原材料、合同、工厂设备，调整劳动力供应，并积极进行规划。

幻灭

475 国有化企业中的工人很快就会发现他们面临同样的旧科层制结构，工人和雇主之间巨大的差距等问题都和旧时如出一辙。政府官僚取代了非政府官僚，就工厂或行业内的权力关系而言，变革的只不过是整体的程度。在长达数年的每年年会上都要对工人控制方面的问题进行争论，工人代表在未来国有企业管理层占据席位已成为既定政策之后，1945年工党掌权之后，英国立即摒弃了国有企业中需有工人代表这一想法①。6年之后，科尔说道，截止到目前，英国的民主社会主义全面告败，一部分是因为它忽略了工业民主化，因此没有完成任何英国社会权力关系的实际改革②。

最近的德国提议

二战结束后的欧洲大陆，工人委员会的制度安排却在一个又一个国家通过集体讨价还价、宪法规定和道德高度的约束而取得胜利。最激进的需求来自民主社会主义运动最为活跃的历史舞台——德国。**共同决定权**（Mitbestimmungsrecht）成为工会运动和社会主义政党运动的基本原则，这一原则被基督民主同盟广泛接受。共同管理取代了国家所有，成为德国民主社会主义和政治工会主义的核心要义。大多数战后所写的联邦德国的《联邦宪法》都包含允许共同管理的条款。在经过雇主和雇员之间长久却又效果寥寥的协商、德国媒体和期刊上的长久讨论、所有各方提出的无数提议、德国鲁尔区发生的罢工威胁，以及美国全国制造商协会的严重警告，

① Robert A. Dahl, "Workers' Control of Industry and the British Labor Party," *American Political Science Review*, October, 1947, pp. 875-900.

② G. D. H. Cole, "Shall Socialism Fail?" *The New Statesman and Nation*, May 5, 1951, pp. 496ff.

最后在 1951 年波恩政府通过了在煤炭、钢铁行业联合管理的立法[①]。尽管这一立法的结果仍是不确定的，但是至少战后以来，任何一个西方国家颁布的法案都没有这 476
个法案对权力、社会地位、尊重等的重新分配影响更为深远。

因为还涉及其他问题，单纯地评估共同管理工具的一般角色并不容易。具体来说，牵涉的问题还包括哪些权力将被共享、覆盖面有多大、该怎样描述共同管理包括该是用什么方法来选择工人和其他代表，等等。这些问题的排列组合非常多，我们不能简单地将从一个提议中概括出的结论应用在其他问题上。

并且，我们还没有给出合理判断的证据的基础。德国的实验还处于初始阶段。因为这一实验的重要性，由其他西方国家观察家进行相关的研究就非常有必要，很有可能这一技术能保证权力、尊严和社会地位广泛共有。但现在说这些还为时过早。

一个评价

我们可以先做一些基本假设。

对共同经理人控制的不足。共同管理本身并不会使其他群体免于共同经理人的剥削。当然，这些安排至少很有可能在实践中保护群体。

工厂或行业之间的互惠关系并不必然意味着行业政策制定者会增加对更广的社会政策的回应性。当然，一些内部互惠的安排可能会为工厂或行业暗中剥削其他群体的行动提供机会。因为它们可能只是想让工人代表、私人企业或政府管理者更容易地为自己提高工资、提高产品价格、限量生产，阻碍现代化和技术进步，阻止工厂搬迁等，但实际上却牺牲了其他群体的利益。

仅仅因为这一点，而非其他的缘由就影响了英国工党领导者。1945 年，当他们刚组阁时就放弃了工人控制。但是，当时的工党却没有任何办法来调和这种由内阁和国会中的多数以全部选民的名义决定的工人控制的宪法的合法性和正统地位， 477
而是将大量的政策制定权下放给委员会，他们所制定出的政策可能并不能回应内阁的要求。德国却做出了相反的选择，比如，哪些措施能够阻止煤矿工人以牺牲煤炭消费者的利益来提高他们的地位呢？

当工人高度组织且能进行集体讨价还价时，他们也有能力剥夺社区里其他人的利益。至少只有联合管理可以改变控制的结构而不至于损害共识，并且还无须依靠未来可能只有极权主义领导者才会采用的制裁手段。因为工人领导者最了解行业的产量、成本和价格，也因为管理再也不能被视为私人群体而轻易地忽视“公共”的责任，共同管理可以使合作者清醒，起到靠剑拔弩张的讨价还价不可能获得的合作效果。

如果预测比较困难的话，一般性的原则也是足够的。在第 2 章所给的价值限定下，当工人和领导者的决策能够产生大多数人想要的结果时，共同控制才能进行下去。如果“经济民主”或工业自主政府做不到这一点的话，它们很可能无立足之地。

---

① 后来对于其他产业的立法并没有使工会和社会主义活动家非常满意。

仅仅讨论说工人的控制至少会像管理者的控制或私人所有者的代表一样是公平的，这一点还远远不够。如果私人管理者或所有者的控制是不令人满意的，也就是说他们的控制没有产生大多数人想要的结果，那么改革的难题就是一个任何的简单公式都不能解决的技术分析问题。对管理的控制组合多种多样，没有一种组织形式看起来会比其他的组织形式更具有优越性，当然对每一个企业的每一种解决方法来说，可能也没有先后之分。

在工人代表剥削了群体内其他人的利益的情况下，四种方法可能是可行的。第一种方法当然是政府的科层制。委员会成员可能只是由政府任命的人组成的，其任务主要是回应高层政治领导者。这时，共同管理和讨价还价的概念就被完全抛弃了。

478 第二种方法是确保工人代表在委员会中占少数，而大多数代表则能够更好地回应多数人的偏好。在德国，雇主虽然愿意让工人代表的比例占委员会的 30%，但是从来不会允许这一比例超过 50%。这一方法在魏玛政府时期就被采用了，根据 1920 年的《劳资法案》（Works Councils Act），劳资委员会有权选举出 1～2 名代表作为董事会的成员（Aufsichtsrat）。这一结果算不上引人注目，在所有重要的和保密的决策上，雇主很容易绕过委员会中的少数工人代表[1]。当委员会中的工人代表是少数群体时，他们仅仅是委员会的建议者，可以获知信息、咨询、讨论、提出议案和提醒，但是他们却不能阻止委员会的决定。

正是因为这个原因，有人建议说相对于少数代表，建立咨询委员会（advisory council）是更好的选择。但是咨询委员会在很多方面更不令人满意。一方面，可以确定的是，两者只有语义的不同，但是一个“咨询的”委员会与董事会中的“成员资格”相比也确实有些实际的缺点，尤其是政府的委员会很少能容忍德国雇主使用诡计。正如英国从他们的消费者咨询委员会和工人的行业委员会认识到的那样，咨询委员会的一大难处在于离决策太远了。

第三种方法是引入消费者代表来抵消“工人”、“管理”或“雇主”。但是这一提议的困难也是不胜枚举。像在美国这样的缺少消费者运动的国家，消费者代表通常是由政府选出的，这样只会增加政府代表的数量，却对我们提出的方法毫无助益。在任何情况下，消费者的边界都是模糊的，那么消费者应该包括什么？当然，如果消费者是少数群体的话，他们也极少能将工人-管理者联合起来抬高价格，限制产量和创新等；如果他们是多数群体，他们是不被允许代表有限的消费者利益
479 的，此时“政府”和“消费者”代表之间的神秘区别也应该取消，即消费者代表和政府员工无异。

第四种方法是政府科层制控制在价格体系中纳入少数的、等量的，多数工人的代表。如同第一种方法，这种方法将直指共同管理作为一种讨价还价工具的心脏。

新精英。控制、地位和尊重将转移到一个新的工人领导者精英手中而不是直接再分配给工人自己。然而，即使这样，也可能有一种重要的好处。

---

[1] William H. McPherson, *op. cit.*, p. 11.

与重新从“资本家”或“管理层”那里获得控制、地位和尊重，并重新分配给普通工人相比较，共同管理或工人管理更有前景。然而，在现代工业企业中，任何对控制、地位和尊重可能的转移程度的低估都是错觉。“工业民主”的倡导者们可能会低估那些被控制的下级和普通的工人的社会地位在多大程度上被大型机器化工业运作结构所影响。大型组织内部实行科层制控制是维持企业内部协调的必要之举，也是科层制与生俱来的最重要因素。然而，不管人们能想象出多理想的分配安排，分级控制不可避免地要涉及收入、地位和尊重在企业内部的分级。

此外，我们并不能确定任何国家的工人都真正地希望承担实行企业“民主化”的义务。即使是在德国这样领导者群体比较支持共同管理的国家，也很难找到普通工人对参与管理这一目标重视到足以让工人积极参与工厂政治的证据。可以确定的是，没有决定性的原因要放弃这一选择，因为在目前来看，工人们对共同管理不感兴趣可能主要是因为他们还没有完全理解实现他们对尊重、地位、主观平等和安全的渴望的工具性目标是什么。就像在政治生活的其他领域，主要的问题 480
是帮助工人厘清他们自己的想法，并且如果有需要的话，帮助他们重塑对权力的态度。

将权力、地位和尊重从管理层转移到工人领导精英以实现工业民主化这一近似于乌托邦目标仍然路途漫漫。对很多工人来说，共同管理可能仅仅意味着每年去投一次票。这种周期性的选举可以使工人代表一定程度上回应他们工人或行业内的大量工人的要求，这一点毋庸置疑。通过更多人认识到他们的新的共同管理者，工人的尊重、地位可能会获得提高。从长远来看，更为重要的是，管理决策的合法性可能会得到加强。

控制的合法性。确实，在要求工人参与决策的背后可能是要求控制使管理决策合法化。只要对控制管理的合法性还存有疑问，就不仅会阻碍合作，还会迫使工人在损害自己的尊严的前提下参与管理控制。比如在美国文化中，相互控制的目标受到重视，这就势必会有“私人的”管理和普通公民理解的合法的控制之间的根深蒂固的冲突。

根据杰斐逊和杰克逊的民主意识形态，任何大量集中的控制都是危险的。如果这样的话，就像在政府的例子中一样，有时候大量控制是必需的，它只能通过一种方法赋予合法性：通过我们所说的多头政治。然而当我们回溯到宪法传统，实际贯穿整个美国历史的是一个冲突的传统，即通过宣称财富、阶层、地位或财产来获得大量控制。第一种观点可以从杰斐逊的民主共和党人、杰克逊的民主党人、自由土地者、民粹主义者、威尔逊的新自由主义者、新政派等人身上看出。第二种观点则可以在联邦党人（Federalists）、辉格党人、内战后的共和党人身上看到。

1850 年后，尤其是在被反对者称为“第二次美国革命”之后的时期，巨型企业的迅速崛起有力地冲击了现在流行的信条，即只有通过多头政治的过程才能赋予强大控制合法性（相反，民粹主义、新自由、新政都有力地反击了国家政治）。巨 481
型企业集中了那些多头政治没有赋予合法性的控制。现今，美国的一个作家甚至将巨型企业描述为——“大企业”——美国社会的代表性政府机关①。这一描述也许是真实的。在杰斐逊主义者看来，企业管理者和所有者的权力仍是不具有合法性的，因为它没有经历多头政治这一唯一赋予权力合法性的过程。

美国对法人的权限在近几十年都比较一致。美国有很大一部分人反对政府拥有“大企业”或“基础工业”②。美国很多人都认为“大企业”的好处多于坏处③。然而，大企业的坏处之一就是它的权力。很多美国人都感觉到大企业的权力太大了，他们对企业权力的担心要多于对政府权力的担心④。这并不是说他们认为企业的权力比政府大，事实上，很多人相信中央政府（尽管不是州政府）的权力要比企业大得多⑤。但是事实证明，政府具有的更多权利是具有合法性的，因为它是经过多头政治过程的，然而在联邦党人、辉格党人和保守的共和党人长达一个多世纪的争论过后，仍有相当多的美国人认为除了美国政府以外，如果让某一群体掌控太大的权力不是人们所希望的。

482 在目前的情况下，自由主义的教条在处理大企业的合法性问题时又退回到两条策略上。第一条是“自然权利”（natural rights），即试图借“私人财产的自然权利”的幔帐覆盖住大企业。但是当财产的自然权利概念被引用到大型企业时不免显得滑稽。

第二条是通过描述企业家的权力不是任意的而是严格受到价格体系控制的来进行辩护。19 世纪的经济理论常常将企业家仅仅看成是价格体系的被动代理人，基于这一点，马克思曾试图通过论证企业家在企业中的职位给他带来的能够主导和剥削整个社会财富、社会地位的权力，摧毁企业家权力的合法性。

我们在前面的章节已经讨论过，实际上，价格体系的运行是对企业管理者有实际控制的。如果脱离了意识形态的有色眼镜重新检视这一问题的话，也许我们会发现，即便是巨型企业的出现，也没有减损或重创对企业的控制效果⑥。我们太容易夸大管理权力的任意性，又太容易低估在现实世界中价格体系对管理者的控制程度。

我们必须承认，企业领导者绝不仅仅是传统经济理论所提出的是消费者的被动代理人。因为他们具有很大的自主权领域：投资政策、劳资关系、广告行为、与当

---

① Peter F. Drucker, *The Concept of the Corporation*, The John Day Co., New York, 1946.

② 1938 年，有 70%的人反对美国政府掌控并运营铁路，参见：American Institute of Public Opinion poll reported in *Public Opinion Quarterly*, School of Public Affairs, Princeton University Press, Princeton, vol. 2, p. 386. 1941 年，81%的美国人支持美国政府现在的企业管理运营模式，参见：AIPO poll, May 20, 1941. 1948 年，只有 5%的美国人希望政府拥有并运营汽车公司，6%的美国人支持政府拥有并运营储蓄银行，参见：Fortune Poll, November, 1948, reported in *Public Opinion Quarterly*, vol. 12, p. 760. 1948 年，75%的人支持基础工业的继续私有，参见：Fortune Poll, December, 1948, reported in *Public Opinion Quarterly*, vol. 13, p. 163.

③ Survey Research Center of Institute for Social Research, *Big Business from the Viewpoint of the Public*, University of Michigan, Ann Arbor, 1951, Table 5, p. 18.

④ *Ibid.*, p. 27; Table 10, p. 26; Table 82, p. 109. 也可参考：AIPO poll, May 6, 1941, comparing power of government in Washington with “rich men and large corporation and labor leaders.” 也可参考：Fortune Poll on centralization in Washington, *Fortune*, November, 1948, p. 37.

⑤ Survey Research Center of Institute for Social Research, *op. cit.*, Table 5, p. 18.

⑥ 参见第 7 章。

地社区的关系、招聘、建厂选址、健康、安全、停产、转移、政治补贴、宣传、少数群体福利、工厂设计和布局——所有这些方面，企业领导者也可以做其他的管理决策，绝不仅仅是没有限制的自由裁量权而已。这些都是社会中的其他人所面临的问题，没有一种价格体系能足以表明所有群体在这些事情上的偏好。

因此，在民主的目标和多头政治的技术已得到广泛灌输的社会，“私人”的管理常常面临不可解决的困境。如果企业管理不能表明它是社会的代理人，企业管理 483
就很难证明控制的合法性，管理者也很难证明他具有对社会中的其他人来说极为重要的无可限制的决策自由裁量权的合法性。共同管理就是一种赋予自由裁量权不完全受价格体系影响的合法性的尝试。

然而，即使是这种改革可能也是不够的，我们已经说过，合法性的问题一旦产生，我们就很难证明任何特定的少数组织对巨型企业的管理决策的控制是合法的。从长远来看，比较可能的解决办法是管理层的职业化，以及在董事会中有少数工人代表，或者政府直接指派多数的代表或者给予政府能够直接反对董事会的权力①。很明显，前述的任何一种方法都有很大的困难。尽管这些是比较棘手的难题，只要美国巨型企业的管理层想要享有这种合法性，这些问题总有一天会解决。

与集体讨价还价的相似性。共同管理所引发的问题和集体讨价还价的问题相似。事实上，讨论工人参与管理的同时就自动地打开了提高工资和价格、限制产量的大门，减少企业效率化的激励就是忽视了工会已经获得的无数对这些决策的控制权力。将工人从集体讨价还价会议中获得的权力转移到董事会的桌上可能乍一看不那么重要。高度组织的工人领导者影响管理的权力和非高度组织的工人领导者的权力区别很大。相较于共同管理被边缘化的现实，高度组织的全国工会运动意味着权力的革命性转移。在美国和英国，变革已经发生，在某种程度上工人能从共同管理中得到的东西，也能通过集体讨价还价获得②。

让我们现在来讨论一下讨价还价技术中的集体讨价还价。 484

17.2　集体讨价还价

很大程度上，美国工人通过集体讨价还价取得了法国和德国工会主义者试图通过政府行动获得的东西。相反，欧洲工会会员不愿或不能实现一些像美国通过集体讨价还价实现的目标反而致使他们更喜欢政府的指导。在法国，不论雇主还是工会都不知道集体讨价还价③。事实上，自 1939 年后，所有的工资都是由政府颁布法令确定的。在德国，二战后对物价稳定的渴望和对价格通胀的畏惧阻碍了集体讨价还价。另一方面，在斯堪的纳维亚国家，集体讨价还价是被禁止的，工人委员会和类

① Robert A. Gordon, *Business Leadership in the Large Corporation*, The Brookings Institution, Washington, 1945, chap. 14.

② 参见：Neil Chamberlain, *op. cit.*

③ 参见：V. R. Lorwin, *op. cit.*, P. 213.

行为。

罢工这一武器因为会中断生产，所以能够有效地影响雇主的行为。因为中断生产有时候会重创群体的其他人（既不是罢工的工人，也不是陷于困境的雇主的第三方）的目标，第三方通常会采取措施阻止或禁止罢工。当工会发展壮大，罢工也接踵而至时，政府可能会采用一些不太理性但又比较实际的控制手段来阻碍罢工，如在军队、警察局、医院、许多政府机关和公用部门。因为工会的权力、规模和稳定性都在增长，因此，区分那些本来就容许罢工的职业和保留这些职业变得越来越困难。在高度工业化和相互依赖的社会，一个行业内的对第三方目标的破坏效果可能会影响到其他行业，如交通、通信、煤炭、钢铁、飞机、军需品和军事供给等。在具备完全或部分流动性的时期，几乎没有行业可以全身而退。 486

上述任何一种可能会造成生产中断的方式，即使禁止也不能保证安全。

地方讨价还价。有时候，有些提议认为集体讨价还价和可能的工会组织应该被限制在一个公司或工厂内。这样的想法是相当理想主义的。的确，这一提议极大地夸大了法律和政府在限制多人集聚地、有组织地追求他们非常重视的目标的行动上的指导力量。事实上，当公司间具有工会的基础，且它们没有对工会运动有任何限制政策时，想要禁止工会会员采取行动是非常困难的，而当工会会员采取的行动已经蔓延到两个或多个工厂或公司时，行政阻止措施更是无计可施。在西方多头政治国家，合并的政治领导者都不可能会通过这样的法律，更不要说去强制执行了①。

罢工的消亡。集体讨价还价更可能的一种发展方式是并不必然伴随罢工。这也就是说，罢工的威胁取代罢工本身成为一种主要的控制方法。毕竟，大多数的集体讨价还价并没有真的执行罢工的威胁。那些长期与集体讨价还价打交道的雇主可能接受工会的合法性并认识到工会的权力、罢工的威胁可能足以引致集体讨价还价。或者当企业国有化的威胁高悬头顶时，企业雇主无法和平地处理与工人相关的事情，此时的集体讨价还价可能不会发生罢工。 487

很清楚的是，这一方法只会在罢工有一些可能时起效，还要对罢工并不会发生抱有信心，因此才可以不对罢工加以限制。然而，我们必须承认，不论是英国还是美国都没有到达这一阶段，没有一个国家可以保证它们的社会中肯定不会发生罢工。罢工的消亡可能会与国家的消亡一样进程缓慢。

这一解决方法的两个方面非常重要。第一，这一方法并不能仅通过立法实现，如果发生的话，它可能是社会成长和经验的非法结果。第二，如果罢工消失了，很可能是因为集体讨价还价退化了。同时，共谋可能会取而代之，或管理层向工会让步，或工会的领导者会适应管理层。这些方法中的每一个都可能维持生产，但也创造出同样数量的新问题。工人可能会失去控制或者上文提到的第三方问题等都可能呈现为核心议题：协调工会控制与经济稳定性和价格体系的关系。

讨价还价中的科层制。现在正在发生的一种进展就是第三种讨价还价，其中，

---

① 若要进一步了解地方讨价还价带来的问题，参见：Neil W. Chamberlain，*Collective Bargaining*，McGraw-Hill Book Co.，New York，1951，chap. 8.

政府官员充当了第三个要素。政府官员可以操纵民意，利用立法的威胁，或者使用紧急权力。三方讨价还价变得越平常，政府至高无上的神话就越会被工会权力的事实抹去，政府能够发挥的影响力就会越来越小。当然，政府可以通过让步于工会而
488 避免罢工，但是这一政策不久就会带来第三个问题，即工会对稳定性和价格体系要求的效果。

政府在阻止重要行业的罢工的无力方面，一定会带来其他的发展，即政府官员会增加控制直到讨价还价在政府的科层制控制面前减弱为止。1946 年，杜鲁门总统为了打破铁路工人的大罢工，威胁要把参与罢工的铁路工人送进军队——这是一个紧急提议，粗暴到连保守派的参议员塔夫脱都觉得绝无仅有。结果，根据总统的判断，认为罢工可能会威胁到国家安全，这一曾经被雇主当作对付工会会员的武器、对保持工会会员的平衡起到关键作用的命令，被《塔夫脱-哈特利法案》(Taft-Bartley Act) 得以恢复为政府官员对付罢工的武器。雇主不能阻止工人的罢工，因为他们发现企业被政府以紧急行动接管了。

可能更重要的是，以这样的控制为背景，被激怒的公众的观点可能导致立法的改变，政府官员以后可以在讨价还价过程中发挥更大的作用。因此，现在出现的类型是一个融合了三种讨价还价和政府科层制的问题的组合。这一变化绝不像第一眼看到的那样壮观。即使在缺少政府干预的情况下，雇员和工会之间的集体讨价还价也变得越来越像是在少数几个科层制组织之间的协商。

无怪乎这一变化在瑞典进行得更为深远，那里的劳动力市场是由集体共识管理，大多数都是全国性的共识，并且由主要的雇主和雇员组织赞助①。但是即使在美国，在差不多一个世代才发生根本的变化。在很大程度上，地方工会通常会遵循全国工会的工资政策。某种程度上，国家工会（或国际工会）甚至会遵照其母组织（如美国劳工联合会，或美国产业工会联合会）的一般政策。影响的集中缘于定步
489 调者的发展，关键行业的关键工会和关键雇主之间的共识构成了许多其他雇主和工会跟随的关键共识②。因此，对于政府官员来说，在三方协商过程中，通过足够的控制来影响这些关键的共识变得越来越重要。

现在的集中讨价还价和政府的科层制组合可能只是向更少的讨价还价和更多的政府科层制组合迈进的一个过渡阶段。因为工业化和相互依赖并不会减少，然而对它们的结果的理解却在增加，不可避免的是，命令这一手段在现今被广泛认为具有紧急应对的特点，在以后它也会变成惯例。其终点可能是一些强制命令的形式。

强制仲裁。强制仲裁可能是三方讨价还价的一个极端情况。就像一般的法律强制一样，强制仲裁或相似的政府行动不能比共识发展得更快③。在西方社会，法律仲裁是边际控制的一种形式，它只有在基于已经达成广泛共识的利益基础上，在些

① Gunnar Heckscher, "Pluralist Democracy, The Swedish Experience," *Social Research*, December, 1948, p. 426.

② Richard A. Lester and Joseph Shister (ed.), *Insights into Labor Issues*, The Macmillan Company, New York, 1948, pp. 21–23; and Lloyd G. Reynolds, *Labor Economics and Labor Relations*, Prentice-Hall, New York, 1949, p. 453.

③ 参见：Neil Chamberlain, *Collective Bargaining*, pp. 481–484.

许扩大影响力的时候才能够奏效。如果不是这种情况的话，达成共识的标准可能会受到冲击。然后可能的选择就是，要么废除那些不能操作的规则，如禁令；要么就是让这些规则继续保持不能操作的状态（可能的危险就是这种巨大的差异影响到其他法律）；要么就动员增加政府官员手中的控制权力以强制法律的实施。

很明显，在多头政治政体中，最后一种方法很难进行。因为如果规范不能得到广泛支持的话，政治竞争的结果并不会产生能够动员权力，以维护不受欢迎的规范的政治领导者。然而，在罢工中断重要的生产活动的案例中，另外一种可能性就是群体内会变得两极化。几乎没有人会保持漠不关心，而政府官员也会积极反映多数人的政治观点，这些可能会使其理所当然地获得更多控制权以应对罢工者。这种情况可能和法律强制的断裂大为不同，因为它可能会带来积极的或压迫性的暴力行 490
为，会破坏多头政治的环境。

刚刚讨论的内容指出了我们先前已经解释过的一个原则。讨价还价和其他中间群体相互关系的技术既不是正当的，也不是不加限制的，除非讨价还价过程产生的结果符合多数政治行动者的偏好。如果他们做不到这一点，以及自发性领域控制不起作用，政府科层制就是能够与多头政治兼容的唯一选择了。事实表明，这一选择的运用可能会导致手段的无效或者威胁到多头政治的环境。因此，多头政治面临一个两难困境，在最后的分析中只有原来的合作伙伴参与到集体讨价还价的过程中才能解决。

新的认同。然后，雇主和工会可能会发展出紧密的关系、普遍的忠诚，并与其他的群体紧密联系，以及协作和限制的规范，这样，这种困境可能无须面对了。瑞典的经验告诉我们这种结果很有可能。比较矛盾的是，当工会和雇员高度组织到科层制的联合中去，并且讨价还价中断、罢工上演，整个社会所重视的目标被严重破坏时，这种方法可能才会奏效。换句话说，只有雇主和工会很明显能够破坏但是也不会冲动地这样去做时，这一方法才能奏效。

同时，试图寻找到能不中断重要生产活动的保证简直是妄想。罢工对重要目标的破坏作用可以被减少，但是当缺少极权社会的严厉措施时，这一损害很难消除。上述讨论的方法是否能够将罢工控制在能接受的水平仍没有确定的答案。因为这不仅涉及限制重要的生产活动被迫中断，更重要的是还涉及阻止恐慌的产生，尽管恐慌是非理性的，它从罢工的威胁出现时就产生了，并且可能会以牺牲最低共识为代价来推进政府科层制这一动员手段。现在，没有一个人能说可能的结果是什么样的。当然，在一个时代内，这一问题的答案肯定可以给出了。 491

价格体系的稳定性

集体讨价还价带来的第三个问题就是它可能会阻碍价格体系。

对政府科层制和市场体系来说，集体讨价还价都是一种选择①。当然，这一说

① 作为价格体系中的一种补充性的控制手段，集体讨价还价只是非竞争性讨价还价的一个例子，但是我们所讨论的工会权力远不止于此，它已经成为价格体系控制手段的一种替代选择。参见第 6 章。

法并不是说一个国家的价格体系相当有效就不能实施集体讨价还价了；只是，集体讨价还价的决策覆盖面可能会使其限制或排斥价格体系的运行。集体讨价还价决策的覆盖面越广，通过价格体系能做的决策就会越少。

问题是，（通过一些标准判断）集体讨价还价在替换市场体系上走得太远了吗？如果工会作为一种协调工具很大程度上替换了市场体系，那么有效的效率化将不可能实现。需要记住的是，这只是一种可能性。谁都不能确定地说，工会难免不会给价格体系带来任何有用之处。当然，不可反驳的是它们的结果受到了广泛关注[1]。和前面的情况一样，其他世代遭遇的这一问题可能会给出答案。同时，让我们简单地检查一下这一问题的情况[2]。

价格体系的后果。通过强有力的工会成功获得工资的提高，可能会有以下几种结果：

492 (1) 在充分就业的情况下，工资提高会增加成本，可能会引发通货膨胀。

(2) 较高的劳动力成本可能会产生失业。工会会员可能使他们的劳动力定价高于市场价格，如 20 世纪 30 年代末一些建筑企业所做的那样。或者较高的劳动力成本会提高一个产业的价格，但却会让另一个消耗它的产品、对该产品价格上升非常敏感的行业失业。又或者会减少一个产业的销售额，因为价格提高不得不减少这一产业的销售雇员。

(3) 因为工资提高后，为了增加支出和消除失业，政府的财政和货币政策可能会有通胀趋势。也就是说，用来刺激失业者就业的必要支出必须足够多以使价格提高。面对这种情况，政府的政策可能在通胀和失业之间徘徊不决。

(4) 如果工资增加导致了通胀，通胀可能又会导致政府科层制不得不取代价格体系。西方政府对通胀的惯常反应就是科层制控制，这是从两次世界大战中所学到的。价格控制、配给制、分配和优先权、进出口控制都是通胀时期政策采取的用来替代市场体系的行动。即使在没有冷战的情况下，如果工会通过提高工资引发了通胀，这些行动都可以成为西方社会的固定特征。

这些结果不可避免吗？这些结果是否会发生取决于对两个比较有争议的问题的回答：第一，在美国，工会运动是否有足够的控制权会带来这些结果？第二，即使有足够的控制权，工会运动中的决策制定者是否会使用它们的控制权以产生这些结果？

对于第一个问题，我们可以对我们前述的罢工问题再多谈一点。我们说工会有足够的控制就是说不论是雇主还是政府都不能够阻止罢工，除非他们同意涨工资或者做出其他等价的行动。在充分就业的情况下，以及确定已经在通胀的边缘的情况

---

① David McCord Wright (ed), *The Impact of the Union*, Harcourt, Brace and Co., New York, 1951; Melvin W. Reder, "Theoretical Problems of a National Wage-Price Policy," *Canadian Journal of Economics and Political Science*, February, 1948, pp. 46－61; Henry C. Simons, "Some Reflections on Syndicalism," *Journal of Political Economy*, March, 1944, pp. 1－25; Fritz Machlup, "Monopolistic Wage Determination as a part of the General Problem of Monopoly," in Economic Institute Proceedings, *Wage Determination and the Economics of Liberalism*, Chamber of Commerce of the United States, Washington, 1947, pp. 61ff; 也可参考：Jacob Viner in *Ibid*.

② 讨论详情请参考：Charles E. Lindblom, *Unions and Capitalism*, Yale University Press, New Haven, 1949.

下，雇主很有可能不会再抵抗工会的要求。因此，价格提高接踵而至。当讨价还价 493
的双方默认达成一致时，政府采用的边际控制手段常常是不足够的。如果不确定工会已经获得了必要的控制权力，也就意味着不能确定他们并没有获得控制。对集体讨价还价的评价需要综合考虑两种可能性。

为了进一步分析，我们假设工会已经获得了足够多的对工资的控制权以引发通胀、失业，或政府科层制控制的增长，或者三种都有，如果能产生这些结果，工会还会使用它们的控制权吗？对第二个问题的回答取决于两个因素：工会中做决策的人的目标以及他们的计算的理性程度。他们的目标可能并不包括通胀、失业和政府对工资的科层制控制，但是他们的非理性的计算可能会产生这些结果；相反，主要的决策制定者的目标可能包括这些结果，但是他们的非理性的计算可能会阻止他们采取实现这些目标的必要手段。

而工会的目标，可能会使人无法拒绝这样荒谬的观点，即任何工会会员都希望通胀、失业和政府对工资的科层制控制。几乎没有一个工会会员会这么说。当然，也有可能有一些工会会员——或许是数量足够多的工会会员——会以牺牲它们为代价要求提高工资，并导致通胀。甚至提高工资产生的失业能够直接让那些对工会决策最有影响力的人从中受益。而在政府科层制的增长方面，工会会员对于政府对工资的控制的观点颇有分歧。美国劳工联合会领导者对政府介入集体讨价还价由来已久的敌意已经减少，因为工会人员认识到一个有同情心的政府可能会比敌对的雇主提出更好的决策。因为这些原因的存在，我们不能排除工会会员会有追求涨工资的政策的可能性，即使他们知道这可能会带来通货膨胀、失业或政府干预等后果。

然而，在这些观点上，实证的证据是不足够、模糊且相互矛盾的。二战后，在
德国工会会员的记忆里他们经历过两次严重的通货膨胀，在限制他们的工资需求方 494
面，实施了令人震惊的阻止行动。在瑞典，主要的工会认为工资分配由选民和政府而不是工人和工会来决定更为合理，因此，工资需求越发地追随生产力的发展趋势。在工党政府执政的英国，工会领导者自愿冻结工资 5 年。

此外，对失业和通胀可能会引发罢工充满了不确定性，但是这一不确定性可以得到抑制。也许，如果每个工会会员都可以理性地计算他在通胀和失业中的得失并据此调整他们的行动，情况可能会大有不同，这样我们就可以在工会政治中找到真正的经济人。但是这一计算通常是不可能的。因为他不能总是很确定是否能够较早地从通胀的结果中全身而退，或者他是否会是失业的获益者。当然，他也不可避免地是社会动物，他可能会加入多个不同的群体，有些群体的成员可能会受到影响，尽管他自己的个人财富可能会增加。他的儿子、妹夫、朋友、侄子、工会成员的同事、同一教派的人、邻居或者雄鹰兄弟会的当地旅馆都有可能深受其害。如果这些人的困难是由他的工会的行动带来的，那么随之而来的紧张关系，含沙射影的或公开的指责、敌对，失去友谊、尊重或同情的风险，懊悔或尴尬的情绪，都有可能阻止未来的类似行动。如果工会的领导者是政治党派中的积极成员或者有以后执政的意图，则他们的行动可能受限于担心失去投票。确实，如在英国，工会的领导者可能会非常关心他们政党的选举命运会威胁自己的工会，因此，他们会对政党的限制工资政策非常忠心。

工人和他们的领导者可能会发现增加他们的福利的其他方法，而且还可以减少对工资的压力。在某种程度上，政府的社会保障可以替代他们对工资增长的要求和集体讨价还价目标获得的社会保障。收入再分配、医疗护理、公共住房、政府奖金以及类似的福利都可以替代他们通过工资增长实现的目标。

495 目标的问题可以归结为这一问题：即使以通胀、失业或政府干预为代价，足够数量的、有影响力的工会成员也会把他们自己当作工资提高的受益者吗？战后的证据是不足为信的，因为我们不能确定这些是对工人来说可以做出的选择，还是他们对可能有的选择的理解。仅从民意测验或个人反应中得出的推论是非常危险的。失业的范围越广，通胀的速度就会越快；或者政府对工资的抑制结果影响力越大，这些不令人满意的工资上涨的结果将会越发危害工会本身。当然，在某些点上，如果工会会员理解这些选择的话，可能很少有人会理性地喜欢工资增长和通胀，而不是工资稳定性，或生产力的提高和总体经济的稳定性。但是我们不可能预测到这一点什么时候会发生，很可能它在不同的时间、不同的工会，甚至不同的国家之间都不相同。

如果我们假设工人们了解了这些选择就不会选择这样的结果，那么问题就主要是一个理性计算的问题了。工人在过度的工资增长和稳定的价格体系之间选择的理性程度，取决于一般性的经济认知的增长。这听起来并不是很令人沮丧的。不断发展的政府对劳动纠纷的干预、工会领导者和政府官员之间更加紧密的联系、对通胀和失业的广泛恐惧、大范围的通胀和失业的痛苦经历、专业的工会和政府官僚之间密切沟通的发展，都表明工会工作的结果比一个时代之前要清晰得多。

但是就像在罢工的案例中一样，提高理性的主要先决条件可能是全面科层制的工会组织的发展。如在瑞典，核心的工会领导者要求更高的工资这一行动，可能会在整个国家范围内影响整个工会运动，进而影响整个国家的经济，在这一点上集体
496 讨价还价的结果就不可能被即使最傻的员工所隐瞒。这一方法是否令所有人满意仍是有待研究的，但是很有可能它是现代工业社会唯一公开的问题。

工会和小群体的价值观

解决罢工问题或通过鼓励新的和更广泛的认同的主要障碍是，工会是小群体生活的一种重要形式，因此小群体的共识必须得到保障。

弗兰克·坦嫩鲍姆（Frank C. Tannenbaum）从全世界的同业公会和乡村的历史中认识到“人类只要集中劳动时，就会变成一个社群”，但工业革命和 19 世纪个人主义的兴起无情地摧毁了这一古老而又具有世界性的社群；现在的工会作为一个真正的“社会”，继承了中世纪时期的同业公会、封建法庭和村庄；“工会是我们的现代‘社会’，是工业主义发展的唯一真正的社会。作为一个真正的社会，它涉及所有人的利益，并且体现了自由和对人类尊严非常重要的安全的可能性”①。他认为社群生活应该围绕工会进行组织，工会应该成为现代社会的“城堡”；不论政府

① Frank Tannenbaum, *A Philosophy of Labor*, Alfred A. Knopf, New York, 1951, pp. 25, 31, 59, 198.

还是利益相关者，只有工会可以逐渐地接管它们行业的大部分所有权①。

坦嫩鲍姆所论述的大部分（观点、事实）都是正确的。但是工会真的能够实现小群体的功能吗？如果不能的话，人们很难认同它是一个完整的社会，或者是在公会、庄园、偏远农村的小群体生活的合理继承者。当然，如果它不能执行小群体的基本功能的话，没有一个政府机关能够宣称其他的社会应该围绕它而组织起来。

现今，几乎所有人都认识到，公会是实现很多重要的工具性目标的重要组织。但是工会在实现这些目标时是以大群体而非小群体的身份去做的。可以确定的是，当地工会的成员资格为一个人提供了交友、社会地位、尊重和影响的机会。但是与工作场所和街坊比起来，除了少数热心人和公务员，工会之间的联系是零星的、间 497
歇性的。现代化的工会并没有全部继承庄园、公会和乡村，准确地说，因为社会生活已经被撕裂成不同的碎片了。在那些庄园几乎包罗了一个人的整个生活的偏远地区，在公会、工作场所、集市、街坊和家庭是一个整合的社会单元的乡镇，工会只不过是工人生活的一个很小的碎片。除非现代化的工业在某种程度上已经明显地将工会整合进街坊和工作场所中，否则工会不会在工人的生活中起到重要的作用。

作为一个小群体，工会还有一些缺点。作为一个社会教化和控制的组织，工会是软弱的，因为它的目标很有限，它的联系也是间歇性的，更重要的是，它只能对孩子产生间接的影响。没有一个组织能够不把孩子包含在社会教化和控制的范围内而又完全起效。

最后，考虑到现代工业下的组织，工会不可避免地有蓬勃发展的趋势。就像一个笼子一样，工会在它们宣传的目标上越成功，它们就有可能变得越大，就更不像是小群体。正如一些观察者所指出的那样，官僚制的铁律在工会中也适用②。尽管地方工会可能是有数千会员的“利维坦”，作为大众它们经常零星地汇合，并且极少有其他的联系。但是不管作为一个中间群体有多么重要，希望胭脂河畔汽车工人联合会（the River Rouge Local of the United Automobile Workers）能够履行小群体的功能的愿望都是不切实际的。可能是因为相较于公司控制权，工会领导者手中的控制权增长的比较多，但是仍然受了广泛的宣传攻击。当时的民意调查就表明，对很多美国人来说，工会领导者手中的控制权可能比公司管理层和董事会的控制权还要烦人。1941 年，美国的一个小型民意调查显示，75%的人认为工人领导者手中权力太大了，相比较而言，只有 59%的人认为少数富人和大公司有太多的权力③。1950 年，尽管受调查者担心大企业的权力地位，但是他们似乎更担心工 498
会④。尽管工会很重要，但它们并没有许诺会建立一个具有合法性、能执行小群体功能的社会结构。

---

① Frank Tannenbaum, *A Philosophy of Labor*, Alfred A. Knopf, New York, 1951. chaps. 9, 10, 11.

② Joseph Goldstein, *The Government of British Trade Unions: A Study of Apathy and the Democratic Process in the Transport and General Workers Union*, Allen and Unwin, London, 1952; Bernard Barber, "Participation and Mass Apathy Associations," in A. W. Gouldner (ed.), *Studies in Leadership: Leadership and Democratic Action*, Harper & Brothers, New York, 1950, pp. 477ff.

③ American Institute of Public Opinion poll, May 6, 1941.

④ Survey Research Center of Institute for Social Research, *op. cit.*, Tables 81, 82.

17.3 全国性讨价还价

像我们看到的一样，在多头政治的秩序范围内，大型组织如工会、社团和工人协会的兴起已经导致了严重的合法性问题。“人民主权论”的概念和多元的社会组织的现实之间存在显而易见的矛盾。因为很多情况下并没有“具有主权之人民”。很多决策是由相互控制的大型组织的松散联盟做出的。在这样的条件下，只有通过政治交易、讨价还价和协商交易才能达成决策。剥去其迷人的外衣，抛去其魔化的法律性的咒语，政府很多时候也不过只是一个简单的交易者。对博丁（Bodin）的追随者来说，不论看起来有多么不庄重，政府有时候必须加入与企业、工会、农场组织的交易中，并且有时候需要控制社会中的其他群体。

更为具体地说，政府官员没有足够的奖惩去强制执行由单边的、科层制方法制定的决策：他们时常需要坐下来与工会负责人、企业负责人、农场组织负责人协商不稳定的和平协议——或者，更好的情况是，临时的休战协议。没有一个条约谈判代表想要战争；当然，也没有一方（包括政府在内）有足够的权力去强制和平；任何一方都要与其他人进行协商。政府官员并不代表一个“主权人民”，他们只代表那些不能总是强迫社会上的其他人来执行自己目标的人。这样做可能会导致令人震惊的暴力、内战甚至失败。有时候，那些所谓的“主权人民”既没有主权，也不是人民。

如何能使这些讨价还价的控制合法化呢？在美国，有一种我们称为“全国性讨
499 价还价”的思潮兴起，它部分地使这一社会生活的现实合理化。一种思潮而不是一个周密表达的理论开始变得无处不在，它难以捉摸、模糊不清①，其术语经常是不准确和未加界定的。它的倡导者经常故意绕开它假设的理论模型。在某些方面，对正式理论的反驳可能使这一表达不清的理论更有影响力。在政策制定者没有意识到的情况下，这一天然的和未加理论化的实用主义思潮可能会影响政策。这些特点也使对它们的讨论变得非常困难，因为任何看似站不住脚的假设都可能被收回，更可能被接受的提议一旦被提出，就并不需要有对理论的任何修改。

① 也许理论假设最为清晰的陈述可以从以下文献中找到：E. G. Nourse, “Collective Bargaining and the Common Interest,” *American Economic Review*, March, 1943, pp. 1ff. 也可参见：The Council of Economic Advisors；参见：*Business and Government*, *Fourth Annual Report to the President* by the Council of Economic Advisors, U. S. Government Printing Office, Washington, December, 1949. 这一思想风格可以在以下文献中发现：J. M. Clark, *Alternative to Serfdom*, Alfred A. Knopf, New York, 1948，也可见于他的作品：*Guideposts in Time of Change*, Harper & Brothers, New York, 1949. 也可参见：Clark Kerr, “Labor Markets: Their Character and Consequences,” *American Economic Review*, May, 1950, pp. 278 ff. 参见：Kung Chuan Hsiao, *Political Pluralism*, *A Study in Contemporary Political Theory*, Harcourt, Brace and Co., New York, 1927, and Alfred de Grazia, *Public and Republic*, *Political Representation in America*, Alfred A. Knopf, New York, 1951.

全国性讨价还价的假设

除去这些问题以外，一个可能比较合适的总结如下：据本章前面的部分所述，我们认为基本的假设应是巨大群体、利益集团，或社会组织将继续存在。主要的群体或利益集团通常被定义为企业、劳动力和农业或如诺斯（Nourse）对他们的分类——“工人、资本家和管理者，而农民则是‘工人-管理者’的一种特殊形式”。“企业、工会和政治党派是有组织的压力集团……”康芒斯（J. R. Commons）写道。“经济压力集团真的变成了美国人民的职业议会，比通过分区选举处理的国会代表来说，这些人才是真正的代表。”①

消费者常常被包含在第四种利益集群中，但是比较尴尬的是他们明显缺少组 500
织，并且他们可能会被与理论不一致，只是可疑的合理化思考所忽视或排除。在一系列命题中，诺斯说道：

> 广义上来说，经济上的调整可能对工人、管理者和资本家是合理的，从长远来看，这种调整必须考虑消费者的利益。此外，消费者通过他们的市场行为已经有效地表明了他们的利益，而消费者代表参与集体讨价还价的会议，通过这种有效的技术性集体讨价还价的工具，消费者的利益可以被有效地解读和概括出来。但是，如果消费者被一个负责的消费者合作社组织起来以协商价格，且他们可能购买全国数量的某一种产品时，情况可能会大有不同。②

事实上，像“工人”、“资本家”和“农民”这些的分类都意味着一个特定的组织。企业意味着全国制造商协会和商会（Chamber of Commerce），工人意味着美国劳工联合会和美国产业工会联合会，农民意味着农业委员会（Farm Bureau），农业、畜牧业促进会和农民工会（Farmer's Union）。更准确地说，当讨价还价开始时，应该是这些组织的领导者为了他们各自的“利益”充当发言人和谈判者的角色。

“保守的”和“进步的”观点。对全国性讨价还价，有两种不同的观点须加以区分。一个是“保守的”，另一个是“进步的”。由诺斯代表的保守的观点认为，全国性讨价还价是政府科层制的一种选择。诺斯认为“政府对经济问题的决策”有三个与生俱来的缺点：它不能发现政党能够发现的“共同利益”；“在将一般性的准则应用于组成商业生活实体的具体情况时，它缺少必要的灵活性”；“它没有将回报与责任联结起来”③。

所有这些都可能是真的，但困难的是，即使利益集团沿着诺斯所倡导的乐观的
方向进行改革，还是会有同样的弱点。我们已经说过，组织间的讨价还价并不能保 501
证产生与大多数人一致的偏好结果。大型组织可能会和政府一样在某些“特殊的情况”下无能为力，并且大型组织的员工可能并不像市民一样有组织化表达抗议和需

---

① John R. Commons, *Economics of Collective Action*, The Macmillan Company, New York, 1950, p. 33.

② E. G. Nourse, *op. cit.*, p. 18n.

③ *Ibid.*, pp. 9–11

求的渠道，最终，讨价还价的决定并没有将责任和回报联系起来——实际上，他们很有可能只是把成本推给了那些没有代表的人身上，如在诺斯的提议下，当消费者仅仅通过工人、资本家和管理者的讨价还价来“代表”的时候，这一情况更有可能出现。

因为存在这些难题，“进步的”观点认为政府官员应该参与讨价还价的过程以代表“公共利益”(公共利益通常并没有明确的定义，它也很少意味着多数人的真正偏好。比较准确的检验是，当一个比较令公众满意的政策出台时，其所宣称的公共利益常常是发言人自己的观点)。此后，公共利益的模糊性具有更深层次的影响。但是可能大多数“进步的”倡导者会同意以下假设：政府应该尽量避免“强制”，也就是说，政府应该避免命令。然而，政府很可能会利用命令给政府官员权力以影响讨价还价的过程，使其向符合“公共利益”的方向发展。其他的以“公共利益”为导向来解决问题的动机还有：公众的观点敌对时，反而可能会滋生出更多的政府科层制控制；损害了群体对长期的稳定性和生产力的偏好；来自组织外部更多的人和群体的广泛认同；等等。因此利益群体之间的目标体系比想象的更具有包容性。

因此，政府在讨价还价的过程中扮演了权力制衡的角色，这与 19 世纪时英国在欧洲政治中的角色并没有什么不同①。因此，政府在决定性的、战略性的或关键性的情况下的介入非常重要。所有这些都意味着政府官员的介入需要在几乎没有限
502 制性立法、拥有广泛的自由裁量权、对国会有限的报告或回应性、与白宫紧密联络、能够保密地不走常规的政府机关调度路径等条件下进行。

一个评价

对这些有点难懂的问题该如何评价呢？它们包含了重要的事实，但是因为它们包含了太多模糊和令人混淆的东西，仅仅利用常识是难以理解的。它们对现代社会生活中的明显事实的引用是真实的，但是由此得出的推论是令人费解的。

毫无疑问，在重要的劳动纠纷中政府很有必要介入。但是对政府命令控制的依赖会破坏集体讨价还价或多头政治的一致性。在二战和朝鲜战争时期，三方委员会效果很好。工会代表的参与可能有利于传达工人对地位和尊重的诉求。毫无疑问，其他参加者可能会激发工会和雇主达成共识。全国性的讨价还价因为明显的失败的结果可能会产生自制。如果全国性讨价还价不能解决现代讨价还价的关键问题，全国性讨价还价可能不能获得想要的回报。

现在，也许有人会争论道，理论具有严谨和从现实中抽象而来的特性，因此，对于那些比较认可理论的准确性的人来说，接近于机会主义的现实主义可能实际上是一个更错综复杂、难以捉摸的实际途径。当然，在这种论断中，我们有一种检验真相的方法。在需要做出具体的政策选择时，表达清晰的、正式的理论可能并不足够。最好的行政管理者并不经常是好的理论家，反之亦然。衡量一些目标的边际效

---

① J. M. Clark, *Alternative to Serfdom*, p. 129.

应、计算时间、对影响因素的一些不太精准的判断、计算的风险等等，所有这些看起来好像都需要一种思考方法，但并不必然与理论一致。

但是如果理论家认为行政管理者是这样的，理论中所隐藏的行政直觉论就必须符合一致性、准确性，并符合某些最低标准——除非行政和辩证唯物主义一样，都被当作门外汉所不能理解的迷思，并且它还可能包含内在的矛盾，因为它体现的仅仅是在行政金字塔最高层级的人才能理解的更高层次的逻辑。如果这一观点的发展足够拒绝理论的准确性和可测试性，它假设任何一个命题都和其他命题一样有效， 503
或者，对正确命题的检验就是谁提出了这个命题。从某种程度上来说，全国性讨价还价这一思想，尤其是它的“进步的”观点，对于那些信奉“我可能不能告诉你我在做什么，也不能告诉你为什么不能说，但是只要你把所有事情交给我，我就能把它办好”这样教条的人来说，还留有很大的余地。

我们所勾勒出的理论或思想还有很多缺点，简单概括如下：

对政府科层制来说并不是一种替代选择。我们没有任何理由认为全国性的讨价还价可以有效地替代政府科层制。在最好的情况下，它只不过是政府科层制的有力补充。一方面，全国性的讨价还价可能并不能实现预期的目标。比如，我们很难不无疑虑地说仅仅通过讨价还价就可以实现经济稳定，尽管有时候可能会是有力的助手。有很多其他重要的行动是难以通过全国性讨价还价进行协调的，只有政府的科层制才能起效，如调节收入分配，消除贫民窟，提供公共住房、社会保障和医疗护理等，这些都是重要的例证。此外，我们并不能保证非政府群体中的讨价还价必然会产生符合大多数人偏好的结果。为了保证这些结果，政府的科层制必须以最低程度介入讨价还价的过程。

对非政府科层制来说也不是一种替代选择。全国性的讨价还价也不能替代非政府的科层制协调。的确，可能非政府群体之间的全国性讨价还价能够减少政府的科层制需求，这也是倡导者在谈及用全国性讨价还价替代政府的经济规划时所想的。但是正如我们所看到的，如果政府须介入讨价还价过程，它必须发展出一些科层制控制手段才能对讨价还价产生真正的影响。

但更重要的是，我们需要注意全国性的讨价还价对非政府的科层制控制的削减程度被高估了。在瑞典，为了让全国性的讨价还价真正奏效，相关组织的领导者必须具有一定的科层制权力。全国性的讨价还价之所以有效是因为它发生在大型组织 504
之间，对领导者做出的决策下级会遵照执行，全国的工会和雇主都各自站在了各自的队伍中。作为一种协调工具，全国性的讨价还价能够很好地替代价格体系，但是却不能替代科层制的协调作用。但是在取代价格体系的过程中，全国性的讨价还价会增加而不是减少对科层制控制的需求。对政府的和非政府的科层制来说，它们要确保即使没有价格体系，也能实现协调。

科层制的鼓励。最后一点认为，全国性讨价还价的倡导者可能会根据稳定的安排而非动态的社会进行思考。全国性讨价还价并不仅仅是有大量控制权的国家性科层制组织的机械的结果，实践、习惯和激励可能都会创造出全国性讨价还价的有利环境。全国性讨价还价的一个结果可能就是科层制的增长。因为，如果全国性讨价还价要奏效的话，组织的非单边控制越少，越不适于在其成员之间进行协商。这就像在停战协议的谈判中，将军们很难代表他的通晓多种语言的军士。要么必须放弃全国性的讨价还价，要么加强科层制的控制。

政治平等的结果。作为多头政治的替代或补充，全国性讨价还价的核心问题是它必须保证谈判者签订的停止事端的协议符合大多数公民的偏好。但是全国性讨价还价的倡导者从来没有处理过这一问题。有时，他们通过引入组织之间的“平等”或“平衡”反而将所有的问题都混淆了。然而，是什么构成了“平等”或“平衡”，却从来没有弄清楚过。但是，即使弄清楚了这一问题，一个人说两个和多个大组织必须“平等”的理由又是什么呢？这一概念完全和政治平等或人民的主观平等无关，它只不过是一个粗糙的拟人化的说法罢了。

借用凯斯特勒（Koestler）的一个说法，主要的错误可能是被称为**错误的公式**
505 的荒谬：不同个体之间的政治性和主观性平等的争论被转移到群体之间的讨论。当然，这是一种荒唐的推论。事实上，这两个是相互矛盾的。因为不同个体之间的政治和主观平等与不同群体之间平等的控制权往往背道而驰。比如，在第一个目标下，1 000 万工人的群体在选举中应该击败 1 000 个雇主的群体，但是在第二个目标下，任何一个群体，不论其规模大小，都应该和其他群体有一样的权力。

能荒唐到什么程度呢？“富人”应该和“穷人”有一样的议价能力吗？——即使富人占比仅为 1%而穷人占比为 20%（约翰·亚当斯认为应该这样，但是即使在 1787 年宪法中，坚持这一点也是不明智的）。这两者都应该与“中产阶级”有同样的议价能力吗？即使后者占比已经接近总人口的 80%也应该如此吗？事实上，群体之间的平等和平衡的思想可能就是中世纪思想的一种回归，因为中世纪存在固定的、可识别的利益（地位或房产），如贵族、神职人员、平民阶层等，人们会要求群体之间的平等和平衡。18 世纪的民主革命认识到了两种控制之间根本的不兼容性：一个是基于宪法描述的不同利益或财产之间的平衡的控制，不考虑数量；另一个是基于自然权利，主张每个人都应该有平等的控制权。1789 年，标志性的变革在法国发生。革命性的第三阶级第一次要求三个阶级应该“一起坐下来”，而不是像在三级会议中“分开而坐”。随后，在 6 月的最后一个周，第三阶级强迫其他的两个阶级加入他们的国民大会，而不是曾经的三级会议。

认识到所有这些时，全国性讨价还价的倡导者可能会意识到他们的位置，从而放弃“平等”的要求，或许这就是更模糊的“平衡”一词经常存在他们的讨论中的原因。

诺斯在其中一页写道：“不同党派之间必须有功能性的平等。”什么是“功能性的平等”从来没有人弄清楚过，只不过是知道它比较好。然而，3 页以后，诺斯告诉我们“要超越那些经常说工人应该和资本家有一样的发言权的言论。我们不要试图定义不可比较的两者之间的平等，而是要为功能不同但又相互依赖的双方找寻出
506 一种可行的讨价还价的关系模式”①。显然，“功能性平等”意味着所有的派别都一样平等，但是如乔治·奥威尔在他的《动物庄园》一书中所说——一些人应该比其他人更平等。

---

① E. G. Nourse, *op. cit.*, pp. 11, 14.

人们不禁感受全国讨价还价者的话语是多么真诚，这些话具备了所有的象征特点但是只是为了操纵的目的：他们努力地引起人群的积极情感回应，但是话语却又十分模糊，而且可以任由使用者处置。反对“平等”就是支持“不平等”，反对“平衡”就是偏好“不平衡”。在美国，几乎没有人有胆量去倡导不平等和不平衡，尽管他们所谓的不平等和不平衡，准确地说，与全国性讨价还价倡导者所说的平等和平衡是一个意思。

也没有人能够确定“平衡”意味着组织之间的现存关系还是意味着令人满意的新关系。“平衡”可能掩盖了现实的复杂情况，现存的企业、农场组织和工会精英可能已经从平衡中获得了巨额利益，因为很可能任何对他们的地位的干扰因素都是不平衡的象征。

从组织的“民主化”中也难以找到解决问题的万全之策。比如，诺斯告诉我们，“作为一种最适合促进经济生活的可能工具，如果功能性利益群体之间的集体讨价还价的目的是要实现这种潜能”，便需要满足一个条件——“最高组织中要有地方群体和地方单位的个人民主代表”[①]。一方面，这只是一个长远的目前难以实现的目标，然后我们可以将全国性讨价还价推迟到这一目标能够实现的时候吗？当然，在许多其他方面，这也是一个不现实甚至乌托邦的目标。

比如，一个人如何实现一个大型组织的民主化？许多国家工会的领导者对他们的大众的回应性比董事会对利益相关者的回应要好；但是即使在工会中，
执政的人可以控制财富、地位和权力，这种情况很难使其反对自身。组织内部 *507*
的民主的习惯、组织和法律保护都比政府政治要弱得多。与政府比较，非政府组织得到的媒体和广播报道、调查、外部批评，公众关注力等，比较起来要少的多。

从某种程度上来说，全国性讨价还价的思想——尤其是它的保守的观点——是 19 世纪政治自由思想在个体和群体中的延伸：政府仍然只扮演守夜人的角色。然而在某一点上，它可能背离了自由思想的一个核心观点——政治平等的观点。认识到事实上多数人并不总是能够统治是一回事，它们面临着大型社会组织无数的控制权，它们在政府中的代表有时候不得不讨价还价、让步、妥协或请求以避免损伤最低共识、严重的压迫、流血冲突、暴力事件甚至是内战的发生。但是，将这一社会现实转变为想要的结果，并且宣称政治家不应该试图使用他们的“最后否决权”，而是应该将他们的权力移交给全国组织，让他们自己去讨价还价，这又是另一回事。

全国性讨价还价和民主

全国性讨价还价的倡导者和其他的集体主义者（groupists）一样，他们呼吁关注一些重要的生活现实。我们没有必要在此争论他们所描述的和他们所提出的解决方法上的不一致。在反对他们提出的解决方法时，我们必须十分小心，不要忽略他

---

① E. G. Nourse, *op. cit.*, p. 11.

们思想中的一个重要的核心价值。作为早期的意识形态的民主，有时候在民族国家可能并不存在。个人参加的、认同的和忠诚的往往是很多组织，而不是民族国家。

很多重要的决策是由这些组织做出的。这些组织致力于分权、分化和组织控制
508 权以实现大多数人认可的目标，否则就不使用这些手段，或者将这些权力交给政府官员。人们行动的能力和自由，要么被这无数的、常常有影响力的、有时巨大的社会组织所阻碍，要么被巨大的“利维坦”国家所阻挠。

但是在很多情况下，社会组织做出的决策会影响到组织之外的人。这些被影响的其他人也是组织化的，在这种情况下，对所有这些受到影响的人来说，可以接受的决策需要通过不同组织的领导者之间的讨价还价来达成。但是有些被影响的其他人，可能除了政府之外，并没有其他有影响力的组织，这些人的组织是政治党派、压力集团、立法机关、执行机关、政府官僚等。因此，政府必须能够进入讨价还价的舞台并为了这些人的目标而进行讨价还价。在其他的情况下，无限的讨价还价的结果可能会对有影响力的少数群体的大量目标产生影响。这时候政府必须有足够的控制权进入讨价还价的过程并搁置争议，必要的时候，政府必须有直接决策的控制权。否则，民主的目标只能一再退让。

结语

■ 第 18 章　结语

第 18 章

结　语

过度简化并有效地描述一下思想文化史，人们就能会发现，在现代社会，人类在试图控制他们环境的努力中，主要有三次重大的运动。文艺复兴是第一次运动，那时候，西方人通过观察和推理重新发现了一个古老的信仰，即他们具有控制自己所处环境的能力。自由主义是第二次运动，它主要有两个目标：通过民主来理性地控制政府、通过资本主义理性地控制“经济”事务。民主社会主义是第三次运动，它认为，通过将经济事务政府化，能够大大加强人类对政府和“经济”事务的理性控制。这三次运动的潮流都曾达到非常巅峰的状态，但随后又慢慢退去。 511

尽管这些思想、信仰和社会政策的波动太过复杂，我们不能做出简单的概括，但是有三点对我们来说非常重要：古典自由主义和民主社会主义都有相似的局限性，但这些局限性从来没有在它们相似的局限性的层次展现，而这一核心仍然是理性的民主社会改革的重大策略。

古典自由主义[①]低估了工业社会对科层制使用程度的要求。这里政党的解释完全是在绕圈子：曾经，自由主义者解释对企业领导者的科层制控制根本就不存在。杰斐逊是一个非常了解情况的自由民主党人，他知道工业社会也会产生科层制控制。

① 在谈及古典自由主义者（比如斯密、后来的边沁、里卡多、穆勒）和古典社会主义者（比如马克思、恩格斯、考茨基、伯恩施坦、饶勒斯、韦伯）时，我们故意简化了某些主流的社会思潮，这可能会对他们复杂的、细致的和现实主义的思想带来一些不公正的风险。因此，和非社会主义者一样，伯恩施坦智慧地批评了很多社会主义者的重要的盲点。并且，众所周知，在穆勒的《政治经济学原理》（*Principles of Political Economy*）的第 1 版和第 3 版之前，穆勒开始质疑私有制的古典自由主义思想。

512 古典自由主义者很大程度上夸大了通过竞争性价格体系来协调经济生活的程度。在现实世界，价格体系有很多缺陷。失业的工人、穷困的家庭、年老的穷人、病人和残疾人，他们都能感受到价格体系的这些缺陷。这些缺陷也体现在教育、收入、地位、控制、机会等的严重不平等上——总而言之，体现在不平等的自由上。

当然，不同类型社会主义的知识分子，如马克思、恩格斯、韦伯、肖、考茨基、卢森堡以及布卢姆（Blum）都明确地表达了价格体系的这些罪恶之处。然而，他们当中的一些人却没能辨识出竞争性价格体系固有的弱点，以及那些由各种各样的特殊的社会政策产生的不好结果。因此，以他们自己的方式来看，他们同样高估了竞争性价格体系的效果。

毫不奇怪，私人企业的朋友也经常陷入低估所有权的角色的错误之中。除了通过将财富和收入看成财产之外，很多人并没有防护私有制的能力。他们为私有制而战，仅仅只是因为他们更喜欢私有制所实现的财产分配。在私有者的其他社会功能
513 方面，他们茫然不知。更糟糕的是，通过将与私有制有关的复杂问题转化为财富和收入不平等的简单的道德问题，他们更是破坏了他们自身的防护能力。然而，随着自然权利教条的式微，或者，就像在《新事通谕》中的案例一样，他们转向对放任自由的自由主义的攻击，反对大规模私有制的道德辩论变得越来越具有说服力，结果，私有企业者被迫让步。如果他们能对私有制的协调功能进行事实分析和检验的话，或许情况不会这样。

民主社会主义者认识到私有制的规则并不仅仅实现了收入分配，他们将所有权看成一种权力，看成一种竞争性价格体系从中运作的控制体系。他们正确地认识到作为副产品的奖励和惩罚实现了资产的分配。但是，当他们反对企业所有者对工人施加的纪律时，反对控制和地位的不平等时，反对私有企业下的工业生活的严苛时，他们经常把私有制的结果和大型组织、功能专业化、授权和强烈的非人格化纪律的结果联系在一起。同样，自由主义者的困惑是，他们夸大了私有制中企业能够带来的现代工业生产的收益。

为了解决民主社会主义者和自由主义者的困惑，所有权，作为一种社会制度被证明是不能破坏的。也就是说，很多被归于私有制下的规则对实现社会主义者支持的目标变得非常必要。如果要攻击私有制，这些规则即使只在某一行业中，也很可能被废除，但是很多具有不同名字的相同的规则必然会有效地取代它们的位置。因此，在这个醒悟的最后时期，有些民主社会主义者开始接受一种新的社会化的教条，即，政府所有的企业的管理者必须相对脱离议会的控制并且必须使企业的运营——在非常广泛的规定范围内——就像私人企业管理者所做的一样。

这些局限将经典自由主义带入了一个死胡同。如果说，在美国，表面看起来，
514 自由主义存活了下来，那么欧洲的情况看起来是相反的局面。并且，即使在自由主义幸存的地方，自由主义者先前的繁荣和乐观主义也经常会变成——对那些持有经典教条的人来说——痛苦和悲观的认定，认为人类的进步能够超越19世纪的“资本主义”。作为一种对人类有能力对其环境施加理性控制的教条，经典自由主义已

经在若干年前就被民主社会主义所取代了——这一现象甚至存在于美国的知识分子中，他们虽然极少转变为民主社会主义者，但是实际上，他们是民主社会主义者的支持者。

为什么作为一种信仰的经典自由主义最先走向了死胡同？这是一个很久远的故事。毫无疑问，“资本主义”必然的困难已经广为人知，而民主社会主义可能的困难并不为人所知，这一点显然有助于打败资本主义。在任何情况下，当自由主义者失去他们的信心时，民主社会主义者成为理性社会行动和控制希望的新的传道者。

民主社会主义式微的突然性很容易被忽视。在二战结束后，民主社会主义政党在英国执政也只是几年的时间。这是一个对用传统的民主社会主义解决方法——主要通过工业的政府所有制——来解决英国问题充满信心的政党。但是，在不到 5 年的时间里，这一政党发生了急剧的变化，很多领导者将像国有化这样独特的民主社会主义解决方法置于次要的位置，而很多复杂的项目，如信贷控制、社会保障、基础建设以及城镇规划这些属于英国政党的共有财产成了他们的主要任务。

当然，这一变化并不局限于一个国家。1951 年，来自不同国家的民主社会主义政党在法兰克福和缅因相聚以建立一个新的社会主义国际。在他们的目标和任务声明中，他们重新规划了社会主义社会的蓝图，他们对工业社会化的觉醒可以在这一表达中发现：“社会主义的规划并没有以所有生产资料的公有制为前提。”他们的这一觉醒有很多来源，但可能最重要的是英国在前 5 年的国有化经历。

国有企业已经是很多民主社会主义者信条的核心部分，这一“分水岭”（the Great Divide）将民主社会主义者与改革者、进步主义者或自由主义者区分开来。 515
正是在建立新的经济秩序和修补旧的经济秩序的问题上，社会主义者找到了自己的特点。

然而，为了理解这一与文艺复兴、自由主义和民主社会主义相似的思想的核心，我们有必要理解，民主社会主义运动的某些失败，很大部分是因为它的成功。在几个重要的点上，民主社会主义者很大程度上是正确的。

最重要的是，他们的国有化的案例也是反对价格体系的例子。社会主义者最先抓住了价格体系是一种不适当的社会机制的条件和其所带来的问题。比如，当社会达尔文主义（Social Darwinism）将这些现在已经认识到的价格体系的缺点理性化时，很多人被市场分配的收入不平等以及价格体系在某个时间对社群需求的忽略激怒了。

其次，他们将控制的合法性问题当作社会生活的核心问题。他们认为通过多头政治将政府中的控制合法化，和通过某些可比较的过程对企业进行期望的合法化是类似的。最后，在以后的若干年里，他们认识到想要把市场体系中竞争性控制确定下来，将价格体系保持下去，就有必要采取补充性的科层制控制。尽管我们还能列举出其他的成就，但是这些都说明了社会主义者的远见卓识。

在一些重大的议题中，是否有一些对于民主社会主义者而言是正确的，但还没有达成的广泛共识？比如，在收入分配和集体需求方面，西方经济体中的广泛意见和公共政策都更接近于费边主义者（Fabians）而不是格莱斯通和他的自由主义者，可能更接近于马克思而不是斯宾塞。或者，在不具有控制的合法性方面，很多人可能会引用劳动、安全和交换、垄断和贸易实践、收入和继承、土地使用、工业布局、食品和药品生产以及政治腐败实践方面的立法来说明，一旦控制由商人实行，就不能将这种控制权留在他们手中。因此，这一代人的想法更接近饶勒斯、德布斯（Eugene Debs）和基尔·哈迪（Kier Hardie）的观点，而不是施奈德斯（Schneiders）、范德比尔特（Commodore Vanderbilt）以及——不太极端的例子——鲍德温（Stanley Baldwin）和柯立芝（Calvin Coolidge）。

几乎每个人都变成了社会主义者，并且社会主义者对经济秩序的主要批评都被
516 接受并采取行动了。作为一种与众不同的思想体系以及一种激进的政治运动，社会主义并没有成功地保持它的特点，因为社会主义的运动和其他的运动很大程度上开始汇流了。

核心

那么，在文艺复兴、自由主义和社会主义运动时期，人类完成了这些思想运动中所采取的对自己环境的理性计算和控制的伟大策略之后，还剩下什么？实际上，这些疑问也就是在问这些思想运动的信念的核心是什么。

在我们看来，这一核心有三重信念，即渴望最大限度地扩展自由的信念、接受每个人对自由的诉求具有平等的价值的信念，以及通过人的理性计算和控制能力来扩展自由和平等的信念。

这三种信念的优点同时也是它的弱点。因为，信念常常存在操作手段的问题，很可能，这也是一个重新检验社会手段的变化的事情。然而，因为信念的核心是非常抽象的，那些认同这些信念的人常常只专注于某些特定的手段。

这种对核心信念和特定手段的混淆已经成为新自由主义的特点。尤其是在美国，教条式地专注于某些手段几乎经常成为新自由主义的特点——尤其是那些在罗斯福新政时期合法化的手段，比如：无条件支持工会，对中央政府反对州或地方政府所采取的行动的强烈偏好，支持更有力的行政和科层制以反对国会的“干预”。

517 **这本书的核心假设是，除了这些都已经发生了，信仰的核心仍然是可行的，我们相信对前面章节所设立的可替代选择的审视已经验证了这一观点。**

从这一审视中我们得到了三个特殊的观点。第一，就像我们无数次说过的，对重要的可替代选择的信心，从某种意义上来说是迂腐不堪的。计划和非计划，福利国家和放任自由——这些不是西方社会乐意接受的可替代选择。然而，从另一个层面，对某些竞争性选择来说，我们所定义的文艺复兴-自由主义-社会主义的传统本身就是一种重要的选择。当然，极权主义就是一种可替代选择，它明确或含蓄——取决于它的表现形式——地否决了我们珍视的核心价值。另一种选择则是否定工业主义和它带来的成就，惧怕它可能带来的不良的影响。

然而——这也是第二点——我们也不能否认，确认扩大自由、平等和理性社会行动的价值，也是信仰行动的一种。不光是我们，我们相信其他人也不能证明这些价值的“终极公正性”，我们甚至也不能最终证明人和社会组织的特点使得这些价值足以被当作重要的社会目标加以实现。然而，在后一种分析中，如果认可这些价值是一种信仰行动的话，我们相信，前面章节的讨论可以证明它不仅仅是一种信仰

行动，因为对基本社会过程的系统检验已经足以支持我们的这一信念：在西方社会，这些核心价值可以实现到一个非常明显的程度。

第三，信仰中的可行因素绝不是对某些手段的专注，而是对理性计算和控制的一般过程的专注，这就需要大量的各种各样的特殊的和变化的手段。当然，这样的手段也不能被悄然无视，相反，理性计算和控制需要对这些手段进行详细的、系统的和科学的检验。但是，随着知识和经验的积累，人们必须敏锐地认识到对于一代人来说进步的手段可能成为下一代人理性计算和控制的（至少是部分上的）障碍。

因为手段必须被认为重要的同时，也应该被认为是允许变化的，对于理性计算和控制来说，渐进主义必不可缺。并且，很明显地，就像致力于核心价值，会 *518*
导致逻辑上对渐进主义的专注一样一种既认同核心价值又认同渐进主义的专注创造了一种从文艺复兴时期就形成的相互争斗中，不同派别之间达成协议的方法。因此，那些坚定地支持核心价值的民主社会主义者——比如，阿特利（Attlee）和布卢姆——最终变成了渐进主义者，尽管他们对重要的选择仍有正式的忠诚。反过来，渐进的改变将古典自由主义的手段转变成新自由主义的手段，而那些古典的新自由主义的手段已经和那些社会主义的手段汇聚一起了。因此，这一核心比那些流行于某一时代或一个世纪的特定技术长久多了。

新的方向

然而，如果那些致力于这些核心价值的人之间现在已经达成了一定程度的实际的或潜在的共识的话，这一共识对于保证这些价值的未来的承诺就是必要的吗？除了本书中所回顾的实现这一共识的障碍之外，这一共识难道只涉及一些不重要的手段吗？

也许有人会说，关注诸如价格体系、科层制、多头政治和讨价还价这样的社会过程就是专注于错误的手段。因为这些手段毕竟只是工具性的技术，不论它们有多么重要，从某种程度上来说，它们距离实现主要目标的捷径都太遥远了。一个人的自由最终取决于重要的主要目标的实现，比如尊严、尊重、爱情、喜爱、团结和友谊。从某种程度上来说，个体如果缺少这些，他们就不可能是自由的。

可以十分肯定地说，离这些对自由来说非常重要的主要目标越远，越是有巨大的危险。现代思想中有一股巨大的潮流要无情地远离对这些重要目标的关注。比如，我们可以检验这个引证：

> 在现代社会，民主要求每个家庭都得到保护，因为愉快的家庭生活会激发工人积极和建设性地工作的热情。
>
> 我们控制了一个人的工作环境，但是当他踏进家门的那一刻，我们就失去了这种控制。因此，管理有义务去规划并创造出家庭主妇的一种良好的、建设 *519*
> 性的态度，这一态度会释放她丈夫的全部工作热情。[1]

---

① W. H. Whyte, Jr., "The Wives of Management," *Fortune*, October, 1951, p. 86.

这个引证是美国企业执行官的话。这一难题并不是要改变人们的环境，而是要改变“人的天性”。然而，这当然是一种错误的对立。因为，就像我们已经看到的，控制人类——因此，来改变他的“天性”——人们必须对人的领域有所行动。对个人采取行动的基本方法就是操控他的信息、奖励和惩罚的环境。因此，一个人在不首先对其他人的环境采取行动的前提下，并不能改变“人的天性”，至少在这一特定的含义上是这样的。

但是，一种比较有意义的提出这一假设的方法是，自由主义者和社会主义者都关注人的环境的某些有限的方面，并排除了其他与人的主要目标同等重要或更重要的方面。要反驳这一假设，我们只能说，第一，对我们来说，解决贫穷、经济不安全、收入分配不均、科层制控制、政府手段等问题的一个方法，就是找到提高主要目标实现水平所必需的条件，即便不是充分条件。第二，解决这些难题的特定方法和主要目标实现的水平有紧密的关系。

然而，这一批评是否有一定的道理？我们认为是的。对于那些致力于核心价值的人来说，未来的一个主要任务就是发现并完善那些能实现与主要目标直接相关的手段。未来改革的几个方向都说明了这一点，在此，我们只是简要做一个勾画。

小群体

主要目标满意度的一个非常重要的来源就是小群体，在这个小群体中，人们和
520 他们的亲友和谐相依。当然，在某些地方，小群体可能过度浪漫化了。正如一个作家曾写的：“一个群体并不会因为它们小就天生会好或者会坏。”① 但是，在大多数理想的情况下，小群体可能会做得比同样条件下的任何大群体更好②。

到目前为止，对大多数人来说，很多的“优质生活”是建立在小群体的基础之上。家庭生活、抚养孩童、爱情、友谊、尊重、善良、同情、睦邻友好、慈善……这些在小群体之外很难实现。如果一个人能够摧毁大群体但又能使这些东西保留下来，那么，大群体的损失是可以承受的。但如果一个人保留了大群体，却摧毁了这些价值，生活的无趣和贫瘠将不可估计。因为对很多人来说，有意义的生活的核心是由他们作为其中一分子的小群体组成的，他们生长于此并被接受，他们在此成长和生活、结婚、生儿育女、享天伦之乐、结识朋友、吃饭、聊天、分享记忆、庆祝新生并悼念死者。

民族-国家只能够提供“优质生活”的基本环境条件，它并不能完全有小群体为优质生活所提供的最直接的环境功能。为了做得好，民族-国家要么必须提供一种能替代小群体功能，要么为小群体的功能找出一种荒诞的曲解。因为，多数人的爱情、喜爱、友谊、“归属感”和尊重是建立在小群体之上的。并且，小

---

① Charlotte Luetkens, “The Myth of the Small Group,” *Synopsis*, *Festgabe fur Alfred Weber*, Verlag Lambert Schneider, Heidelberg, 1948.

② 关于小群体的重要论述，参见：Edward Shils, “The Primary Group,” in D. Lerner and H. D. Lasswell, *The Policy Sciences*, Stanford University Press, Stanford, 1951.

群体也承担了这些责任，即教化和将认同与规则习惯化，给多元政体培养合适的态度和习惯，创造社会所希望的性格和品质，并通过自发和操纵的方法来施加控制。

有些优秀的作家尝试提出过使小群体生活更加丰富多彩的方法——比如，玛丽·帕克·福利特①，科尔②，芒福德（Lewis Mumford）③ 以及布劳内尔（Baker 521
Brownell）④，但是，过去半个世纪的集权化浪潮把他们压下去了。所以，罗斯福新政时期的绿化带试验被人忘记了，英国工党的城镇规划也是这一时期最先被砍掉的项目（重要的是，在这之前，工人控制这一手段就被放弃了）。

但是，对我们来说，下半个世纪小群体环境、生活、活力和自治权都完全可能有巨大的提升。在本书中，我们并没有把它当我们重要目标的一部分，为了这些目的我们需要探索不同的技术来实现。但是，如果我们不强调要对目前提出的价格体系、科层制、多头政治和讨价还价技术进行小心的审视、再审视，以决定它们对小群体生活的好处和坏处的话，我们就不能实现我们的重要目标。对那些在文艺复兴-自由主义-社会主义核心价值的框架内探索和革命人来说，没有途径提供如此令人兴奋的可能性。

性格的计划

对于实现主要目标来说，即使是创造出一个健康的小群体的生活也只是一条迂回的道路。为什么不采取能直接影响个人性格的行动呢？通过发展让人拥有喜悦、爱情、友谊、自发性、友善、尊重和尊严方面的性格，这不是加深主要目标的实现程度的最有希望的手段吗？

通过社会行动来影响人的行动，这是一个非常老旧的话题。当然，在柏拉图所构想的社会中，塑造人的性格是这一社会的核心；尽管亚里士多德的观点更为适度，但他关注的较少。大概 2 000 年以后，马基雅弗利在他的《论李维》中，以及随后的卢梭（Rousseau），都同样强调要形塑公民的性格，使其与他们的公民权利和义务相适应，在共和政体中尤其如此。一个具有说服力的例子就是，马基雅弗利在他的《君主论》中给出解决方法，只是因为他已经总结出了，通过理性社会行动来改变人的性格从而让他们适应共和政体的生活，在他所了解的意大利，已经变得 522
不可能了，这一点他在《论李维》中也概括过。

然而，在自由主义的间隙里，这一老旧的难题有时却被忽略了。人们已经认识到，社会的一般性结构以及它的手段可能会对人的性格和品质有重要的影响，因此才有人们对教育的高度重视和杰斐逊要保有一个农村环境来培养民主精神的努力。然而，这一途径——就像本书关注的焦点——代表了对手段的关注，但是这些手段

① *The New State, Group Organization the Solution of Popular Government*, Longmans, Green and Co., New York, 1918.

② *Local and Regional Government*, Cassell, London, 1947.

③ *The Culture of Cities*, Harcourt, Brace and Co., New York, 1938.

④ *The Human Community*, Harper & Brothers, New York, 1950.

距离那些能够对人的性格的发展施加直接控制的社会行动太远了。

通过关注社会的一般性结构而不是对人的性格直接施加控制，自由主义者解决了一个心理问题，并且看起来，他们相信解决了道德的问题。心理的问题源于这些可怕的责任，即需要决定应该让人类的哪一种性格类型成为主流，这一责任太过重大，以至于人们经常更希望能将决策权授予一个普罗米修斯（Prometheus）式的或一个无所不知的创造者（Creator）。这是人类思想上一种极其可怕的傲慢，即认为人类应该决定要创造出谁的（或者什么样的）形象而不是应该要创造出人类。

抛开心理问题不谈，也许有人会说，通过避免塑造人的性格的直接行动，人类的道德问题已经解决了。为了追求康德的绝对命令，根据他的思想，人类本身即是目的，而不是手段。然而，这只是在回避问题，而不是解决问题。第一，人类面临着这样一个事实，即人类本身是具有高度灵活性的物种。因此，不论人类采取的社会行动是否有意识和有目的，事实上，他们的社会过程，都有助于塑造他们的性格。第二，控制一般性社会结构和直接的控制之间有道德差异这一观点其实不对。因为当它们声称对人类性格可能会带来令人满意效果时，它们就已经在支持一种“进步的”教育体系，或者，像杰斐逊一样支持高度的社会教化。就是让自己支持这一决定：应该培养某些类型的性格，而其他类型的则不需要。

第三，根据康德的观点，如果一个人关心的是让人类追求自由的性格能力最大化，那么，就算直接对人的性格采取行动，也不算一种“手段”。从康德的意思上
523 来说，除非人只把自己当作实现自身目标的工具，才能认为他是“工具”。否则，正如每个人都知道的，因为人的性格上的问题，很多人有时并没有能力实现那些对他们来说非常重要的目标，比如爱情、喜爱、友谊、愉快以及乐观主义。想帮他们实现他们的自由，就不能把他们当作“手段”。

最后，从某种程度上来说，人们相信，某些规则、态度和社会过程会培养更广泛的实现自由的机会，而其他的并不如此，很合理地，人们就会致力于支持那些能够产生人们想要的规则、态度和社会过程的性格类型。现在看起来，大家都同意某些性格类型具有反犹太主义、民族优越感和极权主义的倾向①。曼海姆②、拉斯韦尔③，还有其他人，也都曾描述过那些容易导致多头政治的过程和民主目标的性格的一般性要求。民主主义者也不会比极权主义者更容易从这些社会行动中退缩，希望直接在社会中培养理想的人格类型。

然而，问题仍然存在：我们想要的是哪一种（或者，更可能的是哪几种）人类（性格）？这是一个伦理论题，一个非常深刻的问题④。我们在此提出，但我们不会

---

① T. W. Adorno and others, *The Authoritarian Personality*, Harper & Brothers, 1950.

② *Freedom, Power, and Democratic Planning*, Oxford University Press, New York, 1950.

③ “Democratic Character,” in *Political Writings of Harold D. Lasswell*, Free Press, Glencoe, Ill., 1951.

④ 下面的话表明了在确保对一个答案的共识上的困难：“阿姆斯特丹，荷兰，8月24日——10个世纪以来，人道主义者和伦理教化的领导者在第一次国际会议上汇聚一堂，他们发现他们3天的讨论，目前为止，已经产生了比答案更多的问题。总结一下发生在第六部分和全体大会时人们对‘社会教化’的集中关注，哥伦比亚大学的哲学教授报告说，人们不可能在‘理想的人的类型’这一问题上达成共识。” *The New York Times*, Aug. 25, 1952, p. 4.

直接回答它。然而，可以假定理性的社会行动是一种答案。

这里有一个技术性问题：行动应该通过哪些社会过程来展开？很明显，这一问题的答案取决于对前面问题的回答，即哪一种人类是人们想要的？如果不回答前面的这个问题，我们就只能给出第二个问题的一些一般化途径。

第一，我们需要更多的关于现有社会过程可能带来的性格结果的知识。尽管有很多的猜测、观点和假设，但看起来并没有很多坚实的基础知识。那么，认为竞争 524 性的价格体系能够创造“竞争性”的性格这一观点是真的吗？或者，这只是源于两个词语上比较相似但是实际上却是不相似的现象而产生的错误吗？或者，竞争性价格体系真的能创造出顺从的、合作的、缺少自主性的个人吗？大企业的结果是什么？企业、政府、工会、教会、大学中产生科层制了吗？如果一个人考虑实际的可替代选择的话，竞争性或讨价还价的市场体系对性格要求的结果，会比科层制、政治性讨价还价或集体讨价还价更让（或不让）人满意吗？

显然，如果我们知道这些问题的答案，它们显示的可替代的政治-经济技术的成本和收益要比我们在本书中所强调的更加重要。但是，我们的印象是，到目前为止，技能的专业化意味着，那些最有资格评估性格的人，往往对需要评估的政治-经济技术的理解非常有限①。

第二，在这样的情形中，渐进主义非常必要，而柏拉图的整体乌托邦主义则是非常危险的。事实上，当然——这也是第三点——在美国和其他的西方社会中，也确实发生了一定能影响人的性格的渐进的社会行动。比如，美国进行的教育课程的改革，以及其他的课外活动就在有意无意地促进某种性格类型的发展，政治积极分子认为这些性格类型是令人满意的。

第四，就像发生在美国小群体中的很多明显是为了影响性格的社会行动一样，我们社会的这一特点也必须通过渐进性的行动加以强化。因为，影响性格的核心问题不仅仅是要做什么——这一点可能更重要——还包括避免做什么。专注于有意识、有目的地影响人的性格最大的危险就是，它存在被领导者操纵的机会②。 525

那么，反对操纵的主要保护措施是什么？——将一种性格当作唯一的实现个人目标的“手段”而不是将人的性格当作这个需要自由最大化的“人”本身？没有一种保护是坚不可摧的，但是某些保护措施，如果不是充分必要的话，看起来也是必要的。当然，一种基本的保护措施就是多头政治本身。另外一种就是人们能够容忍多元化的性格类型和社会过程的组合，这些社会过程用来指导每个人进入这样的角色：既满足某种性格的需求但是又不会显著损害别人非常重要的目标。毫无疑问，第三种就是人们广泛认同的禁止政府对这一领域采取行动，除非在那些政治积极分子中达成了一致共识的领域。

---

① 在我们看来，霍尼（Karen Horney）的《我们时代的神经症人格》（*The Neurotic Personality of Our Time*）（W. W. Norton and Co.，New York，1937）以及弗罗姆（Erich Fromm）的《逃避自由》（*Escape from Freedom*）（Farrar and Rinehart，New York，1941），这两个有远见的作品的有用性都被这一困难给大大削减了。

② 参见：T. W. Adorno，“Democratic Leadership and Mass Manipulation，” in A. W. Gouldner（ed.），*Studies in Leadership*：*Leadership and Democratic Action*，Harper & Brothers，New York，1950，pp. 418ff，esp. p. 429，and Leonard Doob，“Propagandists vs. Propagandees，” *Ibid.*，pp. 439 ff.

在这种情况下，有两种关系有助于我们采取有目的的行动，构建最为合适的社会组织。其中一种是**爱**、**情感**或**友谊**这种关系。比如，马利诺夫斯基发现，“系统性地或专制地滥用权力不会发生在原始社会中”——其中一个原因就是这些社会中有爱情、亲情、友情和尊重等关系的特点①。另一种以及更为相关的条件就是存在直接的**面对面**的关系，在这种关系中，个人常被当作“人类”来看待，这样人们能看到行动在这个人身上产生的后果，并且这个人并不容易被转化成一个抽象的物体。其中一个让我们想起《圣女贞德》(*Saint Joan*) 中的一位教士所说的话：

> 我让他们去做。如果我已经知道的话，我会将她从他们的手中拉过来。你不知道，你没看见，当你不知道的时候，谈起来是多么容易。你被这些话弄得发狂，你诅咒你自己，因为当你发火时再火上浇油，感觉是多么好。但是，当你回过神来，当你看到你所做的一切，当这一切蒙蔽了你的双眼，让你不能喘
> 526 息、让你心碎，那么，那么，……，哦，上帝呀，请将这一切从我眼前带走吧！

此外，这两种关系看起来是有效地影响人的性格的最合适的条件，因为，在这两种关系中，最为重要的奖励和剥夺通常会对人的行为有影响。当然，这一事实揭示了小群体的重要性，以及利用自发性和操控性领域控制，可能是最基本的、危害最小，以及最为有效的影响人的性格的手段。

在所有的事件中，有一件事情非常明确。通过科层制、多头政治、讨价还价和价格体系（有时候也称为全国经济计划）的大规模过程最多只能提供一个可以实现优质生活的框架。要最大可能地实现重要的目标，比如爱情、喜爱、友谊、尊重、尊严和团结，就需要有能够表达和接收这些目标结果综合的性格能力，和能够促进追求这些目标的活力的小群体生活。

但是，我们痛苦地感到，对什么是实现这些关键性重要目标所需要的理性社会行动的要求，我们知之甚少。这些“理性社会行动”有让我们获取这些重要目标的巨大潜力，它们会使我们在本书中提到的追求这些目标的更宏大的经济-社会过程相形见绌。所以，本书第 1 章以及此处所提到的、全书所力图证明的“新的可能的共识”所显示的是，西方世界一直在努力地通过理性计算和控制来追求核心价值：“自由”、“平等”和“进步”，他们取得了重要但依然只是十分初步的成就。

---

① Bronislaw Malinowski, *Freedom and Civilization*, Roy Publishers, New York, 1944, pp. 11-119, 121, 266-267.

索　　引

请从中国人民大学出版社官网(www. crup. com. cn)下载，或者用微信扫描下方二维码获取。

人大版公共管理类翻译（影印）图书

公共行政与公共管理经典译丛

书名	著译者	定价
公共管理名著精华：“公共行政与公共管理经典译丛”导读	吴爱明　刘晶　主编	49.80 元
公共管理导论（第四版）	［澳］欧文·E. 休斯　著 张成福　马子博 等　译	48.00 元
政治学（第三版）	［英］安德鲁·海伍德　著 张立鹏　译	49.80 元
公共政策分析导论（第四版）	［美］威廉·N. 邓恩　著 谢明 等　译	49.00 元
公共政策制定（第五版）	［美］詹姆斯·E. 安德森　著 谢明 等　译	46.00 元
公共行政学：管理、政治和法律的途径（第五版）	［美］戴维·H. 罗森布鲁姆 等　著 张成福 等　译校	58.00 元
比较公共行政（第六版）	［美］费勒尔·海迪　著 刘俊生　译校	49.80 元
公共部门人力资源管理：系统与战略（第六版）	［美］唐纳德·E. 克林纳 等　著 孙柏瑛 等　译	58.00 元
公共部门人力资源管理（第二版）	［美］埃文·M. 伯曼 等　著 萧鸣政 等　译	49.00 元
行政伦理学：实现行政责任的途径（第五版）	［美］特里·L. 库珀　著 张秀琴　译　音正权　校	35.00 元
民治政府：美国政府与政治（第 23 版·中国版）	［美］戴维·B. 马格莱比 等　著 吴爱明 等　编译	58.00 元
比较政府与政治导论（第五版）	［英］罗德·黑格　马丁·哈罗普　著 张小劲 等　译	48.00 元
公共组织理论（第五版）	［美］罗伯特·B. 登哈特　著 扶松茂　丁力　译　竺乾威　校	32.00 元
公共组织行为学	［美］罗伯特·B. 登哈特 等　著 赵丽江　译	49.80 元
组织领导学（第七版）	［美］加里·尤克尔　著 丰俊功　译	78.00 元
公共关系：职业与实践（第四版）	［美］奥蒂斯·巴斯金 等　著 孔祥军 等　译　郭惠民　审校	68.00 元
公用事业管理：面对 21 世纪的挑战	［美］戴维·E. 麦克纳博　著 常健 等　译	39.00 元
公共预算中的政治：收入与支出，借贷与平衡（第四版）	［美］爱伦·鲁宾　著 叶娟丽　马骏 等　译	39.00 元
公共行政学新论：行政过程的政治（第二版）	［美］詹姆斯·W. 费斯勒 等　著 陈振明 等　译校	58.00 元
公共部门战略管理	［美］保罗·C. 纳特 等　著 陈振明 等　译校	49.00 元
公共行政与公共事务（第十版·中文修订版）	［美］尼古拉斯·亨利　著 孙迎春　译	68.00 元
案例教学指南	［美］小劳伦斯·E. 林恩　著 郄少健 等　译　张成福 等　校	39.00 元
公共管理中的应用统计学（第五版）	［美］肯尼思·J. 迈耶 等　著 李静萍 等　译	49.00 元
现代城市规划（第五版）	［美］约翰·M. 利维　著 张景秋 等　译	39.00 元
非营利组织管理	［美］詹姆斯·P. 盖拉特　著 邓国胜 等　译	38.00 元

书名	著译者	定价
公共财政管理：分析与应用（第九版）	［美］约翰·L. 米克塞尔　著 苟燕楠　马蔡琛　译	138.00 元
公共行政学：概念与案例（第七版）	［美］理查德·J. 斯蒂尔曼二世　编著 竺乾威 等　译	75.00 元
公共管理研究方法（第五版）	［美］伊丽莎白森·奥沙利文 等　著 王国勤 等　译	79.00 元
公共管理中的量化方法：技术与应用（第三版）	［美］苏珊·韦尔奇 等　著 郝大海 等　译	39.00 元
公共部门绩效评估	［美］西奥多·H. 波伊斯特　著 肖鸣政 等　译	45.00 元
公共管理的技巧（第九版）	［美］乔治·伯克利 等　著 丁煌　主译	59.00 元
领导学：理论与实践（第五版）	［美］彼得·G. 诺斯豪斯　著 吴爱明　陈爱明　陈晓明　译	48.00 元
领导学（亚洲版）	［新加坡］林志颂 等　著 顾朋兰 等　译　丁进锋　校译	59.80 元
领导学：个人发展与职场成功（第二版）	［美］克利夫·里科特斯　著 戴卫东 等　译　姜雪　校译	69.00 元
二十一世纪的公共行政：挑战与改革	［美］菲利普·J. 库珀 等　著 王巧玲　李文钊　译　毛寿龙　校	45.00 元
行政学（新版）	［日］西尾胜　著 毛桂荣 等　译	35.00 元
比较公共行政导论：官僚政治视角（第六版）	［美］B. 盖伊·彼得斯　著 聂露　李姿姿　译	49.80 元
理解公共政策（第十二版）	［美］托马斯·R. 戴伊　著 谢明　译	45.00 元
公共政策导论（第三版）	［美］小约瑟夫·斯图尔特 等　著 韩红　译	35.00 元
公共政策分析：理论与实践（第四版）	［美］戴维·L. 韦默 等　著 刘伟　译校	68.00 元
公共政策分析案例（第二版）	［美］乔治·M. 格斯　保罗·G. 法纳姆　著 王军霞　贾洪波　译　王军霞　校	59.00 元
公共危机与应急管理概论	［美］迈克尔·K. 林德尔 等　著 王宏伟　译	59.00 元
公共行政导论（第六版）	［美］杰伊·M. 沙夫里茨 等　著 刘俊生 等　译	65.00 元
城市管理学：美国视角（第六版·中文修订版）	［美］戴维·R. 摩根 等　著 杨宏山　陈建国　译　杨宏山　校	56.00 元
公共经济学：政府在国家经济中的作用	［美］林德尔·G. 霍尔库姆　著 顾建光　译	69.80 元
公共部门管理（第八版）	［美］格罗弗·斯塔林　著 常健 等　译　常健　校	75.00 元
公共行政学经典（第七版·中国版）	［美］杰伊·M. 沙夫里茨　艾伯特·C. 海德　主编 刘俊生　译校	148.00 元
理解治理：政策网络、治理、反思与问责	［英］R. A. W. 罗兹　著 丁煌　丁方达　译　丁煌　校	69.80 元
政治、经济与福利	［美］罗伯特·A. 达尔　查尔斯·E. 林德布洛姆　著 蓝志勇 等　译	98.00 元
新公共服务：服务，而不是掌舵（第三版）	［美］珍妮特·V. 登哈特　罗伯特·B. 登哈特　著 丁煌　译　方兴　丁煌　校	39.00 元

书名	著译者	定价
议程、备选方案与公共政策（第二版·中文修订版）	［美］约翰·W. 金登　著 丁煌　方兴　译　丁煌　校	49.00 元
政策分析八步法（第三版）	［美］尤金·巴达克　著 谢明 等　译　谢明 等　校	48.00 元
新公共行政	［美］H. 乔治·弗雷德里克森 丁煌　方兴　译　丁煌　校	23.00 元
公共行政的精神（中文修订版）	［美］H. 乔治·弗雷德里克森　著 张成福 等　译　张成福　校	48.00 元
官僚制内幕（中文修订版）	［美］安东尼·唐斯　著 郭小聪 等　译	49.80 元
民营化与公私部门的伙伴关系（中文修订版）	［美］E. S. 萨瓦斯 周志忍 等　译	59.00 元
行政伦理学手册（第二版）	［美］特里·L. 库珀　主编 熊节春　译　熊节春　熊碧霞　校	168.00 元
政府绩效管理：创建政府改革的持续动力机制	［美］唐纳德·P. 莫伊尼汗　著 尚虎平　杨娟　孟陶　译　孟陶　校	69.00 元
后现代公共行政：话语指向（中文修订版）	［美］查尔斯·J. 福克斯 等　著 楚艳红 等　译　吴琼　校	38.00 元
公共行政的合法性：一种话语分析（中文修订版）	［美］O. C. 麦克斯怀特　著 吴琼　译	45.00 元
公共行政的语言：官僚制、现代性和后现代性（中文修订版）	［美］戴维·约翰·法默尔　著 吴琼　译	56.00 元
领导学	［美］詹姆斯·麦格雷戈·伯恩斯　著 常健　孙海云 等　译　常健　校	69.00 元
官僚经验：后现代主义的挑战（第五版）	［美］拉尔夫·P. 赫梅尔　著 韩红　译	39.00 元
制度分析：理论与争议（第二版）	［韩］河连燮　著 李秀峰　柴宝勇　译	48.00 元
公共服务中的情绪劳动	［美］玛丽·E. 盖伊 等　著 周文霞 等　译	38.00 元
预算过程中的新政治（第五版）	［美］阿伦·威尔达夫斯基 等　著 苟燕楠　译	58.00 元
公共行政中的价值观与美德：比较研究视角	［荷］米歇尔·S. 德·弗里斯 等　主编 熊　缨　耿小平 等　译	58.00 元
公共决策中的公民参与	［美］约翰·克莱顿·托马斯　著 孙柏瑛 等　译	28.00 元
再造政府	［美］戴维·奥斯本 等　著 谭功荣 等　译	45.00 元
构建虚拟政府：信息技术与制度创新	［美］简·E. 芳汀　著 邵国松　译	32.00 元
突破官僚制：政府管理的新愿景	［美］麦克尔·巴泽雷　著 孔宪遂 等　译	25.00 元
政府未来的治理模式（中文修订版）	［美］B. 盖伊·彼得斯　著 吴爱明 等　译　张成福　校	38.00 元
无缝隙政府：公共部门再造指南（中文修订版）	［美］拉塞尔·M. 林登　著 汪大海 等　译	48.00 元
公民治理：引领 21 世纪的美国社区（中文修订版）	［美］理查德·C. 博克斯　著 孙柏瑛 等　译	38.00 元
持续创新：打造自发创新的政府和非营利组织	［美］保罗·C. 莱特　著 张秀琴　译　音正权　校	28.00 元

书名	著译者	定价
政府改革手册：战略与工具	[美] 戴维·奥斯本 等 著 谭功荣 等 译	59.00 元
公共部门的社会问责：理念探讨及模式分析	世界银行专家组 著 宋涛 译校	28.00 元
公私合作伙伴关系：基础设施供给和项目融资的全球革命	[英] 达霖·格里姆赛 等 著 济邦咨询公司 译	29.80 元
非政府组织问责：政治、原则与创新	[美] 丽莎·乔丹 等 主编 康晓光 等 译 冯利 校	32.00 元
市场与国家之间的发展政策：公民社会组织的可能性与界限	[德] 康保锐 著 隋学礼 译校	49.80 元
建设更好的政府：建立监控与评估系统	[澳] 凯思·麦基 著 丁煌 译 方兴 校	30.00 元
新有效公共管理者：在变革的政府中追求成功（第二版）	[美] 史蒂文·科恩 等 著 王巧玲 等 译 张成福 校	28.00 元
驾御变革的浪潮：开发动荡时代的管理潜能	[加] 加里斯·摩根 著 孙晓莉 译 刘霞 校	22.00 元
自上而下的政策制定	[美] 托马斯·R. 戴伊 著 鞠方安 等 译	23.00 元
政府全面质量管理：实践指南	[美] 史蒂文·科恩 等 著 孔宪遂 等 译	25.00 元
公共部门标杆管理：突破政府绩效的瓶颈	[美] 帕特里夏·基利 等 著 张定淮 译校	28.00 元
创建高绩效政府组织：公共管理实用指南	[美] 马克·G. 波波维奇 主编 孔宪遂 等 译 耿洪敏 校	23.00 元
职业优势：公共服务中的技能三角	[美] 詹姆斯·S. 鲍曼 等 著 张秀琴 译 音正权 校	19.00 元
全球筹款手册：NGO 及社区组织资源动员指南（第二版）	[美] 米歇尔·诺顿 著 张秀琴 等 译 音正权 校	39.80 元

公共政策经典译丛

书名	著译者	定价
公共政策评估	[美] 弗兰克·费希尔 著 吴爱明 等 译	38.00 元
公共政策工具——对公共管理工具的评价	[美] B. 盖伊·彼得斯 等 编 顾建光 译	29.80 元
第四代评估	[美] 埃贡·G. 古贝 等 著 秦霖 等 译 杨爱华 校	39.00 元
政策规划与评估方法	[加] 梁鹤年 著 丁进锋 译	39.80 元

当代西方公共行政学思想经典译丛

书名	编译者	定价
公共行政学中的批判理论	戴黍 牛美丽 等 编译	29.00 元
公民参与	王巍 牛美丽 编译	45.00 元
公共行政学百年争论	颜昌武 马骏 编译	49.80 元
公共行政学中的伦理话语	罗蔚 周霞 编译	45.00 元

公共管理英文版著作

书名	作者	定价
公共管理导论（第四版）	［澳］Owen E. Hughes （欧文·E. 休斯） 著	45.00 元
理解公共政策（第十二版）	［美］Thomas R. Dye （托马斯·R. 戴伊） 著	34.00 元
公共行政学经典（第五版）	［美］Jay M. Shafritz （杰伊·M. 莎夫里茨）等 编	59.80 元
组织理论经典（第五版）	［美］Jay M. Shafritz （杰伊·M. 莎夫里茨）等 编	46.00 元
公共政策导论（第三版）	［美］Joseph Stewart，Jr. （小约瑟夫·斯图尔特）等 著	35.00 元
公共部门管理（第九版·中国学生版）	［美］Grover Starling （格罗弗·斯塔林） 著	59.80 元
政治学（第三版）	［英］Andrew Heywood （安德鲁·海伍德） 著	35.00 元
公共行政导论（第五版）	［美］Jay M. Shafritz （杰伊·M. 莎夫里茨）等 著	58.00 元
公共组织理论（第五版）	［美］Robert B. Denhardt （罗伯特·B. 登哈特） 著	32.00 元
公共政策分析导论（第四版）	［美］William N. Dunn （威廉·N. 邓恩） 著	45.00 元
公共部门人力资源管理：系统与战略（第六版）	［美］Donald E. Klingner （唐纳德·E. 克林纳）等 著	48.00 元
公共行政与公共事务（第十版）	［美］Nicholas Henry （尼古拉斯·亨利） 著	39.00 元
公共行政学：管理、政治和法律的途径（第七版）	［美］David H. Rosenbloom （戴维·H. 罗森布鲁姆）等 著	68.00 元
公共经济学：政府在国家经济中的作用	［美］Randall G. Holcombe （林德尔·G. 霍尔库姆） 著	62.00 元
领导学：理论与实践（第六版）	［美］Peter G. Northouse （彼得·G. 诺斯豪斯） 著	45.00 元

更多图书信息，请登录 www.crup.com.cn 查询，或联系中国人民大学出版社政治与公共管理出版分社获取

地址：北京市海淀区中关村大街甲 59 号文化大厦 1202 室　　邮编：100872
电话：010－82502724　　传真：010－62514775
E-mail：ggglcbfs@vip.163.com　　网站：http：//www.crup.com.cn

Politics, Economics, and Welfare by Robert A. Dahl, Charles E. Lindblom

图书在版编目（CIP）数据

政治、经济与福利/（美）罗伯特·A. 达尔（Robert A. Dahl），（美）查尔斯·E. 林德布洛姆（Charles E. Lindblom）著；蓝志勇等译. --北京：中国人民大学出版社，2021. 4
（公共行政与公共管理经典译丛）
ISBN 978-7-300-24914-8

Ⅰ. ①政… Ⅱ. ①罗…②查…③蓝… Ⅲ. ①政治经济学-研究 Ⅳ. ①F0

中国版本图书馆 CIP 数据核字（2020）第 028763 号

"十三五"国家重点出版物出版规划项目
公共行政与公共管理经典译丛
政治、经济与福利
［美］罗伯特·A. 达尔（Robert A. Dahl）
　　　查尔斯·E. 林德布洛姆（Charles E. Lindblom） 著
蓝志勇 等 译
Zhengzhi Jingji yu Fuli

出版发行	中国人民大学出版社		
社　　址	北京中关村大街 31 号	**邮政编码**	100080
电　　话	010－62511242（总编室）		010－62511770（质管部）
	010－82501766（邮购部）		010－62514148（门市部）
	010－62515195（发行公司）		010－62515275（盗版举报）
网　　址	http://www.crup.com.cn		
经　　销	新华书店		
印　　刷	涿州市星河印刷有限公司		
规　　格	185 mm×260 mm　16 开本	**版　　次**	2021 年 4 月第 1 版
印　　张	24 插页 2	**印　　次**	2021 年 4 月第 1 次印刷
字　　数	504 000	**定　　价**	98.00 元